Ilustración de tapa:
Bunge de Gálvez, Delfina. *Hogar y Patria*, libro quinto,
Buenos Aires, Editorial H.M.E.; tomado de Fondo Bibliográfico
Maestro Luis Iglesias; gentileza de la Universidad Nacional de Luján

La maquetación de colección
y el diseño de la tapa estuvieron a cargo de:
Gerardo Miño

El armado y composición estuvieron a cargo de:
Eduardo Rosende

© 2007-Pedro Miño
© 2007-Miño y Dávila editores srl

ISBN: 978-84-96571-61-7

Primera edición: octubre de 2007

IMPRESO EN ARGENTINA

COLECCIÓN:
Historia de la Educación Latinoamericana

DIRECTOR DE COLECCIÓN:
CLAUDIO LOZANO SEIJAS

www.minoydavila.com

En Madrid:
Miño y Dávila editores
Arroyo Fontarrón 113, 2° "A" (28030)
tel-fax: (34) 91 751-1466

En Buenos Aires:
Miño y Dávila srl
Pje. José M. Giuffra 339 (C1064ADC)
tel-fax: (54 11) 4361-6743
e-mail1: administracion@minoydavila.com
e-mail2: produccion@minoydavila.com

LA MISIÓN POLÍTICA DE LA ESCUELA PÚBLICA

Formar a los ciudadanos de la república

(1870-1916)

LUCÍA LIONETTI

LA MISIÓN POLÍTICA DE LA ESCUELA PÚBLICA

Formar a los ciudadanos de la república

(1870-1916)

ÍNDICE

ANEXO DIGITAL
Se puede descargar un anexo digital de cuadros y estadísticas
a través de la siguiente dirección web:
www.minoydavila.com.ar/misionpolitica/anexo.htm

Agradecimientos

Este libro es el resultado de una revisión de mi tesis doctoral presentada en el 2001 en la Facultad de Filosofía y Letras de la Universidad Autónoma de Madrid de España. Es en definitiva, la culminación de intensos años de trabajo y de muchas deudas adquiridas con todos aquellos que me han acompañado en el afecto y con sus generosas sugerencias. Mi primer recuerdo es para quien fuera mi directora, Pilar Pérez Cantó, con quien he contraído una deuda académica que sólo parcialmente podrá ser devuelta con el resultado de lo que en las próximas páginas se leerá. Al comentario preciso, la sugerencia pertinente, aportando claridad a lo que intentaba exponer, se suman las oportunidades que me brindó para presentar avances parciales en jornadas organizadas en el Instituto Universitario de Estudios de la Mujer de la Universidad Autónoma de Madrid. Su calidez y afecto ha sido, y seguirá siendo, uno de los recuerdos más gratos de mi experiencia como su dirigida. A Sandra Gayol le agradezco su atenta y minuciosa lectura de siempre. Su sensibilidad y agudeza de comentarios han mejorado sensiblemente cada avance logrado en la tarea. Me complace hacer público mi agradecimiento a su dedicación y permanente preocupación por mi trabajo y por su renovada amistad.

De mi paso por la Universidad Autónoma de Madrid me han quedado gratos recuerdos, amigos y amigas, además la permanente gratitud a colegas como Pablo Fernández Albaladejo, Margarita Ortega López y Pedro García Martín. Mi afecto a Esperanza Mo Romero, Margarita Rodríguez García, Itziar Lado Delgado, Rocío de la Nogal Fernández, con quienes he compartido días de trabajo y estimulantes intercambios en las temáticas que nos ocupan en los últimos tiempos. También en aquella casa de estudios tuve la posibilidad de conocer y de recibir los significativos aportes y los comentarios siempre sutiles e inteligentes de Asunción Lavrín.

Los investigadores del Instituto de Estudios Histórico-Sociales "Profesor Juan Carlos Grosso" de la Universidad Nacional del Centro que conforman el programa "Actores, ideas y proyectos políticos en la Argentina Contemporánea", dirigido por María Estela Spinelli, han apuntalado este trabajo a partir de la discusión de temas afines. Un reconocimiento particular a Susana

Bianchi, por guiarme en mis primeros pasos como investigadora. Un guiño especial para la amiga y constante interlocutora Olga Echeverría. Además de su amistad, le adeudo su permanente estímulo y el diálogo fecundo que ha hecho posible preservar el respeto por el conocimiento y el entusiasmo por nuestro trabajo. A Sara Ortelli le agradezco nuestro reencuentro y la tarea en común que hemos emprendido.

A Silvina Mondragón le reconozco su afecto cotidiano y su entusiasmo por el conocimiento. Gracias por la confianza, el cariño y el trabajo conjunto a Yolanda de Paz Trueba, Valeria Bruschi y Paola Varela. Un cariño especial para la entrañable Luciana Díaz.

Mi gratitud a la amiga y admirada colega Dora Barrancos por su generosidad y porque cada encuentro es un motivo de alegría y una posibilidad de seguir aprendiendo. También a Beatriz Vítar por su compañía permanente en Madrid. Con Susana Bandieri, que ha estado presente en tramos de este trabajo, ha sido fructífero el intercambio y la tarea en común. Mi consideración por la atenta lectura de este trabajo y por las sugerentes observaciones de los colegas del Programa: *Violencia Delictiva, Cultura Política, Sociabilidad y Seguridad Pública en Conglomerados Urbanos* (Pav 2003-065), Daniel Míguez, Gabriel Noel, Paola Gallo, Silvia Fernández Soto, Mariana Roige y Alejandra Roovers.

Esta investigación ha sido posible gracias al financiamiento que recibí en su momento del Programa VII, otorgado por la Universidad Nacional del Centro de la Provincia de Buenos Aires, que me permitió llevar adelante los estudios de doctorado. El subsidio del Centro de Estudios para América Latina de la Universidad Autónoma de Madrid/Banco Santander Central Hispano me permitió continuar profundizando en la búsqueda de archivos y a realizar avances parciales de mi investigación. Por su parte, el subsidio Pav 2003-065 de la Agencia Nacional de Promoción Científica y Tecnológica, dirigido en la sede de la Universidad Nacional del Centro por el Dr. Daniel Miguez, hizo posible el financiamiento de la última parte del trabajo.

Agradezco al personal de la Biblioteca Nacional del Maestro, del Archivo General de la Nación, de la Academia Nacional de la Historia, de la Biblioteca de la Facultad de Filosofía y Letras de la Universidad Nacional del Centro, de la Biblioteca Nacional y del Congreso Nacional, de la Biblioteca Popular Bernardino Rivadavia de la ciudad de Tandil, y de la Biblioteca Nacional de España. Mi especial gratitud al personal directivo y administrativo de la Escuela Normal "Don José de San Martín" por permitirme consultar los archivos de la institución.

A Pedro y Gerardo Miño simplemente gracias. La generosidad, el estímulo y la confianza de ambos permiten que esta investigación pueda ser sometida a consideración de las lectoras y los lectores.

Un recuerdo por su compañía y amistad de siempre a la entrañable Silvia Persson. Y, finalmente, para mis padres mi reconocimiento a su amor constante e incondicional y su predisposición para comprender mis variantes estados de ánimo en los días de tribulaciones.

La misión política de la escuela pública

Formar a los ciudadanos de la república

(1870-1916)

José María Torres, en el marco del Congreso Pedagógico de 1882, comentó:

"La República Argentina necesita repeler la barbarie del desierto, mediante el inteligente y denodado esfuerzo de su ejército de línea, reducirla a comarcas relativamente estrechas; pero necesita urgentemente reducir también a límites estrechos los elementos bárbaros de la sociedad –que son el ocio y la ignorancia con su séquito de crímenes– mediante el inteligente y perseverante esfuerzo de un ejército de maestros que sepan enseñar, educando la naturaleza moral de los niños, a fin de que las escuelas sirvan eficazmente al objeto de prevenir el crimen, consolidar la paz interior, promover el bienestar general y asegurar los beneficios de la libertad".

El Monitor de Educación Común, Año I, Nº 12, 1882.

INTRODUCCIÓN

Sarmiento resumió, con la fuerza de sus argumentos, su apuesta a favor de la educación al señalar que "el poder, la riqueza y la fuerza de una nación dependen de la capacidad industrial, moral e intelectual de los individuos que la componen; y la educación pública no debe tener otro fin que el aumentar estas fuerzas de producción, de acción y de dirección, aumentando cada vez más el número de individuos que las posean. La dignidad del Estado, la gloria de una nación no pueden ya cifrarse, pues, sino en la dignidad de condición de sus súbditos; y esa dignidad no puede obtenerse, sino elevando el carácter moral, desarrollando la inteligencia, y predisponiéndola a la acción ordenada y legítima de todas las facultades del hombre"[1].

Sus palabras se anticiparon a esa voluntad política de convertir a la educación en una cuestión de Estado. Cuando la unidad nacional se concretó la educación se colocó en la mira del gobierno central. Fue un objetivo compartido por las llamadas presidencias históricas del período 1862-1880 (Mitre, Sarmiento, Avellaneda), y continuado durante los años ochenta. Con el surgimiento de ese proceso de ingeniería social, en el que se buscó sentar las bases del orden burgués, construir un sistema de representación política unificado y organizar el Estado[2], la educación del soberano se convirtió en un tema prioritario para la agenda de gobierno.

Como sostiene Ricardo Salvatore, la mirada que la historiografía argentina hizo de ese proceso, subrayó alternativamente los recursos fiscales y administrativos que hicieron posible la existencia de un Estado nacional, los mecanismos que generaron un sistema de hegemonía política oligárquica, la base jurídica de la soberanía y el ejercicio del poder y la construcción de un proyecto nacional. Al parecer hubo poco interés por explicar los aspectos culturales y disciplinarios de la construcción del Estado. Por lo tanto, la transformación del poder estatal como complejo cultural e institucional –sus

---

1. Domingo Faustino SARMIENTO, *Educación popular*. Buenos Aires, Librería "La Facultad", 1915, p. 23.

2. Marta BONAUDO, *Nueva Historia Argentina. Liberalismo. Estado y Orden Burgués (1852-1880)*. Tomo 4. Buenos Aires, Editorial Sudamericana, 1999.

estructuras de gobierno, sus razones para gobernar, sus prácticas– quedó relativamente inexplorada. Una omisión que resulta notable, para un país y un período que se consideraron paradigmáticos de los procesos de rápida modernización económica y sociocultural[3].

Efectivamente, para los profetas de los nuevos tiempos, el pasaje a la modernización se conseguía con el triunfo del imperio de la civilización. La escuela pública fue presentada como el instrumento más eficaz para alcanzar aquella meta proyectada. Como lo entendían, a ella le competía la titánica tarea de formar al ciudadano y de configurar un nuevo orden social.

El primer paso que dieron en ese sentido fue ocupándose de capacitar a los responsables de llevar adelante aquella misión alfabetizadora. A partir de 1870, el normalismo y la profesionalización de los educadores quedó estrechamente ligada a las sucesivas políticas del gobierno central. El segundo, y más contundente ante la opinión pública, fue la sanción de la Ley 1420 de educación común, obligatoria y laica en 1884 para la Capital Federal y los Territorios Nacionales.

Para mediados de los años noventa y comienzos del XX, aquella convicción sufrió sus primeros quiebres y desasosiegos. La escuela pública comenzó a ser el foco de duros cuestionamientos y acalorados debates, de los que participaron destacadas voces de la esfera pública y política. Las alentadores cifras que, según algunos, mostraban el triunfo de la civilización, para otros era un signo evidente de los magros resultados alcanzados por la escuela pública. La irrupción del "irreverente" escenario social fue el telón de fondo que generó la radicalidad de las posturas y el contraste de opiniones. La elite de los ochenta aspiró, sin temores, a promover una "escuela abierta a todos los niños de la república". Esa voluntad democratizadora, con el paso de los años, devino en incertidumbre y en reclamo. Se habló de recuperar el "equilibrio social" para regenerar el orden. Quienes asumieron la defensa de la ley 1420 recogieron el guante provocador atizando el duelo verbal. En 1915, la controversia alcanzó su punto máximo con la presentación del plan de reforma educativa de las escuelas primarias, los Colegios Nacionales y las Escuelas Normales. La medida, impulsada por Carlos Saavedra Lamas –Ministro de Culto, Justicia e Instrucción Pública–, planteó la urgencia de cambiar el rumbo de la educación pública en el nivel primario y medio. En 1917, el nuevo ministro del gobierno de Yrigoyen derogó esa reforma. Para José Salinas aquella medida de gobierno era necesaria para recuperar el auténtico sentido de la escuela pública.

Pero más allá de las controversias, las idas y vueltas de esas políticas educativas, vale destacar que ese modelo de enseñanza pública se inspiró en la matriz educativa europea gestada en el curso de los siglos XVIII y XIX. Como ha sido estudiado para esa realidad, los cambios políticos, económicos

---

3.   Ricardo SALVATORE, "Sobre el surgimiento del estado médico legal en la Argentina (1890-1940)" en *Estudios sociales* 20 (1º semestre 2001), pp. 82-83.

y sociales requerían de la urgente iniciativa de recomponer un nuevo orden sustentado en una sociedad secularizada e individualista. La preocupación fue la de integrar a esos individuos en torno a una sociabilidad que garantizara la estabilidad. Si en el horizonte de esos tiempos de cambios se percibía la emergencia de una conciencia individual que rompía los lazos tradicionales de la comunidad, era menester buscar vínculos de unidad que dieran forma a la conciencia colectiva de la sociedad. De modo que al Estado secularizador le ocupó la compleja tarea de generar una nueva forma de integración social. Una labor para la cual fue ideada la escuela republicana, a la que se le adjudicó la tarea de formar a los ciudadanos de la patria.

Como afirmó Tedesco para el caso argentino, la elite persiguió como objetivo la *socialización política* de los futuros ciudadanos[4]. Tal como se enunciaba, los "hijos de la república" debían hacer gala, en sus conductas privadas y públicas, de la moralidad de costumbres, de la fidelidad a la patria, de su predisposición al trabajo y al cuidado de su salud corporal. La configuración de ese modelo de ciudadanía se inspiró en un propósito civilizador, a partir del cual se integraría el nuevo orden social.

Atendiendo a estas cuestiones generales es que, en este trabajo, se persigue el ambicioso propósito de reconstruir la política educativa argentina de estos años en sus dos aspectos centrales: la formación del magisterio y la educación del ciudadano. Ahora bien, esta investigación presenta un enfoque de tipo abarcativo en lo temporal y espacial. Y si bien eso implica no desconocer las últimas propuestas académicas que han recortado el análisis a espacios regionales localizados[5], se ha optado por este enfoque con la intención de responder algunas cuestiones que todavía quedan pendientes. En ese sentido, a partir del valioso aporte de los trabajos de la historia de la educación[6] que estudiaron el accionar del gobierno central y su influencia sobre todo el territorio nacional, es posible plantear una revisión de ese proceso y, en particular, sobre algunas conclusiones que parecen oportunas volver a exa-

---

4. Juan Carlos TEDESCO, *Educación y sociedad en Argentina (1880-1945)*. Buenos Aires, Solar-Hachette, 1986.

5. Ver: A. PUIGGROS, (Dir.) E. OSSANA (Coord.), *La educación en las provincias y territorios nacionales, 1885-1945*. Buenos Aires, Editorial Galerna, 1993 y *La educación en las provincias, 1945-1983*. Buenos Aires, Editorial Galerna, 1997. Pablo PINEAU, *La escolarización de la provincia de Buenos Aires (1875-1930)*. Buenos Aires, FLACSO, 1997. M. E. TEOBALDO (Dir.) A. B. GARCIA (Coord.), *Sobre maestros y escuelas. Una mirada a la educación desde la Historia. Neuquén, 1884-1957*. Rosario, ArcaSur Editorial, 2000. Un último trabajo de excelente nivel y de apuesta a favor del debate es el de Daniel Enrique YÉPEZ, *La mano avara y el Cristo caído. Orígenes de la Instrucción Pública en Jujuy a fines del Siglo XIX*. Córdoba, Alición Editora, 2003.

6. La mayoría de los estudios sobre Historia de la Educación en Argentina son aportes muy relevantes de investigadores de Ciencias de la Educación tal como lo explica, Adrián ASCOLANI, "Historia de la Historiografía Educacional Argentina" en A. ASCOLANI (Comp.), *La Educación en la Argentina. Estudios de Historia*. Ediciones del Arca, Rosario, 1999.

minar. Según la mayoría de esos estudios[7], el sistema educativo argentino tuvo en sus orígenes como finalidades principales: disciplinar e integrar consensualmente a los sectores populares bajo el "colectivo" ciudadanos y funcionar como instancias de legitimación de las políticas implementadas por las elites gobernantes. A su vez, estos autores consideraron que el potencial democrático de este modelo generado alrededor de 1880 residió, al menos a nivel retórico, en que todos los sujetos posibles de ser "civilizados" debían concurrir a la escuela en igualdad de condiciones. Esa política permitiría explicar la rápida difusión de la escuela así como la acelerada elevación de la tasa de alfabetización a partir de dicho momento.

Como se advierte, en estos enfoques se entiende que el Estado fue capaz de diseñar un proyecto educativo, a partir del cual ejerció la dominación sobre la sociedad civil. La educación pública, convertida en uno de los instrumentos de dominación, habría sido el resultado de un proyecto de ingeniería cultural destinado a ejercer el control sobre la sociedad. Y es aquí donde surgió la duda y el interés por volver a examinar ese proceso.

Lo que se pretende mediatizar, en la medida que las fuentes trabajadas lo permiten, es esa postura taxativa sobre la dominación. Siguiendo el análisis de Joseph y Nugent, se considera al Estado como un proceso de construcción signado por diversas formas de interacción dialéctica con la sociedad, que lejos de concebirse reificado como una estructura de dominación que se impone sobre el concierto social, alude a la dimensión práctica y procesual de su formación, anclada en la construcción dinámica y multifacética ejercida por los diversos grupos sociales en los distintos planos de la vida cotidiana[8]. Como sabemos, el concepto de hegemonía no excluye el uso de la coerción pero tampoco del consenso como parte de la aceptación del proyecto estatal por parte de la ciudadanía; por ejemplo, la diseminación exitosa de ese proyecto por medio de lo que Louis Althusser llamó "Aparatos ideológicos del Estado": instituciones dominadas por la elite, como escuelas, clubes, partidos políticos y los medios informativos. En ese sentido, puede ser entendida como el producto de procesos interactivos que incluyen a grupos sociales y entrelazan toda una multiplicidad de discursos y de intereses. Tal como la define Florence Mallon, es la resultante de

> "un conjunto de procesos, constantes y continuos por medio de los cuales se impugnan, legitiman y redefinen las relaciones de poder en todos los

---

7.   De los más significativos sobre la época que abordamos podemos mencionar: Héctor Rubén CUCUZZA, "La ley 1420 desde un ángulo de discusión ideológica sobre su significado histórico" en Héctor BRAVO (comp.), *A cien años de la ley 1420.* Buenos Aires, CEAL, 1984. Héctor Rubén CUCUZZA, *De Congreso a congreso. Crónica del Primer Congreso Pedagógico.* Buenos Aires, Besana, 1986. Adriana PUIGGROS, *Sujetos, disciplina y currículum en los orígenes del sistema educativo argentino.* Buenos Aires, Galerna, 1990. Adriana PUIGGROS (dir.), *Sociedad Civil y Estado en los orígenes del sistema educativo argentino.* Buenos Aires, Galerna, 1991.

8.   Gilbert JOSEPH and Daniel NUGENT, *Everyday Forms of State: Revolution and The Negotiation of Rule in Modern Mexico.* Duham, N.C., Duke University Press, 1994.

niveles de la sociedad. La hegemonía es el punto final y, por lo tanto, un equilibrio precario. Se llega a un acuerdo o contrato entre las fuerzas opuestas [...] Sólo entonces pueden gobernar mediante una combinación de coerción y de consentimiento"[9].

Un tanto más extrema es la afirmación del antropólogo William Roseberry cuando escribe que la hegemonía es la construcción conflictiva de un lenguaje para expresar a la vez la aceptación y descontento: un marco común para vivir, discutir y actuar en un orden social caracterizado por la dominación. La contención y la pugna ocurren dentro de "un campo de fuerza" que conecta a los gobernantes y a los subalternos en relaciones orgánicas[10].

Ahora bien, si lo que interesa es aproximarse a la producción del poder social, se puede reconocer que a lo largo de los años estudiados los actores estatales en Argentina debieron redefinir constantemente las relaciones de poder con la sociedad civil. En ese sentido, si bien la cuestión educativa se convirtió en una política de Estado no se puede desconocer que se vieron obligados a rediseñarla como consecuencia de los efectos no previstos de sus acciones políticas y, al mismo tiempo, como resultado de las respuestas que la sociedad civil ensayó a partir de esas acciones. Como se hizo evidente, la complejidad de lo social desbordaba cualquier expectativa inicial.

Al presuponer que la política educativa fue menos unívoca de lo que ha sido presentada, se busca reconstruir ese entramado discursivo atendiendo la temporalidad de las palabras pronunciadas y las disonancias en las opiniones. Reconociendo el poder del lenguaje y de la palabra como productora de realidades, se analizan esos discursos para dar cuenta de sus génesis histórica, y su resignificación, en el marco del contexto histórico abordado[11]. Se

---

9.   Florence MALLON, "Reflections on the Ruins: Everyday Forms of State Formation in Nineteenth-Century Mexico", en G. JOSEPH and D. NUGENT, *Everyday Forms of State: Revolution and The Negotiation of Rule in Modern Mexico*. Duham, N.C., Duke University Press, 1994, pp. 70-71.

10. William ROSBERRY, "Hegemony and the Language of Contention", en Joseph y Nugent, *Everyday Forms... Op. Cit.*, pp. 360-364.

11. En ese sentido, han sido valiosos los aportes de: Quentin SKINNER, "Language and political change" en T. BALL y J. FARR (ed.), *Political innovation and conceptual change*, Cambridge, 1989. J.G.A. POCOCK, *The Machiavellian Moment*, Princeton, New Jersey, University Press, 1975. Otros trabajos relevantes en este tipo de enfoques teórico-metodológicos que podemos mencionar: A.M. HESPANHA, *A historia do dereito na historia social*. Lisbonne, 1978; *Justiça e litigiosidade. Historia e prospectiva*. Lisbonne, 1992. En España encontramos los relevantes y reconocidos trabajos de Bartolomé CLAVERO, *Tantas personas como Estados. Por una antropología política de la historia europea*. Madrid, 1986; *Antidora. Antropología católica de la economía moderna*. Milán, 1991. Pablo FERNANDEZ ALBALADEJO, "Católicos antes que ciudadanos: gestación de una política 'española' en los comienzos de la Edad Moderna", en *Imágenes de la diversidad: el mundo urbano en la Corona de Castilla (S.XVI-XVIII)*. Santander, Universidad de Cantabria, 1997, y "España desde España" en C. BELENGUER, E. ARRIETA, J. ALBERDI y P. ALBALADEJO, *Idea de España en la Edad Moderna*. Valencia, Real Sociedad Económica de Amigos del País, 1998. Un aporte significativo siguiendo este tratamiento téorico-metodológico para el análisis de una crónica de la América Colonial es el de, Pilar PÉREZ

indagan los acuerdos y los puntos de desencuentros de los que participaron los actores estatales, referentes intelectuales, maestros y profesores. Más allá del acuerdo básico de extender los beneficios de la educación pública, la cuestión se convirtió en un campo de batallas verbales, cruces políticos y posicionamientos ideológicos que hacen posible captar las divergencias que existieron al interior de esa dirigencia política e intelectual presentada como la generación del ochenta. Los actores, sus ideas y sus proyectos, materializados en las palabras, dieron cuenta de los cambios y continuidades a los que se asistieron en ese proceso de gestación y consolidación del modelo de educación pública. La mirada sobre la escuela pública y las reconsideraciones sobre sus logros apareció fuertemente condicionada por los avatares de la realidad social. De allí que se deben atender los límites que presentan esos discursos y representaciones culturales a partir de los desbordamientos que se advierten en las prácticas.

Pero también los discursos sugieren otra dimensión analítica en la medida que contribuyeron a la elaboración de una normatividad. En ese sentido, se procura ir más allá de su simple reconstrucción para entenderla como generadora de prácticas educativas. Las normas y las prácticas adquirieron, de ese modo, un mismo status en la medida que esas prácticas, en muchas ocasiones, operaron como productoras de normas [12].

Un aspecto que se desprende de estas consideraciones es el de indagar en los intersticios de ese sistema normativo en los que se puede detectar la capacidad de agencia de los actores. Si bien no se busca profundizar la explicación en el paradigma de la manipulación, centrado en el seguimiento del individuo y sus prácticas que recupera la racionalidad de los sujetos sociales, completamente ocultos por los análisis normativos o funcionalistas, no se deja de estimarlo como una variante explicativa[13]. A partir del conocimiento y el dominio de las normas que esos sujetos evidenciaron, fueron capaces de generar estrategias y reposicionarse en sus ámbitos de acción. Desde ese lugar, es posible examinar, nuevamente, la cuestión de la autoridad al interior del sistema educativo y de las instituciones escolares al tiempo que, permite tener una primera impresión de esa interacción[14] entre docentes y alumnos maestros, entre la institución y la comunidad.

Estas precauciones metodológicas y revisiones conceptuales son posibles gracias a la riqueza de las fuentes consultadas. En el ejercicio cotidiano de su consulta, resultan oportunas las reflexiones de Farge cuando sostiene que

---

CANTO, *El Buen Gobierno de don Felipe Guamán Poma de Ayala*. Quito, Ediciones Abya-Yala, 1996.

12. Simona CERUTTI, "Normes et practiques" en Bernard LEPETIT, *Les formes de l'expérience. Une autre histoire sociales*. París, Albin Michel, 1995, p. 134.

13. Cf. *Ibídem*, pp. 135-136.

14. Si seguimos el análisis de Goffman, la interacción es el producto del contacto cara a cara a partir del cual los involucrados ejercer influencia sobre sus acciones con el fin de preservar la convivencia social. Erving GOFFMAN, *Les rites d'interaction*. París, Minuit, 1974.

"el gusto del archivo es visiblemente un errar a través de las palabras de los otros, la búsqueda de un lenguaje que guarde las pertinencias. Tal vez sea un errar a través de las palabras de hoy, una convicción de que no escribimos la historia para contarla, sino para articular un pasado muerto en un lenguaje y producir un *intercambio entre los vivos*"[15].

En esa búsqueda de las palabras de los otros, se presta una especial atención a los testimonios y acciones de la dirigencia del gobierno nacional. A partir del estudio de la fuentes, se busca captar las coincidencias y divergencias. Su lectura sistemática permite conseguir una continuidad en la información a lo largo del período estudiado. Los debates en las sesiones de la Cámara de Diputados y la Cámara de Senadores reflejan ese cruce de opiniones librado por los legisladores, toda vez que se ocuparon de la cuestión educativa.

De las *Memorias* del Ministerio de Culto, Justicia e Instrucción Pública se trabajan los informes anuales de los ministros sobre el rumbo de la educación en todo el país. A partir de la década del 70, se le sumó la información que brindaron los directores de las escuelas normales del país a la autoridad educativa y, a finales de la primera década del siglo XX, se adjuntaron los partes de los inspectores generales.

Por su parte, el órgano de difusión del Consejo Nacional de Educación, el *Monitor de la Educación Común*, es otra variante de ese discurso oficial. Esa publicación de carácter mensual que apareció por iniciativa de Domingo Faustino Sarmiento en 1880 cuando ejerció el cargo de Superintendente del Consejo Nacional de Educación, a pesar de ser también un relato parcial que daba cuenta de un proceso de construcción social leído desde un lugar concreto, el gobierno, no dejó de evidenciar que esa voz fue, al menos, disonante. Esto permite dar cuenta de las opiniones superpuestas que no siempre estuvieron en la línea de lo que se pretendió gestionar desde el gobierno central. Ese disenso, es una demostración de que el sistema dio lugar al debate a partir del cual fue tomando forma. Sin lugar a dudas, su lectura facilita la reconstrucción de aquel proceso educativo.

La prensa nacional también aporta lo suyo. A partir de su registro minucioso nos aproxima a ese contexto político-ideológico y social en el que se generó la opinión y la información referida a la cuestión educativa. El principal diario de consulta es *La Nación*, que funda Bartolomé Mitre en 1880, por ser el medio escrito más importante de la época en la formación de la opinión pública. Bajo su óptica liberal, y a partir de asumir la defensa de la educación pública y la prerrogativa del Estado para garantizarla, mantuvo una relativa distancia con los autoridades nacionales dejando constancia de sus acuerdos y cuestionamientos sobre el rumbo de la educación. Las disputas y los entretelones de la puesta en marcha de la política educativa, hasta los datos curiosos sobre hechos de diversas consideraciones en los que quedaron involucrado miembros del magisterio, inspectores, alumnos y vecinos de la

---

15.   Arlette FARGE, *Le goût de l'archive*. París, Seuil, 1989.

comunidad, se registraron en sus páginas. Junto con la consulta esporádica de otros medios nacionales, se cruza la información con *El Eco* de la ciudad de Tandil –sudeste de la provincia de Buenos Aires–.

Si estas fuentes facilitan la reconstrucción del proceso histórico abordado, y su contextualización social y política, otras resultan relevantes para enriquecer este estudio. De carácter parcial, pero no por ello menos reveladores, son los datos obtenidos en los Censos educativos, el Boletín Oficial, Informes de inspectores nacionales y provinciales, Planes y Programas de estudio y documentos varios del Ministerio de Justicia, Culto e Instrucción Pública. Los libros de pedagogía, educación y psicología de los niños dirigidos a los educadores; los libros de textos aprobados para ser trabajados por los alumnos en las escuelas; los escritos de reconocidos maestros y maestras, suman valiosas referencias tratadas especialmente en tramos de esta investigación.

Por su parte, la literatura permite recrear el clima ideológico y la sensibilidad de la época, tanto en aquellas obras literarias en las que los autores abordaron centralmente algún aspecto de la educación como en otras que, sin hacer referencia a este tema, en su relatos reconstruyeron el escenario social a partir de ese prisma ideológico.

Estas fuentes editas se complementan con los testimonios inéditos que permiten tener una idea más aproximada de ese cuadro escénico. Dentro de este tipo de fuentes, las que más aportan son aquellas consultadas en las instituciones normalistas. A modo de ejemplo, se trabajó exhaustivamente con los archivos de la Escuela Nacional Normal "Don José de San Martín" de la ciudad de Tandil, Provincia de Buenos Aires. En los *Copiadores* se registraban las actividades diarias de la vida escolar: informes sobre las condiciones edilicias de la institución, comunicados de las autoridades educativas, informes al personal de la escuela, sanciones disciplinarias u observaciones, los exámenes de control médico a los alumnos, actos escolares, participación de la institución en la comunidad, etc. En cuanto a las *Actas de las Asambleas de Profesores*, se detallaban los argumentos formulados por los profesores en el momento de evaluar la conducta de los alumnos-maestros por su comportamiento dentro y fuera de la escuela.

Gracias a estos registros se han planteado algunos interrogantes, de lo que se pretenden aproximar algunas respuestas a lo largo de este trabajo, como: ¿por qué la educación se convirtió en una cuestión de interés para el Estado nacional? ¿quiénes eran los destinatarios de esa formación? ¿cuáles fueron sus reconsideraciones a partir de las diferentes circunstancias sociales, políticas e ideológicas generadas en el período trabajado? ¿qué fundamentos pedagógicos dieron legitimidad científica a ese modelo educativo? ¿qué formación se estimaba como pertinente para dar un perfil profesional al magisterio? ¿cuál era la función de los educadores dentro de la sociedad y cuáles fueron las circunstancias que llevaron a la feminización de la profesión? ¿existieron vínculos y conflictos políticos entre los notables de la política y los miembros del magisterio? Para educar al soberano, ¿qué comportamientos se estimaron como imprescindibles en la conducta ciudadana? ¿qué conocimientos, valores y actitudes se diseñaron para que cristalizara? En ese modelo de ciudadanía ¿qué lugar ocupó la mujer?

Para comenzar a responderlos, en el capítulo I se realiza una presentación general de esa política educativa iniciada en 1870 y que culmina con la máxima expresión de ese proyecto modernizador al sancionar la Ley 1420 en 1884. Un recorrido en el que se advierte el progresivo alcance de la iniciativa del gobierno nacional y la consecuente pugna con sectores de la sociedad civil. Ese entusiasmo a favor de ese instrumento civilizador quedó reflejado en las palabras de los protagonistas y voceros de la iniciativa educativa.

Sin embargo, esa apuesta positiva sobre los logros que supuestamente se conseguirían con la educación pública tempranamente fue reconsiderada. En el segundo capítulo, se trabaja sobre esta cuestión para mostrar el duelo verbal librado en torno a la cuestión educativa que llevó a revisar los resultados, en términos cuantitativos y cualitativos, de la escolarización. Las percepciones fueron encontradas y, de hecho, se hizo un uso político de esos diagnósticos permitiendo que el nacionalismo esencialista, esbozado desde los años noventa, llegara a los espacios de decisión política en materia educativa. La designación de José María Ramos Mejía, como presidente del Consejo Nacional de Educación, se la estudia a partir de ese clima de ideas destacando sus puntos de ruptura pero también sus continuidades con el proceso anterior. Esa escalada reformista, promovida por una elite que se replegó, alcanzó su mayor expresión con la reforma ideada por Carlos Saavedra Lamas en 1915.

Ese modelo educativo se inspiró en los fundamentos de tipo científicos-pedagógicos. De ello se da cuenta el capítulo III, en el que se examinan las fuentes de ese discurso científico para considerar la supuesta presencia hegemónica del positivismo, tal como afirman algunos investigadores[16]. En ese sentido, se pretende mostrar la convivencia de discursos pedagógicos y, en cierto sentido, un modelo más ecléctico en el que se inspiró esa propuesta educativa. De hecho se revela que, en la conformación de un campo pedagógico, existieron diálogos e impugnaciones entre quienes aspiraron a otorgarle un estatus científico al mismo tiempo que buscaron convertirse en los referentes de la materia.

En la segunda sección, se trabaja sobre uno de los aspectos que más preocupó a la política educativa como fue la formación del magisterio. Aquí se vuelve sobre un tema profusamente estudiado pero con la intención de mostrar algunos aspectos menos conocidos que nos revelaron las propias fuentes. Así, en el capítulo IV, se analiza esa búsqueda de profesionalización

---

16. Al respecto cabe mencionar que desde una perspectiva renovadora Terán analiza aquello que ha sido definido genéricamente como positivismo. En ese sentido, prefiere hablar de una *cultura científica* para mostrar las diversas manifestaciones culturales que mostró la intelectualidad en la Argentina de fines del siglo XIX. Ver: Oscar TERAN, *Vida intelectual en el Buenos Aires fin-de-siglo (1880-1910). Derivas de la "cultura científica"*. Buenos Aires, FCE, 2000.

del magisterio como "garantía de competencia técnica" y de "status de honor". Esto lleva a considerar los límites pero también los alcances de esa capacitación, así como la particular formación que recibieron en la que interesa, más que su preparación científica, su presentación ante los alumnos y la comunidad en general como modelo de conducta virtuosa.

Esa estricta formación, prevista desde la prescriptiva, ha llevado a suponer que tuvo un efecto disciplinador sobre los aspirantes al magisterio y el cuerpo docente. Sin embargo, los testimonios de la época, e inclusive el acercamiento a los archivos de una de esas instituciones, permiten revisar esta conclusión un tanto apresurada. Las denuncias sobre los vínculos políticos y la burocratización de la profesión, la transgresión y el quiebre del orden al interior de la institución, permiten replantear, en el capítulo V, la noción de autoridad y su conformación dentro de las instituciones normalistas.

Ese discurso que buscó prestigiar la labor docente encontró un fuerte contraste con la realidad, distancia que muchos de los miembros del magisterio denunciaron como forma de lucha para mejorar sus condiciones de trabajo. El desencanto de muchos de los maestros varones, sumado a la marcada predisposición de las autoridades políticas de promover el magisterio como una carrera "decente" para la mujer, tuvo como efecto concomitante la feminización de la profesión docente. En el capítulo VI se indaga sobre esas circunstancias que favorecieron la presencia mayoritaria de las jóvenes en las Escuelas Normales, un fenómeno con rasgos peculiares en la Argentina. Al tiempo que se reconstruye aquella red discursiva que promovió la inserción de la mujer al mundo del trabajo como educadora, también nos detenemos a analizar los pronunciamientos de aquellas voces que expresaron sus dudas sobre la suerte que corría la sociedad ante su mayoritaria presencia en las aulas de las escuelas argentinas.

Una cuestión nodal de esas políticas fue el de educar a los escolares, los "pequeños patriotas", como futuros ciudadanos. Si bien se ha considerado el propósito de socialización política que perseguían, nada sabemos sobre los tipos de valores, gestos, creencias y formas de comportamientos que configuraban ese modelo de ciudadanía ideado. Ese es el sentido de la tercera parte que los lectores y lectoras encontrarán en esta investigación. En un primer momento se analizan los contenidos y procedimientos pensados como indispensables para generar en los "hijos de la república" el sentimiento de pertenencia a la nación. Efectivamente, la escuela pública fue un pilar indiscutible de ese proyecto de construcción de la nación y la nacionalidad ante la presencia de una sociedad heterogénea como la Argentina. La construcción de una versión del pasado y de su presentación a los escolares ocupa la centralidad de la temática. Para abordar esta cuestión de la enseñanza de la historia nacional, se trabaja sobre una profusa documentación que permite estudiar las celebraciones escolares, el tipo de presentación y la selección de esos personajes célebres, y sus "actos heroicos", que fueron estimados como modelos de conducta ciudadana a los que se debía emular. Pero también es posible repensar esa historia en función de aquellos que fueron excluidos del panteón nacional. Una recuperación de esa historia enseñada en la que preocupa mostrar sus matices y el esfuerzo de adecuación que se hizo para que fuera abordada en el ámbito escolar. De allí que se vuelve sobre la cuestión de la "enseñanza patriótica", durante la gestión de Ramos Mejía, para mostrar de qué modo esa impronta nacionalista reveló la disputa entre un modelo de ciudadanía universal y cosmopolita, de herencia ilustrada, y un concepto de ciudadanía restringido de tipo esencialista.

Pero esa escuela no tuvo como único propósito conformar la nación y la nacionalidad. El modelo de ciudadanía proyectado aspiraba a moralizar las costumbres en la vida privada y pública para imponer el orden social y la estabilidad política. En el capítulo VIII, se trabajan esos contenidos seleccionados con el fin de modelar las virtudes cívicas de los futuros ciudadanos. Un aspecto que permite visualizar esa singular convivencia entre los preceptos de la enseñanza religiosa y la enseñanza laica, en tanto lo que interesó era educar para imponer un modelo de virtud ciudadana a través del cual se consagrara el imperio de la ley, el respeto a las instituciones y las autoridades en sus diversas manifestaciones.

Al avanzar sobre las evidencias encontradas resulta relevante mostrar que ese modelo educativo, tildado de enciclopedista, procuró ensayar un tipo de enseñanza más práctica con la intención de completar ese perfil de socialización política. En el capítulo IX, se estudian los contenidos de una enseñanza con la que se buscó promover la salud del cuerpo, el fortalecimiento físico y la destreza de las manos. Según se argumentaba, la enseñanza de la higiene, la educación física y el trabajo manual serían otros aspectos que hacían posible esa moralización de las costumbres. El carácter integral con el que se concibió a la educación no podía descuidar estos aspectos. Si lo logros no fueron significativos, si de hecho existieron idas y vueltas sobre su implementación, lo cierto es que se intentó dar a la enseñanza un sentido holístico y, al mismo tiempo, atemperar su carácter excesivamente teórico.

Finalmente, las propias fuentes llevan a escribir el último capítulo de la tercer parte donde las mujeres aparecen nuevamente en la escena. Esa educación que tenía como modelo de sujeto político al individuo universal y que depositaba en el varón el ejercicio activo de la ciudadanía, también fue ideada para las niñas. En un tiempo donde se recuperó el modelo de sociedad patriarcal[17], la escuela proclamada como igualitaria contempló la educación de las niñas. Esa condición llevó a diseñar un tipo de contenidos específicos para prepararlas en el estricto cumplimiento de sus deberes privados a través de los cuales, las "madres de los ciudadanos", cumplirían con su responsabilidad pública. Lo más significativo es que, más allá de la recuperación de este modelo cultural que marginaba a las mujeres de la voz

---

17. Un análisis exhaustivo del patriarcado entendido como el producto de "un sistema histórico" ha sido desarrollado por Gerda LERNER, *La creación del Patriarcado*. Editorial Crítica, Barcelona, 1990.

hegemónica de la ciudadanía[18], las "hijas de la república" accedieron a los beneficios de esta educación integral. Las estadísticas, al final del período trabajado, informaban que se acortaba progresivamente la distancia entre los varones y las mujeres escolarizadas. El número cada vez más numeroso de niñas que concurrían a las escuelas llegó a preocupar a más de un testigo. En definitiva, el arribo masivo de las jóvenes a las aulas, como alumnas y maestras, se percibió como otro síntoma de esa sociedad trastocada que adolecía de "virilidad en sus costumbres".

18. Al respecto hemos seguido la contribución de Yuval-Davis que al analizar los procesos de construcción de las naciones y su correspondiente proyecto de ciudadanía plantea que, en primer lugar, habría que considerar la noción de la nación basada en el origen; en segundo lugar, el proyecto de nación aparecería definido en una dimensión cultural y en tercer, lugar el concepto de nación apuesta por la ciudadanía como elemento básico en su definición. A partir de estas instancias, la autora observa cómo distintos aspectos de las relaciones de género están presentes en cada una de estas dimensiones. Nira YU-VAL-DAVIS, *Gender & Nation*. London, Sage Publications, 1997.

PRIMERA PARTE

"GOBERNAR ES EDUCAR"

Capítulo I

La educación del soberano, una cuestión de Estado

> *"El pueblo argentino debe ponerse de pie con su acción simultánea y combinada para combatir la ignorancia que lo extravía y lo aleja de su ruta. La educación primaria envuelve la más legítima de nuestras necesidades y su adelanto es la primera incumbencia del Estado".*
>
> (Nicolás Avellaneda, "Paginas sobre Educación", 1866).

Cuando la unidad nacional se concretó una cuestión se impuso en la agenda del gobierno: la obra civilizadora de la educación pública. Según se manifestó, los cambios que se producían en pleno contexto de construcción del Estado Nacional, y de definición de una "nación para el desierto argentino"[1], debían acompañarse con la educación del pueblo. La relativa estabilidad política, la alta inversión de capital, el arribo constante de inmigrantes, la tasa promedio anual de crecimiento de la economía del 5%, indicadores claros de la transformación, se completaba en la medida que la alfabetización involucrara a la mayor parte de la población. El ingreso a ese nuevo tiempo encontraba en la escuela pública un instrumento para la modernización. El progreso material era una de las caras de la civilización. Su triunfo definitivo se alcanzaba cuando se consiguiera imponer en la sociedad la moralidad en las costumbres que garantizara los comportamientos determinados por la razón y ejemplificadores del control de los impulsos, la represión de las pasiones y las conductas autocontroladas.

En aquel escenario se ideó el modelo de educación pública, gratuita y obligatoria. Una voluntad política que devino en una cuestión de Estado. Tal como se decía, la tarea era imperiosa porque en la república "una parte activa e inteligente de su juventud fue distraída con frecuencia de sus tareas literarias por el ruido de las armas, por eso no era de esperarse que la Instrucción Pública se encontrara en un Estado floreciente"[2], de allí que debía tomarse "una poderosa iniciativa"[3]. Ese programa político de las autoridades nacionales alcanzó dos momentos culminantes: uno, con la creación de la

---

1. Tulio HALPERIN DONGHI, "Una nación para el desierto argentino", en *Proyecto y construcción de una nación*. Caracas, Biblioteca Ayacucho, 1980.

2. *Memoria del Departamento de Justicia, Culto e Instrucción Pública, 1862-1863*. Buenos Aires, p. 8. En adelante *Memoria*.

3. *Ibídem*, Imprenta del "Comercio del Plata", 1866, pp. XI a XIII.

Escuela Normal en Paraná en 1870 y otro, en 1884, con la sanción de la Ley de Educación Nacional (1420) obligatoria, gratuita y laica, dictada para la Capital Federal y los Territorios Nacionales.

El diseño de ese proyecto educativo, heredado de la tradición moderna, liberal y laicizada, con una impronta positivista, fue el correlato de la incorporación de la Argentina a la división internacional del trabajo y de su subordinación cultural al mundo eurocéntrico. La letra y la puesta en marcha de la proverbial tarea de educar al soberano fue la expresión de una intelectualidad muy peculiar: la del '80. La misma que inmediatamente después, cruzada por ideas y concepciones pedagógicas antagónicas acerca del rol de la Iglesia en el proceso educativo nacional, celebró uno de los debates más relevantes y memorables que se recuerden.

Como se ha dicho, en ese proyecto "se condensaron, contradictoriamente, los gérmenes de un discurso educativo reaccionario y progresista, del mismo modo que en la sociedad convivía lo viejo y lo nuevo. Reaccionario porque se nutrió de las viejas y aún predominantes categorías filosóficas e ideológicas del pensamiento liberal-oligárquico –cuya encarnación fue Sarmiento– para delinear el *contenido cualitativo y actitudinal* del mismo. Y progresista porque rescató como forma organizativa y estructural, como *discurso objetivo y sistemático,* los postulados revolucionarios de la gratuidad, obligatoriedad, gradualidad y laicidad. La consecuencia fue la conformación de un sistema educativo, cuyos fundamentos teóricos y metodológicos abrevaron en los principios de la *instrucción pública y educación del ciudadano.* Dicho sistema fue uno de los legados más significativos del programa pedagógico-cultural de la burguesía intelectual del ochenta y uno de sus aportes perennes a la construcción de la *Argentina Moderna*"[4].

Es por esto que puede afirmarse que la educación pública adquirió para esa dirigencia ribetes políticos al considerar que con su difusión se conseguía el orden político y la estabilidad social. Según Tedesco, el modelo de ciudadanía que se proponía configurar revelaba una acentuado carácter moralizador y el ideal de un tipo de hombre preparado para cumplir con sus deberes en la sociedad civil más que capacitarlo para el trabajo en actividades productivas. De allí que, esta enseñanza patrimonio de una elite, habría tenido el carácter de educación oligárquica[5].

Sobre la base de estos valiosos aportes, y a partir de la propia investigación que se ha venido desarrollando en estos últimos años, se pretende revisar críticamente la puesta en marcha de este proyecto con el que se buscó imponer un programa histórico, en el cual uno de sus hitos fundamentales –la separación del Estado de la influencia eclesiástica– le deparó no sólo la repulsa del conservadurismo oligárquico, sino la aversión de los ultramonta-

---

4.   Daniel Enrique YEPEZ, *La Mano Avara y el Cristo Caído. Orígenes de la Instrucción Pública en Jujuy a fines del siglo XIX.* Córdoba, Alianza Editora, 2003, p. 70.

5.   Juan Carlos TEDESCO, *Educación y Sociedad en la Argentina (1880-1900)... Op. Cit.*

nos y del liberalismo católico. Lo concreto es que la fisonomía del país cambió profundamente y en él convivieron dialéctica y contradictoriamente el orden conservador –expresión política del poder oligárquico– y una sociedad que prontamente secularizó sus costumbres mediante cambios vertiginosos.

La recuperación de las palabras pronunciadas por aquellos que se inspiraron en el lema "gobernar es educar" es un modo de aproximarse a las diversas aristas que presentó el proyecto y su puesta en marcha. Las finalidades y propósitos, los puntos de encuentros y desencuentros, las expectativas depositadas en la educación por su función civilizadora quedaron registradas en las fuentes oficiales como testimonio de la voluntad de esos actores estatales que se propusieron "abrir las puertas de la escuela para todos los hijos de la república". Ahora bien, el consenso sobre los beneficios que aportaba la educación no debe llevar a la apresurada presentación de un discurso oficial de carácter unívoco y monocorde. Demás está decir que se comparte aquella consideración de que el sistema educativo, formalizado y centralizado de carácter estatalista, fue funcional a las políticas del llamado régimen del "orden y progreso". Pero esta presentación no puede desconocer la complejidad de aquella tarea alfabetizadora. A partir de la reconstrucción de esa trama discursiva, atendiendo los matices que dejaron las voces de los protagonistas, se vuelve a examinar el progresivo avance de las políticas estatales así como la definición y conformación del sistema de educación público.

"Educar a los hijos de la república": la primer incumbencia del Estado

Los dirigentes argentinos siguieron los pasos de aquellas políticas modernas que consideraron a la educación como una cuestión pública. Sin lugar a dudas, la fuente de inspiración estuvo en la labor que pusieron en marcha los modernos Estados nacionales occidentales[6]. Durante el período de 1800 a 1900 se promulgaron la leyes escolares, con las que se pretendía reducir el analfabetismo mediante la escolarización general; también fue un período de reformas pedagógicas y universitarias de gran calado, cuyo objetivo era la creación de una elite social moderna y la adaptación de las poblaciones

---

6. En ese sentido, no somos originales al destacar la influencia de los modelos educativos europeos y de EEUU más que las experiencias latinoamericanas. De todos modos no se puede desconocer la relevancia de las mismas, tal como ha sido estudiada en: Gregorio WEIMBERG, "Hacia la educación popular" en *Modelos educativos en la historia de América Latina... Op. Cit.* Otro trabajo colectivo en la que se analiza la educación iberoamericana en cada país y sus diversas tramas pedagógicas es el de: Adriana PUIGGROS y C. LOZANO SEIJAS (comp.), *Historia de la Educación Iberoamericana.* 5 Tomos. Madrid, Miño y Dávila, 1995. La educación en su pluralidad de sentidos a partir de los procesos histórico-sociales ha sido analizado por: Adriana PUIGGROS, *La Educación Popular en América Latina. Orígenes, Polémicas y Perspectivas.* Buenos Aires, Miño y Dávila, 1998.

urbanas a las nuevas formas de trabajo y de intercambio[7]. La reflexión sobre las necesarias reformas de los sistemas educativos se estableció por doquier, ya sea en el contexto de los poderes estatales (Jules Ferry y Ferdinand Buisson en Francia), ya sea bajo el punto de vista de la investigación filosófica y sociológica.

En Inglaterra, las medidas legislativas habían convertido la enseñanza en obligatoria desde finales de la década de 1860 (Reform Act, 1867; Education Act, 1870). La influencia de la tesis expuestas desde los años 1850 por el filósofo Herbert Spencer generaron investigaciones innovadoras[8]. Alexander Bain publicaba en 1879 una obra titulada *La Ciencia de la Educación,* que se tradujo rápidamente al inglés y al francés.

En la Alemania unificada la noción de «Bildung», término que abarca lo que en francés llaman *culture* y lo que llaman *instruction,* fue la palabra clave del sistema bismarkiano. Se trataba de formar al ciudadano mediante el acceso al saber científico y técnico, e inculcándole valores de civilización sobre los que la nación basaba su cohesión y su poder. El emperador Guillermo II insistió en los principios de esta política desde 1890 dándoles incluso mayor importancia. Pretendía que la juventud alemana se olvidara de las ilusiones y de las debilidades que según él habían originado el modelo clásico de formación que había dominado en Europa desde el siglo XVII, es decir, el de los saberes orientados principalmente hacia la antigüedad griega y romana. Instituyó los «Realgymnasien», donde se impartía una enseñanza de tipo «moderno» y «práctico», en oposición a los liceos clásicos humanistas. Este «Bildung», situada en la perspectiva de una integración a la «Kultur» –al tener este término en alemán el mismo valor que «civilización»–, implicaba a la vez una germanización de las culturas minoritarias mediante un aprendizaje sistemático de la lengua alemana y de la lectura. El interés por la pedagogía experimental y la enseñanza de la lectura se puso de manifiesto en la década de 1890 en teóricos como Ernest Meumann. En la primera década del siglo XX Alemania se colocaba a la cabeza de las naciones europeas por su porcentaje de alfabetización y escolarización.

Las décadas de 1880 y 1890 estuvieron marcadas también en Francia por una política activa en el campo de la enseñanza. Las leyes republicanas de 1881, 1882 y 1889, que garantizaban la gratuidad de la enseñanza primaria pública en todas las comunas y hacían la escuela obligatoria de los 7 a los 13 años, tuvieron rápidamente como consecuencia un descenso del analfabetismo, aunque en diferente medida según las regiones. Ciertas reformas de contenido pedagógico ampliaron la instrucción primaria a las «lecciones

---

7. Jacques DUGAST, *La vida cultural en Europa entre los siglos XIX y XX.* Barcelona, Paidós, 2003, p. 155.

8. Herbert Spencer (1820-1903) expuso durante los años 1850-1860 unas tesis positivistas en los ámbitos de la psicología y la sociología. Su libro *Essays on education* (1861), alcanzó una gran resonancia en Europa en la década de 1880.

sobre cosas»[9], al canto y al dibujo. También ponían en tela de juicio las prácticas tradicionales de la enseñanza a la vez que abogaban por un método «activo». La enseñanza elemental, lo mismo que en Alemania, se orientaba hacia la formación del ciudadano y hacia el desarrollo comparable al de la Alemania wilhelmiana. Las dotaciones de los liceos apenas aumentaron entre 1881 y 1914. Pero hay que señalar la apertura de liceos para chicas que llegarían a contar con 20.000 alumnas en 1914. Los estudios secundarios eran pagos. Sólo un sector reducido de la población podía acceder a ellos. La creación de los *cursos complementarios* a partir de 1886 y la vía de la «Enseñanza primaria superior» abierta a los mejores alumnos de las escuelas primarias para formar empleados de la administración y para el reclutamiento de instructores contribuyeron también a ampliar el campo de la formación en ese sentido. Esta enseñanza secundaria corta alcanzó a un número importante de niños de las clases populares, lo que permitió una movilidad social hasta entonces inédita. En 1911 contaba con tantos alumnos como los liceos masculinos (unos 88.000), pero no ofrecía más que una promoción cultural limitada. Los liceos franceses, a despecho de ciertas reformas, como la creación de una enseñanza «moderna» (principalmente destinada a las chicas), permanecieron anclados hasta 1914 en una concepción clásica de la cultura en la que predominaban el aprendizaje del latín y del griego, la «retórica» y las «humanidades». Las enseñanzas universitarias, reformadas en la década de 1880 según el modelo alemán, progresaron notablemente hacia finales de siglo, pero no alcanzaban aún más que a un número relativamente reducido de estudiantes. La «ciencia de la educación» quedaba oficialmente reconocida en 1883 mediante la creación de una cátedra de la Sorbona, confiada a Henri Marión. Al año siguiente se creaban otras dos cátedras para la enseñanza de las ciencias de la educación, la una en Lyon (Raymond Thanin) y la otra en Burdeos (A. Espinas).

Las políticas escolares fueron menos innovadoras en las regiones del sur de Europa, donde los niveles de analfabetismo continuaron siendo muy elevados hasta 1914. En España, el modelo pedagógico oficial seguía siendo el «krausismo», tomado de las teorías sobre la educación del alemán Karl Friederich Krause, muerto en 1832, que se tenía por el continuador de Leibniz y de Comenio. A pesar de ciertos intentos de reforma por parte de los gobiernos, la situación material de las escuelas era muy precaria. Hasta 1900 no se creó un Ministerio de Instrucción Pública. Era la consecuencia de un lento proceso de centralización que, a pesar de la tenacidad de sus promotores, había tropezado desde comienzos de siglo con numerosas resistencias y había hallado no pocas trabas. En 1900 no se había podido solucionar aún de manera satisfactoria la cuestión de la retribución de los maestros, cuyo estatus social era muy precario. La Iglesia católica controlaba los contenidos de la enseñanza a todos los niveles. A partir de 1898 se tomaron importantes

---

9. «Leçon des coses», método de enseñanza que consiste en familiarizar a los niños con los objetos cotidianos y la naturaleza.

medidas legislativas para los institutos y las universidades en el contexto del espíritu reformista que se manifestaba por entonces, pero esas medidas no dieron fruto antes de 1914. Las universidades españolas de finales de siglo, prestigiosas por sus profesores, no alcanzaban más que a un número muy reducido de estudiantes: sólo 8.5 en 1990[10].

Argentina participó de esa exigencia del mundo moderno de reducir el analfabetismo mediante la escolarización general. Sin embargo, la instrucción pública estaba lejos de constituir un sistema organizado y, en realidad, se asistió a una serie de intentos no sistematizados, iniciativas variadas desde los gobiernos provinciales, como de los particulares, individuales y asociaciones, cuyos objetivos confluían en la intención de incorporar a los sectores populares a las nuevas condiciones y proyectos políticos y económicos en gestión. De todos modos aquel cuadro de situación no desanimó a quienes consideraban a la educación como un instrumento insoslayable para construir una nueva sociedad en la que se consiguiera "prevenir el crimen, consolidar la paz interior, promover el bienestar general y asegurar los beneficios de la libertad"[11].

Aquella voluntad de extender los beneficios de la alfabetización se hizo presente en la dirigencia desde el mismo momento que se consiguió la unidad nacional. El gobierno central hizo público su interés de impulsar la transformación para la modernización de la sociedad revirtiendo los escasos progresos alcanzados en la instrucción pública. Según algunas opiniones, ese estado de cosas podía ser superado aplicando los modelos de las políticas educativas de Estados Unidos, Prusia, Suiza y de Holanda. Aquellos países fueron comparados con casos como Inglaterra, Francia, Italia y España, donde las instituciones eclesiásticas tenían mayor control sobre la educación. El por entonces Ministro de Culto e Instrucción Pública, Eduardo Costa, pronunció las palabras que resumieron esa voluntad al comentar: "cuanto más grande es la ignorancia de un pueblo, más necesaria y más enérgica debe ser la intervención del gobierno para disiparle"[12]. Sus dichos anunciaron un acuerdo básico, y una política compartida por los hombres del gobierno nacional, la educación era un tema de "interés supremo para la nación"[13].

---

10.   Véase a este respecto Carlos SERRANO y Serge SALAÜN, *1990 en Espagne*. Press Universitaires de Bordeaux, 1998.

11.   *El Monitor de Educación Común*, Año I, N° 12, 1882. Estas eran las palabras del orador José María Torres, por entonces Director de la Escuela Normal de Paraná, en la 5° sesión ordinaria del 15 de abril de 1882 del Congreso Pedagógico. Esta revista que aparece en 1880, fue la publicación oficial del Consejo Nacional de Educación (CNE), por la cual se informaba, en los primeros años de su aparición, sobre la medidas implementadas por este órgano. Para fines de los ochenta se transformó en una publicación en la que además se difundían, con carácter prioritario, todas las cuestiones referidas a mejorar la calidad de la enseñanza pues el principal destinatario era el magisterio de la nación. En adelante, *El Monitor*.

12.   *Memoria*, 1867, pp. XV-XVI.

13.   *Ibídem*, Taller Tipográfico de la Penitenciaría Nacional, 1900. Informe del año 1869, pp. VI a X.

A su turno, el nuevo ministro de la cartera Nicolás Avellaneda avanzó sobre la necesidad de contar con un personal docente capacitado y numeroso que llegara a cada rincón del extenso, aunque escasamente poblado, territorio nacional. Un imperativo que marcó el primer gran paso del gobierno nacional en esa política con la creación de las escuelas normales. Sin embargo, antes de gestionar en ese aspecto, se supuso que había que garantizar el adecuado sustento para quienes tenían en sus manos la formación de los futuros ciudadanos. La nación tenía que favorecer con sus políticas que las provincias tuvieran rentas genuinas, para pagar sueldos dignos a los maestros egresados de las escuelas normales[14]. Después de que el gobierno central hubiera trabajado para que las provincias contaran con maestros, garantizaran las rentas, dotaran a las Bibliotecas para sus escuelas, había que promover una "escuela común de todos y costeada por los recursos de todos, dándole una fuente de vida más amplia que los escasos sobrantes de un erario pobre"[15].

Corría el año 1870 y el gobierno nacional dispuso la fundación de la Escuela Normal Nacional de Profesores de Paraná considerada, por aquel tiempo, como la institución modélica del normalismo. Su creación impulsó la promulgación de otros decretos para extender el número de estas instituciones renovadas por las corrientes pedagógicas modernas. Ese magisterio capacitado y responsable debía emprender la misión de educar, aún en aquellos lugares más remotos e inhóspitos del país. El Estado llegaba a través de su acción capacitadora. Una instancia cuyo corolario sería el de uniformar y homogeneizar el dictado de contenidos en todas las escuelas provinciales del país.

El gobierno central asumió el compromiso de formar al magisterio, propiciando particularmente su feminización. Se argumentó que la mujer era la más capacitada para emprender la tarea de educar a los niños. Compartieron aquel criterio de dejar a la mujer encargada de la primera enseñanza del hombre al sostener que "esta función delicada, paciente y sentimental se relaciona de un modo íntimo con el alto destino que la naturaleza trazó a la mujer en la familia y en la sociedad"[16].

Si hubo acuerdo para promover la instrucción pública no todos coincidieron que debía ser un tema del que se ocupara un Estado en formación. La tarea era vasta e intensa y no se disponían de los recursos suficientes para afrontar la "temerosa cifra" de 350.000 niños que crecían en la ignorancia. Aparecía muy distante la posibilidad de que la nación asumiera aquella monumental tarea, de allí que cada pueblo debía avanzar en materia educativa como obra de su propia salvación, por cuanto "la nación auxilia, protege; pero no sustituye en la labor y mucho menos excluye a las Provincias, a las que la Constitución les ha impuesto este deber supremo"[17]. Había que ceder paso a

---

14. Cf. *Idem*, p. XII.

15. *Idem*, p. XV.

16. *Idem*, p. 163.

17. *Ibídem*, Imprenta de La Tribuna, 1871, p. XIV.

la descentralización en tanto que implicaba, en esencia, un doble acto: "Hay una autoridad o un Poder que se desprende de ciertas atribuciones, pero hay también un municipio, una parroquia, o un vecindario que las recoge [...]"[18].

Si cada pueblo debía acometer la obra de su propia salvación los gobiernos apelaron al vecino de cada localidad, en tanto lo consideraron el más interesado en la educación propia y la de sus hijos[19]. Así por ejemplo, el Ministro de Instrucción Pública de la Provincia de Catamarca convocó a que se eligieran a los "honrados y patriotas vecinos", a los padres de familias para delegarles el control y administración de la instrucción de sus hijos:

> "[...] No dudo que Ud. penetrándose de la trascendental importancia que envuelve para el porvenir del país la ejecución de esa ley, prestará su entusiasta cooperación, a fin de que haciendo conocer a los demás ciudadanos el alcance de ella en favor de cada localidad, se insisten a elegir honrados y patriotas vecinos, en cuyas manos encomiendo la ley de vigilancia de la instrucción del pueblo, el nombramiento de los directores de ella, y la administración del tesoro destinado a su propagación, y que es el punto del propio trabajo de cuyos logros nadie puede mostrarse más celosos interesados que ellos mismos. [...] Desde hoy, son los mismos vecinos, los mismos padres de familia, los que velarán por la escuela, nombrarán el preceptor y administrarán el tesoro. [...]"[20].

Mientras la comunidad vecinal y los gobiernos provinciales fueron los principales responsables de la instrucción primaria, el gobierno nacional avanzó con su presencia a través del otorgamiento de subvenciones, la distribución de libros y útiles, y nombrando a los inspectores que debían recorrer la República estimulando la enseñanza y acercándose a los vecinos. La política de subvenciones fue un factor gravitante en la conformación de los sistemas educativos provinciales durante la segunda mitad del siglo XIX. Su vigencia se extendió durante medio siglo (1857-1904) y, a lo largo de este período, pueden distinguirse tres etapas del desarrollo. La primera, conocida como la era urquicista de las subvenciones, de fugaz e insignificante impacto pedagógico en la Confederación, se remonta a los orígenes de la

---

18. *Idem*, p. XV.

19. De hecho entre los años que precedieron a la caída de Juan Manuel de Rosas y fines de la década de 1870, la falta de presencia de los gobiernos nacionales y provinciales contribuyeron a reforzar ciertas prácticas comunales que permitieron la acción de ciertos personajes "notables". A partir de su iniciativa, y del lugar que ocuparon en la comunidad, asumieron un discurso modernizador a favor de fomentar la instrucción como garantía de la civilización. Al respecto se puede mencionar, a modo de ejemplo, la acción del inmigrante Juan Fugl en Tandil (sudeste de la provincia de Buenos Aires). A este maestro danés, que contó con ciertas ventajas comparativas en un contexto signado por el analfabetismo, en 1855 el juez de paz le encomendó el "ramo de instrucción y de obras públicas". Ver María M. BJERG, *El mundo de Dorotea. La vida en un pueblo de la frontera de Buenos Aires en el Siglo XIX*. Buenos Aires, Imago Mundi, 2004, p. 81.

20. *Memoria*, Imprenta de La Unión, 1872, p. 18.

normativa y comprende los años 1857-1861. Una segunda, comprendió el período 1862-1880, lapso en el cual la misma alcanzó su punto culminante y se identificó con la *era sarmientina de la educación popular*. Por último, el tercer segmento abarcó desde 1880 a 1904 y podría caracterizarla como la *etapa roquista* de las subvenciones[21].

En setiembre de 1857, el Congreso de Paraná sancionó la Ley 164 por la que se acordó la subvención para el fomento de la educación a *todas* las provincias de la Confederación. La situación financiera del Estado Confederado vació de contenido dicha legislación, limitando su texto a una declaración de buenas intenciones.

Durante la gestión presidencial de Mitre la instrucción pública recibió sumas poco significativas en comparación con otros rubros, situación que buscó revertir la gestión de Sarmiento. En octubre de 1869 se sancionó la Ley 356 que sumaba a las subvenciones otra característica, los premios: "Premiar con \$F10.000 a las provincias que tuvieran anotados en sus registros escolares al décimo total de su población"[22]. Para 1871 se sancionó una segunda ley de subvenciones que se sustentaba en tres postulados básicos: contribución del Estado Nacional a la construcción de edificios escolares, participación en la adquisición de mobiliario y útiles para la dotación de las escuelas; y colaboración financiera para el pago de las escuelas.

Lo novedoso de la normativa consistía en que los aportes se distribuirían según los índices de mayor o menor pobreza que acreditaran las provincias. Como era previsible para la época, no se realizaron estudios previos y rigurosos para determinar los verdaderos grados de pobreza/riqueza de cada distrito; a la vez que predominaron en la distribución simpatías o antipatías políticas, generadoras de arbitrariedades y favoritismos. Los reclamos de las autoridades provinciales interpelando al gobierno nacional para que remitiera los fondos adeudados dan cuenta de una política que declamó a favor de promover la educación elemental pero que en términos de distribución del presupuesto nacional se manejó con "mano avara"[23].

Esa política de asignación de subvenciones, que no se concretaban en las sumas estipuladas porque se distraían los fondos para otros rubros o se menguaban en los confusos manejos burocráticos y las prebendas políticas de turno, fue estimada por las propias autoridades nacionales como poco

---

21. Daniel Enrique Yépez, *Op. Cit.*, p. 77

22. *Anales I,* citado por Daniel Enrique Yépez,... *Op. Cit.*, p. 82.

23. Como explica Yépez por ejemplo para el caso de la presidencia de Avellaneda, "en seis años dispuso de \$F111.629.902,31 de los cuales destinó para la Instrucción Primaria \$F2.6664.000, es decir un 2,3% del total, incluyendo los rubros *Gastos Eventuales* que pueden no haberse utilizado. Si dividimos este monto por trece distritos, dará un cociente de \$F204.923 para cada uno, y si a este monto, a su vez, lo subdividimos en 72 meses de gestión, obtendremos que cada provincia recibió mensualmente \$F2.846. Nunca sabremos cuanto se invertía realmente en la educación básica, pues, según sus propias palabras, cuando las partidas venían indiscriminadas, las fagocitaban los Colegios Nacionales (la niña de los ojos de la educación mitrista)". *Ibídem*, p. 97.

significativas responsabilizando, en gran parte, a la desidia y a la distracción de fondos que hacían las administraciones provinciales. Más allá de las acusaciones cruzadas entre dirigentes nacionales y provinciales que formaron parte del juego político de la época y de las responsabilidades de gobierno no asumidas, se hicieron más que evidentes los magros resultados conseguidos en la educación elemental. Esas cifras elocuentes sirvieron de prueba incontrastable para que Onésimo de Leguizamón, Ministro de Culto, Justicia e Instrucción Pública de la Nación, se atreviera a manifestar abiertamente que era el "momento de dictar el plan de instrucción general del que hablaba la Constitución para conseguir ese impulso homogéneo a través de una ley común, una ley superior"[24]. Con sus dichos, avanzó sobre una serie de cuestiones que se transformaron en las ideas pilares sobre las que se sustentó el proyecto expresando:

> "Propiamente, sólo para los pueblos católicos el asunto tiene novedad. La Inglaterra misma tan subordinada a la influencia de la iglesia anglicana en materia de educación, rompió hace cinco años con el pasado para decretar la más radical secularización de las escuelas. No por eso han demolido sus históricos establecimientos de Eton y Arrow, donde los hijos de la nobleza de Inglaterra recibían una educación clásica y viril según la expresión de Montalambert, bajo la dirección de algunos miembros eminentes del clero anglicano. Nada de eso. El pueblo inglés reforma conservando, jamás demoliendo. [...]
>
> Prescindiendo de que todo hombre debe tener una religión, y de cada uno quiere enseñarla a sus hijos, la escuela pública, costeada con la renta de hombres de diversas religiones, no puede servir para enseñar a una exclusivamente sino con el consentimiento de los padres.
>
> Los pueblos que como el nuestro, viven de la inmigración europea, perteneciente a diversas comuniones, necesitan prestar atención a este especial asunto.
>
> No quiero abandonar este punto, sin hablaros de la enseñanza de la mujer, aunque pudiera dejarla comprendida en lo dicha de la enseñanza del hombre.
>
> Pero el asunto merece para mí una atención preferencial. Tratándose de la educación del pueblo, la mujer debe ser recordada en primer término en nuestros días.
>
> Si el cristianismo la sacó de su condición de esclava, la civilización la ha elevado al rango de maestra del hombre. Es así, como el adelanto o el atraso de los pueblos puede medirse en el día por el mayor o menor nivel intelectual de la mujer. Allí donde dirige el corazón de la niñez, es seguro encontrar un pueblo cristiano, virtuoso y amigo del progreso; allí donde la mujer es un agente extraño a la educación, no sorprendería

---

24. *Memoria*, Imprenta Americana, 1875, p. XLIII.

hallar como en las ciudades de Oriente, un pueblo sin conciencia, ni de su fuerza física, ni de su capacidad moral para el bien" [25].

Esas palabras anticipatorias revelaron la convicción de que la instrucción gratuita y obligatoria era una cuestión de defensa nacional. En ese combate contra la ignorancia, provincias como Buenos Aires asumieron la obligación constitucional de impulsar la educación primaria. La figura que fuera convertida por la historia nacional en la más emblemática de la educación popular, Domingo Faustino Sarmiento, aceptó el cargo de Director General de Escuelas de la Provincia de Buenos Aires desde donde impulsó su proyecto educativo inspirado en el modelo de las escuelas de los Estados Unidos de América. En su búsqueda por "civilizar a la barbarie", constituyó el Sistema de Instrucción Pública Central Estatal en el que combinó elementos provenientes de los sistemas norteamericano y francés[26]. Como resultado de su acción se llegó a la sanción de la Ley de Educación Común de la Provincia en 1875 que otorgó, por lo menos en la letra, una gran responsabilidad a la sociedad civil al entregarle el control educativo a través de los Consejos Escolares, compuestos por vecinos elegidos por sus propias comunidades. Esa política educativa fue continuada por Estrada que, influenciado por el pensamiento de católicos liberales belgas y franceses, defendió como demócrata convencido la participación civil en el control de instituciones como la escuela. En su puesta en práctica, sus resultados fueron dispares. Según algunas expresiones de la prensa de la época, se podía constatar "lo atrasada que se encuentra entre nosotros aún la escuela"[27].

Entre los argumentos que se esgrimieron para explicar ese cuadro de situación se dijo que, "el hecho que la ley no haya dado los resultados pudo haberse debido a que los legisladores no hayan tenido en cuenta las condiciones topográficas y la sociabilidad de la campaña"[28]. El otro punto de cuestionamiento estaba en la figura y acción de los consejos escolares que supuestamente no habían cumplido con eficiencia sus funciones, más allá de evidentes logros en algunas comunidades vecinales. La cuestión no estaba en la institución misma, según se decía, si no en los nombramientos de los consejeros escolares por favoritismos políticos impidiendo la libre elección

---

25. *Idem*, p. XLVII.

26. Esta cuestión ha sido trabajada en: Adriana PUIGGROS, *Sujetos, disciplina y currículum en los orígenes del sistema educativo argentino... Op. Cit.*

27. *El Eco de Tandil*, 13 de agosto de 1882. En la nota se continuaba diciendo: "[...] de 6.000 niños de 6 a 14 años que existen en la Provincia, solo se hallen matriculados 45.000. El Consejo General de Escuelas opina en su memoria que la causa de esto depende en gran parte de la negligencia de algunos distritos o consejos, y en otra a la falta de elementos para aumentar el número de escuelas [...] pero depende también de que los pueblos no se dan cuenta o no comprenden la importancia que tiene la instrucción en el porvenir de estos y el deber nacional que tiene todo individuo, no sólo por la educación de sus propios hijos, sino aún del de los vecinos, sobre todo cuando estos son pobres desgraciados que carecen de instrucción y de elementos [...]".

28. *Idem*.

de los vecinos. Como se afirmaba, si cada vecindario "debía atender con su peculio a la educación, justo es dejarle a él mismo la inspección y dirección de este cometido, que estamos seguros lo hará mejor que el Consejo General de Escuelas…"[29]. Los reclamos de los que se hizo eco la prensa de la época, llaman la atención porque encuentra continuidad con las críticas que algunas voces formularon al modelo de educación pública implementado con la Ley 1420. Desde ese entonces se consideró que se había aplicado un "plan de estudio tomando como modelo el de otros países, sin consultar para nada las condiciones locales de arraigo y familia de los niños que tratan de educar"[30]. Según datos de la Dirección General de Escuelas de la Provincia de Buenos Aires, se había alcanzado una cifra de 32.751 niños educados para una población infantil educable de 116.033.

Aunque los resultados no eran los esperados, de todos modos, las figuras notables de las comunidades participaban, junto con las autoridades, de una máxima que se pronunciaba en la época "si no queréis obligar a todos los padres a instruir a sus hijos, preparaos a ensanchar nuestras cárceles"[31]. Además de participar como consejeros escolares, figuras destacadas habían dado cuenta de una fuerte acción en lo referente a la cuestión educativa[32]. Por su parte, las mujeres "notables" de la sociedad, desde instituciones como las "Damas de la Caridad" y las "Damas de la Beneficencia", se ocuparon de la instrucción de las niñas ya que los exiguos subsidios de los gobiernos provinciales y municipales se destinaban para la instrucción de los varones. Del mismo modo, también se puede destacar la labor de las colectividades como las sociedades italianas Unione e Benevolenza, Nazzional Italiana y Unione degli Operari que brindaban una educación primaria a todos los hijos de italianos residentes en la República. Según lo informaban las propias autoridades nacionales, en esas escuelas existía "un régimen adecuado y un espíritu humanitario y liberal digno del mayor encomio"[33]. Una actitud que

---

29. *Ibídem*, 16 de noviembre de 1882.

30. *Ibídem*, 23 de noviembre de 1882. Según el editorialista, "[…] es fácil comprender lo que podía aprovechar el niño que sin saber distinguir dos letras del alfabeto, tiene que cursar desde el día que entra a la escuela desde su primer año, toda una enciclopedia: asignaturas de lectura, caligrafía, aritmética, lenguaje nacional, lenguaje, geometría, dibujo lineal, lecciones sobre objetos, geografía, gimnasia, moral, religión, labores de manos y música. Por inteligente y aplicado que sea el alumno, apenas en su primer curso llegara a retener los nombres de memoria".

31. *Memoria*, 1876, p. XLV.

32. De hecho, para el caso de la comunidad de Tandil, era usual que los notables, junto a los padres, autoridades religiosas y civiles, participaran de las jornadas en las que se celebraban los exámenes finales de las escuelas de niñas y varones. Los niños eran evaluados, por la comisión examinadora, en público y, luego, sus resultados se publicaban en el diario local. Daniela URDAMPILLETA, "La magna tarea de civilizar. Vecinos, Comunidad y Estado en las escuelas de la campaña de Buenos Aires. El caso de Tandil, 1854-1875". *Tesis de Maestría*, Facultad de Ciencias Humanas, UNCPBA, 2001.

33. *Memoria* 1876, p. XLVII.

se revirtió cuando el Estado estuvo en condiciones de asumir el control sobre la educación nacional.

Pero a pesar de la proclamada intención de trabajar conjuntamente las comunidades, el municipio, los gobiernos provinciales y el nacional, frecuentemente se denunciaba el incumplimiento de leyes como la de Setiembre de 1871, por la cual se debían crear las Comisiones vecinales autorizadas a administrar el fondo de Escuelas. Con la intención de poner fin a ese abuso, así como para procurar una inversión adecuada, se formó el cuerpo de inspectores nacionales para que supervisara las escuela provinciales. Para garantizar la libertad en el desempeño de sus funciones, se consideró que debían ser nombrados por el Ministerio de Instrucción de la Nación, puesto que si eran designados por las autoridades locales "se coartaría su independencia necesaria, siendo a la vez una irregularidad el doble carácter de funcionario nacional y provincial"[34]. Fue así que se nombraron cuatro Inspectores nacionales presentados como el "ojo y el alma del Estado" [35].

Todos parecían concluir que más allá de lo loable de los esfuerzos y de algunos logros alcanzados, la tarea estaba inconclusa. Los gobiernos provinciales llevaban la peor parte en esas críticas. En oportunidad de ejercer el ministerio Manuel Pizarro comentó:

> "[…] creo que es llegado el momento que la Nación reivindique sus plenos poderes en lo relativo a la instrucción primaria y a la educación común del pueblo […] avenirse y conformarse con el texto expreso del artículo 67, que declara corresponder al Congreso el deber de 'proveer al progreso de la ilustración' dictando planes de instrucción general y universitaria.
>
> […] Creo, pues que es llegado el momento de restablecer la verdadera inteligencia constitucional en este importante asunto, proveyendo la Nación por sí misma en todo el territorio de la república; sin que por eso las provincias y vecindarios dejen de cumplir también por su parte y con sus propios recursos, los deberes respectivos que en este punto le imponen la Constitución y leyes locales.
>
> La instrucción primaria, abandonada a las municipalidades y gobiernos de Provincia, sin otra intervención de los Poderes Públicos de la nación que les confiere la ley de 25 de setiembre de 1871 para el fomento de ella por subvenciones del tesoro nacional, yace en el más deplorable estado de postración y abatimiento".[36]

Una predisposición que llevó a concretar la creación del Consejo Nacional de Educación (CNE) en ese mismo año, nombrándose a Domingo Faustino Sarmiento, superintendente general. A través de esa dependencia nacional, se procuraba que el gobierno nacional pudiera atender directamente el

---

34. *Ibídem*, p. 1879, p. XVIII.
35. *Idem*, p. 150.
36. *Ibídem*, 1881, p. 12.

régimen y la administración de las escuelas de la Capital, las Colonias y los Territorios Nacionales. Asimismo, las escuelas de las provincias, quedaban bajo la supervisión y vigilancia de este Consejo. Tenía a su cargo también la decisiva función de preparar el Proyecto de Ley de Educación, por la que se esperaba que combinara "con prudencia y discreción la doble acción del pueblo y del gobierno en asunto que tanto interés ofrece a los que mandan como a los que obedecen"[37].

Como consecuencia de las desinteligencias internas dentro del Consejo, fundamentalmente por la cuestión de la enseñanza religiosa en las escuelas, sus miembros no consiguieron elaborar un proyecto de ley orgánica sobre educación primaria en los tiempos previstos. Ante esa situación, el Poder Ejecutivo tomó la iniciativa y remitió al Senado su proyecto en 1881 para su consideración legislativa. Se aprobó con ligeras modificaciones y el proyecto de ley pasó a la Cámara de Diputados, cuya comisión de instrucción pública produjo despacho recién a mediados de 1883.

La obra civilizadora de la educación pública

La modernización en la Argentina de fines de siglo fue entendida como el triunfo de la civilización[38]. A partir de esa convicción se redefinió y se resemantizó lo que se percibía como su opuesto. La "educación del soberano" remediaba los males y precisaba las fronteras de inclusión en la civilidad. Sarmiento en su cargo como Inspector general, al enfrentarse a la insondable geografía del país, constataba cómo irremediablemente la barbarie se imponía en una sociedad que buscaba alcanzar el sitial de las naciones privilegiadas signadas por el progreso. En su visita a la provincia de Jujuy, volvía sobre aquello que siempre lo había preocupado:

"El desierto y la ignorancia: formidables en efecto. La ignorancia hija del desierto y el desierto fracción inalterable en grande extensión, del territorio, o el desierto poblado de indios o de sus descendientes en los campos, y a las distancias intangibles para las ideas —tal es la cuestión de la educación entre nosotros.

En los países árabes la tienda del aduar ha destruido a la larga las grandes ciudades del litoral o las ha conquistado. Argel es salvada de la eterna irrupción del goum árabe por un ejército francés y por el vapor que la liga a la otra costa del Mediterráneo. Constantinopla no ha podido aun ser rescatada".[39]

---

37. *Idem*, p. 70.

38. Sobre la significación que alcanzaba el término civilización se puede consultar: Jean Starobinsky, "La palabra civilización" en *Prismas*, año 3, N° 3, Universidad Nacional de Quilmes, Buenos Aires.

39. *El Monitor*, Año 1, N° 1, 1882.

El despoblamiento y abandono de los hijos de aquellas tierras eran los signos del atraso. Un modo de revertir esa lamentable situación, según afirmó, era extendiendo el alcance de la escolarización. El contacto con aquella realidad lo llevó a reconsiderar lo que entendía como barbarie:

"Con el auxilio del Censo de 1869, que marca las agrupaciones de población en todas las Provincias es fácil decir cuántas escuelas pueden fundarse, de a cincuenta niños por los menos. Los que están fuera de estos centros, podemos resignarnos a verlas crecer, y desarrollarse en la barbarie y aguardar para nosotros o para nuestros hijos las tristes urgencias. No usamos sin criterio la palabra barbarie. La ignorancia no es precisamente la barbarie. En Francia, tenida por la nación más civilizada, un 30 por ciento de sus habitantes no sabe leer, sin que se diga que son bárbaros; porque representan en sus industrias, en su historia, en su raza, en sus instituciones, y aun en sus ideas, cuan ignorantes sean individualmente algunos, todos los progresos humanos desde los romanos hasta nuestros tiempos. No están así constituidas nuestras poblaciones compuestas en su mayor parte de una raza conquistada, que no tiene antecedentes aceptables, y a la que es preciso comunicarle en industria, gobierno y cultura toda la civilización europea"[40].

Según lo creía, la barbarie, mucho más grave que el analfabetismo o la ignorancia, era la ausencia de tradición y cultura. Ese embarazo permanente para el engrandecimiento y prosperidad de la nación que decoraba con el nombre de ciudadanos a seres estacionarios, rebeldes a la cultura, ineptos para el trabajo inteligente, indisciplinados para la vida política, podía ser superado con la presencia de los hijos de la civilización europea.

Aquella apuesta esperanzadora encontró sus matices cuando se constató que no todos los extranjeros que se sumaban a la vida del país aportaban su cultura. Un prevenido Avellaneda, destacó que "nueve sobre doce de los que llegan a nuestras playas, no saben leer; y su ignorancia se refunde con la de nuestras muchedumbres para perpetuar los males que tan hondamente nos aquejan"[41]. Sin embargo, la urgencia de cambiar el rumbo de esa realidad social no podía hacer dudar de que el progreso provenía desde afuera. Los antecedentes poco aceptables de los pobladores nativos podían ser revertidos por los hombres y mujeres europeos, portadores de los nuevos horizontes de la modernidad.

Esas vicisitudes se trasladaron al propio campo del proyecto educativo. Si existió consenso en estimar que la educación era el salvoconducto para garantizar la modernización, las divergencias surgieron a la hora de precisar en quiénes se debía focalizar la acción educadora. No había dudas de formar adecuadamente a la población nativa, sin embargo, hubo voces que se mos-

---

40. *Idem.*

41. Cf. *"Páginas de Avellaneda sobre Educación"*. Ministerio de Justicia e Instrucción Pública. Buenos Aires, 1935. Recopilación y notas de Ismael Buccich Escobar, p. 9.

traron más atentas en *nacionalizar* a quienes provenían de otras geografías. Aunque partidarios de fomentar la inmigración para promover una sociedad que caminara por la senda del progreso no dejaron de expresar la preocupación que generó su presencia. Efectivamente la llegada de la corriente inmigratoria era el hálito de esperanza de un futuro mejor, la invitación a continuar apostando por la modernización económica y social. En aquel mundo donde todo estaba en movimiento, mercaderías, capitales, transportes y hombres como marca inequívoca de una economía que "cambia de ritmo" y con ella la sociedad[42], Argentina no permaneció ajena. El Estado se convirtió en principal protagonista de ese cambio, de allí la renovación legal e institucional que garantizaría el bienestar y la seguridad de ese contingente de hombres y mujeres que se desplazaron buscando concretar el sueño de un porvenir de prosperidad.

El inmigrante, trabajador calificado, hombre poseedor de una cultura superior, podía con su presencia y su acción impulsar una transformación de signo positivo. Pero quedaba pendiente una cuestión que no podía ser soslayada, cómo se integraba a la comunidad receptora. Esta duda no dejó de asaltar tempranamente aún a los más entusiastas defensores de las políticas migratorias. El orden social que debía imperar podía estar en riesgo si aquella masa de extraños no se consideraba parte de la nación. El cataclismo producido por la mera presencia de individuos cuyo arribo provocó la tasa de crecimiento más alta del planeta, con relación a sus habitantes originarios, puso en evidencia que la "estática del orden y la dinámica del progreso"[43] no siempre podían convivir. Aquella temprana incertidumbre se agudizó a principios del siglo XX frente a la agitación social, convirtiéndose en la pesadilla de todos aquellos que se sintieron amenazados por la presencia de esos agentes portadores de ideologías y de costumbres que atacaban la integridad del cuerpo social del país. Junto con el "buen inmigrante" se corría el riesgo de que llegara el "mal inmigrante"[44]. Como siempre para ese mal se pensó en un remedio. A lo largo de estos años se consideró a la educación como el mejor anticuerpo para preservar a la comunidad de la posible inestabilidad. A la preocupación por educar a los nativos y vencer su ignorancia se le sumó la de incorporar a los extranjeros. La escuela pública adquirió, entonces,

---

42.   Eric HOBSBAWM, *La Era del Imperio.* Labor Universitaria, Barcelona, 1989.

43.   Oscar TERAN, *Positivismo y nación en la Argentina.* Buenos Aires, Puntosur, 1987, p. 13.

44.   Para analizar aquella "ideología proinmigratoria" se puede consultar Tulio HALPERIN DONGHI, "Para qué la inmigración?. Ideología y política inmigratoria en la Argentina (1810-1914") en *El Espejo de la historia. problemas argentinos y perspectivas latinoamericanas.* Buenos Aires, Sudamericana, 1987. La mirada sobre los inmigrantes sufrirá matices hasta visualizarlo con resistencia según el grupo étnico al que perteneciera. Aquella reestructuración de la escala jerárquica de los grupos étnicos dentro de la masa de trabajadores ha sido tratada por Ricardo FALCON, "Inmigración, cuestión étnica y movimiento obrero (1870-1914)" en F. DEVOTO-E. MÍGUEZ, (comps.), *Asociacionismo, trabajo e identidad étnica. Los italianos en América Latina en una perspectiva comparada,* Buenos Aires, CEMLA-CSER-IEHS, 1992.

otra dimensión en la medida que no sólo debía desterrar la ignorancia de los nativos. Los propios actores, en dos momentos distintos, remarcaron su misión de salvaguardar a la nación del otro enemigo en tanto que,

> "La invasión de los bárbaros no ha de venir de Oriente como oleadas que suceden unas a otras en el Océano Atlántico, ni de la silenciosa Pampa, como aquellos huracanes de tierra que les ve avanzar, a guisa de montañas que marchan. El enemigo no está ad Portas sino dentro de la ciudad. Es un pólipo que crece y se ramifica, sino se le detiene, y estirpa (sic) como el árbol del mal. [...] ¿Qué harán ellos con nosotros? debe excitar nuestro interés" y el mundo entero se está preguntando hoy, qué harán de nosotros ellos! los que no conocen la sociedad en que viven, ni las instituciones ni las leyes morales que las rigen para su conservación; y predican el nihilismo, por ver que hay detrás de la NADA!; y la revuelta otros esperando oír un consejo saludable, salir de la sangre. Solo la posteridad oye la voz de las ruinas! donde estuvieron los grandes imperios de Roma, Venecia y tantos otros!" [45].

> "Los hombres de otro hemisferio y de otra raza, que llegan a suelo fértil de la Argentina, se casan con mujeres de otra raza y producen una descendencia ingénitamente formada por la justa posición de herencias contrarias, que si la educación, la antropoctenia no interviene para fundirlas, quedan siempre contrarias y sólo yuxtapuestas, prontas a desdoblarse. [...] Es menester que el país pueda incorporarlos a su propia substancia, imprimirles los sentimientos, las tendencias, las pasiones nacionales, penetrarlos de la vida nacional, argentinizarlos. [...]" [46].

En circunstancias en las que se percibió a la nacionalidad en peligro, el encuentro entre culturas, propia de los que militaron a favor del cosmopolitismo, entró en tensión con los que asumieron la defensa de la "tradición y el patriotismo"[47]. La búsqueda de integración y pluralismo se había inspirado en dos corrientes. Como explica Terán,

> "los escritos de Alberdi habían legado dos líneas de definición de la nacionalidad. Una, a modo de nacionalismo constitucionalista, político y universal (o al menos 'occidental'), contenida en los argumentos que enfatizaban el hecho de que 'la patria no es el suelo' sino un conjunto de valores que, al haber sido importados del Viejo Mundo, permitían afirmar que Europa 'nos ha traído la patria, si agregamos que nos trajo hasta la población que constituye el personal y cuerpo de la patria". Y

---

45. *El Monitor*, Año 1, 1882, N° 1.

46. *Cámara de Diputados de la Nación* (en adelante *C.D.*), Sesión de junio 15 de 1906. Estas palabras fueron pronunciadas por el Ministro de Instrucción, Piñero, en ocasión de ser interpelado por la Cámara de Diputados para que fundamentara las medidas tomadas en esta materia sin consultar a los legisladores.

47. *La Nación*, 28 de junio de 1906.

otra línea, elaborada desde la matriz liberal economista, en cuya línea había reiterado la consigna del ubi bene, ibi patria. Era otra manera de pensar una nación en términos no idiosincráticos, sino como un espacio 'neutro' –ahora el económico– donde los actores sociales despliegan unas prácticas igualmente genéricas. Pero, además, si la patria reside allí donde están los bienes económicos, la figura que el autor de las Bases diseñaba era la del sujeto económico, esto es, del 'habitante-productor', que remite a la sociedad civil o al ámbito del mercado" [48].

Al mismo tiempo, estaba presente otra herencia. El liberalismo político republicano, en su campaña contra las escuelas de las colectividades extranjeras que cultivaban símbolos o lenguas de sus comunidades de origen, Domingo Sarmiento declaraba que en la Argentina "no educamos argentinamente", sino que se esperaba construir sujetos políticos bajo el precepto de que la enseñanza es universal. La propuesta era que el ciudadano comprendiera que formaba parte de la gran patria universal[49].

Si la vieja herencia iluminista pervivía en aquella voluntad educadora, conjuntamente se fortaleció la búsqueda de una identidad que forjara el perfil de un "sujeto nacional". Según las más extremas expresiones había que impedir que se formara una "descendencia ingénita", imprimiéndoles los sentimientos nacionales como una forma evidente de garantizar la estabilidad frente a la nueva figura del "bárbaro" que era el inmigrante movilizado.

A la hora de pensar la educación popular como una herramienta eficaz para salvaguardar el orden y la estabilidad, se sumaron aquellos que la estimaron como una factor de prevención del crimen. Siempre estuvo presente aquel principio contundente esgrimido por el ministro de educación francés Duruy: "una escuela que se abre es una cárcel que se cierra"[50]. Se suponía que la educación triunfaba sobre la morigeración de las costumbres, atemperaba las pasiones y suprimía la mayoría de los vicios inmorales en el individuo. Cuando de vicios morales se hablaba se pensaba en las conductas desviadas que llegaban al crimen. Ante la percepción de un supuesto aumento

---

48.   Oscar TERAN, "Ernesto Quesada o cómo mezclar sin mezclarse" en *Prismas* 3, Universidad Nacional de Quilmes, 1999, p. 39. Como señala el mismo autor, en su momento Quesada "lamentaba que ese lema se hubiese convertido en la definición moderna de la nacionalidad, invertía significativamente la valoración para quien si la patria estaba efectivamente allí donde residían los bienes era porque había confiado en la capacidad espontánea del mercado para producir el lazo social y aun la identidad nacional". *Idem.*

49.   Al respecto, Sarmiento comentó en un artículo titulado "Las escuelas italianas. Su inutilidad" en el diario *El Nacional,* del 13 de enero de 1881, "Confesamos ingenuamente que no comprendemos lo que significa educar italianamente a un niño […]. ¿Educamos nosotros argentinamente? No; educamos como el norteamericano Mann, el alemán Fröebel y el italiano (sic) Pestalozzi nos han enseñado que debe educarse a los niños. Le hacemos aprender de manera racional todo aquello que hoy se enseña en las escuelas bien organizadas del mundo entero". D. F. SARMIENTO, "Condición del extranjero en América" en *Obras Completas de D. F. Sarmiento.* Buenos Aires, Editorial Luz del Día, 1953, T.XXXVI.

50.   *El Monitor,* Año XXIX, N° 450, 1910.

de los índices de criminalidad, acentuada por el relato cotidiano de parte de la prensa, preocupaba implantar un modelo de disciplina social. Había que evitar que esas conductas se propagaran para lo cual era indispensable educar a los niños para formar los buenos hábitos como mejor prevención contra el delito[51].

Esa escuela que vencería a la barbarie, prevenía al crimen, era la que formaría al ciudadano en el ejercicio de sus deberes y derechos cívicos, en tanto era "la verdad dogmática del presente siglo, de que la educación es la base más firme de la libertad, el progreso y la paz"[52]. Ella aseguraba los beneficios de la libertad civil y de la libertad individual para la República, en tanto formaba al ciudadano. Esa educación común para todos que reunía durante el año escolar

> "al hijo del primer magistrado de la República sentado al lado del más humilde artesano [...] hijos de médicos, abogados, comerciantes acaudalados, fraternizando con los del carpintero, del albañil, del sirviente. Así [...] se mata el germen latente entre la miseria y la opulencia; se previenen las crisis sociales; se establece la verdadera democracia basada en el amor recíproco, sea cual fuere la posición del individuo"[53].

La idea de formar al futuro ciudadano de la democracia también se hizo presente en la Argentina finisecular. En los argumentos esgrimidos a favor de ampliar los alcances de la educación del pueblo se hizo referencia a la formación del ciudadano en tanto sujeto político. La ciudadanía[54] fue presentada como un estatus igualador que nivelaba las diferencias naturales y

---

51. Las nuevas teorías sobre las cuestión del delito, su tipificación y la figura del delincuente llevaron a una renovación que aportó el positivismo. Sobre la nueva criminología y el mundo carcelario se puede consultar, entre otros trabajos de interés, a: Ricardo SALVATORE and Carlos AGUIRRE, *The Birth of the Penitentiary in Latin American: essay on criminology, prison reform, and social control, 1830-1940.* Austin, University of Texas Press, 1998. Un análisis de los cambios en los tipos de violencia y una aproximación a su cuantificación en: Beatriz RUIBAL, *Ideología del control social 1880-1920.* CEAL, Buenos Aires, 1993. A propósito un trabajo reciente en el que se hace referencia a esa criminología positivista y su impronta en el "sentido común", particularmente en la prensa es el de: Lila CAIMARI, *Apenas un delincuente. Crimen, Castigo y Cultura en la Argentina, 1880-1955.* Buenos Aires, Siglo XXI, 2004. Sobre las diversas formas de violencia(s), delitos y sus representaciones punitivas y jurídicas en la Argentina ver: Sandra GAYOL y Gabriel KESSLER (comp.), *Violencias, Delitos y Justicia en la Argentina.* Buenos Aires, Editorial Manantial-UNGS, 2002.

52. *Memoria*, 1872, p. 234.

53. *Ibídem*, 1881, p. 348. Esas palabras fueron escritas en oportunidad de que la Comisión examinadora de la Escuela de Aplicación Anexa a la Escuela Normal de la Capital, elevara su informe sobre el resultado de los exámenes en el establecimiento donde los aspirantes al magisterio realizaban sus prácticas pedagógicas.

54. Cabe destacar que, a pesar de ciertos cuestionamientos, el esquema interpretativo sobre la ciudadanía de T. H. MARSHALL, *Class, Citizenship and Social Development*, analizada en tres dimensiones: la civil, la política y la social, continúa siendo enriquecedora para la discusión teórica.

que proporcionaba un punto de referencia a partir del cual elaborar aspiraciones y metas comunes, trascendiendo los diferentes puntos de partida en el espacio político. Ese punto de partida determinó, al mismo tiempo, los criterios para especificar la inclusión o, en su defecto, la exclusión[55]. Los dirigentes se inspiraron en aquella ficción jurídica en la cual el pueblo devenía en soberano[56]. Una entelequia que llevaba implícita la contradicción que hizo al corazón de la política moderna: el pueblo preexistía a los efectos de su invocación al tiempo que se lo debía construir. Una idea de pueblo con una aproximación sociológica de connotación negativa y una definición política de valoración positiva. De un lado, la *plebe,* de otro, el *populus;* la vil multitud y la nación. El populacho librado a las pasiones, una muchedumbre inculta, amenazadora; de otro lado, el sujeto de la soberanía, la forma tranquila de la voluntad general[57].

El convulsionado pasado político de la Argentina, donde la masa inculta manipulada por el rosismo había ejercido la facultad del voto, era una referencia recurrente entre quienes aspiraban a que la voluntad general fuera el producto del ejercicio de una ciudadanía responsable. De allí que se remarcara que la paz social y el orden político se lograba terminando con la ignorancia del pueblo. La escuela se transformaba, de ese modo, en una garantía para la democracia. Así lo sostuvo el prestigioso abogado Rivarola al recordar la figura del maestro José Manuel Estrada. En ella se inculcaría el valor de la obra de Montesquieu y el principio democrático que se consagraba en la virtud ciudadana en la que

> "[...] cada uno deberá querer, con igual voluntad y entendimiento, la felicidad común. El pueblo era en el antiguo régimen, la muchedumbre sometida, ignorante, gobernada, feliz a veces, bajo un déspota benévolo; desgraciada bajo una aristocracia egoísta y cruel. El nuevo régimen, dio a todo hombre, por serlo, un valor político, en abstracto igual a otro hombre. Lo imaginó soberano... y fue menester educar al soberano.[...]"[58].

Esa apuesta a favor de la capacidad transformadora de la educación pública conllevaba indefectiblemente a que se denunciara su fracaso toda vez que se la percibía superada por la dinámica del cambio social.

---

55.   Cristina SANCHEZ MUÑOZ, "Ciudadanía y derechos humanos. Una mirada desde el género" en Pilar PEREZ CANTO *Mujeres de dos mundos: ciudadanía social de las mujeres latinoamericanas.* Madrid, Instituto de la Mujer-UAM, 2003.

56.   Un lenguaje político inspirado en una tradición inaugurada desde 1789, donde el ciudadano es el individuo abstracto en nombre de quien se habla y quien es sujeto de representación. A propósito, Lefort comenta: "La democracia inaugura la experiencia de una sociedad inasible, en la cual el pueblo será llamado soberano, donde se abandona la cuestión de su identidad, para permanecer latente". En Claude LEFORT, *L'Invention démocratique.* París, Fayard, 1985, p. 173. (La traducción es nuestra).

57.   Cf. Pierre ROSANVALLON, *Le peuple introuvable. Histoire de la représentation democratique en France.* París, Ediciones Gallimard, 1998, p. 18. (La traducción es nuestra).

58.   Rodolfo RIVAROLA, *Ideas y deberes de educación. Discursos.* Buenos Aires, ULP, 1918, pp. 68-69.

Juntos en la escuela:
"el hijo del trabajador pobre y el hijo del patricio de ayer"

En el contexto de ese movimiento a favor de dictar una ley de instrucción pública se convocó en Buenos Aires, al Congreso Pedagógico Panamericano en 1882[59]. En ese "verdadero certamen intelectual"[60] participaron reconocidos maestros y pedagogos del país y de Latinoamérica. A lo largo de sus encuentros, se delinearon y discutieron los principales puntos del modelo de la escolarización primaria impulsada desde el Estado nacional. La importancia de extender la alfabetización a los niños de la república, los fines de orden y estabilidad social que se perseguían con la escolarización, la profesionalización del maestro, el diseño de contenidos, métodos y procedimientos propicios para concretar la formación de los futuros ciudadanos útiles a la patria, la enseñanza mixta y la importancia para la sociedad de contar con la educación de las niñas, fueron los puntos abordados con la maestría de la palabra que mostraran aquellos hombres y mujeres reunidos en ese congreso. Uno de los principales oradores fue el pedagogo y maestro español, José María Torres[61], quien en su oratoria supo decir:

> "Nuestros medios actuales de educación pública son escasísimos para cegar el abismo de dificultades sociales, existente entre la ignorancia de las masas y el progreso intelectual de una parte de la población. Las instituciones de la República encuentran peligros a cada paso; por un lado, en los hombres que sin principios fijos morales y políticos, aspiran a empleos rentados; y por otro, en la ignorancia de las masas. La paz interior no se consolida, el bienestar general no se promueve y los beneficios de la libertad no se aseguran, donde esas dos clases coexisten en extensión considerable, porque: es política constante de la primera aumentar el número de la otra, excitándole sus apetitos y pasiones, para conducirla por una vía que la ignorancia no ve. Tienen más influencia sobre esta clase de electores

---

59. Sobre este encuentro se puede consultar: Héctor CUCUZZA, *De Congreso a Congreso. Crónica del Primer Congreso Pedagógico*. Buenos Aires, Besana, 1986.

60. José Salvador CAMPOBASSI, *Ataque y defensa de la ley nacional 1420*. Rosario, Ediciones Trabajo, 1968, p. 5.

61. José María Torres se graduó como profesor normal en España. Formado bajo la doctrina de Krause y cercano al modelo pedagógico de la Institución Libre de Enseñanza, conoció las propuestas de Chao, Salmerón, Azcárete, Uña y particularmente, de Giner de los Ríos –muy reconocido en el ambiente rioplatense–. Su primer función fue la de vicedirector del Colegio Nacional de Buenos Aires para reemplazar, posteriormente, al prestigioso director Jan Jacques. Episodio del que da cuenta la reconocida obra de Miguel Cané, *Juvenilia*. En esa obra literaria donde se relata las andanzas de los jóvenes estudiantes, hijos de lo más granado de la sociedad porteña y del interior del país, se cuenta la resistencia inicial a la figura del director español que vino a ocupar el lugar del admirado director francés que se transformaría, finalmente, en respeto y consideración hacia su gestión. Fue durante dos períodos director de la Escuela Normal de Paraná. Autor de obras pedagógicas. Miembro del CNE y opinión permanentemente consultada por su experiencia y sus probados conocimientos.

ciertas dádivas estimulantes de entusiasmos, que los mejores argumentos de los estadistas más ilustrados y honorables; y sin embargo, cualquier voto procurado así, una vez depositado en la urna, se cuenta como el de un Moreno o el de un Rivadavia.

No hay más que un remedio, uno sólo, para este estado de cosas; y ese remedio consiste en el establecimiento de escuelas para la educación de todo el pueblo [...]; escuelas en que los principios de moralidad estén ampliamente combinados con los principios de la ciencia; [...] escuelas en que las vidas de los grandes virtuosos sean ensalzadas para la admiración y ejemplo, especialmente la vida y el carácter de Jesucristo, como el más sublime modelo de benevolencia [...]; escuelas en que a más de todo esto y de los ramos de la enseñanza común, se de la Instrucción Cívica" [62].

El director de la prestigiosa Escuela Normal del Paraná participó de esa apuesta a favor de la educación que hacía posible garantizar el orden del país, la modernización de la sociedad y la estabilidad de las instituciones. La conquista de esa meta sólo podía conseguirse con una escuela que formara a los futuros ciudadanos. Recuperó las palabras de un referente del modelo de educación popular en Inglaterra, Lord Broughan, para comentar: "un buen sistema de gobierno requiere que el pueblo lea y se informe de los asuntos políticos; si no, él será presa de todo charlatán, impostor o perturbador que pueda hacer su negocio en el país"[63].

Buenas escuelas y maestros competentes no eran suficientes si no se implementaba la obligatoriedad escolar para todos los niños. Ese era el auténtico sentido de la ley de educación común: garantizar que todos los niños se educaran. Bajo ese argumento presentó un proyecto a consideración, inspirado en el modelo escolar de los Estados Unidos de Norteamérica, en el que se preveía: el derecho a aprender de todos los habitantes de la Nación; el sostenimiento de la educación pública a través de fondos y rentas especiales, administrado por las autoridades escolares, distribuido entre las Provincias y la Capital.

Tal como se prometía, el pasaje por las aulas de aquella escuela hacía posible que el hijo del poderoso y el hijo del humilde tuvieran la misma oportunidad de convertirse en miembros útiles al servicio de la patria. Ese sentimiento igualitario, aquella voluntad democratizante, encontró su mayor expresión en la voz de Groussac, director de la Escuela Normal de Tucumán, cuando pronunció su encendido discurso en favor de la educación común:

"[...] El gran problema social y político de este país, como de sus vecinos más difícil y más glorioso que el de los Estados europeos, donde la raza está unificada; que el de los Estados Unidos, donde las razas indígenas han sido sacrificadas. Los pueblos sudamericanos han aceptado el problema en

---

62. *El Monitor,* Año I, N° 14, 1882.
63. *Idem.*

toda su magnitud: quieren incorporar a la civilización a las clases o razas desheredadas. Con el mestizo, con el gaucho, con el mulato que ya está a medio camino de la redención, quieren hacer un hombre. Nosotros los educadores haremos la verdadera democracia; en nuestras aulas modestas o lujosas admitimos al hijo del pobre trabajador, sea cual fuere su matiz, y le sentamos al lado al hijo del rico, del patricio de ayer; y si después de algunos años el primero es mejor que el segundo, le inspiramos por el sólo hecho del hábito inoculado, un sentimiento de su dignidad, de su valor moral, que ninguna iniquidad de la fortuna lograría destruir completamente. Nosotros borramos la maldición recaída en la posteridad de Cam, reemplazando la sentencia dolorosa del Antiguo Testamento, con la palabra reparadora del Nuevo: ***A cada uno según sus obras***" [64].

Sobre la base de esa convicción, los congresistas acordaron los puntos centrales que debía promover la futura ley de educación común tales como:

"- La enseñanza de las Escuelas Comunes debe ser enteramente gratuita.
- La ley debe establecer en principio un mínimum de instrucción obligatoria para los niños de seis a catorce años de edad.
- Ese principio sólo puede hacerse rigurosamente efectivo en las localidades donde existan escuelas comunes, dentro del radio que al efecto se designe según las circunstancias y costumbres de cada localidad.
- Aun dentro de ese radio, la ley debe dejar a los padres o tutores en cuanto al mínimum de instrucción que están obligados a suministrar a sus hijos o pupilos, debe ser penada con amonestación privada, con amonestación pública y con multas progresivas, según la naturaleza de las faltas imputables, pudiendo, en último caso, emplearse la fuerza pública para hacer efectiva la concurrencia de los niños a las escuelas comunes [...]
- Los sistemas de educación pública deben responder a un propósito nacional en armonía con las instituciones de cada país. [...]
- Las escuelas primarias, como la familia, deben atender especialmente a la educación del sentimiento y la voluntad, cuidando de formar el carácter moral de la juventud. [...]
- Dentro de los límites asignados generalmente a la educación primaria, no hay razón para establecer diferencias de extensión, aplicables a cada sexo [...] a no ser aquellas materias que exigen la habilidad manual en la mujer para el cumplimiento de las necesidades propias del hogar, y cuya atención debe recomendarse. [...]
- La inspección higiénica y médica debe ser obligatoria en las escuelas comunes y privadas. [...]
- La base de un buen régimen económico para la organización y prosperidad de la educación común, es la dotación de rentas propias y suficientes que constituyen su patrimonio inviolable, administradas con independencia

---

64. *Ibídem*, Año III, N° 3, 1884 (subrayado del texto).

de todo poder político por los funcionarios responsables de la educación común. [...]

- Que haya suficiente número de escuelas normales, en que se enseñan especialmente las mejores doctrinas de la pedagogía, debiendo llamar la atención del legislador, la institución de escuelas normales con internados destinados exclusivamente a los alumnos maestros que concurran de las campañas. [...]

- Son materias indispensables de enseñanza común las siguientes: lecciones sobre objetos, lectura, música, gimnasia, dibujo, escritura, aritmética, composición oral y escrita [...], geografía política, física y astronómica, instrucción cívica, historia nacional, nociones de historia natural, de filosofía e higiene, de física, de química, de geometría y álgebra, de teneduría de libros y de historia universal.

Las escuelas de niñas comprenderán también la costura, el corte y la economía doméstica; y las rurales, lecciones de ganadería y agricultura. [...]" [65].

La imposición del modelo de educación estatal

Sin lugar a dudas, el mayor escollo que encontraron los congresistas a la hora de pronunciarse a favor de la sanción de una ley de instrucción obligatoria y gratuita fue la cuestión de la enseñanza religiosa. Ese fue un tema áspero que venía generando controversias y batallas verbales entre los dirigentes, y que había tomado estado público desde los años anteriores. El problema central que se debatía era el de precisar hasta dónde podía avanzar el brazo de esa política educativa sin interferir con voluntades e instituciones particulares, en este caso la Iglesia.

El conflicto alcanzó su punto de mayor tensión cuando se discutió la sanción de la ley en la Legislatura nacional. El conocido debate entre católicos y liberales conmocionó a la opinión pública y, ciertamente, ha quedado fuertemente grabado en la historiografía nacional. Fue una evidente expresión del choque entre esas dos tesis que disputaron la preponderancia en la definición de un proyecto educativo sobre el que se edificaría un determinado orden social.

En realidad, cuando se trató el tema en el recinto legislativo la batalla ideológica ya tenía un vencedor. Desde los setenta se había vislumbrado, particularmente en torno a la creación de las escuelas normales, pero se agudizó a partir de 1880. La prensa fue el canal del que se valieron ambos bandos para llegar a la opinión pública en defensa de la causa y la denotación del rival. Sarmiento fue una de las figuras descollantes de esa polémica asumiendo, desde las páginas de *El Nacional,* la firme defensa de la educación

---

65. *Ibídem*, Año III, N° 59, 1884, pp. 617-618.

laica. Enfrentado a sus compañeros del Consejo Nacional de Educación, al ministro Pizarro, al ex-presidente Nicolás Avellaneda, escribió los comentarios más irónicos y agudos en la saga de artículos que publicó bajo el título *"La escuela sin la religión de mi mujer"*[66]. Por su parte, Mitre desde *La Nación*, Paul Groussac, Lucio V. López, Carlos Pellegrini, Roque Sáenz Peña, Delfín Gallo y otros, en *Sud América,* José C. Paz como director de *La Prensa* y sus editorialistas fueron las figuras más notorias que se sumaron a la defensa de la escuela laica. A favor de la enseñanza religiosa, en *La Unión*, José Manuel Estrada, Pedro Goyena, Emilio Lamarca, Tristán Achával Rodríguez y Miguel Navarro Viola fueron las voces más relevantes del pensamiento católico en aquel debate. En la Cámara de Diputados[67] se discutió el proyecto de la Comisión de Instrucción Pública y Culto presentado por la bancada de diputados católicos, en el que se establecía la enseñanza religiosa obligatoria, y el proyecto de educación común de los diputados liberales, en sustitución del de la Comisión, en el que se defendió la enseñanza laica. La propuesta de los legisladores liberales se inspiró en la ley belga de 1879 que excluía la religión de la enseñanza oficial, limitándose a permitir que los ministros de las diversas comuniones, antes o después de las horas de clase, asistiesen a la escuela para dictar los contenidos su doctrina respectiva. Se dejaba expresa constancia que "la enseñanza religiosa sólo podrá ser dada en las escuelas públicas por los ministros autorizados de los distintos cultos, a los niños de su respectiva comunión, y antes o después de las horas de clase"[68].

Se puede decir que, en aquellas circunstancias, la postura de los "católicos" quedó debilitada ante el avance de las políticas liberales y la voluntad de abrir "la escuela pública para todos los niños del país" sin carácter confesional. Sin embargo, el núcleo de legisladores católicos argumentó a favor de la enseñanza de la religión –exonerando a los padres de familia que no profesaban el catolicismo de la obligación de enviar a sus hijos para ser instruidos en esa religión– declarando como necesidad primordial, "la de formar el carácter

---

66. *El Nacional*, 1883. A lo largo de ese año en sus comentarios, aludía a la extraordinaria presión que ejercerían sobre las autoridades nacionales las damas católicas, especialmente "la esposa del doctor Avellaneda que lo impulsa a defender la enseñanza religiosa en nuestras escuelas argentinas". *Ibídem*, 12 febrero de 1883. Para los liberales de la época, aquellas mujeres que asumían la defensa de la religión católica eran la expresión de un obstáculo a la modernidad. Al respecto se puede consultar: Karen MEAD, "Gendering the Obstacles to Progress in Positivist Argentina, 1880-1920" en *HAHR*, Volumen 77, Number 4, Nov. 1997, pp. 645-675.

67. Ese debate también se reveló de modo interesante en las diversas peticiones que católicos y liberales presentaron en su momento en el recinto del poder legislativo. Se puede decir que fue un debate detrás del debate planteado entre los legisladores y que merece un tratamiento aparte. Un llamativo trabajo al respecto es el de Horacio Juan CUCCORESE, "Historia de las ideas, la 'cuestión religiosa' en 1883 a través del derecho de petición presentado en el Congreso Argentino. Las manifestaciones populares" en *Academia Nacional de la Historia*. Tomo IV, Buenos Aires, 1967.

68. *Idem.*

de los hombres por la enseñanza de la religión católica y las instituciones republicanas"[69].

El debate comenzó con la presentación del diputado católico Achával Rodríguez, cuestionando el proyecto de la bancada liberal por desconocer el artículo 5º de la Constitución Nacional que delegaba la instrucción primaria a los gobiernos provinciales. Según argumentó, se afectaba a las escuelas privadas atacando "el derecho de ¡enseñar y aprender libremente!"[70]. Otro grave error, era la proscripción de la enseñanza religiosa en la escuela oficial. No podía existir una sociedad bien organizada sin religión. Como sentenció, allí estaba el ejemplo de los Estados Unidos y su escuela oficial.

En la misma línea argumentativa, del legislador que se había proclamado "liberal en la verdadera acepción de la palabra", pronunció sus palabras Pedro Goyena. Recordó, al responder al diputado oficialista Civit, que la propia Constitución exigía como requisito para ser Presidente de la República pertenecer a la comunión católica. Como sostuvo, el tipo de liberalismo que cuestionaba era ese que promovía la "idolatría del Estado [...] completamente desvinculado de la religión"[71], por ser el mayor atentado contra la libertad. No tenía dudas, "la escuela debe ser religiosa [...]. Se enseñará, pues, la religión nacional, se enseñará la religión que sostiene la Constitución de la República"[72]. La realidad del país indicaba que un clero tan reducido no podía brindar enseñanza religiosa a un gran números de niños y allí podía estar la acción de la escuela. Por eso, sostenía el legislador, esa enseñanza moral y religiosa para ser eficaz no podía circunscribirse a tiempo y lugar determinados[73].

El eje de los argumentos de los diputados católicos no pasaba por rebatir el proyecto de la enseñanza oficial, sino la ausencia de la enseñanza religiosa. Como sentenció Achával Rodríguez, se debía anteponer la formación del hombre antes que al ciudadano. Esa habría sido la gran conquista de los principios modernos: el "sagrado" principio de los derechos individuales. Ante las palabras del Ministro de Instrucción Pública, Eduardo Wilde, "el Estado hace ciudadanos, la Iglesia hace católicos", su respuesta fue "el Estado hace el ciudadano; la iglesia hace el hombre"[74]. Aquel mandato convertía a la Iglesia en un poder social, una institución gobernante con jurisdicción temporal y en inevitable relación con el Estado. La escuela primaria debía complementar la enseñanza del hogar. La enseñanza de religión impartida por un sacerdote o por el cura párroco fuera de horas de clase, después de una lección de historia, física o cualquier otra materia dada por un maestro sin

---

69. Citado por José Salvador CAMPOBASI, *Ataque y defensa de la ley nacional 1420*. Ediciones Trabajo, Rosario, 1968, p. 53.

70. *Ibídem*, p. 150.

71. *Ibídem*, p. 206.

72. *Ibídem*, pp. 215-218.

73. *Ibídem*, pp. 220-221.

74. *Ibídem*, p. 270.

religión, era un peligro para la educación del niño. La escuela debía dotarse de maestros católicos. En cuanto a los maestros de las demás religiones trabajarían en las escuelas privadas subvencionadas. Como sostenía firmemente "[…] el maestro no debe ser solamente religioso en la enseñanza religiosa. La enseñanza de la geología, la enseñanza de la filosofía, etc., deben estar basadas sobre las grandes verdades de la revelación"[75]. El legislador avanzaba sobre una cuestión de fondo: el origen del conocimiento. El fundamento del conocimiento era la religión y no la ciencia.

Para impugnar el despacho de la Comisión de Instrucción y Culto, pedir su rechazo y su reemplazo por un proyecto de ley presentado por sus colegas –que resultó posteriormente ser la base fundamental y el contenido esencial de la Ley 1420– habló el diputado liberal Onésimo Leguizamón. Explicó que si la educación era un medio de gobierno, no debía dársele un sentido contrario a las instituciones del país. Por eso, la educación debía ser completamente obligatoria, necesariamente obligatoria, hasta sus últimas consecuencias. Y, por supuesto, debía ser gratuita. Como explicó: "[…]La educación debe tener un objeto esencial: desarrollar simultáneamente la inteligencia, la parte moral del niño, y también su capacidad y sus medios físicos. La educación debe ser dada, en consecuencia, con arreglo a los principios de la higiene, necesaria, obligatoriamente con arreglo a los principios del desarrollo físico. […]"[76].

Cuestionó que el proyecto de la comisión no contuviera una palabra sobre la educación de la mujer y la condición femenina para el ejercicio del magisterio. Tampoco nada se exponía sobre el maestro privado. Así se aseguraría la enseñanza de la verdad en la escuela pública y dejaría en libertad para que se enseñara la mentira en la escuela privada. En lo relativo a la profesión del maestro, consideró que la ley era muy deficiente puesto que exigía ciertas condiciones de capacidad pero no determinaba qué condiciones y no hacía referencia a la estabilidad del magisterio. Ese factor era de sustancial importancia para garantizar su propio desarrollo, su moralidad y su ilustración. Tampoco se hacía referencia al carácter que debía tener la inspección. Según lo expuso, la misma debía ejercerse de dos maneras, técnica y administrativa. La primera, correspondía a los maestros, hombres competentes. La administrativa, referida a la higiene, a la moral y a la disciplina de las escuelas tenía que estar entregada, con arreglo de las nociones sociales comunes en materia de educación, a los padres de familia, es decir, al vecindario, al distrito escolar. Según lo entendía, el vecindario tenía "el derecho de intervenir en el gobierno inmediato de la escuela local, donde tienen a sus hijos, y donde el maestro desempeña, como en el seno de la misma familia, una misión de confianza"[77]. En síntesis, la propuesta de Leguizamón contemplaba una postura intermedia entre quienes defendían el derecho de la sociedad civil

---

75. *Ibídem*, p. 329.

76. *Congreso de la Nación, C.D.,* Sesión del 4 de julio de 1883, p. 467.

77. *Ibídem*, p. 482

a diseñar y administrar las escuelas en las que se educaban "los hijos de la comunidad" y, las posturas centralistas que defendían el control de la educación por parte del Estado. Como sostuvo con vehemencia:

> "[…] No es entonces, la escuela sin Dios lo que quiere el partido liberal en la Cámara. Los que piensan como yo, los que me hacen el honor de acompañarme en la cuestión que nos ocupan, dejan a Dios donde se encuentra; donde debe estar: en todas partes, según la verdadera noción de su omnipresencia.
>
> Hacen más aún: dejan en completa libertad a todos los ciudadanos para que adoren a Dios como lo entiendan en el templo y fuera de él, en la ermita y fuera de ella, en el valle, en el monte, en público y en privado, sin imágenes ni símbolos, con tal que lo hagan en espíritu y en verdad, es decir comprendiéndolo y amándolo sinceramente"[78].

Por su parte, el legislador Lagos García comentó a su turno que "[…] no es atea la escuela en que se enseña la moral que reposa sobre las ideas de la existencia de Dios, de la inmortalidad del alma, de la Providencia y de la justicia divina. […] La escuela que propone el contra-proyecto presentado, es cuando más una escuela neutra, una escuela no sectaria. […]". De allí que podía sentenciar: "[…] que el proyecto de la Comisión que no permite siquiera entren allí, a enseñar religión, sacerdotes de cultos disidentes, es el que se crea la escuela atea para un número muy considerable de los niños de esta Capital y de los territorios nacionales […]"[79].

También estuvo presente para apoyar al proyecto del diputado Leguizamón el ministro Eduardo Wilde. En su disertación expresó que el Ministro de Culto, Justicia e Instrucción Pública de una nación como la República Argentina no era el responsable de propagar la fe, ni de ser su apóstol, no debía enseñar una religión, ni proteger un culto en detrimento de otros. La historia había demostrado que el Estado tenía fines particulares como el de unir a los hombres entre sí. La religión tenía la función de unir a los hombres con Dios. Pero mientras el Estado se dirigía a las colectividades, la Iglesia atendía a los individuos. Como sostuvo:

> "[…] Un Estado, en la concepción del derecho moderno, puede confesar la existencia en la mayoría de los que lo componen en una religión; es decir, afirmar en sus leyes que la mayoría del pueblo tiene tal o cual religión […]. Pero eso no significará que el Estado, entidad colectiva, tenga lo que solo pertenece al individuo, una creencia, una religión. La religión es una concepción enteramente individual […] Nadie se puede asociar para tener una religión […][80].

---

78. *Idem*, pp. 483 a 484.

79. *Ibídem*, Sesión 6 de julio 1883, p. 497.

80. *Ibídem*, Sesión del 13 de julio de 1883, p. 557.

Con su alocución, llegó a plantear una cuestión cardinal en el debate al comentar que la época moderna planteó con claridad la diferencia entre el Estado y la Iglesia. La Iglesia tenía competencias sobre las creencias y el Estado sobre los intereses temporales. Ese Estado interconfesional garantizaba a todos los hombres la igualdad de derechos. Uno de ellos era el de la libertad de conciencia. El verdadero principio moderno lo había proclamado Cavour al comentar: "La Iglesia libre en el Estado libre'. [...] La Iglesia domina las creencias; el Estado domina las funciones políticas. [...]"[81].

El largo y sostenido debate, recuperado en estas páginas sólo en sus aspectos centrales, culminó con el rechazo del proyecto de la comisión y la aprobación del que presentara el diputado liberal Onésimo Leguizamón. La votación fue concluyente: cuarenta y tres votos contra diez. En definitiva, aquella controversia giró sobre dos tesis centrales: la de los católicos que defendieron el derecho de los padres a elegir el tipo de educación que desearan para sus hijos, proclamando el predominio de las familias católicas en el país, y la de los que consideraron la educación como una cuestión de Estado que debía priorizar la formación del ciudadano[82]. Era una querella en la que el pensamiento católico, anti-individualista y, en principio, respetuoso del orden social establecido se oponía a la educación liberal, centrada en el individuo y la confianza en el cambio, un antagonismo que durante el siglo XIX se expresó como un conflicto entre la tradición que encarnaba la Iglesia católica y la modernidad que se empeñaba en construir el Estado. Para los católicos, el conocimiento se sustentaba en los dogmas de la verdad revelada y la defensa de la familia frente al individuo como núcleo de la vida social. Por su parte, los liberales recuperaron la matriz ilustrada y sostuvieron que la primacía de los valores religiosos obstaculizaba la estructuración de una comunidad nacional, mucho más amplia que la sociedad religiosa, por definición excluyente[83]. Se impuso la enseñanza libre en las escuelas primarias nacionales y se dejó librado a las autoridades provinciales que decidieran sobre la posibilidad de que se dictara la enseñanza religiosa optativa los días sábados para aquellas familias que estimaran conveniente que sus hijos la recibieran.

De todos modos, aquella controversia continuó y apareció con cierta recurrencia alcanzando puntos de inflexión en momentos en que la educación pública era cuestionada por su supuesta ineficacia. En ese contexto, el reposicionamiento y la mayor ingerencia de los sectores católicos se hicieron

---

81. *Idem*, pp. 559 a 560.

82. Sobre esta cuestión se puede consultar el trabajo de N.T. AUZA, *Católicos y liberales en la generación del 80*. Buenos Aires, 1975. Un análisis más general aportó también este autor en: "The Catholic Church in Latin America, 1830-1930", *The Cambridge History of Latin America*, Cambridge, 1986.

83. Esta cuestión también se planteó de modo similar en toda Latinoamérica, para el caso mexicano se puede consultar: Soledad LOAEZA, "La Iglesia y la educación en México. Una historia en episodios" en, Pilar GONZALBO AIZPURU, *Historia y Nación. I. Historia de la educación y enseñanza de la historia*. El Colegio de México, México, 1998.

presentes acusando a la escuela pública y sus maestros de formar a los niños sin la idea de Dios. El año 1906 fue paradigmático, en ese sentido, al hacerse evidente el avance de algunos gobiernos provinciales que, valiéndose del principio de jurisdicción sobre los establecimientos que dependían de su administración, decidieron imponer la enseñanza religiosa. Esa situación llevó a que el Ministro Piñero ratificara, desde la nación, la libertad de enseñanza. Esa nueva disputa se trasladó al ámbito de la comunidad que tomó partido por uno u otro bando, tal como sucedió en la provincia de Córdoba:

> "Un núcleo de personas caracterizadas se ocupa en hacer firmar un telegrama al ministro Piñero, felicitándolo juntamente con el presidente de la república, por el decreto de libertad de enseñanza" [84].

> "La directora de la escuela provincial de niñas pasó a una nota a la comisión vecinal escolar, informando de las torpes burlas provocadas por fanáticos enemigos de la enseñanza laica.
>
> Las personas sensatas critican severamente los procederes del elemento ultramontano, instigador de estas burdas persecuciones" [85].

Sin embargo, más allá de la virulencia de las palabras de estos actores no se pueden desconocer los puntos de encuentro que existieron entre posiciones aparentemente opuestas. La disputa no puede convertirse en la cortina de humo que oculte puntos de concordancia sobre los que se volverá oportunamente. Detrás de la disputa verbal había un inmediato problema de competencias institucionales, una disputa que también se hizo presente con las otras jurisdicciones de gobierno[86] y la propia sociedad civil.

En ese sentido, para algunos investigadores de Historia de la educación, la Ley 1420 fue la contundente manifestación del monopolio estatal en materia educativa. En ese proceso de estructuración y centralización del sistema no habría sido posible la incorporación de otros discursos pedagógicos ni la

---

84. *La Nación*, 7 de abril de 1906

85. *Ibídem*, 10 de abril de 1906. La toma de posicionamiento cuando se instalaba nuevamente el debate era inevitable. Así por ejemplo en la ciudad de Rosario, provincia de Santa Fe, donde se gestó: "[…] un movimiento de opinión contra la nueva ley escolar sancionada por la cámara de diputados de la provincia, según la cual se establece la enseñanza religiosa obligatoria en las escuelas fiscales, debiendo estar a cargo de miembros del clero católico. Esta ley, tan inoportunamente dictada, por cuanto ha venido a raíz de la afrenta al sentimiento liberal del país, por la cuestión de la entrada de la bandera nacional en los templos, ha repercutido desagradablemente entre los liberales, que se disponen a combatirla, organizando manifestaciones públicas contra el gobierno que la prestigia y contra los legisladores que la sancionaron". *Ibídem*, 27 de junio de 1906. En cuanto al incidente mencionado por el cronista, se refiere a que durante la ceremonia del Te Deum en ocasión de celebrarse el festejo patrio del 25 de Mayo, el obispo de la ciudad prohibió el ingreso de la bandera nacional.

86. Cabe señalar que en la sanción de la ley se alegó respetar la Constitución Nacional que en su artículo 5° reconocía la facultad que las provincias ejercían en la educación primaria, sin embargo, también se recordó el artículo 67 por el cual se concedía al Congreso de la Nación, la facultad de dictar planes de estudio de instrucción general.

de otros tipos culturales[87]. Se habría superado la propuesta de una escuela controlada por la Municipalidad, tal como lo había proclamado la Ley de Educación Común de la Provincia de Buenos Aires de 1875, con la creación de los Consejos escolares[88], la profesionalización de los maestros –cuyos títulos serían habilitados por el Gobierno Central–, la burocratización y el verticalismo que regía a la enseñanza oficial.

Tal como se supone, el correlato de esas políticas centralizadoras, fue la pérdida de control de la comunidad de la educación de sus hijos. Obviamente a quienes se habría afectado particularmente fue a aquellas colectividades de inmigrantes que habían conseguido afianzar sus propias instituciones escolares. A modo de ejemplo, se puede mencionar el caso de la comunidad danesa del sudeste de la provincia de Buenos Aires, que buscó reproducir en sus escuelas el modelo cultural de su país de origen. Aquel universo escolar, convertido en una "pequeña Dinamarca", debió ajustar sus contenidos cuando el modelo de educación pública se consolidó. Así, se tuvo que incorporar la enseñanza del idioma nacional para dejar el uso del danés al interior de la comunidad. Una conclusión inmediata lleva a reconocer el éxito y la eficacia de esa imposición cultural propiciada por el Estado. Sin embargo, también es posible avanzar sobre otra dirección y reconocer la estrategia que desarrolló la colectividad que fue capaz de operar a partir de esas dos formas políticas de integración[89].

Otro caso a destacar es el de la colectividad italiana que, si bien procuró mantener el predominio de la lengua y la cultura italiana, debió ceder ante el embate de aquellos dirigentes que cuestionaron duramente a sus escuelas. Ahora bien, como explica Favero, el gobierno italiano y las propios

---

87. Entre otros trabajos, el más significativo en este enfoque es el de: Adriana PUIGGROS, *Sujeto, Disciplina y Curriculum... Op. Cit.*

88. Los "Consejos Escolares de distrito", según la ley, estarían compuesto por cinco padres de familia, elegidos por el CNE. Esos vecinos, entre otras funciones, debían vigilar el cuidado de la higiene, la disciplina y la moralidad de las escuelas públicas. Sancionar la falta de cumplimiento de los padres y los tutores o maestros que no respetaran la enseñanza obligatoria que debían recibir los niños. Tiempo después, esta institución sería cuestionada por su inercia y por el desinterés de los vecinos en participar, tal como se comentaba frecuentemente: "[...]el pueblo no toma participación en los asuntos escolares, sino muy indirectamente. La institución de los Consejos Escolares que son, o deben ser los representantes del pueblo en la escuela, no cumplen en general esa misión, salvo honrosas excepciones. El mal no está en la institución misma, sino en las personas designadas para constituir los Consejos. Casi todos olvidan sus deberes tan claramente especificados en las sabias disposiciones de la Ley, para convertirse en meros firmantes de certificados, matrículas o notas de trámite en que se propone algún recomendado para un puesto de maestro o director, pero no se ve esa protección paternal de las escuelas y de los maestros [...]". *El Monitor,* Año XII, N° 490, 1913.

89. Un interesante estudio comparativo entre la comunidad danesa en la provincia de Buenos Aires y una comunidad de esa nacionalidad residente en Iowa (EEUU) se encuentra en: Mónica BJERG, "Educación y etnicidad en una perspectiva comparada. Los inmigrantes daneses en la pradera y en la pampa (1860-1930) en, *Estudios migratorios latinoamericanos.* Año 12, N° 36, Agosto de 1997.

inmigrantes de esa nacionalidad optaron por integrarse ante la presión de un sistema educativo oficial mejor implementado. Cuando la escuela pública, gratuita y obligatoria se instaló en el país, se decidieron por una estrategia más oportuna como fue la de incorporar a sus descendientes nacidos en la Argentina, al ejercicio de la ciudadanía activa a través de la escolarización y el servicio militar obligatorio[90].

Por su parte, las colonias rusos judías y alemanas del Volga en la provincia de Entre Ríos[91], la galesa, los chilenos y los indígenas de los Territorios Nacionales de la Patagonia[92], también habrían sufrido los efectos de esa voluntad homogeneizadora del Estado Nacional, llegando a su punto más extremo en los comienzos del siglo XX.

Este es un aspecto de la cuestión que no impide advertir otras formas de participación generadas por las propias comunidades. Aunque contaron con menor margen de acción en los canales formales previstos por la ley no dejaron de interesarse y pronunciarse sobre distintas cuestiones vinculadas a la educación de sus hijos. Allí estuvieron sus voces para reclamar por una mejor escuela para los niños. Denunciaron la falta de idoneidad o los supuestos *affaire* en los que se veían involucrados los maestros y maestras, pero también hicieron público su reconocimiento a aquellos valorados por su labor en favor de la escuela. Peticionaron por la mejora de los planes de estudio. Se pronunciaron en contra de medidas de gobierno que estimaban como perjudiciales para el rumbo de sus escuelas o celebraron aquellas que consideraron oportunas. Estas y otras formas de acción aparecen con continuidad en las fuentes trabajadas, por lo que es posible pensar que la comunidad no permaneció alejada de aquello que también era materia de su interés.

Finalmente, se puede avanzar sobre otra reflexión. Se habla de alternativas pedagógicas coartadas, de una sociedad civil que no pudo generar otros proyectos educativos. Pero en el marco de aquella sociedad, y por cierto de cualquier realidad social, habrá que preguntarse qué sectores civiles tenían peso y capacidad para gestionar sus propios proyectos educativos capaces de garantizar la equidad y la igualdad en materia educativa. Si se entiende a la sociedad civil como un tejido de instituciones que pesan y definen en el espacio público según su grado de articulación cultural, de poder económico y de tradición de gestación, habrá que tener en cuenta quiénes estaban en

---

90. Luigi FAVERO, "Las escuelas italianas en la Argentina (1866-1964), en *La inmigración en la Argentina*. Buenos Aires, Editorial Biblos.

91. Un trabajo sugerente, donde se analiza la política "normalizadora" del Estado que buscó controlar a las escuelas de las colectividades a través de la figura de dos de sus inspectores y los vaivenes partidarios provinciales de los que habrían participado estos funcionarios, es el de: Ma. del Pilar LOPEZ, "La educación de rusos judíos y alemanes del Volga en Entre Ríos: conflictos políticos-pedagógicos (1880-1910) en Adrián ASCOLANI (Comp.), *La educación en Argentina estudios de Historia... Op. Cit.*

92. M. E. TEOBALDO y A. B. GARCIA, *Sobre maestros y escuelas. Una mirada a la Educación desde la Historia. Neuquén, 1884-1957... Op. Cit.* Particularmente Parte II: "La educación de los 'desiguales' en el territorio, pp. 161-199.

condiciones culturales y materiales de hacerlo[93]. Y, obviamente, eso lleva a pensar en quiénes quedaban excluidos de esa posibilidad.

Es un hecho que los propios interesados de aquel tiempo le otorgaron un carácter político a esa educación pública y enunciaron su pretendida voluntad homogeneizadora en pleno proceso de construcción de la estatalidad y la nación. Pero también hay que pensar en esos efectos no previstos de esa política modernizadora. Evidentemente habrá que reconocer que el potencial democratizador de ese modelo de educación pública no quedó meramente reducido al discurso. Muchos apostaron por esa escuela que convocaba a los niños y niñas de la república garantizando "la noble igualdad de la escuela democrática"[94]. Y tal parece, por lo que muchos de sus contemporáneos denunciaron, aquella premisa no fue un mero juego retórico. Fueron esas voces las que proclamaron que la escuela pública alentaba a más de uno a seguir la aventura del ascenso social. Esa fue la cuestión nodal a la hora de evaluar los logros conseguidos por la Ley 1420. Mientras algunos celebraron sus conquistas para otros sólo promovió el desorden social, tal como se podrá advertir en el próximo capítulo.

---

93. Beatriz SARLO, "Educación: el estado de las cosas" en *Punto de Vista*, número 63, Buenos Aires, 1999.

94. Rodolfo RIVAROLA, *Ideas y deberes de la educación. Discursos... Op. Cit.*, p. 67.

Capítulo II

Batallas políticas y cruces ideológicos: la escuela pública en el "banquillo de los acusados"

"A la escuela le cabe la obra de regeneración, porque el mal avanza con rapidez pasmosa dando a pueblos jóvenes como el nuestro, todo el aspecto de los pueblos viejos, carcomidos, en lo que la acción de factores de todo género [...], han producido el Estado actual de desorganización general".

(Pablo PIZZURNO, "Deficiencias de la Educación Argentina". Conferencia de 1898 en *El Educador Pablo Pizzurno. Recopilación de trabajos*. Buenos Aires. CNE, 1938, p. 180).

La experiencia de cambio a la que asistió Argentina, a fines del siglo XIX y principios del XX, provocó un clima de incertidumbre entre los miembros de la elite. La emergencia de la cuestión social fue una de las caras del progreso que más preocuparon, y sobre la que se pronunciaron recurrentemente. En ese contexto de malestar social y cultural, la escuela fue colocada en el banquillo de los acusados por no concretar sus promesas civilizadoras. Se le reclamó la rectificación de su extraviado rumbo para emprender la obra de regeneración social y de recuperación de la estática del orden. Efectivamente, en pleno proceso de puesta en marcha de ese proyecto de ingeniería social, que perseguía la "educación del soberano", se registraron las primeras expresiones que hablaron de la crisis en la educación. Si en los ochenta aquella educación "fatalmente rudimentaria", como expresara Sarmiento, no comprometía la estabilidad social, a las puertas del siglo XX se la cuestionó por los efectos que producía su provocador discurso democratizador.

Si bien queda pendiente el tratamiento de ese vasto proyecto político, en este capítulo se avanza sobre los ajustes y reconsideraciones que recibió desde el mismo momento que fuera implementado. Un modo de hacerlo es a partir de considerar el carácter histórico que tienen los discursos, en este caso el educativo. Las palabras pronunciadas por aquellos que se sintieron directamente involucrados y afectados con la problemática permiten mostrar que, por lo menos en el plano de su ideación, ese discurso educativo fue menos monocorde de lo que ha sido considerado. Permeable a las mediaciones de la práctica educativa, y a su propósito de conseguir una adecuada sintonía con los renovados desafíos que imponía la realidad social, ese sistema público de enseñanza recibió consideraciones muy dispares por parte de sus contemporáneos.

En efecto, la educación se convirtió en unos de las cuestiones de mayor interés de la opinión pública y publicada. Devino en un campo de debates y de duelos verbales del que participaron dirigentes, intelectuales y, por supuesto, educadores que, al pronunciarse, dieron cuenta de una postura ideológica. Para algunos, el despliegue discursivo con el que se había revestido la misión de la escuela pública desbordó a esa institución que no consiguió acortar la brecha entre lo que se esperaba y, finalmente, podía concretar. Según estas impresiones, al priorizar la instrucción más que la educación, no se había concretado el más importante de los desafíos: integrar a la sociedad y promover la cohesión nacional. Incluso, se decía, había incurrido en una equivocación aún más grave. Esa enseñanza era la responsable de la pronunciada deserción escolar, particularmente de los varones. Ese predominio de la presencia de la mujer, como alumna y maestra, había provocado la ausencia de virilidad en las costumbres. Tal como resumían, esa educación, viciada por su exceso de pedagogismo, sólo había conseguido promover la empleomanía y reforzar las redes clientelares de la politiquería. Ciertamente, según ese diagnóstico, cualquier logro que se hubiera conseguido en materia educativa parecía de mediano alcance.

En el polo opuesto estaban aquellas posturas que hicieron un despliegue de consideraciones laudatorias sobre las conquistas de esa política educativa. Celebraron las alentadores cifras que mostraban el inobjetable avance de la alfabetización. Pero fueron aún más provocadores con sus palabras. Según afirmaron, gracias a su impulso democratizador, muchas familias habían apostado por la formación de sus hijos buscando el ansiado ascenso social. Las aulas de aquella escuela habían brindado una igualdad de oportunidades otorgando a "todos los hijos de la patria" el capital del saber. Así se dijo sin reservas que la educación abría puertas para la promesa de un futuro próspero para muchas de las familias que habitaban el país.

Sobre la base de esos debates, críticas y controversias se analizan los permanentes intentos de reformas que se promovieron durante estos años. Si bien los Colegios Nacionales y las Escuelas Normales fueron el blanco recurrente de esa voluntad reformista como se verá, a lo largo del período estudiado, la escolarización primaria fue revisada y modificada buscando rectificar el tipo de formación y el alcance de la obligatoriedad escolar para niños y niñas. Esa voluntad reformadora alcanzó un momento culminante, a nivel nacional, con la iniciativa del Ministro de Instrucción Pública, Carlos Saavedra Lamas, que redujo la escolarización primaria obligatoria, laica y gratuita a cuatro años y creó la Escuela Intermedia pensada para capacitar a los varones en su ingreso al mercado laboral. Derogada por el gobierno de Yrigoyen en 1917, la iniciativa fue el punto de cierre de una política que en los años ochenta promovió, sin temores, la convivencia en las aulas de los niños de familias pobres junto a los hijos de las familias patricias de antaño.

Las representaciones estadísticas del universo escolar

Una primer data de los supuestos logros o limitaciones de la escuela pública quedaron registrados en los censos educativos. Esas operaciones estadísticas, con sus signos intelectuales y sus evidentes intenciones políticas, fueron el producto de esa obsesiva preocupación por registrar los índices de alfabetización y, de ese modo, suministrar las bases empíricas para justificar las decisiones políticas en la materia. El uso político que hicieron los actores estatales de esa realidad educativa, construida por el discurso estadístico, les permitió plantear la continuidad o, en su defecto, las rectificaciones en el rumbo de las acciones[1].

Los primeros registros que publicaron las autoridades nacionales sobre los índices de alfabetización en el país datan de 1865, cuatro años antes de que se hiciera el primer censo nacional. Según el Ministerio de Instrucción, eran números parciales del estado de la educación en el país que mostraban la imperiosa urgencia de revertir ese cuadro de situación. Los datos de provincias como Buenos Aires con 400.000 habitantes, Jujuy con 33.000, Tucumán con 90.000, San Juan con 70.000 y Mendoza con el mismo número de pobladores revelaban que: la Provincia de Buenos Aires tenía en la escuela un niño por cada 25 habitantes; Jujuy, uno por cada 82; Tucumán, 1 por cada 100; San Juan, 1 por cada 47 y Mendoza, 1 por cada 37[2]. Datos tan elocuentes que para el año siguiente, y con la imprecisión ante la falta de información, llevaban a calcular que sólo 25.000 niños de la República recibían educación, "y los que encontrándose en estado de educación, que se estima ser el quinto de la población, no reciben ninguna, excederán de 200.000. Estas cifras más que desconsoladoras son aterradoras para el porvenir"[3].

Por su parte, en el Censo general de la población de la República de 1869 se constató que de 409.876 niños de ambos sexos de 6 a 14 años empadronados, sólo asistían a la escuela 82.679. El total de la población era para aquel año de 1.877.490 habitantes.

En el año 1872, las autoridades educativas sumaron otro tipo de información. Del primer recuento que se había hecho en el país sobre el número total de escuelas se contaba que había 1.407 establecimientos siendo 946 la

---

1.   Un aporte significativo en el que se busca modelizar un conjunto de reflexiones sobre las bases científicas e ideológicas de los censos nacionales de población argentinos entre 1869 a 1914 es el de Hernán OTERO, "Crítica de la razón estadística. Ensayo de formalización teórico-metodológica del paradigma censal de la Argentina Moderna" en Hernán OTERO (Director), *El mosaico argentino. Modelos y representaciones del espacio y de la población, siglos XIX-XX*. Buenos Aires, Siglo XXI editores, 2004.

2.   Cf. *Memoria*, año 1865. En ese informe el ministro Eduardo Costa, comentaba: "En Francia hay 1 niño en la escuela por cada 13 habitantes; en Inglaterra, 1 por cada 7; en los Estados de la Unión Americana, 1 por cada 3. La provincia de La Rioja por muchos años atrás, no ha tenido una sola escuela! La de San Luis nunca tuvo más de una! Las de Santiago y Catamarca, muy probablemente se encontraban en las mismas condiciones. ¿Qué más se necesita para explicar nuestras desgracias pasadas?", pp. XXII y XXIII.

3.   Cf. *Ibídem*, p. XI

públicas y 461 privadas. Había una escuela para 13.000 habitantes. De ellas, sólo había apenas 300 que poseían edificios adecuados y propios[4]. Cuatro años después, bajo la presidencia de Nicolás Avellaneda, en el Censo Escolar se daba cuenta que el número de niños de ambos sexos, de seis a catorce años, era de 503.068. Esos datos, como explicaron los censistas con posterioridad, se habían obtenido de un simple cálculo de la población en edad escolar de los niños comprendidos según el Censo General de población de 1869.

A fines de 1883, y principios de 1884, el gobierno nacional de Roca comisionó al CNE la realización de un Censo Escolar. El mismo fue compilado bajo la dirección del Jefe de la Oficina Central del Censo, Francisco Latzina. Más allá de las serias deficiencias que comenta el funcionario, frente al retardo del envío de la información por parte de las provincias, se daba cuenta que el número de niños que comprendía la población escolar de 5 a 14 años era de 497.949 (262.763 varones y 235.186 mujeres) en todo el país (ver anexo digital[5]: Cuadro 1)[6]. Una suma total de niños que podía variar en tanto hubo distritos, como en el caso de la Provincia de Buenos Aires, donde nueve partidos no remitieron su censo. Por esa razón, Latzina llegó a estimar que la totalidad de la población escolar podía ser de 507.769 niños. Una población que presentaba un ligero crecimiento con respecto a los datos consignados para el año 1864 y en los censos del 69 y el 76. Dentro de ese margen de población empadronada, se determinó que había 467.010 niños de origen argentino y 40.759 de origen extranjero, el 6,2% del total de escolares censados. Una suma que también podía variar sensiblemente ante las dificultades para recabar la información pero que de todas maneras arrojaba a los italianos como primer grupo extranjero de niños en edad escolar (ver Cuadro 2). Lo llamativo de aquellos datos fue la sensible diferencia entre el total de población escolar y los que se computaban como asistentes a la escuela: 145.660 en total (77.187 varones y 68.473 mujeres), lo que significaba el 29% de esa población[7]. Una cifra que revelaba un aumento muy poco significativo con los años precedentes, si se atendían los esfuerzos que se habían hecho para

---

4.   Cf. *Ibídem*, 1872, p. 15.

5   Todos los cuadros citados en adelante refieren al anexo digital, que se encuentra en la siguiente dirección web: *www.minoydavila.com.ar/misionpolitica/anexo.htm*.

6.   En realidad, tal como se podrá advertir, en este censo, existen evidentes errores en las cifras totales. En este caso, la suma total de varones es de 262.581. Para el caso de Entre Ríos, la suma correcta entre la población escolar de varones y mujeres es de 371.119. En cuanto al total de la población escolar de todas las provincias es de 497.767 y no de 497.949. De todos modos, hemos optado por volcar la información tal y como la evaluaron las autoridades.

7.   Cabe consignar que, a diferencia de los censos escolares anteriores, para el de 1883-1884 se declaró como población escolar la comprendida entre los 5 y 14 años. Por esa razón, tiempo después las autoridades educativas estimaron que si se tomaba en aquel año la población escolar entre los 6 a 14 años las cifras más aproximadas hubieran sido: 440.968 niños a quienes alcanzaba la obligación escolar de seis a catorce años. De ellos estaban matriculados en las escuelas públicas y particulares, 140.302 y asistían con regularidad 115.825, es decir, el 32% de la población escolar a quienes alcanzaba la obligación y los

mejorar el estado de la educación en el país. La asistencia de 82.679 alumnos, tal como se señaló en 1869 y, de 116.577 que se reflejó en el censo de 1876, eran señales poco alentadoras. Cifras tan poco estimulantes que llevó a plantear aquel escenario en términos muy determinantes:

> "En la Capital de la República existen casi 20.000 niños vagos, porque como tales deben calificarse los que se hallan en edad de ir a la escuela y no la frecuentan. Por otra parte, por las calles de la ciudad, invadidas a toda hora por criaturas de ambos sexos, vendiendo billetes de lotería unos, diarios otros, pidiendo limosna los de aquí, jugando en las veredas y estorbando el tránsito los de más allá, dan fé (sic) de la veracidad de los resultados del Censo" [8].

De todos modos, Latzina podía estimar que el número de niños dentro de la franja de la población escolar que sabían leer y escribir se ampliaba a la suma de 175.559, de los cuales el 61% había adquirido su respectivo grado de instrucción en las escuelas fiscales del país, el 22,1% en las escuelas particulares, el 17% en su domicilio, y sólo el 0,2% en escuelas del exterior. Datos que se contemplaban con el cómputo de 1.817 escuelas primarias fiscales, en las cuales habían aprendido a leer y a escribir sólo 106.461 niños, lo que se revelaba como "muy poca cosa". En escuelas el personal docente afectado era de 2.877 maestros y ayudantes que, según se estimaba, había producido anualmente sólo unos seis niños que sabían leer y escribir. Una suma que hacía aparecer como poco productiva la inversión de recursos y fondos destinados para la escuela pública. Según las autoridades, el 8% del presupuesto nacional del año 1884 se destinó a la educación, lo que ubicaba a la Argentina en un de los países con más inversión en esa materia en el concierto de las naciones modernas (ver Cuadro 3). A la luz de esos resultados, era inminente buscar una solución mediante la sanción de una ley de instrucción elemental obligatoria[9].

Sancionada la ley de educación común, las cifras se estimaron como más promisorias, sin embargo, aún en una ciudad como Buenos Aires, los Consejos Escolares daban cuenta de la bajísima matriculación por lo cual se ensayaron una serie de estrategias para estimular a los padres para que enviaran sus hijos a la escuela. Se volvió a apelar al recurso de las invitaciones

---

asistentes eran el 26%. Esos alumnos concurrían a 1783 escuelas. Los asistentes a las escuelas gratuitas eran 90.931 y a las escuelas pagas, 24.894 niños.

8. *Censo Escolar Nacional, fines de 1883 y principios de 1884.* CNE, Compilado: Francisco Latzina. Talleres La Tribuna Nacional, Buenos Aires, 1885, p. XVI.

9. Como afirmaba Latzina: "Los padres y tutores ignorantes, que constituyen por doquiera una enorme mayoría, son naturalmente indiferentes a la cultura intelectual de sus hijos y pupilos, y como con esta desidia irrogan verdadero perjuicio al Estado, máxime cuando éste se halla constituido en República, que ha menester de ciudadanos instruidos para el funcionamiento normal de sus instituciones, es claro que el Estado está en su derecho, cuando por medio de una ley de instrucción primaria obligatoria no tolera que semejante perjuicio se le irrogue". *Ibídem*, p. XXIII.

para que los padres presenciaran los exámenes de los escolares. Se crearon puestos médicos para la asistencia gratuita de los niños en algunos distritos. Incluso, se aplicaron medidas de tipo coercitivas como la vigilancia y la sanción. La intención era la de garantizar la inscripción de los niños en edad escolar, pero también se trataba de evitar la marcada deserción sobre todo de los varones[10].

Otro factor que entorpecía, según se mencionaba, una mejor respuesta a las iniciativas tomadas en materia educativa se vinculaba a los vaivenes políticos y económicos que sufría el país. Así, se adujo que los efectos de la crisis económica y financiera de 1890 provocaron una disminución en el presupuesto destinado a la educación[11].

Pasada esa profunda crisis, las autoridades educativas destacaron los signos de recuperación que mostrarían esos registros en los años siguientes. Para 1895, se contabilizaban 3.326 escuelas, 8515 maestros de todas categorías, 285.854 alumnos inscriptos y 221.745 de asistencia media. De los 3.933.638 de habitantes del país, el 7,5% frecuentaban la escuela[12] (ver Cuadro 4).

El seguimiento del número de alumnos de acuerdo a la edad escolar, la asistencia media a las escuelas, el número de personal docente y de escuelas, era continuo de año a año y se presentaba por parte del Ministerio de Instrucción en su Memoria anual. Así, por ejemplo, para 1901 se informó que en el año anterior sobre un total de 4.518.593 habitantes, la población escolar entre los 6 y 14 años era del 22%, unos 994.089 niños. De ellos, 451.247 estaban inscriptos en escuelas fiscales, anexas a las normales y privadas, siendo la asistencia media de 365.778 alumnos (ver Cuadro 5). Durante el gobierno de Figueroa Alcorta su Ministro de Instrucción Pública, el Doctor Rómulo S. Naón, mandó a efectuar un nuevo Censo escolar finalizado en 1909, por el cual se debía consignar el número de niños existentes en la Nación, desde la edad de 5 hasta 14 año, y la cantidad de escuelas públicas, privadas y especiales, colegios y escuelas de enseñanza secundaria, normal y universidades. También había que registrar datos referentes a las condiciones higiénicas de los establecimientos, su material de enseñanza, su mobiliario, la composición de su profesorado, sus programas, etc.; y además, un estudio de la legislación

---

10.   Una de las razones de esa deserción se debía a que los niños tempranamente se incorporaban al mundo del trabajo. Al respecto se puede consultar: Eduardo O. CIAFARDO, *Los niños en la ciudad de Buenos Aires (1880-1910)*. Buenos Aires, CEAL, 1992. Juan SURIANO, "Niños trabajadores: Una aproximación al trabajo infantil en la industria porteña a comienzos del siglo" en: Diego ARMUS (comp.), *Mundo urbano y cultura popular*. Buenos Aires, Editorial Sudamericana, 1990 y Estela PAGANI y María Victoria ALCARAZ, *Mercado laboral del menor (1900-1940)*. Buenos Aires, CEAL, 1991.

11.   Cf. *El Monitor*, Año XI, N° 205, 1891. Según los datos proporcionados en aquel año, el número de escuelas era 2.441 y las fiscales 547. El personal docente era de 5.856 maestros y profesores (2.322 varones y 3.534 mujeres). Un total de alumnos inscriptos de 209.428 siendo los asistentes 162.804. Se daba cuenta de la existencia de 754 escuelas particulares, con un total de 2.051 docentes y 38.842 alumnos asistentes.

12.   Cf. *Ibídem*, Año XVI, N° 272, 1896, p, 532.

vigente en la República, relacionado con la instrucción primaria, secundaria, normal, especial y universitaria[13]. Una tarea que tampoco fue sencilla, por cuanto se denunció que la población ofrecía una resistencia pasiva, ya que estaba prevenida ante una activa campaña que había emprendido el CNE para hacer cumplir los términos de la ley en cuanto a la obligación escolar. Los padres o los tutores que no enviaban a las escuelas a sus hijos los ocultaban cuando llegaban los censistas. Además de esa situación, se señaló que las largas distancias dificultaron el empadronamiento de la totalidad de los niños que habitaban en las zonas rurales.

Del resultado de los datos obtenidos se estableció que el total de población de niños entre 5 a 14 años, era de 1.138.309 (586.875 varones y 550.434 niñas), (ver Cuadro 6). De ellos, unos 84.613 eran extranjeros siendo mayoría los italianos (ver Cuadro 7). Según se revelaba, existía un número considerable de analfabetos que llegaba en toda la República al 44% y, en algunas provincias como: Santiago, Catamarca, La Rioja, Salta, Jujuy, Corrientes, San Luis, el porcentaje era más elevado. De todas maneras, según el compilador del censo Alberto Martínez, si se tomaba más correctamente el segmento etario, en el sentido de considerar a partir de los 7 años a 14 para estimar los alfabetizados, ese porcentaje podría bajarse a 32,6%. La asistencia media a las escuelas nacionales, provinciales y particulares era del 38% de los niños empadronados entre 7 y 14 años (ver Cuadro 8). El total de escuelas contabilizadas era de 5.321 entre nacionales, provinciales, municipales y particulares (ver Cuadro 9). El personal docente de todo el país era de 18.571 maestros, 4.474 pertenecían a escuelas nacionales, 9.048 a escuelas provinciales y 5.049 a escuelas privadas. El porcentaje del personal femenino era del 75% y de varones sólo el 25%. De ese personal 15.037 eran argentinos y 3.534 extranjeros. Se calculaba que 9.341 poseían diploma nacional, lo que implicaba que el 46% tenía diploma del extranjero o directamente no lo poseía.

Las cifras marcaban un cuadro optimista para Martínez, en tanto se evidenciaba que "en la lucha empeñosa y tenaz contra la ignorancia se ha obtenido en los últimos catorce años un gran triunfo civilizador"[14]. Tal como lo consignó, se fundaron 2.000 nuevas escuelas primarias, que en 1909 eran frecuentadas por el 59% de la población escolar superando el 30% computado para el año 1895 (último año en el que se había mandado a realizar un Censo escolar).

---

13. Cf. *Censo de educación de la República Argentina, 1909*. Talleres de Publicaciones de la Oficina Meteorológica Argentina, 1910. Tomo 1, p. IV y V. En aquel censo se incluyó un estudio antropométrico, fisiológico y psicológico de los niños. Se buscó apreciar la cantidad de niños que existían en el país "con aptitudes escolares, normales o retardadas, insuficientes físicos, debilitados o retardados, etc., con el fin de fijar los métodos y programas de instrucción y educación apropiados", pp. VI-VII. También se incluyó varios informes monográficos sobre enseñanza de la moral y la educación física entre otras cuestiones.

14. *Ibídem*, p. XL.

Datos alentadores que utilizaba políticamente la gestión de José María Ramos Mejía al frente CNE. En su informe anual de 1911, publicaba el promisorio resultado que ubicaba a la Argentina en el segundo lugar de los países latinos después de Francia, al contar con un 10,8% de su población que se educaba en las escuelas primarias (ver Cuadro 10)[15].

Lo significativo es que esas cifras no siempre coincidían con los informes posteriores, lo cual hace pensar en la conveniente manipulación que se hicieron de esos resultados. En el informe del CNE de 1915, los datos comparativos tomados desde 1906 a esa fecha presentan algunas divergencias entre el total de alumnos, escuelas y personal docente (ver Cuadro 11 y 12). En aquel año, se informó que el total de alumnos inscriptos era de 909.979, siendo la asistencia media de 744.755. El total de escuelas era de 7.595 y del personal docente de 26.874. En una población de aproximadamente 8.000.000 de personas, asistirían a la escuela alrededor del 8,5%. Estas cifras, que en otros tiempos no parecían ser tan negativas, para la gestión del entonces ministro Saavedra Lamas, dejaban ciertas dudas sobre el alcance transformador de la educación valiéndose de ellas para poner en marcha un cambio en el rumbo de la educación.

La educación pública entre los cuestionamientos y las primeras reformas

El advenimiento del preocupante escenario social, político e ideológico de fines del siglo XIX y principios del XX colocó al sistema educativo en el centro de las controversias. Según se denunciaba, aquel sistema único de enseñanza implementado en 1887 que establecía como requisito la obligatoriedad del ciclo primario completo para ingresar al nivel secundario, no había conseguido los logros que proclamaba. Como se dijo, aquella escuela pública estaba viciada de procedimientos antiguos y rutinarios que daban sólo predominio a lo intelectual y dejaban ocioso el corazón y la voluntad del alumno.

Se llegó a sostener que esa ausencia de "un programa racional y verdaderamente educativo"[16] era una derivación de la mala administración superior que

---

15. Los datos consignados para esa fecha determinaban que en toda la república existían 7.420 escuelas primarias, de las cuales tenían carácter oficial, nacional o provincial 6.065 y el resto particulares. Las escuelas particulares eran numerosas en Buenos Aires, Santa Fe, Entre Ríos y Córdoba, en cuyos territorios se asentaban el mayor número de colectividades extranjeras que, en muchos casos contaron con sus propios establecimientos educativos. En las escuelas públicas se educaban para esa fecha 765.105 niños, el 11% de la población total calculada en 7.056.508 habitantes. De esa concurrencia, 498.165 asistían a las escuelas fiscales, 130.000 a las de la ley Láinez (nacionales), 114.478 a las privadas y 22.462 anexas a las escuelas normales. El personal docente de las 4.489 escuelas fiscales de la república se componían de 2.428 varones y 12.023 mujeres. Cf. *El Monitor,* Año XXXI, N° 473, 1912.
16. Pablo PIZZURNO, "Idea general de la educación que se da en nuestras escuelas (1885)" en *El Educador Pablo Pizzurno. Recopilación de trabajos... Op. Cit.,* p. 162.

hizo "política de la educación"[17]. Esas duras críticas propiciaron revisiones de planes y programas de estudios como las que se promovieron en 1895. Precisamente en esa ocasión el CNE convocó a una comisión formada por maestros y funcionarios para que diseñaran una reforma educativa. El Inspector y Director de redacción del Monitor Juan Vedia, como representante de la comisión, defendió la pertinencia de la reforma en el Congreso Pedagógico de ese año. Recordó que la Ley establecía un mínimo de materias con lo cual quedaba a criterio de las autoridades la posibilidad de incluir nuevas asignaturas en función de las nuevas necesidades. Sostuvo que uno de los defectos más comunes en los programas de las escuelas primarias consistía en que, siendo en muchos casos sus textos una nomenclatura científica, hablaban poco al espíritu de los que enseñaban dejándoles caer en la ruina. Por eso, el maestro debía saber emplear los conocimientos y procedimientos de enseñanza que le eran necesarios para alcanzar el éxito de su labor. Por tal razón, convenía que el curso de estudios fuera acompañado de aquellas instrucciones de carácter general o particular que los inspectores técnicos dejaban en los libros de las escuelas, las que consideraba de provecho para los maestros poco versados en los nuevos métodos de esos tiempos. Al recordar el pensamiento de Spencer, señaló que

> "[…] a la extensa instrucción se opone la intensa educación; a los innumerables conocimientos científicos, los variados ejercicios de habitualidad en el orden físico, intelectual, moral y estético; al detalle monográfico, a la enseñanza de palabra, la ejercitación por los sentidos y en los hechos; a la teoría abstracta, la experimentación objetiva; al método mnemónico, el método activo; a la predicación del maestro el esfuerzo propicio del alumno; a la narración, la observación directa de las cosas, de los fenómenos, de sus relaciones; al concepto apriorístico, la inducción y el análisis; y surgen […] el principio de la ejercitación propia en lo intelectual; el de las consecuencias naturales de los actos, en lo moral; el de la contemplación directa de la naturaleza, en lo estético; y el del placer, en todo trabajo que realice el alma o el cuerpo"[18].

Pero al recargo de materias se sumaba otra cuestión que era el horario de clase. Todo otro tema de discusión que llevó a reducir una hora de las cinco que originalmente se habían dispuesto. Para evitar el agotamiento se ensayó en algunos grupos un horario alterno[19]. El cambio de horario fue defendido

---

17. Pablo PIZZURNO, Conferencia sobre: "Deficiencias de la Educación Argentina (1898)", *Ibídem*, p. 180.

18. *Idem*.

19. Esa reforma fue puesta en práctica en 1898, en principio, en las escuelas de la Capital Federal. En su artículo 1º se establecía que la duración del día escolar sería continua de cuatro horas para los grados 3º, 4º, 5º y 6º, y alternada de dos horas y cuarenta y cinco minutos para distintos alumnos de los grados 1º y 2º, en todas las escuelas que tuvieran asistencia reglamentaria para funcionar. En esa misma reforma se agrupaban las materias afines en un Primer grupo: Lectura, Escritura, Caligrafía, Idioma nacional, Francés (a

infatigablemente por el presidente del CNE, el doctor Benjamín Zubiaur, y se fundamentó en las mejores condiciones de resistencia del niño física e intelectualmente. Sin embargo, algunos padres y maestros cuestionaron esta implementación en distintos foros aduciendo razones pedagógicas, higiénicas y sociales[20]. Como resultado de ese clima de reformas, en la provincia de Buenos Aires, el pedagogo uruguayo Berra, como Director General de la Dirección General de Escuelas, implementó su reconocido Código en el que buscó vincular las propuestas de Spencer y Pestalozzi bajo un positivismo regulador y apuntando específicamente en la formación del magisterio.

Pretender modificar el rumbo de la educación replanteando las políticas de formación del magisterio tuvo su sentido. Es que los maestros y maestras estuvieron en el centro de las críticas. Frecuentemente fueron responsabilizados por los fracasos adjudicados a la enseñanza. Por eso se promovía el cambio en su formación pedagógica. En realidad, puede decirse que todo el sistema medio en los años noventa comenzó a ser revisado. Hubo quienes en sus duros cuestionamientos hacia las Escuelas Normales y los Colegios Nacionales denunciaron que quedaban involucrados en "avatares de las políticas de turno" y que formaban a sus alumnos en "carreras de signos burocráticos". El tenor de las críticas hacen pensar que algunos logros de ese modelo educativo chocaban con la vigencia del sistema político notabiliar La aparición de nuevos aspirantes que engrosaban el cuerpo de funcionarios del Estado generó malestar. La tensión se hacía inevitable cuando se percibía ese avance sobre algunos espacios de privilegio.

Así se dijo que los Colegios Nacionales debían tener una orientación más técnica que profesional. Los informes de los ministros Juan Balestra, Antonio Bermejo y Luis Beláustegui fueron un antecedente para impulsar la creación

---

partir de 3º grado). El Segundo grupo: Aritmética, Geometría, Dibujo, Ciencias físiconaturales, Agricultura y Ganadería. Tercer grupo: Historia, Geografía, Moral, Urbanidad, Instrucción Cívica. Cuarto grupo: Música, Higiene, Gimnástica (ejercicio militares para varones; ejercicios calisténicos en las niñas). Trabajo manual (varones). Economía doméstica, Labores y Trabajo manual (niñas). Aunque la carga horaria de Historia, Geografía, Moral, Urbanidad e Instrucción Cívica era menor que la de algunos grupos de materias, se consideraba que junto al Idioma Nacional y la Aritmética debía dictarse, en lo posible, todos los días de la semana.

20. La reacción contraria de algunos padres de la sociedad se hizo presente insistentemente en la prensa hasta que finalmente se derogó en 1906. Al respecto un grupo de padres acercó una petición en diputados donde expresaban: "La comisión de ciudadanos que suscribe, constituida en pro de la derogación del horario alterno en las escuelas primarias de esta ciudad, ejerciendo el derecho de petición ante vuestra honorabilidad expone: [...] resulta que los niños concurrentes a la escuela durante las horas de la mañana, salen de sus casas mal alimentados; y repetido esto durante el año escolar, forzosamente su naturaleza tiene que concluir por resentirse y el crecimiento verificarse a expensas de su vigor y robustez [...]
El horario alterno obliga a maestros y maestras a dar clase por la mañana y por la tarde, lo cual exige de ellos un esfuerzo mental continuo. Esta tensión mental produce una fatiga tanto más intensa [...] De aquí que sea necesario el reposo, para dar tiempo a que el torrente circulatorio arrastre los productos del metabolismo que son trabas para esta actividad (...)". C. D, *Diario de sesiones* del 14 agosto de 1903.

de las primeras escuelas comerciales e industriales en Buenos Aires y Rosario. De todos modos, la expresión más acabada de esas medidas fue la propuesta de Osvaldo Magnasco quien pretendió iniciar una renovación de los colegios con el objetivo de rectificar aquella formación ideada en los tiempos de la presidencia de Mitre. Esa enseñanza, a la que definió como "afrancesada", refinada y culta que preparaba a los jóvenes para buscar una salida laboral en empleos burocráticos, debía cambiar en su orientación promoviendo "mas industriales y menos carreras liberales"[21].

Pero también se propuso reformar las Escuelas Normales con el propósito de garantizar la estabilidad de la carrera y de evitar que fueran víctimas de ese "albur de las influencias y recomendaciones que no siempre llevan a los mejores y más aptos a desempeñar los cargos educativos más delicados y difíciles"[22]. Según el ministro, había que conquistar aquel "laurea que da derecho a ser profesor, como hay una laurea que da derecho a ser abogado, o médico o ingeniero o arquitecto"[23]. El magisterio debía consagrarse como aquellas profesiones liberales, de modo que se alejara de las influencias políticas que lo convertía en burócrata de turno. Estas consideraciones de hecho tuvieron su sentido porque eran tiempos en los que el gobierno nacional de Roca apuntó particularmente sobre aquellos normalistas que quedaron involucrados en cuestiones políticas. Fueron frecuentes, en su segundo gobierno, las exoneraciones del personal docente de Escuelas Normales y Colegios Nacionales involucrado en las batallas políticas en contra de las figuras políticas provinciales del roquismo. Una comparación relativamente feliz, y contradictoria con sus propias expresiones, por cuanto bien se ha comprobado que muchos de los profesionales médicos y abogados prestaron sus servicios como funcionarios del Estado[24].

Finalmente, el 31 de mayo de 1899 presenta en el recinto del Congreso Nacional su Plan de Enseñanza General y Universitaria, con el que se proponía

> "[…] desechar todo conocimiento abstracto cuyas virtudes de aplicación no sean una necesidad bien comprobada, o que no concurra a disciplinar la inteligencia, a estimular el sentimiento, sin los excesos contraproducentes de nuestro plan vigente y muchos otros análogos. La otra, responde al concepto utilitario común, es decir, a la adquisición o desarrollo que el progreso material de la República requiere más imperiosamente"[25].

---

21. *La Nación*, 1 de marzo de 1899.

22. *Ibídem*, 3 de marzo de 1899.

23. *Idem*.

24. La cuestión de los abogados y su desempeño como burócratas del Estado ha sido analizado en: Eduardo ZIMMERMANN, "El Poder Judicial, la construcción del Estado, y el federalismo: Argentina 1860-1880", en Eduardo POSADA-CARBO (ed.), *In Search of New Order: Essays on the Politics and Society of Nineteenth-Centruy Latin American,* Institute of Latin American Studies, London, 1998.

25. *Antecedentes sobre enseñanza secundaria y normal en la República Argentina.* Buenos Aires, 1903.

Un año después se avanzó sobre esa propuesta presentándose medidas tan extremas como cerrar algunos Colegios Nacionales Secundarios radicados en la provincia y transformarlos en escuelas de tipo práctico. Seguirían funcionando los Colegios Nacionales de Concepción del Uruguay, Rosario, Tucumán, Mendoza y los cuatro de Capital Federal. El proyecto también contemplaba que las provincias se hicieran cargo de los institutos prácticos creados en reemplazo de los Colegios Nacionales y de las Escuelas Normales.

Asimismo, se proponía la cancelación de becas para los futuros aspirantes al magisterio[26] y el cierre de las escuelas normales de maestros. Con aquella iniciativa procuraba poner freno a ese síntoma perjudicial de la búsqueda de un empleo público iniciando su carrera con sus estudios preparatorios en estas instituciones. La alarma surgió inmediatamente entre quienes señalaron que se ponía en riesgo la "estabilidad de las instituciones docentes del país y el porvenir de la enseñanza pública"[27]. Para quienes participaron a favor del proyecto no se hacía más que reaccionar contra muchos de los males denunciados sobre la organización de la escuelas normales. Como afirmaban, "se trata simplemente de podar las frondosidades decorativas de la instrucción normalista, manteniendo todo lo que es necesario para su eficiencia y despojándola de exterioridades inútiles y gravosas"[28]. Según esa reforma, el gobierno nacional disponía:

> "Art. 1º. Los estudios normales constarán: 1ª de estudios preparatorios; 2ª de estudios de profesorado.
>
> Art. 2º Los preparatorios serán cursados por los varones en los colegios nacionales de la república, como asimismo en las actuales escuelas de maestras y en las de profesoras.
>
> Art. 3º. El plan de estudios preparatorios será el de los cuatro primeros años de los colegios nacionales.
>
> Art. 4º. Los estudios de profesorado serán cursados en las actuales escuelas de profesores [...]
>
> Art. 5º Quedan anexadas las escuelas de aplicación de las de maestros refundidas, a las de maestras correspondientes.
>
> Las escuelas mixtas subsistirán por ahora en su actual carácter.
>
> Art. 6º. Las escuelas de aplicación anexadas por virtud del presente decreto serán exclusivamente de varones; las de las actuales escuelas de maestras

---

26. Los efectos de aquella medida no tardaron en aparecer, tal como se expuso desde la Escuela Normal de Profesores de Paraná: "De los 109 inscriptos en el Departamento Normal, 99 procedían de cursos anteriores; de manera que el ingreso de nuevos aspirantes a la carrera del magisterio se ha reducido en 1900 al exiguo número de 10. Ha quedado así interrumpido de improviso la corriente que anualmente traía a la Escuela jóvenes de todas las provincias que, llenando nuestras aulas, acentuaban el carácter nacional de este Instituto. Tal hecho tiene una explicación inequívoca: es el resultado del Decreto de 26 de Enero de 1900 que, por razones de orden económico, mandó suspender la provisión de becas vacantes". *Memoria*, 1901, pp. 132-133.

27. *La Nación*, 22 de enero de 1900.

28. *Idem*.

serán exclusivamente de niñas; pero la práctica pedagógica deberá ser alternada entre escuela de uno y otro sexo.

Art. 7º. Los estudios preparatorios darán opción al título de maestro y derecho a la enseñanza en las escuelas primarias y 1º y 2º año de preparatorios normales y colegios nacionales.

Los estudios normales propiamente dichos darán opción al título de profesor y derecho a la enseñanza en cualquier escuela o colegio nacional. […]" [29].

La iniciativa planteó el inmediato debate en el recinto legislativo. La cuestión se transformó en una disputa entre le gobierno nacional y los legisladores provinciales. El diputado Alejandro Carbó calificó la medida de antidemocrática y en su argumentación también dejó en claro su preocupación por el avance de la "ola popular". Planteó descarnadamente lo que generaba esa enseñanza clásica y cuáles serían los medios efectivos para revertir el peligro social que engendraba al argumentar que

"La cuestión comprende dos que importa mucho distinguir y que, sin embargo, se confunden casi siempre: una cuestión social y una económica. […] Las masas han querido subir los escalones más elevados […] por medio de la enseñanza. ¿Debe moderarse o sobreexcitarse el deseo de adquirir educación para subir? […] Es necesario moderar esa tendencia. […] Admito la existencia de una clase social destinada fatalmente a funciones inferiores no por su conocimiento, sino por su capacidad. […] ¿Es necesario que en una sociedad bien dirigida, bien constituida, darle una enseñanza secundaria clásica? No. No se trata de contener, cosa imposible por otra parte, la ola popular que sube sin cesar hacia la institución y que constituye cuando, como hoy, está mal dirigida, un verdadero peligro social que va agravándose cada día, sino más bien abrir canales de derivación para esa ola, los que bien arreglados contribuirán al bienestar moral y material tanto del individuo como de la sociedad" [30].

Si el diputado compartía la idea de derivar a esa población estudiantil hacia una enseñanza técnica, tubo en claro que ese proyecto no resolvía las formas de financiamiento que tendrían las provincias para sostener los institutos prácticos y las escuelas normales. Eso llevaba en germen el riesgo que se promovieran las instituciones solventadas por la Iglesia Católica[31].

---

29. *Ibídem*, 1º de febrero de 1900.

30. *C.D., Diario de Sesiones*, 19 de setiembre de 1900.

31. Así expuso: "[…] se dijo que no se trataba de una manifestación escolar, sino de una revolución educacional, y que era simple utopía eso de que las provincias puedan separarse del gobierno federal para costear con sus recursos propios para la instrucción normal y secundaria. […] Habría que fundar allí institutos. ¿Quién los costearía? ¿La nación? no. Los fundarán los particulares o los gobiernos de provincia. De antemano podríase afirmar que las diez provincias cuyos colegios se suprimen, La Rioja, Catamarca, Salta, Jujuy, Santiago del Estero, San Juan, San Luis, Corrientes, Santa Fe y Buenos Aires, sólo

Si las escuelas normales y los colegios nacionales quedaban en jurisdicción provincial estarían más expuestos que nunca "a las solicitaciones de la política local y al capricho muchas veces de politiqueros de pacotilla"[32].

Por su parte, el diputado Castellanos asumió la defensa del proyecto expresando las razones políticas que hacían impostergable el desarrollo de escuelas prácticas. Afirmó que la enseñanza secundaria clásica era perjudicial para los hijos de los obreros por alejarlos de su centro natural. El Estado tendía la responsabilidad de proveer un tipo especial de educación para este sector de la sociedad. Pero también debía interesar la formación de los hijos de la clase media y la clase alta, de donde salen los dirigentes de la Nación. Un tema de preocupación en tanto también faltaban escuelas prácticas para transformar en elementos útiles a los que finalizaron la escuela primaria o desertaron de la escuela secundaria:

> "Esos elementos sociales se quedan en la capital de la República, se quedan y flotan al azar de todas las corrientes y a la perspectiva de todas las contingencias, y generalmente adoptan una industria que practicada al menudeo no reclama ni aptitud ni preparación especial; se dedican a la política; se conchaban como adherentes a los partidos políticos; desnaturalizando de esta manera la base esencial de nuestro sistema representativo [...]. Y esos elementos sin ubicación fija en el trabajo, como decía, siguen hoy un camino que tiene una bifurcación hacia un rumbo oscuro, muchos van en el sentido de una corriente oculta, cuyos ecos muy raras veces llega hasta la Plaza de Mayo o hasta la calle Florida: me refiero a la tendencia socialista que empieza a manifestarse en la capital de la República" [33].

Las largas jornadas de debate terminaron por dilatar esa medida. Sin embargo, los pronunciamientos a favor del proyecto del ejecutivo se continuaron haciendo públicos. Otras voces se sumaron al reclamo de poner en marcha una serie de reformas. Como señala Tedesco, la necesidad de la reforma que se proclamó estaba más bien vinculada a limitar el acceso a la universidad del sector relativamente amplio que seguía los estudios secundarios[34]. Comenzaba a manifestarse la presencia de estudiantes provenientes de sectores medios, por lo regular hijos de inmigrantes prósperos, que perturbaban el tradicional monopolio ejercido por los descendientes de las clases altas tradicionales.

---

dos o tres podrían sostenerlos. Así se corría el riesgo de entregar la instrucción secundaria a las instituciones religiosas, y ya se sabía el fin de todas ellas [...]. Y no sólo las escuelas normales pasarán a las provincias, sino también estos institutos prácticos. Así las provincias tendrán que cargar con esas escuelas y sin derecho de gastar en la instrucción como quisieran. [...]". *La Nación*, 19 de setiembre de 1900.

32. *Ibídem*, 20 de setiembre de 1900.

33. *C.D., Diario de Sesiones*, 24 de setiembre de 1900.

34. Cf. Juan C. TEDESCO, *Educación y sociedad en la Argentina... Op. Cit.*, p. 186.

Efectivamente no fueron pocos los que percibieron en la educación una instrumento que preparaba para transitar el camino que conducía al ascenso social[35]. La ficción, sin lugar a dudas, se nutrió de esos elementos de la realidad social. Así Florencio Sánchez, en su obra *M'hijo el Dotor*, nos relata cómo Julio, el hijo de los chacareros Olegario y Mariquita, consiguió llegar a la universidad planteando el choque cultural con los valores de su padre[36].

Salvaguardar a la nación y restablecer el "equilibrio social"

Los sobresaltos frente al cambio social que vivenció la elite conservadora la llevó a reclamar la recuperación de la armonía social y el fortalecimiento del sentimiento nacional. Producto de ese clima de opinión Octavio Bunge fue comisionado para estudiar otras experiencias de las que se debía nutrir la educación en Argentina. El autor de "Nuestra América"[37] (1903) en su informe expuso sobre el supuesto "debilitamiento de los factores psicológicos de la nacionalidad" producido, sobre todo, por el "cosmopolitismo de la inmigración extranjera", razón por la cual insistía en la función de la escuela pública para neutralizar y amalgamar dicha tendencia[38]. Justificó la elección de sus miradas en las experiencias de Alemania, Inglaterra y Francia porque

---

35. En oportunidad de interpelarse la Ministro de Instrucción Pública, Piñeiro por tomar medidas sobre la administración de colegios nacionales y escuelas normales sin consultar a los legisladores, en el recinto de la Cámara de Diputados, el Sr. Cantón comentaba: "[...] País rico, eminentemente rico, donde al que ayer vimos como obrero lo encontramos hoy en la primera sociedad de la Capital Federal, donde más de uno de los señores diputados que me escuchan tienen ya seguramente, si están consagrados al profesorado, discípulos cuyos padres están en la actualidad vendiendo naranjas y bananas por las calles y que serán mañana padres de doctores y legisladores, y no se crea que ni remotamente en estas consideraciones existe en mi espíritu ninguna palabra de condena: no. Indico el fenómeno para sacar de él alguna conclusión. [...]". *C.D.*, 21 de julio de 1906.

36. Florencio SANCHEZ, *M'hijo el Dotor*. (1903). En la primera obra de teatro de este dramaturgo uruguayo centraba la historia en la desafiante juventud de Julio que ponía en tela de juicio los principios tradicionales de la autoridad de su padre. Esta idea de una autoridad paterna perdida, fue un reclamo extendido en esa época. Pero, más allá de esa percepción, la obra no deja de mostrar este trasfondo de la movilidad social que producía el acceso a la educación y la formación en una carrera liberal.

37. Una obra que fue producto de la corriente positivista latinoamericana donde se pretendía realizar el examen de la psicología general de las razas que habitaban "nuestra América", para explicar cómo dichos rasgos engendraban los males de la política criolla. En su "teoría darwiniana de la civilización" expuso sobre las ventajas que ofrecía la pureza racial que conservó la colonización estadounidense frente al mestizaje del resto de la América hispana. Así comentaba: "Los yankees son pues europeos puros; los hispanoamericanos son siempre europeos, por preponderancia de la raza más fuerte, pero europeos más o menos mestizados". Octavio BUNGE, *Nuestra América (Ensayo de psicología social)*. Buenos Aires, Casa Vacaro, 1918, 6° Edición, texto definitivo, p. 118.

38. E. CARDENAS y C. PAYA, "Bunge, un triunfador disconforme", en *Todo es Historia*, n° 173, oct. de 1981.

eran las "naciones más avanzadas en nuestra civilización"[39]. Del modelo de educación alemana, a la que caracterizó como ecléctica y nacionalista, le llamó particular atención la prioridad que se daba a la enseñanza del idioma y la historia nacional. Como expuso, si bien esa educación podía desembocar en un "patrioterismo" se podía evitar inculcando "sentimientos de humanidad y analizando los fenómenos patrios con buen sentido y franqueza científica". La patria debía amarse, más que por sus victorias materiales, por la grandeza moral del pueblo y por sus artes y ciencias. Ese amor bien entendido –sostuvo– no engendraba odio ni desprecio a las demás naciones del mundo, sino sólo una preferencia justísima y necesaria[40].

La referencia a otros modelos fue recurrente. A partir de algunas de esas experiencias, el diputado Gouchón presentó su proyecto en el recinto legislativo en 1905. En la misma, se contempló la reformulación de los planes de estudio del ciclo primario y medio con el propósito de orientar a los niños que terminaban la escuela primaria hacia estudios de tipo agrícola, ganadero o comercial. Estos estudios debían ser realizados en un establecimiento de enseñanza media especial o enseñanza primaria profesional, ubicada como "engranaje intermedio" entre el ciclo primario y el secundario. Una propuesta que estaba a tono con las afirmaciones vertidas en el Congreso Internacional de Enseñanza realizado en París en 1900, donde se había proclamado que la enseñanza primaria superior estaba destinada al "hijo del pueblo" que debía convertirse en "un ciudadano ilustrado, al mismo tiempo que trabajador hábil"[41]. Si bien la reforma no se concretó fue un claro antecedente de lo que tiempo después sería el proyecto de Saavedra Lamas.

El síntoma de la época fue la reacción que propugnaba restablecer el status quo. Una primer conquista se consiguió en la provincia de Buenos Aires con la sanción de la ley de 1905. A través de ella, el gobierno del conservador Marcelino Ugarte hizo efectiva la reducción de la obligatoriedad escolar a cuatro años para ambos sexos, a partir de los ocho años[42]. Esa nueva ley reordenó el sistema de escuelas elementales, en las que se cumplía dicha obligatoriedad, y complementarias, ubicadas en los centros urbanos y no obligatorias. Con esa medida los Consejos Escolares quedaron con el control administrativo pero perdieron el control técnico de las escuelas que quedaba en competencia de la Dirección General de Escuelas (DGE). Esa medida planteó una inmediata oposición entre aquellos que defendían la idea de una sociedad civil que pudiera ser responsable de la educación de los niños, al tiempo que mostraban signos de preocupación por la centralización de las decisiones en torno a la persona del Director General. Según Pineau, esta reforma implicó el reemplazo del imaginario civilizador que inspiró la ley de

---

39. Octavio BUNGE, *La Educación. Libro I. La Evolución de la Educación... Op. Cit.*, p. 149.
40. *Ibídem*, p. 160.
41. *El Monitor*, Año XX, 1901.
42. Esta cuestión ha sido trabajada por Pablo PINEAU, *La escolarización de la provincia de Buenos Aires (1875-1930)*. Buenos Aires, FLACSO, 1997.

Educación Común de la provincia en 1875 por el imaginario normalizador. En este caso sería oportuno considerar que en realidad a lo que se asistió fue a un desplazamiento semántico del término civilización que quedó asociado a la idea de una regeneración del orden social y moral. Pero más allá de estos comentarios, la medida fue considerada por un sector de la opinión pública como una iniciativa propia de un "gobierno autoritario". La prensa de la época dejó constancia en sus páginas de los reiterados reclamos de los vecinos de la provincia[43]. Esta reforma, ciertamente resistida, fue la antesala de lo que años después se decidió para el caso de las escuelas dependientes de la nación.

Para el gobierno central gran parte de la responsabilidad de las distancias entre lo que se esperaba lograr y lo que finalmente se conseguía estaba en que las provincias no cumplían con su obligación de garantizar la escolarización masiva. Y en ese sentido se buscó paliar la situación. Desde el Congreso de la Nación se sancionó en 1906 la Ley 4874, más conocida como Ley Láinez, que le permitió a la nación crear escuelas de su jurisdicción en todas las provincias donde fueran insuficientes los establecimientos fiscales. Su número y su acción fue importante en muchas de las provincias del interior del país, como el caso de San Luis. Tiempo después, algunos interesados en derogarla le adjudicaron poca efectividad pero fueron los propios vecinos de las comunidades afectadas los que reclamaron por su vigencia. Como decían, era el único medio que garantizaba la educación de sus hijos.

De todos modos ninguna de las iniciativas que se tomaran parecían suficientes para que la escuela pública cumpliera con el mandato organizador para lo cual había sido ideada. Para ese sector de la elite, otro factor de intranquilidad se sumaba. Esa educación se había mostrado incapaz de conseguir que la entidad de la nación cristalizara. Como se dijo, "si el pueblo argentino no está completamente formado todavía y su formación se lleva en condiciones harto desfavorables"[44] se debía en gran medida a la ineficacia de la educación patriótica. Aquellos reclamos no fueron más que el anuncio de un tiempo de cambios en la gestión del Consejo Nacional de Educación. El arribo de José María Ramos Mejía a la presidencia del organismo educativo (1908-1912) apareció como una instancia refundadora de la política educativa bajo su proclamada "enseñanza patriótica". El nombramiento de un médico para cubrir un cargo jerárquico dentro del sistema educativo no sorprende y tampoco aparece como una novedad[45]. Hacía tiempo que los profesionales

43. Así lo reflejo la prensa nacional al citar los casos de reclamos de comunidades de la Provincia de Buenos Aires, como el caso de Mercedes y Magdalena, donde se reunieron firmas para pedir que quedará sin efecto la nueva ley de educación. Ver, *La Nación*, 7 y 9 de abril de 1906.

44. *La Nación*, 21 de abril de 1906.

45. Como explica Terán, en los cargos que desempeñó este médico para el Estado, su presidencia en el CNE resultaba ser un puesto altamente valorado, "Dado que si –como ha señalado Claude Lefort– la laicización de la modernidad descorporaliza el poder y con ello demanda otro tipo de gobernalidad fundada en la sacralización de las instituciones, pocas cosas como la organización de la liturgia patria que hizo Ramos Mejía desde aquel

de la medicina se interesaban en la educación, a la que estimaban como una aliada insoslayable para emprender la obra de regeneración social. Asimismo, su gestión fue un claro avance de ese sector de la dirigencia que adhirió al esencialismo nacionalista, aquella tendencia que se manifestara desde el mismo momento en que se buscó conformar la nación[46]. La percepción del inmigrante, de su alteridad y de sus plurales diferencias, generaron la creencia de que los términos progreso y civilización celebraban su divorcio conceptual[47]. Si el primero constituía una suerte de nueva barbarie materialista, diferente a la barbarie nativa que hubo de combatirse antaño, el segundo exigía una nueva definición. Según algunos, esa reconceptualización de la civilización debía buscarse en el pasado, ese lugar en el que se depositaba la Tradición nacional.

Amparada en esa sensación de inquietud y zozobra de muchos, la administración central pudo avanzar sobre los sistemas de enseñanzas provinciales y de las instituciones particulares (como las escuelas de las colectividades extranjeras). Ese centralismo, y el tono laudatorio de la gestión, reforzó la noción militante y militarizada de la nación. En el informe que le encargó al Inspector General Pablo Ramos, para que redactara la historia de la educación en la Argentina desde 1810 a 1910, se señalaba que el más grave problema de la escuela argentina había sido el de no conseguir "afirmar el principio de nacionalidad". Un principio imprescindible que generaba los anticuerpos necesarios para defender la integridad de la patria de su disgregación frente a la provocadora presencia del elemento extranjero. Con el tono efectista del momento comentó:

> "La escuela no es todo lo que ha dicho de ella la pedagogía del siglo diez y nueve, exaltándose a lo trascendental. La escuela es mucho menos pero de más significación social. No es la base del perfeccionamiento de la humanidad o de la sociedad que la sustenta [...]. Cada país tiene la escuela que le permiten tener sus características ambientes. Y la nuestra nos indica elocuentemente con sus resultados actuales, que los pedagogos teóricos que hemos tenido hasta la fecha, no han sabido impulsarla por la vía más fundamental para nosotros: la formación de hábitos nacionales. [...]

---

espacio educativo avalan tan linealmente este aserto, si bien se consideran las precisas instrucciones comunicadas a las escuelas para que en ellas se celebre un culto a la patria minucioso, en cuya mecanización se confiaba –como tantas partes del mundo– para la pronta nacionalización de las masas", en Oscar TERAN, *Vida intelectual en el Buenos Aires fin de siglo (1880-1910)... Op. Cit.*, p. 98.

46. Ese temprano movimiento de carácter nacional y las diferentes concepciones sobre la nación entre patriotas cosmopolitas y patriotas nacionalistas ha sido el producto de una preocupación de la dirigencia argentina desde los ochenta como se analiza en: Lilia Ana BERTONI, *Patriotas, cosmopolitas y nacionalistas: la construcción de la nacionalidad argentina a fines del siglo XIX*. Buenos Aires, FCE, 2001.

47. Cf. Maristella SVAMPA, *El Dilema Argentino: Civilización o Barbarie. De Sarmiento al revisionismo peronista*. Buenos Aires, Ediciones El Cielo por Asalto, 1995, p. 102.

Nunca la escuela tuvo entre nosotros una función social determinada. Se ignoró siempre su lado práctico, efectivo. Se la concebía como una abstracción pero no en la realidad de las cosas. En una palabra, que es casi el resumen de esta publicación: ***nos faltó el estado de civilización necesario para comprender y sentir, como nación,*** que la cultura pública es la base fundamental de la organización de un pueblo" [48] (el subrayado es del autor).

En esa disputa contra los pedagogos en la que se buscó legitimar el lugar del médico en el campo educativo, el carácter refundante de su acción proclamó la defensa de la argentinidad. Para ello era decisivo imponer una enseñanza práctica, despojada del bagaje y la artificiosidad propia de la teoría pedagógica. La escuela debía ritualizar la práctica de la enseñanza patriótica de modo que se aprendiera, en el día a día, el amor por la patria.

Para avanzar en ese sentido apeló, como primer instancia, a la conformación de un cuerpo de inspectores generales de las Provincias y los Territorios nacionales. Atento con la responsabilidad de la labor, los inspectores debían opinar sobre la preparación pedagógica del maestros y sobre sus aptitudes docentes. Por otra parte, si bien "el maestro es la escuela", los funcionarios debían explayarse sobre las características de la institución. A partir del diagnóstico que hicieran de esa realidad escolar, se recomendaba que, "si bien la escuela no debe ser un acto de autoridad ejecutado por el Estado con prescindencia del medio en que actúa, debe el inspector emplear los recursos de que dispone para suavizar asperezas y desterrar prejuicios, o sino, cortar de raíz el mal si viera que es insuficiente la persuasión"[49]. Con la intención de aguzar el control de las autoridades nacionales sobre el estado de la educación en todo el país, se proyectó crear la figura de los inspectores viajeros. Tal como lo consideró Pablo Ramos, si bien esa figura generaba cierta dualidad de autoridad con la del inspector seccional, sus funciones debían ser concurrentes. El viajero tenía funciones de tipo técnicas y era un agente directo del inspector general y, el seccional, desempeñaba funciones administrativas. En la práctica lo que se buscó fue hacer más efectivo el control sobre las instituciones, dado que eran conocidas las estrechas relaciones que entablaban los inspectores con autoridades locales y pobladores del lugar.

A pesar de cierta superposición de funciones, llegaron a los despachos de las autoridades educativas del gobierno central pormenorizados informes que

---

48. Juan P. RAMOS, *Consejo Nacional de Educación*: conmemoración del centenario de 1810. Historia de la Instrucción primaria en la República Argentina (1810-1910). Tomo 1, Buenos Aires, 1910, pp. 142 a 150. Esta obra proyectada por José Ramos Mejía en el marco de la celebración del Centenario perseguía una clara intencionalidad política. El tono crítico que exponía el autor sobre lo que había sido la escuela en la Argentina justificaba la gestión del médico higienista y su declarada "educación patriótica".

49. "Reglamento provisorio para inspectores nacionales en las provincias, inspectores viajeros y subinspectores" en *Escuelas Nacionales de las Provincias*. CNE, Ediciones Talleres de la Casa Jacobo Peuser, 1910, pp. 30 a 33.

daban cuenta "del alarmante cuadro de situación que mostraban territorios como el de la Patagonia". Al escaso número y poco impacto de las escuelas fiscales se sumaba la resistencia a los maestros argentinos, tal como acontecía en la colonia galesa en Chubut. En territorios como el de Neuquén, "los maestros se encontraban a gran distancia de la civilización [...] con poblaciones atrasadísimas, en su mayoría extranjeras, que apenas comprenden la lengua nacional"[50]. La misma preocupación generaba aquello que se detectaba en las colonias ruso-alemanas del litoral entrerriano donde no se hablaba una sola palabra en idioma nacional. Como se señalaba, "en las aldeas judías sus colonos son más cerrados y excluyentes, transmiten la enseñanza en hebreo y no hay más libro de lectura que la Biblia"[51]. Similares situaciones se vivían, como se dijo, en sitios más próximos a la Capital Federal, tal era el caso de la Provincia de Buenos Aires en donde "en muchos puntos el elemento extranjero domina tanto que llega a entorpecer el funcionamiento de la escuela argentina o a impedir su instalación"[52].

Ese reclamo parece tener sus puntos de contradicción cuando se constata la información que brindaban las propias autoridades sobre la composición de la población escolar y la procedencia de sus padres, por ejemplo, en la cosmopolita Buenos Aires. Según esos datos que volcó Juan Ramos en su informe sobre la educación pública en 1910, de los 94.518 alumnos que asistían a las escuelas públicas, 91.718 eran argentinos y 2.830 eran de origen extranjero. Del total de estos niños, 19.592 eran hijos de padre y madre argentina (el 21% de los niños que asistían a la escuela) y 58.304 (el 64% de esos niños) eran hijos de padres y madres extranjeros (Ver Cuadros 13 y 14).

Esa extrema sensibilidad puso nuevamente en la mira del gobierno central a las escuelas particulares[53]. Sin que mediaran matices, Ricardo Rojas las acusó de ser uno de los factores activos que provocaban la disolución de la

---

50. *El Monitor*, N° 257, Año XXIII, 1904. Este era el informe del Inspector Nacional Bavio. Según el Censo Nacional de Educación de 1909, en las provincias de La Pampa, Neuquén y Río Negro habría respectivamente el siguiente número de establecimientos primarios nacionales: 43, 17 y 1. No se registran datos de otros tipos de establecimientos. Sobre el estado de la educación en los territorios del sur del país se puede consultar: M. E. TEOBALDO (Dra.) A. B. GARCIA (Codirectora), *Sobre Maestros y Escuelas. Una mirada a la Educación desde la Historia... Op. Cit.*

51. *Ibídem*, Año XXVII, N° 232, 1908.

52. *Ibídem*, N° 455, 1910. Esa impresión tan extrema la tuvo el inspector Ernesto Bavio al recorrer la provincia de Buenos Aires, en la que había un mayor número de escuelas públicas provinciales y nacionales.

53. La mirada preocupante sobre las escuelas particulares no serían tampoco una novedad. En los ochenta y noventa hubo un movimiento en este sentido, sobre todo con las escuelas de las colectividades italianas que extendían su influencia en su búsqueda de "educar italianamente" y que llevó a la reacción de hombres como Sarmiento que consideraban que la escuela argentina estaba destinada a formar un ciudadano universal. Sobre el tema consultar: Lilia Ana BERTONI, "Nacionalidad o cosmopolitismo. La cuestión de las escuelas de las colectividades extranjeras a fines de siglo XIX. *Anuario IEHS*, N° 11, Tandil, 1996.

nación[54]. En esa primer manifestación de un nacionalismo que intentó ser doctrina, el autor pudo expresar la inquietud que habían generado las políticas liberales[55]. Por eso proclamó la urgencia de recuperar el pasado como un mandato de la historia. Señaló que en un país como Argentina, en el que se mezclaban las viejas tradiciones tan complejas y las nuevas influencias cosmopolitas, la preocupación debía centrarse en elaborar un curso propio de historia. Para ello, afirmó, sin titubeos, era prioritario corregir los errores cometidos que conducían a la desnacionalización[56]. Llegó a su punto más determinante cuando explicitó su intención de imponer la homogeneidad cultural. Como lo expresara: "Nosotros no abrimos las puertas de la nación al italiano, al francés, al inglés, en su condición de italiano, de francés o de inglés; se la abrimos en su calidad de 'hombre', simplemente. [...] No

54. Cf. Ricardo ROJAS, *La Restauración Nacionalista: crítica de la educación argentina y bases para una reforma en el estudio de las humanidades modernas.* Buenos Aires, Librería "La Facultad", Segunda Edición 1922. Esta obra, cuya primera edición fue en 1909, causó una gran repercusión en las autoridades educativas y fue modélica para la implementación de las nuevas metodologías para la enseñanza de la Historia. Fue por un decreto del presidente José Figueroa Alcorta (1906-1910) el que lo comisionó para redactar la obra que fue publicada en 1909 por el Ministerio de Justicia e Instrucción Pública, conducido por Rómulo Naón.

55. Para una aproximación a esa corriente nacionalista y autoritaria existe un amplio aporte historiográfico del que podemos recomendar: E. ZULETA ALVAREZ, *El nacionalismo argentino* (2 Vols.). Buenos Aires, La Bastilla, 1975. M.I. BARBERO-F. DEVOTO, *Los nacionalistas.* Buenos Aires, CEAL, 1984. Sandra MC GEE, *Counterrevolution in Argentina, 1900-1932: The Argentine Patriotic League.* Lincoln, University of Nebraska Press, 1986. C. PAYA-E. CARDENAS, *El primer nacionalismo argentino. En Manuel Gálvez y Ricardo Rojas.* Buenos Aires, Peña Lillo, 1978. Un trabajo de consulta indispensable sobre el tema es la revisión de: Fernando DEVOTO, *Nacionalismo, fascismo y tradicionalismo en la Argentina moderna,* Buenos Aires, Siglo XXI de Argentina, 2002. Un serie de artículos sugerentes en los que se trabaja la categoría de intelectuales autoritarios en la Argentina de principios del siglo XX son los de Olga ECHEVERRIA, "De la apelación antidemocrática al colonialismo como argumento impugnador de la "oligarquía": los hermanos Irazusta en la génesis del Revisionismo histórico argentino", Revista *Prohistoria* 8, 2005. "Leopoldo Lugones, el Estado equitativo y la sociedad militarizada: el orden como objeto e imposición. Una representación del autoritarismo argentino después del golpe de Estado de 1930", en *Anuario de Estudios Americanos* 61/1, EEHA, CSIC, Sevilla-España, 2004. "Carlos Ibarguren: de la reforma controlada de la política al control autoritario de la sociedad. El camino de un proyecto fracasado, Argentina primeras décadas del siglo XX", Revista *Estudios Sociales,* 28, 2005.

56. En su texto comentaba: "Decíame el Dr. Ramos Mejía que al hacerse cargo de la Presidencia del Consejo, púsose a visitar las escuelas de la Capital, y encontró signos de desnacionalización [...]. En cierta escuela algunos niños, por tolerancia de sus padres extranjeros, habíanse negado a estudiar Historia nacional. En otra muy importante, había encontrado los retratos de los Reyes Vittorio Emmanuele, Humberto I, Elena y Margarita que, según las perplejas explicaciones de la Dirección, eran obsequio del vecindario. Usábase en todas, como texto de lectura, el "Cuore" de D'Amicis, libro excelente como lectura infantil y didáctica, pero hecho para Italia, de suerte que se había dado el caso de un niño argentino que hablaba fervorosamente de la bandera tricolor, y elogiaba patrióticamente el heroísmo de los soldados sardos. [...] El Consejo, como era lógico, ha mandado suprimir aquellos cuadros y el uso de Cuore". Cf. Ricardo ROJAS, *La Restauración Nacionalista... Op. Cit.* pp. 404-405.

cerremos nuestros puertos a la inmigración… pero debe afirmarse que el criollo hijo del extranjero le pertenece en absoluto a la escuela oficial"[57]. Esa Historia de la "civilización argentina"[58], centro de las humanidades modernas, constituía el mejor anticuerpo para combatir,

> "[…] El cosmopolitismo en los hombres y en las ideas, la disolución de viejos núcleos morales, la indiferencia para con los negocios públicos, el olvido creciente de las tradiciones, la corrupción popular del idioma, el desconocimiento de nuestro propio territorio, la falta de solidaridad nacional, el ansia de la riqueza sin escrúpulos, el culto de las jerarquías más innobles, el desdén por las altas empresas, la falta de pasión en las luchas, la venalidad del sufragio, la superstición por los nombres exóticos, el individualismo demoledor, el desprecio por los ideales ajenos, la constante simulación y la ironía canalla –cuanto define la época actual, comprueben la necesidad de una reacción poderosa en favor de la conciencia nacional y las disciplinas civiles"[59].

De todos modos, aquella vigorosa crítica que legitimaba a un hombre de la acción política como Ramos Mejía frente a los pedagogos y la posesión de su saber, denota otra cuestión. Se continuaba pensando que si se rectificaba el rumbo, se podía sanear el cuerpo social a través de la escuela. En efecto, el fundamento último de la educación recuperó aquella tradición que la consideraba como el instrumento que salva del error. A través de ella se podía "encauzar a las razas" y "afirmar la nacionalidad". Más allá del cuestionamiento del profesional de la medicina, se recuperó la esencia del sentido de la educación para los ilustrados en tanto se volvía a la idea de una transformación desde arriba provocada por la educación al considerarse al hombre como un ser maleable que puede ser adaptado en función de las expectativas impuestas en nombre del bien común. Ese "proyecto positivista de ingeniería cultural"[60] no constituyó una nota novedosa en las escuelas argentinas. Más que presentarlo como un punto de quiebre del modelo educativo de la Ley 1420, habrá que entenderlo como una intención de reforzar y profundizar la acción escolar en la sociedad. Esto implica revisar algunas posturas que consideran a esta administración como la que consiguió imponerse al clima liberal y desarrollista de la ley 1420. Como ha sido dicho, esa postura netamente autoritaria, dogmática y militarista era una suerte de "paranoia cultural" que buscó adoctrinar, uniformar y difundir mitos nacio-

---

57. *Ibídem*, 470-471.

58. En ese sentido no concibe a la historia como una disciplina auxiliar de la sociología tal como la entendió Spencer. Este aspecto ha sido tratado en Rafael GAGLIANO, "Nacionalismo, inmigración y pluralismo cultural" en Adriana PUIGGROSS (dirección), *Historia de la Educación Argentina II. Sociedad civil y Estado en los orígenes del sistema educativo argentino… Op. Cit.*

59. Ricardo ROJAS, *La Restauración Nacionalista… Op. Cit.*, pp. 116-117.

60. Así fue presentado por Carlos ESCUDE, *El Fracaso del Proyecto Argentino. Educación e Ideología.* Instituto Torcuato Di Tella, Buenos Aires, Editorial Tesis, 1990, p. 2.

nales recién inventados y crear una nación (artificial) a partir de un Estado
que fue un accidente histórico político[61]. Es más que evidente la intención
y la práctica de esa "educación patriótica" que extendió, en un ritual cotidiano, el homenaje a la patria[62], pero lo que no se puede desconocer es que
los hombres del ochenta, más allá de sus desencuentros, compartieron esa
voluntad de configurar la nación y la nacionalidad.

La escuela entre la promesa del cambio
y el imperio de la armonía social

La personalización en el tono de la administración del CNE se desvanece
con la muerte de Ramos Mejía, pero lo que no se atemperó fue el tenor de las
controversias en torno a lo educativo. Es más, las posturas se radicalizaron. Si
para muchos esa escuela no conseguía retener a sus alumnos, particularmente
a los varones, ya que "empezaban a irritarse, y a rebelarse anhelando la libertad abandonando las aulas de la escuela"[63], para otros, acceder a esa formación
era la mejor de las oportunidades. Esas eran las apuestas esperanzadoras que
sonaban como una vulgar provocación cada vez que se enunciaban. Desme-
suradas y poco oportunas, parecían las palabras del director de la Escuela
Normal Mixta de Maestros, Antonio Díaz, cuando comentó a sus discípulos:

> "Con las docenas de sillas y banquitos rústicos, 100 cajones de querosén
> que tenemos de reserva y 46 tablas cepilladas de 15 pies de largo, provee-
> mos de asiento a los alumnos durante las fiestas y conferencias. Las sillas
> son para los visitantes.[…]
>
> Con frecuencia digo a mis alumnos: 'desde ese asiento duro y sin
> respaldo podrán llegar hasta el sillón presidencial de la República, si se
> tiene talento y virtudes cívicas' […]" [64].

Eran esas expresiones esperanzadoras las que señalaban que "la escuela
primaria, a pesar de sus defectos, es ya un monumento nacional y no es
obra patriótica derribarlo para levantar otro, sino perfeccionarlo y elevarlo,

---

61.   Cf. Carlos ESCUDE, *El Fracaso del Proyecto Argentino…* Op. Cit, p. 2.

62.   Aquellas prácticas donde se "celebraba a la patria" estaban extendidas de tal modo en
      las escuelas que se debió hacer estrictas recomendaciones para que no llegaran a ser
      "exageraciones de patriotismo inconveniente". Así por ejemplo en un artículo de Enrique
      Banchs titulado: "Cantos escolares" se llama la atención sobre algunas situaciones pro-
      vocadas por los maestros al organizar los festejos escolares, tal como comentaba: "[…]
      Tuvimos la triste ventura de oír una canción patriótica en una fiesta escolar […] en ella,
      con un patriotismo que las niñas nunca sintieron les imponía decir, según el texto de
      la canción, que irían 'con el fusil al hombro a rechazar al bárbaro enemigo […] ¡Unas
      niñitas que aún no saben dar los buenos días a su mamá y ya quieren irse a asustar a
      imaginarios enemigos!". *El Monitor*, N° 439, Año XXVIII, 1909.

63.   *La Nación*, 17 de abril de 1915.

64.   *El Monitor*, Año XXXV, N° 517, 1916. La escuela pertenecía a la localidad de 25 de Mayo
      –Provincia de Buenos Aires–.

agregando piedra sobre piedra asentada en mezcla legítima, después de haber comprobado la calidad y resistencia de los materiales empleados"[65]. Por eso, personajes como el inspector Reyes Salinas, quien fuera homenajeado y reconocido por sus méritos al dejar sus funciones en los tiempos de Yrigoyen, reclamaron "echar sin temores vino nuevo en nuestros odres viejos".[66]

Esas palabras cargadas de promesas, probablemente incumplidas para una mayoría del pueblo trabajador, resultaban irritantes para aquellos que percibían la amenaza del desorden social. No resulta anecdótico que para una elite que se percibía amenazada, el orden social apareciera trastocado y la escuela fuera visualizada nuevamente como la institución que lo debía restablecer. Una forma de restablecer el equilibrio social era promoviendo una enseñanza diferenciada para varones y mujeres, niños de la ciudad y del campo, hijos de trabajadores y de familias patricias. La escuela debía garantizar a cada uno el lugar y la función que la sociedad les había reservado. La intención de recuperar el "sentido armónico" de la vida social, a partir de la escolarización primaria, quedó claramente expuesta en la declaración del Director General de Escuelas de la Provincia de Buenos Aires, Matías Sánchez Sorondo[67], que llegó al extremo de proponer la reducción de la obligatoriedad escolar a solo dos años. Su presentación giró en torno a una argumentación en la que expresó:

> "[...] El sistema educativo, víctima predestinada de la utopía, lo fue aquí naturalmente del entusiasmo civilizador. [...] es hoy un organismo anquilosado, anticuado e inadecuado [...].
>
> La instrucción primaria se ha dicho, debe ser común, laica, gratuita y obligatoria. [...] Aquellos principios indiscutibles como enunciados deben, no obstante, amoldarse a la idiosincracia social [...]
>
> Se ha confundido instrucción primaria con instrucción obligatoria y educación común con programa uniforme. La instrucción primaria es un concepto técnico; la instrucción obligatoria, un concepto social; el programa, un método docente.
>
> No toda la instrucción primaria debe ser obligatoria y común, aunque toda la obligatoria y común debe ser primaria, porque la sociedad cumple con el individuo dándole las nociones que juzga necesarias para que inicie su desenvolvimiento en la vida de relación. [...]
>
> Se ha de enseñar a todos, pero no ha de enseñárseles las mismas cosas. Hay indiscutiblemente una base común: las primeras nociones que 'alfabe-

---

65. *Ibídem*, Año XXXV, N° 528, 1916.

66. *Idem*.

67. Resulta de interés destacar aquello que nos aporta Pineau sobre esta figura que se desempeñó, antes de ejercer el cargo de Director General de Escuelas en la Provincia de Buenos Aires, como miembro del Consejo Nacional de Educación de donde fue expulsado a pedido de los maestros por no contar con título docentes y por ser un lego en la materia educativa. Ver, Pablo PINEAU, *La escolarización en la Provincia de Buenos Aires... Op. Cit.*, p. 44.

tizan' a un escolar y que fijó más adelante como mínimum de instrucción. Más es necesaria la diferenciación, en el período de mínima a máxima, según los sexos, el medio, la zona, la asistencia escolar y las características regionales.[…]

[…] La función del gobierno es o debe ser la armonía social en su acción dirigente. […]

La escuela no debe sólo instruir sino atraer y retener al educando, ofreciéndole estímulos suficientes. Para ello debe renovar parte de sus programas y hacerlos diferenciales.

No le interesa lo mismo al niño de la ciudad que al de la campaña, al de la zona agrícola que al de la ganadera, al varón que a la mujer. […] La escuela debe esencialmente responder al medio, y el medio no es la República Argentina, ni la provincia de Buenos Aires […]. El medio es la localidad.[…]

El programa uniforme ha sido redactado para el niño de la ciudad. Basta un instante de reflexión para comprender el absurdo que entraña, cuando se comprueba que además de las nociones primarias, necesariamente comunes, aquel contiene conatos de preparación a una enseñanza superior, inaccesible al educando en la inmensa mayoría de los casos. […]

La diferenciación de los programas de instrucción obligatoria responde a la verdad docente, a la eficacia de la enseñanza y al interés de los vecindarios; y a esta diferenciación debe comprender el 3° y 4° grados donde termina la obligación escolar y continuar hasta sexto, en los cursos complementarios, no comunes, no obligatorios, no gratuitos. […]"[68].

Estas afirmaciones de quien en su momento se convirtió en el Ministro del Interior del gobierno de Uriburu no resultaron novedosas Desde tiempo atrás se promovía la idea de que debían diferenciarse los contenidos y las cargas horarias en las escuelas rurales. Al elevar esta propuesta en su escrito *La Instrucción Obligatoria* que dedicó al entonces Ministro de la cartera educativa a nivel nacional, Dr. Carlos Saavedra Lamas, recordó la influencia

---

68. *La Nación*, 1915. N° 15.587, 15.589, 15.591. En su propuesta definitiva consideraba. "1°. La instrucción obligatoria es gratuita y laica, y de dos a cuatro grados, diferencial. 2°. La obligación escolar comprende a los niños de siete a once año inclusive, en los centros urbanos; de siete a diez años inclusive, en las zonas rurales. 3°. Las escuelas serán de cuatro grados. Sólo se establecerán escuelas inicialmente de dos grados, donde la población no ofrezca capacidad suficiente para mantener en los años superiores el número reglamentario de alumnos. Estas escuelas aumentarán paulatinamente sus grados hasta cuatro, según el crecimiento de la población. 4°. Los programas de instrucción de las escuelas iniciales podrán ser uniformes, y se formularán de manera que el escolar al terminar sus dos grados sepa cuando menos leer de corrido, escribir sin notorias faltas de ortografía; las cuatro reglas de la aritmética; el sistema métrico decimal; la ley de pesas y medidas; el valor de la moneda nacional; nociones de historia y geografía argentina; y la explicación de los fenómenos naturales más frecuentes. 5°. Los programas de instrucción de dos a cuatro grados serán diferenciales y se formularán por zonas […]. 6°. La enseñanza primaria superior se dará en cursos especiales de 5° a 6° grados y será facultativa y paga. Los programas serán diferenciales y correlativos […]".

que la normativa educativa de la provincia de Buenos Aires había generado a nivel nacional. Las leyes de 1874 y 1905 fueron fuentes inspiradoras para las autoridades nacionales, tanto con la sanción de educación obligatoria como en el proyecto de acortar el ciclo de obligatoriedad escolar. Tal como afirmaba, a Buenos Aires le asistía el derecho de primogenitura[69] y de hecho la nación acompañó en este recorte a las aspiraciones que se proyectaron desde la ley de educación común de 1884.

La propuesta del Ministro de Instrucción Pública de la Nación, Saavedra Lamas, fue el correlato que acompañó este reposicionamiento de la elite. Según Tedesco[70], esos proyectos de reorientación educativa hacia contenidos y formas más modernas fueron producidos por gobiernos conservadores frente a la oposición de sectores medios (urbanos y rurales) que defendieron la vigencia del sistema tradicional. De todos modos, más allá de lo que se pueda considerar como "moderno" o "tradicional" desde el punto de vista didáctico y pedagógico, detrás de ellos existían posicionamientos ideológicos y partidarios que, por cierto al autor, no se le escapan.

El nuevo plan del ministro, propuso reducir la escolarización primaria gratuita obligatoria a cuatro años, a cuyo primer grado se ingresaba a los siete años de edad. Un segundo ciclo intermedio de tres años gratuito, destinado principalmente a los varones después de cumplidos los once años. El secundario con núcleos de materias afines y correlativas en que se iniciaba el alumno una vez que aprobara la Escuela Intermedia. La Normal, distribuida en cuatro años para el título de Maestro Normal y en siete para el título de Profesor Normal, que podían cursar aquellos alumnos que aprobaran el curso intermedio. Comercial, distribuida en tres años para el título de Perito Mercantil y en cinco para el de Contador Público, iniciado también después de graduarse en la etapa intermedia.

En lo referente a las escuelas normales planteó la necesidad que tenía la Nación de contar con el maestro varón, para que ocupara cargos en los Consejos de Educación, en las Inspecciones y en las escuelas rurales. Por eso recomendó otorgar becas preferentemente a los jóvenes, puesto que "las maestras solicitan siempre cargos para las ciudades, que tienen plétora de docentes. Solamente el varón se atreve abordar el desierto, la campaña necesitada, la viabilidad difícil, etc."[71]

El ministro volvió sobre lo que percibía como una desproporción provocada por la situación que había conseguido la mujer en aquella sociedad:

> "La civilización que queremos arraigar en nuestro suelo requiere ante
> todo de las manos viriles [...] el mayor desarrollo de la energía argentina,
> debe ser esfuerzo masculino en su necesaria obstinación, en su vigor, en

---

69. Cf. *Idem*.

70. Ver Juan Carlos TEDESCO, *Educación y sociedad en Argentina (1880-1945)... Op. Cit.*, p. 173.

71. *Memoria*, 1916, Tomo II, p. 389.

su potencia. [...] Es sobre todo en las ciudades, ha dicho uno de nuestros educadores, donde los niños varones requieren una instrucción más viril [...] el papel amplísimo y descollante de la mujer en la vida urbana, son causas de afeminación bien conocidas"[72].

Esto que por cierto no es un dato menor, no ha sido considerado por los historiadores de la educación. Habrá que recordar aquella preocupación bastante extendida en algunos intelectuales de la época que hacían referencia a la homosexualidad, el uranismo femenino y el tercer sexo[73]. Una particular sensibilidad, que denunciaba la supuesta inversión de una sociedad que mostraba la "masculinización" de la mujer y la "feminización" del hombre, se evidencia en los dichos del ministro. Aquella escuela que reducía el ciclo obligatorio apuntaba, no sólo a luchar contra el analfabetismo sino a reforzar el concepto de la educación primaria en su sentido social. Se anunció un cambio de rumbo con el que se pretendía restablecer el equilibrio social y revertir otra situación inquietante que había sumado la escuela como era "la disminución del sexo fuerte y viril"[74] frente al mayor número de niñas que concluían sus estudios primarios.

Sus medidas tendieron a alejar a las Escuelas Normales de la órbita de los gobiernos locales. Una serie de modificaciones causaron el malestar del magisterio, ante la inseguridad laboral generada a partir de la reducción del ciclo obligatorio de la escuela primaria a cuatro años y por la supresión del sistema de becas para las mujeres que continuaron sus estudios de magisterio[75].

Se pronunció a favor de brindar otras alternativas sobre todo para los varones que optaran por continuar en la escuela intermedia, más allá de que nada se dijera de la suerte que corrían aquellos niños de ambos sexos que recibían sólo una enseñanza de cuatro años. Aquella escuela intermedia fue

---

72. Carlos SAAVEDRA LAMAS, *Reformas de la enseñanza pública: antecedentes y fundamentos*. Buenos Aires, Imprenta Argentina, Jacobo Peuser, Tomo 1, 1916, p. 121. No es casual que aquellas reservas en contra de la presencia mayoritaria de las maestras coincidieran con la publicación de la *Maestra Normal* en 1915. Manuel Gálvez que buscó en la ficción un medio para expresar su nacionalismo católico y recuperar la tradición hispana, presenta a Raselda, aquella maestra que proclamaba con dolor que se había perdido por no ser educada en la religión. Su experiencia como inspector nacional, le habría indicado que la enseñanza laica y la tradición normalista eran una amenaza para la integridad nacional. El personaje central era la mujer que se pierde si no es orientada por una correcta educación. La escuela pública aparecía asociada a las educadoras y en ellas también se centraron las críticas que hablaron de la *debilidad* de carácter y voluntad de los niños. Con respecto a esta obra se generó otro debate entre Gálvez y Lugones que asumió, en este caso, la defensa de la tradición normalista laica en el diario *La Nación*. Aspectos de esa controversia han sido tratados en: Lucía LIONETTI, "Un campo de tensión por encauzar la 'moral'. Disputa, resistencia y convivencia entre la sociedad y los educadores (1900-1920)" en Pilar GONZALBO AIZPURU (coord.), *Familia y Educación en Iberoamérica*. México, El Colegio de México, 1999.

73. Cf. Jorge SALESSI, *Médicos, maleantes y maricas*. Rosario, Beatriz Viterbo Editora, 2000.

74. Carlos SAAVEDRA LAMAS, *Reformas de la enseñanza... Op. Cit.*, p. 123.

75. *Ibídem*, p. 127.

proyectada para "dar una orientación práctica bien dirigida, con los sentidos más aguzados, en forma que les permita perfeccionarse con la perspectiva de una educación fácil y una función remunerativa [...] que agiliza energías, encauza la vida sin anticipar orientaciones que las personas mismas después podrán adquirir en su curso"[76].

Una escuela que se inspiró en los presupuestos pedagógicos de Víctor Mercante. Como lo fundamentó este reconocido normalista, en la escuela primaria no se contemplaba la "crisis de la pubertad" tanto en lo físico como en lo psíquico y emocional[77], era imprescindible una enseñanza más práctica que contemplara esos cambios. Aquella escuela primaria que comprendía seis grados, repartida en una Escuela primaria elemental de cuatros grados y una Superior de 5° y 6° grado, habría demostrado que se concluía efectivamente en el 4° grado. Según sostenía, los legisladores en materia escolar habían notado que esa enseñanza elemental se completaba entre los 11 y los 12 años, ya que los niños abandonaban a una edad en que los padres esperaban que trabajaran en actividades remunerativas. Por esa razón, argumentó que la escuela intermedia no era una escuela industrial en la que teoría y práctica convergían para formar al maestro obrero. Como señaló, se pretendía generar armas para la defensa completando una educación común, despertando vocaciones, disciplinando las actividades prácticas. Lo que propugnó fue un tipo de escuela que formara en una cultura técnica para "integralizar la enseñanza y completar la educación del hombre para una función social, a la edad en que puede realizarse, poniendo a los unos, en el camino definitivo de la vida obrera; a los otros en el camino de los estudios superiores, pero con disciplinas que sanearon sus sentimientos y sus convicciones acerca del trabajo"[78].

Fueron esas expectativas las que inspiraron la reforma de 1916 orientada, al mismo tiempo, a reestructurar el sistema secundario y revertir lo que Saavedra Lamas consideró como la "tendencia afanosa para la Universidad"[79]. En el mismo sentido en el recinto legislativo al asumir la defensa de la medida, el diputado oficial Agote sentenció:

> "Así, el almacenero no omitirá sacrificio alguno por doctorar a su hijo; las universidades atraen con solicitaciones muchos más fuertes que las industrias. Se diría que la cepa española, que forma el fondo de nuestra raza, se ha mantenido en toda su pureza, dada la preferencia dominante en nuestra juventud por los estudios universitarios, contrastando con el horror por las ocupaciones manuales [...].

---

76. *Ibídem*, p. 110.
77. Víctor MERCANTE, *La crisis de la pubertad y sus consecuencias pedagógicas.* Ediciones Cabaut y Cía. Buenos Aires, 1918.
78. *Ibídem*, pp. 22-23.
79. *Ibídem*, p. 63.

> [...] Se ha dicho, con razón, de la enseñanza secundaria que es aquella que tiende a dar a los jóvenes los conocimientos necesarios para el desenvolvimiento ordinario de la vida.
>
> [...] Para mi tiene otra misión: tiene la de formar el carácter del ciudadano, dándole el verdadero, el amplísimo concepto que encierra [...] Olvidando este importantísimo aspecto de la cuestión y resolviendo el problema de una manera unilateral, la enseñanza secundaria sólo se ha propuesto que sirviera de preparación para la universitaria, con lo que no hemos hecho más que fomentar esa tendencia equivocada de nuestra idiosincrasia: la que realiza la aspiración más alta de nuestros jóvenes, la de adquirir un título de doctor" [80].

El propio Saavedra Lamas expuso, en el recinto legislativo, la necesidad de reorientar esa enseñanza puesto que, "una democracia radicalmente utilitaria y brutalmente igualitaria, no podrá admitir en su seno una enseñanza secundaria, considerada como puramente estética y reservada a un pequeño número de privilegios de la fortuna, destinado a ser diletante, delicados, pequeños burgueses llenos de prejuicios y de pretensiones aristocráticas, de cráneo estrecho y de corazón debilitado"[81].

Más allá de estas expresiones políticas e ideológicas justificó la reforma apelando a sus fundamentos pedagógicos y a la intención de superar las dificultades de un sistema escolar de carácter enciclopedista. De allí que para la enseñanza en los Colegios Nacionales se diseñó un núcleo de materias para ser dictado a todos los alumnos. Al mismo tiempo, se estableció la posibilidad de elegir respecto de otras materias, según la orientación que pensara seguir el estudiante en la universidad. Ese fue el sentido de crear un núcleo de enseñanza general, formado con materias tomadas de todos los núcleos y cuatro núcleos especiales que supuestamente preparaban para el ingreso a las distintas facultades[82].

Por su parte, aquella población estudiantil, a la que se le ofrecía una enseñanza técnica en las escuelas industriales, de artes y oficios y la intermedia, contaría con una orientación definida gracias a ese tipo de formación. Así las Escuelas Industriales eran consideradas instituciones de enseñanza técnica destinadas a formar elementos dirigentes con preparación técnico-práctica para el trabajo industrial en las especialidades mecánica, eléctrica y química, como también constructores de edificios y sobrantes de obra[83]. Las

---

80. *C.D.*, sesión del 4 de setiembre de 1916. Una tendencia a reorientar el carácter de los Colegios Nacionales que, sin embargo, llevó a una fuerte pulseada con los Diputados de la Unión Cívica Radical que presentaron proyectos de creación de las tradicionales instituciones de enseñanza media, principalmente para la provincia de Buenos Aires.

81. Carlos SAAVEDRA LAMAS, *Reformas orgánicas... Op. Cit.*, p. 318.

82. Ver *Ibídem*, pp. 426 a 430.

83. *Ibídem*, p. 431. Se aclara: "Los alumnos de las escuelas industriales pasan todos los talleres de ajuste, carpintería, herrería, fundición y de electrotécnica y ejecutan, además, trabajos prácticos en los laboratorios de ensayo de materiales, fotografía, ensayo de má-

Escuelas de Artes y Oficios servían para formar obreros hábiles y capataces de taller, dotados de conocimientos generales. La práctica de taller tenía en estas escuelas más importancia que en las industriales puesto que se pretendía que se desarrollaran lo más posible las aptitudes manuales. En estas escuelas se dictaban también conocimientos más indispensables de Aritmética, Geometría, Física, Tecnología y Dibujo Industrial que necesitaban en los diferentes oficios. Como se aclaraba: "En las Escuelas Intermedias, los alumnos pueden adquirir, al lado de una preparación teórica general, una o más aptitudes manuales. Estas escuelas no pueden, por el mismo carácter de su enseñanza que es general y práctica a la vez, formar obreros hechos como las escuelas de artes y oficios. Sus egresados serán, sin embargo, susceptibles de perfeccionarse en la práctica, entrando en un taller o ejercitando libremente la aptitud manual adquirida"[84].

Allí estuvo el límite y, al mismo tiempo, el alcance de la reforma. No hubo un propósito de crear una nueva escuela donde se formara la mano de obra, tal como algunos sectores industriales reclamaron inspirados en las escuelas norteamericanas y alemanas. La intención política de quienes propiciaron poner en marcha la reforma fue claramente la de canalizar a parte de una población estudiantil que aspiraba a concretar una carrera burocrática o a ser cooptados por la politiquería, hacia una capacitación general para las actividades manuales. Había que rectificar el rumbo iniciado en 1884 puesto que,"[…] las clases humildes, formadas en gran parte por el aluvión inmigratorio, no alcanzan a comprender los beneficios que se derivan de una instrucción primaria completa y, en parte, no alcanzan con toda razón, pues que, en nuestro ambiente, resultaría perfectamente desplazado el niño que, al terminar en sus 14 años, los seis grados de la escuela primaria, no tuviesen una orientación económica definida. El padre obrero piensa, con razón, que su hijo al llegar a esa edad debe estar preparado o para ganarse la vida, o para perfeccionarse en breve tiempo, en un oficio."

La reforma tuvo una corta vida. El gobierno de la Unión Cívica Radical la derogó en 1917. Fue el entonces Ministro de Instrucción Pública de la Nación, Dr. José Salinas, el que promovió la medida aduciendo que se debía recuperar el verdadero sentido de la escuela pública. Su acción en la cartera educativa estuvo a tono con aquello que supo defender su dilecto y estimado colaborador, el Inspector Reyes Salinas, cuando desde la distante Humahuaca instó a los futuros "obreros de la civilización" que comprendieran que:

> "Es necesario, como yo lo he dicho otras veces, que la instrucción lleve íntimamente unida la educación con un acentuado carácter nacional o mejor dicho argentino.

---

quinas y química. La práctica de los alumnos en los talleres es diaria y tiene por objeto principal familiarizarlos con técnica de trabajo". *Ibid.*

84. *Ibídem*, p. 431.

Si el niño sale de la escuela sólo con nociones de lectura, escritura y aritmética, aunque con ligeras ideas de historia y geografía, será [...] un semianalfabeto material, pero analfabeto moral, más peligroso todavía para la sociedad que el analfabeto completo. [...] La cifra de cerca de 500.000 niños en edad escolar, que no saben leer ni escribir, ni reciben educación, diseminados en todo el territorio en la República asume las proporciones de un peligro común: es patriótico conjurarlo no omitiendo sacrificio de ninguna especie.

[...] Como uno de vuestros compañeros, os presento mi palabra de aliento en este momento de gratos regocijos para que continueis la ardua campaña sin desfallecimientos ni debilidades, exhortándolos con Clemenceau, eximio estadista francés: Valor tu que trabajas penosamente sobre el duro surco" [85].

---

85. *El Monitor,* Año XXXV, N° 518, 1916.

Capítulo III

El "Maná" pedagógico: las fuentes científicas del proyecto educativo

> *"Nacemos débiles, necesitamos fuerzas; nacemos desprovistos de todo, necesitamos asistencia; nacemos estúpidos, necesitamos juicio. Todo cuanto no tenemos en nuestro nacimiento y que necesitamos de mayores, nos es dado por la educación".*
>
> (Jean Jacques ROUSSEAU, *Emilio o De la educación.* Alianza Editorial, Madrid, 1998, p. 14).

Si la definición de un modelo de educación pública fue materia de debates permanentes, teñidos por posturas políticas e ideológicas encontradas, otro aspecto que merece destacarse es que esas propuestas buscaron sustentarse en una referencia científica. Fue así que esas políticas educativas se nutrieron de las modernas teorías educativas al tiempo que, los propios profesionales de la educación realizaron ingentes esfuerzos para que ese bagaje de ideas pedagógicas[1] que circulaban consiguieran el reconocimiento institucional y científico.

Producto de un determinado clima ideológico, dado en un contexto histórico, las teorías pedagógicas han sido definidas como sistemas articulados y concientes de representaciones sobre el hecho educativo, que operan sobre las conductas y actitudes de los docentes y en las instituciones y sus prácticas a partir de la implícita o explícita selección de contenidos que conforman, a veces, parte y, otras, la totalidad del sistema de representaciones que se transmite a través de la formación docente[2].

Como explica Pineau, "las historias de la educación han considerado a los términos 'escuela', 'maestro' y 'pedagogía' como conceptos 'naturales', surgidos espontáneamente del desarrollo y expansión lógica de la educación como consecuencia directa del desarrollo evolutivo lineal de la humanidad"[3]. Sin

---

1. En el presente trabajo utilizaremos el concepto "pedagogía" entendido como el conjunto de todos los discursos, enunciados, prácticas o saberes que se refieran a la cuestión educativa, más allá de criterios de cientificidad, validación, organización, completud, coherencia, causalidad u otra característica que limite la inclusión.

2. Teodor POPKEWITZ, *Paradigma e ideología en investigación educativa.* Madrid, Mondadori, 1988.

3. Pablo PINEAU, *La escolarización de la provincia de Buenos Aires (1875-1930). Una versión posible... Op. Cit.,* 1996.

embargo, las posturas críticas han buscado historiar este tema cuestionando la existencia "natural" de esos espacios, saberes y sujetos en una imbricación tan íntima e indisoluble.

Aquella voluntad educadora ha sido presentada por los investigadores como una expresión del positivismo, en tanto sería la ideología dominante del período[4]. Siguiendo a Tedesco, se puede decir que "la ideología podría ser caracterizada como un sistema de representaciones que otorgan a los individuos una manera determinada de concebir la realidad en su conjunto y le permiten ubicarse frente a ella"[5]. En el régimen del orden y progreso habían sido las consignas claves de esa nueva ideología. Orden político para terminar con los enfrentamientos y crear las condiciones necesarias para el surgimiento y el mantenimiento del Estado Nacional. Y progreso porque el desarrollo de las ciencias y su aplicación en las industrias les hacía pensar en la posibilidad de un desarrollo indefinido, sobre todo en el campo económico sobre la base del modelo agro-exportador[6].

Según explica el autor, el signo de ese ideal absoluto del conocimiento a través de la ciencia natural y su método, determinó el nacimiento de la pedagogía como una extensión de las ciencias naturales aplicadas al estudio del hombre[7]. Si el conocimiento de las leyes de la naturaleza era útil, porque permitía la transformación de la misma, el descubrimiento de las leyes de la enseñanza y aprendizaje, facilitaban alcanzar la meta proyectada. La pedagogía, era pensada como la ciencia que proveía los métodos necesarios para emprender la tarea civilizadora.

Sin dejar de reconocer ese paradigma científico de la época, en este capítulo se revisa esa amplia gama de aportes a las que apelaron los pedagogos con el propósito de conquistar el reconocimiento científico e institucional de su saber. Esas matrices, con sus diálogos y préstamos permiten considerar, más que la instauración de un modelo pedagógico triunfante[8], la configuración de un campo pedagógico[9]. Aunque se puede reconocer el predominio de un dis-

---

4. Juan Carlos TEDESCO, "El sistema educativo argentino, 1930-1935", en *Historia Integral*. Buenos Aires, CEAL, 1973. Juan Carlos, TEDESCO, *Educación y sociedad en la Argentina, 1880-1900... Op. Cit.*, Silvina GVIRTZ, *Nuevas y viejas tendencias en la docencia (1945-1955)*. Buenos Aires, CEAL, 1991. Pablo PINEAU, *La escolarización de la provincia de Buenos Aires (1875-1930). Una versión posible... Op. Cit.*

5. Juan Carlos TEDESCO, "El positivismo pedagógico argentino", en *Revista de Ciencias de la Educación*. Ideología y educación. Buenos Aires, Editorial Axis, 1975, p. 21.

6. Cf. G. WEIMBERG, *Modelos educativos en la Historia de América Latina*. UNESCO-CE-PAL-PNUD, Kapelusz, Buenos Aires, 1984.

7. Juan Carlos, TEDESCO, "El sistema educativo argentino"... *Op. Cit.*

8. Inés DUSSEL, "Escuela e historia en América Latina: preguntas desde la historia del currículum" en *Revista del IIEC*. Nº 2, Buenos Aires, IIEC-Miño y Dávila, 1993. La autora utiliza el concepto de "pedagogía triunfante" para referirse a aquella pedagogía que logró imponerse como hegemónica en el campo pedagógico.

9. La noción de campo se la utiliza siguiendo el enfoque de Bourdieu que explica esta categoría como: "[...] el lugar de las relaciones de fuerza (y de luchas tendientes a transformarlas o a conservarlas), siempre ocurre que estas relaciones de fuerza que se imponen a todos

curso pedagógico, lo que interesa mostrar es que esa hegemonía fue el resultado de procesos interactivos de los que participaron los agentes productores y sus producciones. Como se planteará las impugnaciones, redefiniciones y negociaciones de esos discursos pedagógicos fueron la expresión de las relaciones de poder al interior de ese campo autónomo[10]. Finalmente, se trata de esbozar una cuestión que necesariamente debe seguir siendo estudiada como es la instauración de un lenguaje pedagógico que si bien surgió al amparo de las políticas estatales consiguió una dinámica propia en su formulación.

La matriz ilustrada del pensamiento pedagógico

La mirada sobre la educación como un medio de transformación social tuvo su punto de inicio en la cristalización del pensamiento ilustrado. Si bien es cierto que la renovación comienza a gestarse desde el siglo XVI, el punto de diferencia pasaba porque, en ese tiempo, se buscaba como finalidad educar al hombre en un sentido elitista y esteticista, ajeno a la base popular, a base de letras clásicas y poesía. Mientras que en el siglo XVIII, el objetivo principal era extender la educación al pueblo para su formación en los saberes de la política y la moral. Aunque, por otra parte, aparece también muy difundida la instrucción científica y la instrucción técnica y profesional, de mayor nivel para los "oficios" –esto es, para el trabajo en manufacturas y fábricas–, más reducida para quienes se dedican a la "industria" –es decir, al trabajo en el taller artesanal y más aún en la explotación familiar a tiempo parcial–.

La inspiración de esta campaña educativa dieciochesca viene de una general actitud de dirigismo e intervencionismo que supuso la primacía de la iniciativa gubernativa. Con frecuencia se sirvió de una fórmula de delegación o encargo, que entrega ejecución y vigilancia a órganos interpuestos: Academias, Sociedades Económicas, escuelas patrióticas, etc., sirviéndose entonces de medios indirectos, recomendados por economistas, políticos, "filósofos", educadores.

El concepto de educación fue el eje del movimiento ilustrado; de la educación individual y, sobre todo, de la educación pública, piedra angular del edificio que tenía por meta última la estrecha relación ciudadano-patria. No fueron los pedagogos quienes esbozaron las líneas maestras de la enseñanza,

---

los agentes que entran en el campo –y que pesan con brutalidad particular sobre los que recién entran– revisten una forma especial: tienen en efecto por principio una especie muy particular de capital, que es a la vez el instrumento y la apuesta de las luchas de competencia en el seno del campo, a saber el capital simbólico como capital de reconocimiento o de consagración, institucionalizado o no, que los diferentes agentes o instituciones pudieron acumular en el curso de luchas anteriores, al precio de un trabajo y de estrategias específicas". Pierre BOURDIEU, *Cosas Dichas*. Barcelona, Gedisa Editorial, p. 144.

10. Un análisis reciente sobre la categoría campo que introdujo Bourdieu en: Bernard LAHIRE (dir.), *El trabajo sociológico de Pierre Bourdieu. Deudas y críticas*. Buenos Aires, Siglo XXI, 2005.

sino los filósofos o, más exactamente, los ideólogos de la filosofía política, como Montesquieu, el abate de Saint Pierre y los colaboradores de la *Enciclopedia*. Todos ellos –Rousseau incluido– se inspiraron en el *Traité de l'opinion*, de Saint-Aubin, texto en el que se comentó:

> "Los legisladores se han preocupado mucho de la educación de los niños, fundándose en el principio de que los niños pertenecen mucho más a la república que a sus padres. Es principalmente por la educación por donde ha de grabarse, en los corazones de los jóvenes ciudadanos, el amor a la patria, el respeto por las leyes, un firme apego por todos los deberes, el hábito de la subordinación y de la obediencia; por último, esa es la única vía para introducir en toda una nación el espíritu del bien público y un carácter general decisivo para su felicidad y para su gloria. Licurgo consideró la educación de los niños como el asunto más importante del Estado, y Platón hace de ella uno de los fundamentos de su política" [11].

Pretendían que, a través de la educación, el hombre sea virtuoso y útil a la sociedad. Tres ideas se entrelazaban para fundirse en la ecuación: Virtud-Utilidad-Felicidad. Si alcanzar la felicidad para el hombre y la sociedad era la meta ilustrada, la educación no era más que el instrumento. La educación se la concibió a partir de una dualidad constitutiva: tenía una función individual y social al mismo tiempo.

Entendían que era fundamental la educación en la infancia para grabar las buenas impresiones y formar al hombre del futuro, modelando las costumbres que formaban parte del espíritu de una nación a partir del ejemplo. En tal sentido, Jean Jacques Rousseau en *"Emilio, o de la educación"*, obra cuya intencionalidad última era diseñar al "hombre político", recomendó a los maestros que las lecciones debían estar más en hechos que en palabras; puesto que los niños olvidaban fácilmente lo que han dicho, pero no lo que habían hecho. Para continuar más adelante, "maestros, dejaos de remilgos, sed virtuosos y buenos; que vuestros ejemplos se graben en la memoria de vuestros alumnos, a la espera de poder entrar en sus corazones"[12]. Lo más importante, si eran un hábito producto del ejemplo, siempre eran "enmendables", con lo cual se cuestiona el principio de inalterabilidad. La educación podía enmendar la costumbre. Se hace evidente la inquebrantable afirmación optimista de la fuerza configuradora que depositaron en la educación.

La acción educativa como un instrumento de Estado, que modelaba y/o encauzaba la conducta de los individuos que componían la sociedad civil, fue una premisa del pensamiento ilustrado. Para esto se diseñó aquello que

---

11. Lengendre de SAINT AUBIN, *Traité de l'opinion*, París, 1741, Tomo III, pp. 520-521. Si tenemos en cuenta, por otra parte, los aportes que pensadores habían realizado anteriormente y que fueron tenidos en cuenta en el movimiento educacionista del siglo XVIII, no podemos dejar de mencionar que una obra clave, en este sentido, fue *"La educación de los niños"* de John Locke, recopilación de consejos prácticos para alcanzar la disciplina de los educandos.

12. Jean Jacques ROUSSEAU, *Emilio, o De la educación... Op. Cit.*, pp. 135 y 141.

se debía enseñar, cómo se debía enseñar, quiénes debían ser los educadores y quiénes los destinatarios de la educación. Sobre este principio básico se continuó trabajando a lo largo de todo el movimiento educativo de los años posteriores.

Los aportes del pedagogo suizo-italiano Pestalozzi, considerado el "apóstol de la enseñanza primaria" se convirtieron en sustanciales para la pedagogía contemporánea. Fundó y dirigió institutos de enseñanza primaria en los cuales puso en práctica sus ideas y métodos educativos. En sus máximos escritos, *"Cómo educa Gertrudis a sus hijos"* y *"Libro de las madres"*, dejó explicitados sus postulados citados y trabajados por pedagogos y maestros que los continuaron[13]. Sus principios básicos proclamaron la enseñanza intuitiva y gradual que debía ser dada a los niños con simpatía y amor.

Guiado por su vocación pedagógica, y su relación profesional con Pestalozzi, el otro gran pedagogo del siglo XIX fue el alemán Fröebel que aportó las bases para la educación de los niños en su primera infancia. Basó su doctrina en tres principios básicos: intuición, iniciativa personal, ir de lo conocido a lo desconocido. Entre sus libros, el más reconocido fue *Educación del Hombre*. Insistió en la base religiosa de la enseñanza, en tanto que toda educación debía ser eminentemente moral y toda moral debía basarse en el conocimiento de Dios. Esa propuesta educativa, que proponía formar a los niños pequeños de modo poético y placentero, inspiró a aquellos establecimientos educativos que fueron llamados *Kindergarten*, Jardín de Infantes. En ellos antes que la educación intelectual, se les debería brindar una enseñanza de juegos y labores infantiles. Tal como lo decía, el niño es una planta y la escuela un jardín, de modo que los institutores debían ser "jardineros de los niños"[14]. Se proclamaba que, el objeto de ese enseñanza infantil era disciplinar los sentimientos de los pequeños, hacerles amar a sus semejantes y comprender la vida en sociedad. Era, por tanto, como una introducción a la enseñanza primaria intuitiva y gradual que generalizó Pestalozzi. Como marcaba Octavio Bunge, recordando a estas figuras, las *"naciones civilizadas"* habían adoptado las ideas de Pestalozzi e instituido jardines de infantes en la forma en que Fröebel los había ideado. En los establecimientos de instrucción infantil y primaria debían funcionar con un régimen de estudios prácticos y objetivos predominando en ellos, la tendencia educativa antes que instructiva. Se procuraba que "más que conocimientos positivos, los niños, adquieran disciplina e ideales, que luego desarrollarán en sus estudios profesionales y aplicarán en su vida de ciudadanos y de hombres"[15].

A sus nombres se sumaron una serie de pedagogos que continuaron con estos postulados. En Francia, Jocotot en la enseñanza elemental, Cousin,

---

13. Esos postulados fueron recuperados por Carlos Octavio BUNGE, en, *La Educación (Tratado general de Pedagogía). Libro I: La Evolución de la Educación*. Buenos Aires, Ediciones La Cultura Argentina, 6° Edición, 1920 (primera edición, 1901), p. 115.

14. Cf. *Ibídem*, p. 116.

15. *Ibídem*, p. 116.

Guizot, Villemain, Michelet, Ferry con su escuela formadora de ciudadanos para la República, Quinet con su acción en la instrucción superior. Resultaron fundamentales los tratados sobre educación de Dupanloup, Julio Simón y, particularmente, Gabriel Compayré con sus dos principales obras, *"Histoire critique de l'Education en France"*, y *"Abélard"*. En Suiza siguieron a Pestalozzi, el padre franciscano Girard, Fellenberf, Madame Necker de Saussure. En Italia, Lambruschini y Rosi. En Estados Unidos, Horace Mann, reconocido como el "más grande educador del pueblo". En Alemania, entre otros nombres destacados, fueron importantes los aportes de Herbart, discípulo de Fichte, conocido como "el más filósofo de los pedagogos y el más pedagogo de los filósofos" o el "fundador de la pedagogía psicológica". En una de sus obras más acabadas *"Pedagogía General"*, expuso sobre los fundamentos psíquicos de la enseñanza Pestalozziana. La renovadora propuesta de Krause, con su Institución Libre de Enseñanza, que llegó a la tradición pedagógica argentina a través de sus propios escritos y por intermedio de pedagogos y maestros españoles[16]. Su discurso democrático sobre los derechos del hombre, la libertad, la igualdad ante la ley, la distribución más justa posible de la propiedad privada, el acceso a la instrucción para todos, logrado mediante la armonía y no la lucha ni el enfrentamiento, fueron retomadas por muchos de los educadores argentinos. En Inglaterra, consecuente con el método positivo y experimental de Bacon y Locke, surgió la propuesta de Spencer que representó una marcada tendencia utilitaria de la enseñanza científica y práctica. Si bien no fue exactamente un pedagogo, lo cierto es que su única obra sobre materia educativa, *"De la educación intelectual, moral y física"*, fue citada permanentemente e inspiró a pedagogos y educadores. Siguiendo una tendencia utilitaria, propuso que se reemplazaran los estudios de "lujo" por otros de mayor aplicación en la vida. La educación no debería ser demasiado impositiva, dando un especial lugar a la autoeducación. El desenvolvimiento intelectual, moral y físico debía ser espontáneo y libre de modo que se le dijera al alumno lo menos posible y se le hiciera descubrir por sus propios medios[17].

A estos se sumaron otros nombres que hicieron aportes al campo de la educación a lo largo de los siglos XVIII y XIX, dando lugar a las modernas corrientes pedagógicas que fueron retomadas y puestas en práctica, a partir de las particularidades de cada realidad, en todos aquellos países que fomentaron la educación.

---

16. Un análisis clásico sobre el impacto de las ideas de Krause en España, es el de Elías DIAZ, *La filosofía del krausismo español*, Madrid, Cuadernos para el diálogo, 1973.

17. Entre la vasta bibliografía que ha tratado el tema de la educación en Inglaterra durante el siglo XIX, se puede mencionar: James MURPHY, "Religion, the State, and Education in England", *History of Quarterly Education*, 8, 1968. James MURPHY, *Church, State and Schools in Britain, 1880-1970*. Londres, Routledge and Kegan Paul, 1971. Caroline STEEDMAN, *Childhood, Culture and Class in Britain, 1860-1931*, Londres, Virago Press, 1990. J. TOMILISON, *The Control of Education*, Londres, Cassell, 1993. Nanette WHITBREAD, "Class, Pedagogy and Infants: 1820-1920: The First Hundred Years of Infant Education in England" en VAG OTTO, *History of Early Childhood Education*, Budapest, Eötvös Loránd University, 1984.

Los primeros referentes de la Pedagogía argentina

En Argentina el sentimiento compartido a favor de la educación, como generadora de la nueva sociedad civil, fue tomada de esa tradición que maduró en Europa a lo largo de los siglos XVIII y XIX. Una convicción que se fundaba en la mirada sobre esos "pueblos civilizados" y, particularmente, en la escuela que formaba a los "pequeños patriotas" como futuros ciudadanos de la república francesa. Aquella experiencia fue el ejemplo citado recurrentemente y la que ejerció una fuerte impronta en la educación argentina, particularmente en los colegios nacionales de formación secundaria, tal como se puede advertir en este comentario[18]:

> "[...] hace algún tiempo, al inaugurarse un liceo de niños en la ciudad de Rouen, el eminente estadista Mr. Julio Ferry principiaba su discurso preguntando: ¿Cuál es la primera parte de una buena política?. La educación. ¿Y la segunda?. La educación. ¿Y la tercera?. La educación, y su voz era cubierta por los aplausos de los que escuchaban su palabra. [...] La convicción es ya universal, y es por esto que en este momento presenciamos el empeño en que están comprometidos todos los pueblos civilizados y los que aspiran a serlo, por la más generosa de las emulaciones, a que llevan su atención y recursos, pretendiendo cada uno sobresalir en la liberalidad de los medios destinados a la educación popular, y en el vigoroso esfuerzo para incorporarla en su legislación y sus costumbres"[19].

Ese movimiento educativo se acreditó a partir de las fuentes pedagógicas que habían renovado el sentido social de la escuela. A la hora de buscar esas referencias de peso se apeló a todos los nombres de prestigio que habían circulado a través de sus escritos y en aquellas experiencias educativas de países que aparecían como modelos a seguir y alcanzar, inclusive hasta superar. Así se mencionaba a Estados Unidos y el pensamiento pedagógico de Horacio Mann que inspiró a Sarmiento. Pero también era Alemania, Francia, Inglaterra, y todas aquellas naciones que habían dado fruto a una nueva civilización. En efecto, se reconocía que,

> "Esa nueva civilización fue producto de la escuela, y esta a su vez de la doctrina reformadora de los primeros filósofos como Bacon ('Sistema inductivo de la experiencia y verdad de los hechos'), Condillac Locke ('Pensamientos sobre la educación de los niños'), Rousseau ('Emilio'), Kant ('Lectura sobre antropología y la pedagogía'), Fichte ('Discurso a

---

18. Una aproximación a esa experiencia educativa se puede encontrar en: Jacques OZOUF-Mona OZOUF, *La République des Instittuteurs*. París, Gallimard, 1992. Gilles ROUET, *L'invention de école*. Nancy, Presses Universitaires, 1993. Jean-François CHANET, *L'Ecole républicaine*. París, Aubier, 1996. Caradeuc de la Chalotais, *Esssai d'éducation nationale*. Presenté et commentée par Robert GRANDEROUTTE, París, CNRS Editions, 1996.

19. *El Monitor*, Año V, N° 104, 1886.

la nación alemana'), Scheleirmocher ('Doctrina de la Educación'), Lessing, Herder, Goethe, Schiller, Jean Paul Richter; y una legión de ilustres pedagogos y escritores al mismo tiempo, como Cormenius, Ratte, Frank Zinzendorf, Basedow, Salzman, Campí, Felveiger, Kinderman, Pestalozzi, Fröebel. Por parte de Francia, Fenelon, Rollin, Lancelot, Jouverney, Olivet, Crevier, Lebeau y sobre todo Jacotot cuyo modelo de lectura fue aceptado y perfeccionado en Alemania. A esta pléyade de benefactores de la humanidad debe la escuela su emancipación y elevación al rango de institución del Estado, que preparó la emancipación de los pueblos, la imprenta, el vapor, la electricidad con su cortejo de talleres e industrias que alimentaban el comercio. De ella salían los espíritus educados y observadores para aquellos descubrimientos y artefactos de su ejecución, invención de máquinas y talleres, dirigida por maestros y oficiales preparados en la escuela" [20].

En el pronunciamiento científico que diera fundamento al proyecto educativo, todos los aportes fueron estimados como valiosos. Todas las voces que propusieron una innovación y la renovación de la escuela fueron considerados de modo que era común que se reconociera la influencia de estos pedagogos que daban forma a esa "filosofía ecléctica"[21] en la que se inspiraban.

Tal como se publica en un artículo de *El Monitor*, el pensamiento pedagógico argentino se esclarecía con la obra de Erasmo, Rabelais, Montaigne, Comenius, Locke, Rousseau, Pestalozzi, Fröebel[22]. Una vasta referencia se detectaba cada vez que se mencionaban los aportes que habían inspirado la renovación en el terreno de la educación. Se puede decir que el modelo educativo estatal se nutrió de una diversidad de fuentes pedagógicas, tal como lo expuso en su informe el director de la Escuela Normal de Paraná, Victoria cuando comentó:

"Desde su fundación, la Escuela ha dogmatizado en esta materia, no habiendo tenido autores ni investigadores en el cuerpo docente, pues los libros de Torres, únicos que han salido de esta cátedra, son más bien recopilaciones originales. Sin embargo, la enseñanza ha sido siempre un

---

20. *Ibídem*, Año VII, N° 104, 1886. A la hora de fijar las influencias en este artículo sobre la Instrucción Pública en Europa y América, se rescataba los aportes de romanos y griegos, hasta en tiempos de la modernidad del propio Lutero quien había reconocido que: "La mayor prosperidad, salud y fuerza de una ciudad, reside en tener ciudadanos instruidos, razonables, honrados y bien educados".

21. *Ibídem*, Año XVIII, n° 301, 1898. En esa oportunidad se reconocía que todos los aportes en materia de educación primaria eran muy valiosos, pero lo último todavía no había sido dicho de modo que se daba paso a las posibles experiencias que se pudieran ensayar buscando que la escuela llegara a ser más efectiva: "Pestalozzi, Miss Jones y los perfeccionadores de su sistema como Miss Mayo, Sheldon, Krusi [...] No puede asegurarse que los norteamericanos ni los alemanes hayan llegado a fijar el método definitivo de la enseñanza primaria; y habría temeridad en decir que sus programas son perfectos y formulan exactamente el modo de aplicar a la instrucción de los niños [...]".

22. *Idem*.

dogmatismo ecléctico, entre lo mejor y tal vez por esta circunstancia, por lo de haber alumnos y profesores leído y comentado todo lo que se ha escrito o ha llegado en materia educativa en el país, la pedagogía no ha tenido predilecciones por escuelas, ni sistemas, ni métodos determinados en la cátedra. Justo es decirlo, sin embargo: su orientación es científica y en sus secciones diferentes, se conoce a Pestalozzi, Spencer, Herbart, Compayré, Berra como a Rousseau, Locke, Gréard, Mercante"[23].

De aquellas instituciones formadoras salieron gran parte de los profesionales que enriquecieron con sus disonancias ese campo pedagógico de la Argentina de fines del XIX y principios del XX. Una formación pedagógica mucho más vasta de lo que ha sido señalado como una preparación fuertemente condicionada por la impronta positivista. A partir de esa variedad de matrices pedagógicas a la que los propios actores hacen referencia, fueron posibles nuevas expresiones que replantearon y buscaron renovar la cuestión educativa.

¿Disputas, alternativas o negociación dentro del campo pedagógico?

Adriana Puiggrós presenta a quienes adhirieron y colaboraron con el sistema educativo estatal como los "normalizadores laicos"[24], que hicieron posible el centralismo y verticalismo de ese sistema. Esos normalistas, herederos del sujeto pedagógico sarmientino, "lucharon entre las heredadas convicciones democráticas de Sarmiento y la pedagogía norteamericana y el placer de convertirse en los ordenadores de la cultura política nacional. Aquellos normalistas que se tornaron 'normalizadores' trataron de cerrar el círculo, ritualizar, asfixiar los aspectos democráticos del discurso sarmientino"[25]. Como una alternativa a esa postura sistémica se generó la corriente democrática-radicalizada, con su cuestionamiento a la acumulación arbitraria de poder por parte de la burocracia educacional que estaba naciendo en el período. Habrían considerado que la escuela pública debía integrar a los inmigrantes, pero respetándolos, y rechazaron la imposición ideológica y cultural indiscriminada. Nombres como el de Carlos Vergara, Benjamín Zubiaur, José Berruti, Mithieu, Rosario Vera Peñaloza, habrían sido expresión de esta corriente. Los socialistas Alicia Moreau de Justo, Juan B. Justo, Elvira Rawson de Dellepiane fueron, por su parte, una corriente dentro de esa línea educativa.

En ese sentido, según la autora, "el análisis de las alternativas pedagógicas debe incluir en su campo problemático, el discurso pedagógico oficial, los

---

23. *Memoria*, Tomo II. Talleres Tipográficos Penitenciaría, 1909, p. 389.

24. Adriana PUIGGROS, *Sujetos, Disciplina y Curriculum: en los orígenes del sistema educativo argentino (1885-1916)... Op. Cit.*, p. 41.

25. *Ibídem*, p. 80.

discursos antagónicos que se desarrollan dentro y en los bordes de las instituciones educativas y los que se producen fuera del espacio educativo estatal. Es característica de este período el desarrollo desigual y combinado de las propuestas educacionales, en un campo de luchas pedagógicas aún abierto. En este período consideramos 'alternativas' a los eventos educativos que intentaban sustituir los enunciados de la pedagogía normalizadora (laica o católica). Esa oposición fue hecha desde varios fundamentos políticos-ideológicos: conservadores, democráticos-radicalizados, socialistas y anarquistas. Los tres últimos constituyen el campo problemático de la educación popular"[26].

Sin embargo, los propios discursos de estos agentes sugieren que es posible pensar en un campo pedagógico que asistió a un fluido intercambio y fructífero diálogo en su búsqueda de legitimación científica. Durante estos años los educadores pedagogos realizaron un esfuerzo intelectual por conseguir la conformación de un campo pedagógico con relativa autonomía respecto de las políticas educativas. Esos productores pedagógicos, a pesar de la distribución desigual del capital específico, compartieron el interés por dotar de un rigor científico a su saber. Sus producciones estuvieron condicionadas por el lenguaje científico y los criterios de cientificidad de la época. De allí que un primer repaso sobre las producciones de algunos de estos referentes del movimiento puede mostrar la complejidad y riqueza de ese pensamiento, así como los puntos de encuentros y desencuentros en sus enfoques

Víctor Mercante ha sido presentado como el máximo referente de ese normalismo que consiguió imponer un discurso pedagógico hegemónico. Este maestro y profesor normal, hijo de chacareros italianos, graduado como el mejor promedio de la Escuela Normal del Paraná, fue exponente de la profesionalización del magisterio y de una carrera burocrática dentro del sistema educativo. Además de ser nombrado regente y catedrático de la Escuela Normal de San Juan fue designado en los años noventa como Director de la Escuela Normal de Mercedes (Provincia. Buenos Aires). Ocupó el cargo de Inspector del Consejo Nacional de Educación. Cuando Joaquín V. González, como Ministro de Instrucción Pública durante la presidencia de Quintana, creó la Universidad de la Plata, lo nombró asesor técnico y director de la sección de Pedagogía. Tiempo después se organizó la Facultad de Ciencias de la Educación, siendo nombrado primer Decano. Creó y dirigió durante once años la revista *"Archivos de pedagogía y Ciencias Afines"*, donde se reflejó toda la actividad de profesores y alumnos. Su amistad y admiración a la figura de José Ingenieros lo llevó a relacionarse y ser estrecho colaborador de Ramos Mejía. Participó, junto a Ramos Mejía y Veyga, del primer comité de redacción de los *"Archivos de Criminología y Psiquiatría"*. Fue autor de numerosos artículos y monografías publicados en la *"Revista de Filosofía"* y *"La Prensa"*.

Su vasta obra pedagógica se inspiró en los aportes de la psicología experimental, de allí el respeto y consideración que recibiera de Lombroso. Si el

---

26. *Ibídem*, pp. 41-42.

"gran positivista italiano" estudió la psicología de veinte mil criminales y delincuentes, no menor fue el número de niños y adolescentes que pasaron por los "tests" de Mercante y de sus discípulos inmediatos. Sus estudios contemplaron datos sorprendentes como talla, diámetro craneal, peso, ángulo de Cunir, diámetro bromático, dinamometría, capacidad vital, acuidad visiva y auditiva, orientación, tiempos de reacción, memoria, fatismos.

Le preocuparon centralmente las cuestiones del conocimiento y de la conducta. Como comentaba frecuentemente, en las aulas convivían alumnos tercos, divertidos, tontos, truhanes, perversos, locuaces, taciturnos, buenos, tranquilos, graciosos, serios, educados. Supuestamente las expulsiones y la seguidilla de readmisiones no conseguirían "apagar el volcán [...] de aquella humanidad brutalmente amontonada en un salón para ser domesticada por un maestro"[27]. Una impresión dantesca que lo llevó a estudiar los fenómenos de la masa o grupo escolar, calculando la influencia de cada factor para elaborar su teoría pedagógica. La herencia, los factores físicos, lo doméstico, lo social, lo escolar cuidadosamente observado y clasificado, según explicó, le revelaron el secreto del caos que advertía en las clases.

Sobre la base de esos análisis consideró que la debilidad en la voluntad que manifestaba la juventud argentina sería un efecto de esa "guerra racial" entre las razas poco evolucionadas y los de las razas cultas, no llegando a imponerse, en los países americanos, las tendencias superiores. Por eso tanto las escuelas, como los colegios secundarios, debían elaborar estrategias diferentes, una destinada a funciones superiores y otras preparadas para una vida inferior como por ejemplo las razas negra e india que no habrían llegado a su proceso de adaptación al ambiente[28]. Consideraba, por tanto, que la eficacia del proceso de enseñanza dependía, en gran parte, del grado de homogeneidad que se alcanzara en el grupo. Los grupos debían ser perfectamente parejos en inteligencia, atención, memoria, etc., para lo cual eran imprescindibles los estudios antropométricos[29].

Su investigación escolar-antropológica convirtió al aula en un laboratorio humano con una gama de repertorios de comportamientos[30]. El espacio escolar se transformó en su lugar de experimentación y productor intelectual de un nuevo saber científico al que llamó *Paidología*. A partir del conocimiento de esta ciencia se acompañaría la evolución natural de los casos "normales" y formular las instancias correctivas para los casos de "anormalidad". La normalidad implicaba condiciones físicas, intelectuales y morales "regulares",

---

27. Víctor MERCANTE, *Una vida realizada (mis memorias)*. Buenos Aires, Imprenta Ferrari, 1944, p. 127.

28. Víctor MERCANTE, *La paidología. Estudio del alumno. Buenos Aires*, M. Gleizer, 1927, pp. 301-303.

29. Víctor MERCANTE, *La crisis de la pubertad y sus consecuencias pedagógicas*. Buenos Aires, Ediciones Cabaut y Cia., 1918, p. 249.

30. Evidentemente existió un estrecho diálogo entre la criminología y la pedagogía a partir de la admiración que Mercante tenía por los estudios de Lombroso. De todos modos, ese diálogo se mantuvo más allá de estos personajes puntuales durante gran parte del siglo XX.

por eso la educación para los "anormales" debía ser enmendativa apelando a los métodos para corregir y luego formar nuevos hábitos. Con la pedagogía experimental supuestamente se llegaría a conocer matemáticamente a los alumnos, disponiendo de cuadros y diagramas, analizando aptitudes y estado de preparación de un curso, sus sentimientos, la adecuación de un método, la velocidad de asimilación de los conocimientos, etc.[31]. En materia de educación no se podía improvisar, "el cálculo era el arbitrio eficaz de la experiencia"[32].

Concibió al niño como un "ser pasivo que se mueve bajo la acción de los estímulos enérgicos, obligados por algo que, contrariando sus hábitos de inercia, los vuelva activos"[33]. Su desánimo para el trabajo, su espíritu de desorden y pereza debían revertirse con métodos basados en estímulos rápidos, económicos, eficaces, y no penosos, sustentados en la razón nacida de la experiencia. La enseñanza debía primero corregir y luego formar. Esas consideraciones lo llevaron a ocuparse centralmente de la elaboración de una metodología que permitiera responder "qué debe enseñar el maestro y cómo debe enseñar", o en otros términos, "qué debe aprender el alumno y cómo debe aprender". Para ello sería necesario primero la formulación de un programa, lo segundo, el procedimiento. Lo primero era la ciencia, lo segundo, el arte de transmitirla. Si se prefería una enseñanza en la escuela primaria sin textos, sería necesario que se difundieran los libros de ejercicios de problemas, los syllabus, los cuestionarios para todas las materias, desde la geometría hasta la moral cívica. Sólo así se salvaba la enseñanza del apocamiento de la que podía "resultar un pueblo sin iniciativa, sin capacidad para conocer y sin criterio para apreciar, aunque sepa leer; que leer sin pensar es el mayor peligro de una democracia [...]"[34].

El positivismo fue su principal fuente de inspiración, sin embargo, en sus escritos se advierte la recuperación de importantes referentes del campo pedagógico, y de todo aquel aporte científico que fuera válido para encontrar respuestas a sus inquietudes. Inclusive se adelantó a los postulados del movimiento de la Escuela Nueva que, en Argentina, alcanzó una mayor presencia en los años veinte y treinta.

Uno de los mayores aportes de ese movimiento, que se asumió como crítico, rupturista y renovador, fue el de plantear una enseñanza activa y en

---

31. Así se puede rastrear en su obra, *La paidología... Op. Cit.*

32. Víctor MERCANTE, *Una vida realizada (mis memorias)...* cit., p. 115.

33. Víctor MERCANTE, *Metodología especial de la enseñanza primaria.* Buenos Aires, Ediciones Cabaut y Cia., 1932, p. 71.

34. *Ibídem*, p. 3. Por eso concluye con su nueva propuesta pedagógica afirmando: "[...] el espíritu de la nueva pedagogía diverge de la antigua, en que es el niño quien observa, interpreta y hace y no el maestro. En que el maestro dirige estas actividades, no las substituye. Es locomotora que hace el recorrido, no el riel. El riel evita que descarrile y las graves consecuencias del accidente. El maestro evita que se observe mal, se piense mal y se haga mal, cuando esto comprometiera el éxito que se busca u ocasionara gastos inútiles de energía".

contacto con la naturaleza. El joven Mercante, iniciando su carrera docente en San Juan, se anticipó a ese postulado poniendo en experiencia sus habituales excursiones dominicales con sus alumnos. Esa escuela al aire libre, solía decir, liberaba a los jovencitos de malas compañías en una edad que estaban propensos a la corrupción. Encontraba en esas excursiones una descarga oportuna a la motricidad que tanta indisciplina ocasionaba en las aulas. El salón era un lugar donde fermentaban las pasiones e incompatibilidades de carácter y raza, que resolvían en formidables desafíos o peleas. Tiempo después sus investigaciones le darían la explicación del sentido que tenía, en los niños de 11 a 12 años, esa irrefrenable tendencia a defender la dignidad. Esos sobrantes de motricidad eran coincidentes con el período sexual y belicoso. Esos estudios sobre el *púber,* como se comentó, fueron el soporte pedagógico de la reforma de Saavedra Lamas.

Un año después que esta reforma fuera derogada por el ministro José Salinas, se publicó *"La crisis de la pubertad y sus consecuencias pedagógicas"* (de siete capítulos y 452 páginas). En esa obra Mercante desplegó toda su madurez profesional al presentarse como mentor intelectual de la iniciativa de Saavedra Lamas. Explicó en sus palabras preliminares que fue convocado para ocupar el cargo de Director de Enseñanza Secundaria y Especial para asesorar en las reformas que se proponían impulsar de los colegios y universidades. Según argumentó, el Plan de Estudios se había sustentado en los fundamentos de orden científico, pedagógico y legal, contemplando ese período entre la infancia y la adolescencia en el que la escuela y el colegio, habrían librado un combate de predominio produciendo una situación caótica.

Como fundamentaba, los censos educativos habían mostrado que, particularmente los varones, concluían su escolarización primaria en el 4° grado. La escuela intermedia tendría la intención de salvar ese inconveniente. Su propósito era el de generar armas para la defensa de los alumnos completando la educación común, despertando vocaciones, disciplinando las actividades prácticas. Una escuela así concebida justificaba la continuación de la primaria en estudios secundarios y profesionales, y tenía sentido la obligación escolar hasta los 14 años. Ese era el sentido de "[…] una enseñanza viril que reduce a cantidades mínimas a los ociosos porque mil ocasiones ofrecerán ocupación a sus manos"[35]. Por otra parte, esa formación se ajustaba a las necesidades de los jóvenes ya que la crisis de la pubertad exige "[…] una disciplina manual; razón ésta del carácter intuitivo, ejercitativo y prevocacional de los programas de cultura intermedia y de acentuación de la manual y técnica"[36].

Analizó exhaustivamente cómo en la pubertad existen variaciones orgánicas en la talla, el peso y la fuerza muscular lo cual hacía indispensable un plan de estudio reducido, pero intenso y variado. Sus estudios sobre 400 de sus alumnos le habían permitido comprender que esa explosión de activi-

---

35. Víctor MERCANTE, *La crisis de la pubertad y sus consecuencias pedagógicas... Op. Cit.,* pp. 22-23.

36. *Ibídem,* p. 24.

dades se acompaña, en el orden mental, por una depresión producto de un "cretinismo transitorio". De allí, entonces, que la escuela intermedia orientaría a los varones y, en el caso de las mujeres en las que se acentuaba esa condición debían canalizar esos impulsos hacia su futura misión en la sociedad[37].

El pensamiento de Mercante tuvo un estrecho contacto con los fundamentos pedagógicos de Rodolfo Senet. Efectivamente, este indiscutible nombre de la pedagogía de aquel tiempo también apeló a las ciencias biológicas, así supuso el conocimiento psicofisiológico necesario y previo a la educación intelectual y moral del sujeto. Este conocimiento daba bases ontogenéticas a los educadores. Definió la normalidad desde la psicofisiología, enfatizando la necesidad del estudio de los sujetos normales, y en el caso de la anormalidad, y su corrección, propuso el estudio de los principales estados patológicos, de manera que el educador pudiera aplicar sus conocimientos a los casos que trata, entendiendo que la educación es el medio para desviar y neutralizar taras patológicas y contrarrestar una adaptación social perniciosa[38].

Su pensamiento pedagógico se nutrió, al mismo tiempo, de los aportes de Pestalozzi y de Herbart considerando la acción pedagógica como una labor de normalización. A partir del evolucionismo y el darwinismo social, reivindicó la presencia del Estado en la educación dirigida a nativos e inmigrantes, sujetos pedagógicos a "civilizar". Distanciándose del positivismo de Spencer, apuntó a la necesidad de diferenciar en la acción educativa a los niños resaltando la importancia de la psicopedagogía. Reclamó con insistencia que los padres controlaran a sus hijos y estimaba que la disciplina permitía adaptarlos a la sociedad. El hogar, la escuela y el ambiente social permitía la adaptación y la sugestión. Afirmaba que en la escuela se debía establecer una selección de niños buenos y si, en algunos casos, los procedimientos de corrección hubieran fracasado habría que alejarlos para evitar que los demás los imitaran. Para ello, la vigilancia del maestro debía ser permanente en clase, en los recreos y en demás situaciones para detectar tendencias e inclinaciones. Para impedir que los niños se ausentaran y con sus "rabonas" frecuentaran los peores lugares, había que evitar que la escuela se instalara en las cercanías de mercados, fábricas o talleres. Por eso se ubicarían "en parajes lejanos de esos centros perniciosos, centros de contaminación, de malos hábitos, prácticas reprobables, que entorpecen la buena educación moral del niño […] La adaptación es larga y difícil y si la causa persiste puede llegar a ser imposible contrarrestarla o eliminarla"[39].

---

37. El análisis en profundidad de esta obra y la complejidad de la formulación de su tratado pedagógico ha sido trabajado en: Lucía LIONETTI, "Víctor Mercante, agente intelectual y político del campo educativo en la Argentina de principios del siglo XX", en *Prohistoria*, Volumen 10, 2007, pp. 91 a 131.

38. Los aportes de este autor han sido trabajados por Hugo VEZZETTI, *El nacimiento de la psicología en la Argentina*. Buenos Aires, Puntosur, 1988.

39. Rodolfo SENET, *Apuntes de pedagogía, adaptados al 1er año normal*. Buenos Aires, Ediciones Cabaut y Cia., 1911, p. 39.

Si bien en estos discursos pedagógicos se reconocen los guiños al positivismo de Spencer[40] y del higienismo articulado al control médico, como sostiene Dussel, no sería correcto hablar de una "pedagogía positivista"[41]. Dicho movimiento no habría derivado directamente al advenimiento de una nueva pedagogía triunfante, sino que tuvo a su disposición una serie de significantes que fueron utilizados y articulados por el discurso educativo. La psicología y la biología invadió a la pedagogía y el "detallismo metodológico"[42] presupuso que si se utilizaba el método correcto, el sujeto biológicamente determinado a aprender, incorporaba lo que debía más allá de su voluntad.

Pero esos mismos giros se identifican en quienes presentaron un discurso más democratizador y acentuaron su interés en fortalecer la autodisciplina. Nombres menos reconocidos que los anteriormente citados también sumaron sus aportes. Se podía encontrar espacios para cuestionar esa escuela niveladora que convertía en un rebaño dócil a los estudiantes anulando la personalidad. Así aparecen nombres como el de Carlos Vergara, supuestamente el más extremo dentro de esa corriente de los democráticos-radicalizados. Quien fuera apodado el "loco" se formó en la Escuela Normal de Paraná y recibiría una especial influencia del profesor Pedro Scalabrini, tal como también lo señalara Mercante. El pueblo, los gobiernos, la sociedad civil y el Estado, los alumnos y el sistema escolar, fueron los tópicos recurrentes de su pensamiento. Su repertorio de ideas se nutrió de elementos cristianos, del krausismo difundido en Argentina por las obras del español Sanz del Río y el positivismo, alternadas con el evolucionismo no racista y el naturalismo optimista. Estaba convencido de que la escuela sólo debía impedir el acceso a sus aulas a aquellos que no pudieran demostrar sus aptitudes morales y buenas costumbres. En una opinión más extendida de lo que ha sido considerada, afirmó que los locos, enfermos y degenerados surgían porque formas

---

40. A propósito de la presencia del pensamiento de Spencer en la pedagogía de aquel tiempo, un nombre que aparece en el Río de la Plata muy influenciado por sus ideas es el del uruguayo Francisco Berra. Este reconocido, y frecuentemente citado pedagogo, se convirtió en Director General de Escuelas en la Provincia de Buenos Aires e impulsó una reforma educativa en el distrito. Preocupado por la precaria formación pedagógica del magisterio comentó: "[...] Aunque no faltan, son raros los países cuyas escuelas normales no enseñen teoría y práctica de la enseñanza. Lo que suele suceder a menudo es que la práctica sea muy insuficiente y que la teoría se reduzca a la aplicada. En la nota del artículo 7 se ha demostrado la necesidad de que toda asignatura conste de dos partes: una teórica y práctica la otra. [...] Pero tan indispensable como distinguir entre la teoría y la práctica es distinguir entre la teoría pura y la teoría aplicada [...]. La pedagogía, o, más propiamente dicho, la didascología, ciencia de la enseñanza, consta de dos partes teóricas: una es el conocimiento de la naturaleza humana en cuanto se relaciona con la enseñanza, y la otra es el conocimiento, racionalmente inferido de la primera parte, de cómo debe procederse para enseñar bien". Francisco A. BERRA, *Código de enseñanza primaria y normal de la Provincia de Buenos Aires*. La Plata, Talleres de Publicaciones del Museo, 1898, p. 145.

41. Inés DUSSEL, "Escuela e historia en América Latina: preguntas desde la historia del curriculum..." *Op. Cit.*

42. Juan Carlos TEDESCO, *Educación y sociedad en Argentina (1880-1945)... Op. Cit.*

preconcebidas eran impuestas mediante una educación autoritaria que no respetaba la herencia ni el ambiente[43]. Desde una concepción avanzada del cristianismo, sostuvo que el hombre, como una de las formas de las fuerzas de la naturaleza, tenía razón e inteligencia infinita que provenía de Dios. Si Darwin y Ameghino descubrieron que la fuerza que anima la naturaleza es la misma de la cual proviene la fuerza humana creada por Dios, entonces deducía que Dios presidiría a toda ciencia y a toda cultura[44].

La moralidad era la base de toda reforma social, tal como se consideraba en ese tiempo. En ese sentido, estimaba que si esa reforma se efectivizaba no se debía temer a las multitudes. La capacidad transformadora de la educación permitía armonizar los caracteres heredados y el medio. El sujeto a educar era toda la humanidad, sin distinción de clases, razas, sexos o nacionalidades. Su optimismo naturalista era total y se apoyaba en la idea de la omnipotencia del hombre, como legado de Dios, que lo hacía invencible[45]. En esa visión republicana de la política estaba incluida la mujer que, aunque consideraba como su mayor gloria la de ser madre, no dejó de reclamar que las leyes reconocieran sus derechos políticos para ser elegidas y para ser electoras.

Suponía que la reforma social operada por la educación haría posible terminar con la corrupción política, formando hombres públicos sanos y preparados. Todo ello se alcanzaba impulsando la democratización de las prácticas educativas. Para ello había que erradicar toda formación enciclopedista y verbalista proponiendo que se educara atendiendo las necesidades e intereses del pueblo. Por eso reclamaba la necesidad de que el gobierno escolar fuera descentralizado y autónomo en favor del pueblo. El Estado debía conservar la función de inspección pero no la de dirección. La niñez y la juventud debían ser educadas mediante el ejemplo para crecer nobles, puros y buenos[46].

Entre 1887 a 1889 ejerció el cargo de director en la Escuela Normal Mixta de Mercedes, después de oponerse a ser enviado con destino a Santiago del Estero como castigo por su enfrentamiento con las autoridades del CNE[47]. Compartió la implementación de su propuesta educadora con el vicedirector Alfredo Ferreyra. En esa oportunidad, ensayó una forma de enseñanza donde, tal como lo declaraba, primaba la persuasión antes que el castigo y la penitencia. La convivencia y el permanente diálogo con los alumnos, eran procedimientos que se recomendaba seguir a los maestros y profesores. Así lo comunicó en su informe a las autoridades nacionales:

---

43.   Carlos VERGARA, *Filosofía de la Educación*. Buenos Aires, Cía. Sudamericana de Billetes de Banco, 1916, p. 553.

44.   *Ibídem*, p. 552.

45.   Carlos VERGARA, *Educación Republicana*. Santa Fe, Imprenta, José Bernales, Santa Fe, 1899, p. 247.

46.   Carlos VERGARA, *Filosofía de la educación... Op. Cit.*, p. 522.

47.   Ese enfrentamiento se produjo a partir de los comentarios que aparecieron en la revista *"La Educación"*, fundada por Vergara y su colega, amigo y partidario de sus ideas, Benjamín Zubiaur.

"El primer día de clase ordené al Celador que sólo se considerara Bibliotecario. Debía bastar con que todos los empleados estuviésemos obligados a velar constantemente por el respeto del Establecimiento. Pronto pudo verse cuántas numerosas dificultades nos libró y cuánto aumentó el respeto por la Escuela, entre los alumnos, la supresión del Celador.

Indiqué a los Señores Profesores que deseaba que no sintiesen jamás, en el Establecimiento, las manifestaciones de ira, ni los gritos tan frecuentes en la generalidad de los maestros. La acción y el tono del profesor nunca debía dejar de ser sereno y moderado, lo que equivale a digno.

Todo alumno, aún el peor, debía ser tratado con consideración, sin tocar jamás su dignidad, ni siquiera con una mirada. Los alumnos que por alguna falta eran llamados a la Dirección, nunca se les trató como culpables. El hecho irregular se ha considerado como un error a un descuido involuntario, nunca como una premeditada mala acción. Este ha sido eficacísimo para estimular a los niños.

Ni un sólo caso grave de indisciplina se produjo [...].

Desde el primer día hice notar a los alumnos del Curso Normal que su conducta influiría decisivamente en la marcha del Establecimiento, y muy pronto se dedicaron, con un celo digno del mayor encomio, a velar por el buen nombre de la Escuela. A ellos se debe en gran parte el éxito obtenido en el año que ha terminado [...]

Los gritos destemplados y la actitud dominadora del maestro, tan común en los normalistas argentinos en los maestros norte-americanos que han venido al país, son muy eficaces para pervertir el carácter de la juventud. Esto no implica que niegue a los normalistas y norte-americanos la honra de ser quienes han propagado buenas prácticas pedagógicas".[48]

Aquella renovación que planteó en la institución provocó una inmediata reacción que no vino por parte de las autoridades del CNE, sino desde un sector de la propia comunidad de Mercedes. A través de la publicación del diario *"El Oeste"*, reclamaron la intervención de una inspección que encauzara ese desgobierno en la escuela. Siete docentes, entre ellos Vergara, fueron exonerados. Se dispuso que el inspector Benjamín Zubiaur revisara las actuaciones de Mercedes, quien recomendó la rápida reposición de los "mejores docentes" con los que contaba la escuela. El ministro José María Gutiérrez no alcanzó a dar curso a esa medida y su sucesor, Carballido, archiva esas actuaciones[49].

Después de aquella experiencia, cumplió funciones como Inspector General, de la que fue removido, para ser nuevamente designado durante la gestión de Ramos Mejía en el CNE, al que le prestó una decidida colaboración. Una actitud difícil de comprender si se lo presenta como un discurso

---

48. *Memoria*, 1888, pp. 636-637.

49. Esta cuestión puede verse en: Flavia Zulema TERIGI, "El 'caso Vergara' y exclusión en la génesis del sistema educativo argentino" en Adriana PUIGGROS (dirección), *Sociedad Civil y Estado... Op. Cit.*

pedagógico alternativo, por cuanto llegó a coincidir con el más extremo de los llamados "normalizadores", partidario de profundizar el alcance del centralismo educativo. Un provocador con sus afirmaciones pero que, a lo largo de estos años, fue parte de la burocracia de ese sistema. Sus escritos fueron leídos y citados, contando con espacios para divulgar su propuesta renovadora. Tanto es así que, en *El Monitor*, se encuentran varios artículos de su autoría. Allí exponía sobre la "auto-educación", para que el alumno se bastara a sí mismo educado sin opresión, con dignidad y libertad. Contó con la oportunidad de referirse a la educación como aquella que "obedece a los mismos principios del gobierno libre de los pueblos, y con el gobierno propio de los niños, mostraremos en la escuela lo que debe ser la sociedad republicana. La misión de la autoridad, en las naciones y en las escuelas, es garantir la libertad y fomentar la iniciativa individual, para que los gobernados realicen, por sí mismos, su propia felicidad y el bien general, en su más amplia expresión"[50].

Vergara si bien reclamó el derecho del pueblo a plantear en sus propios términos la educación de sus hijos, siempre lo hizo desde dentro del aparato educativo. Del mismo modo, se pueden citar a aquellos referentes pedagógicos del socialismo argentino que fueron partidarios de un sistema escolar más democratizado pero fervientes defensores del paradigma pedagógico sarmientino y del papel docente del Estado. Los nombres de Raquel Camaña, Alicia Moreau de Justo, Elvira Rawson de Dellepiane, Juan B. Justo se imponen en esa corriente de pensamiento. Aunque partidarios de la acción civil dentro del sistema educativo estatal, aceptaron el modelo de instrucción pública. Muchos de los socialistas rechazaron el individualismo, el espiritualismo, la promoción de la imaginación y la creatividad y la escuela nueva. Tuvieron estrechos contactos y participaron activamente dentro de la enseñanza oficial tal como lo revelan estos nombres. Hasta su colaboración en las sociedades populares en defensa de la educación fue propiciada desde el Estado.

Ese campo pedagógico fue dominado por la presencia de los pedagogos varones que contaron con mayores oportunidades de competir por las posiciones de poder en su interior. Sin embargo, algunas mujeres más allá de que nunca se las referenciaba para refrendar o recuperar sus ideas dejaron registro de sus opiniones sobre la cuestión educativa en general y sobre la teoría pedagógica en particular. Solo a modo de referencia podemos destacar nombres como el de Raquel Camaña –a la que recuperaremos en otro capítulo– o el de Elvira V. López. Esta última expuso sus ideas retomando a Ruskin para señalar el verdadero camino al conocimiento de las cosas buenas, de la leyes de la vida y el goce de la belleza en el mundo material como partes tan eternas y sagradas de la obra del Creador. Para ello era importante poner, desde temprano, la sensibilidad del niño en contacto con la belleza en

---

50. *El Monitor*, Año XXXIV, N° 515, 1915.

general y el arte en particular Había que impedir que vieran la fealdad, tanto como la inmoralidad, puesto que ambas eran solidarias. Se debía fomentar el entusiasmo en vez de reprimirlos o ridiculizarlos. En síntesis, reclamó una educación más libre de ataduras disciplinarias para conseguir "fomentar el sentimiento de la fraternidad humana y la solidaridad universal [...] para que de una vez, esta fuerza activa, se convierta en el verdadero credo universal, que haga palpitar en un mismo ritmo cadencioso, la vida de la humanidad entera"[51].

Esas ideas se inspiraron en la renovación pedagógica asociada al nombre de la italiana María Montessori. Como lo expresara Pedro Bertolini, después de Pestalozzi ningún pedagogo –incluyendo a Fröebel, Herbart a Spencer– habría hecho progresos notables, sólo lo que la antropología y la psicología experimental habrían aportado ampliando sus horizontes[52]. A Montessori se la señala como la principal artífice del llamado *escolanovismo*. Ese movimiento reforzó el concepto de educación atravesado por nociones médicas, psicológicas e higienistas a tal punto que ésta llegó a ser sinónimo de higienización[53]. Esas nuevas teorías y prácticas educativas suponían que, a partir de contacto y la experiencia de trabajo lograda con niños signados como "anormales", se modificaría el monótono y disciplinado orden escolar tradicional. La dimensión psicológica se convirtió en uno de los más importantes elementos para tratar las disfunciones institucionales a la que se sumó la Biología y la Neurología. Además, fueron especialmente tenidos en cuenta los aportes de la Pediatría y la Puericultura que brindaron conocimientos sobre la higiene, la salud física y mental de la infancia, de esta manera se pretendió dar las condiciones para que las prácticas escolares institucionalizadas generaran un marco normativo y adaptativo[54].

Algunas de sus ideas fueron retomadas por nombres como el de Zubiaur, Ferreira, Pizzurno, Vergara y el propio Mercante al referirse a la importancia de que los alumnos salieran del viciado ambiente del aula y tomaran contacto con la naturaleza, reforzando el sentido práctico de la enseñanza[55]. Como

---

51. *Ibídem*, Año XXXIV, N° 508, 1915.

52. *Ibídem*, Año XXXIII, N° 510, 1915.

53. Esta llamada escuela activa contó con figuras reconocidas como la médica María Montessori y su experiencia en Roma en la *Casa dei Bambini*. En Bélgica con el Doctor Decroly. En Estados Unidos se pusieron en práctica el funcionamiento de esta orientación educativa en Winetka en los suburbios de Chicago. Precisamente su inspirador, Dewey, fue llamado el Copérnico contemporáneo de la pedagogía, porque había conseguido que pasara el centro de la actividad educacional del niño, en vez del maestro, convirtiendo al niño en sujeto activo y no pasivo. En Francia Coussinet y la Escuela Activa de Ferriere. En Austria con la puesta en marcha del idealismo científico de Natorp y la escuela del trabajo de Kerchensteirner.

54. Esta cuestión ha sido trabajada por: Sandra CORAZZA, *Poder-saber e ética da escola*. Editora UNIJUÏ, Ijuí, Brasil, 1995 y Dermeval SAVIANI, *As teorias de educaçao e o problema da marginalidade*. Univ. Sao Paulo, Sao Paulo, 1996.

55. Efectivamente como se ha dicho ciertas ideas pedagógicas vinculadas con el trabajo infantil, la implementación de excursiones, la creación de museos escolares, etc. fueron

sostuvo Matilde Riggi eran indiscutibles los logros que alcanzó la Montessori en su "Casa dei Bambini", dejando en plena libertad al alumno al no someterlo a rígidas disciplinas. Pero a juicio de la disertante, en la Argentina se venían dando desde hacía mucho tiempo, por cuanto todo maestro inteligente preocupado por estudiar la naturaleza infantil, observaba la psicología del niño. Un seguimiento que había permitido dejar de tratar a la masa heterogénea de los alumnos de un mismo modo. Por otra parte, cuestionaba hasta qué punto se trataba a los niños como individualidades si en su método se prohibían los premios y castigos llegando a tratarlos por igual. Según lo entendía la docente Riggi sí eran válidos, si se entendía por "un premio una mirada afectuosa, un muy bien a tiempo, una felicitación […]; serán castigos no sonreír al alumno culpable: hacerle llorar sin reprimenda si es afectivo; buscarle el lado sensible […] y como se habría cultivado su dignidad personal, lastimarlo allí. Pero sobre todo esto, la acción preventiva del maestro debe primar: el despertar el afecto de los alumnos, y luego les demostrará en su oportunidad que lo bueno la hace feliz (sic)"[56].

Para los pedagogos argentinos, incluidos en este movimiento, el objetivo teórico central parecía consistir en organizar todos los aspectos relativos al buen funcionamiento de la escuela. Según esta posición, una descripción rigurosa y meticulosa de los componentes del proceso de enseñanza y aprendizaje era la mejor manera para indicar los lineamientos generales que debían guiar a la institución escolar. Se trataba de organizar el trabajo en la escuela según los principios del sistema del trabajo industrial[57]. La estrategia para la implementación de los cambios propuestos por este movimiento distaba de recurrir al Estado Nacional como mediador. La propuesta en cuestión fue difundida desde y por diferentes órganos de la sociedad civil, muchos de ellos creados ad hoc[58].

Sin duda aunque no se apartaron del paradigma científico de la época los más críticos y rupturistas con el modelo estatalista de la educación en Argentina fueron los anarquistas. Como explica Dora Barrancos, las princi-

---

aplicadas por estos pedagogos y también por maestros en sus prácticas escolares, tal como afirma Sandra CARLI en: "El campo de la niñez" en Adriana PUIGGROS (comp.), *Escuela, Democracia y Orden (1916-1946)*. Buenos Aires, Editorial Galerna, 1992.

56. *El Monitor*, Año XXXIV, N° 511, 1915.

57. Como sostuvo una de sus exponentes, la maestra y pedagoga Clotilde de Rezzano, "[…] (el sistema del trabajo industrial) y su comparación con los procedimientos aún en uso escolar, demuestran claramente cómo este último se encuentra todavía en un período en que impera el desperdicio del material y de energías por parte de docentes y de alumnos, y en el cual no se halla establecido un nexo lógico entre sus elementos: los que dirigen, los que vigilan, los maestros y profesores, los alumnos, los horarios, etc". *Revista Humanidades*. Universidad Nacional de la Plata, 1922, p. 429.

58. Uno de ellos, de mayor relevancia, por su alcance en la institución escolar fue el que dio origen a la revista *La Obra* (de aparición quincenal). Su particularidad radica en que no sólo era una revista pedagógica escrita por docentes, sino en la particular estructuración que la misma tenía y con la cual respondía a necesidades de estos profesores, al tiempo de efectivizar su proclama.

pales características de aquella corriente racionalista del anarquismo fueron: laicismo a ultranza; sujeción objetivista a contenidos científicos; apertura de la escuela al medio ambiente; respeto por los estadios del desarrollo infantil; coeducación social y sexual; oposición a la educación controlada por el Estado y la Iglesia; autogestión de las propias comunidades; oposición a cualquier símbolo o representación que signifiquen Patria, Nación o poderes constituidos. El movimiento de la Liga Racionalista y la Liga Nacional de Maestros, en las que tuvo destacada labor Julio R. Barcos revelaron su fuerte impronta del evolucionismo spenceriano y del socialismo utópico que llegó a través de la propuesta del racionalismo pedagógico del catalán Francisco Ferrer y Guardia. Pero más allá de su rechazo al Estado educador, algunos anarquistas como Barcos fueron formados en la tradición del normalismo argentino y se convirtieron en funcionarios del Ministerio de Instrucción Pública.

Un hecho interesante sobre la trayectoria y las ideas de Barcos[59] es que, como presidente de la Liga Nacional de Maestros –surgida en 1911 en el congreso de educación de San Juan–, propuso que el presidente del Consejo Nacional de Educación fuera elegido por sufragio popular y que por única vez se nombrara una comisión de cinco miembros encargada de redactar un proyecto de Ley General de Educación. Los integrantes de la misma deberían ser personas de "talento, honorabilidad y acción", por lo cual propuso a Leopoldo Lugones como presidente, acompañado por Ernesto Nelson, J. J. Millán, Leopoldo Herrera y Carlos Norberto Vergara como vocales. Efectivamente, en esos tiempos tenía afinidades con estas figuras convocantes y activas dentro del sistema educativo. Claro está que el Lugones de los años treinta, que renegó de los maestros socialistas y anarquistas, se alejó de aquella admiración que Barcos supo tener por su palabra aguda y provocadora.

En este referente del pensamiento pedagógico anarquista convivieron los criterios de cientificidad y su postura ideológica contra ese Estado monopolizador que se "adueñaba" del niño para instruirlo y educarlo de acuerdo con sus dogmas. Pero si por un lado, se pronunció a favor de la descentralización política y administrativa de la enseñanza al mismo tiempo no se pueden desconocer sus encuentros con las posturas más reaccionarias del pensamiento conservador. Si bien hubo evidentes diferencias ideológicas con aquellos que se atemorizaron por la supuesta peligrosidad que encerraba el modelo de educación pública, no se puede dejar de resaltar los puntos de encuentro en el cuestionamiento a un tipo de formación que parecía beneficiar a los sectores medios. En repetidas oportunidades sostuvo que los males de esa educación estaban en el tipo de instrucción que se dictaba, puesto que:

> "[…] educados los americanos del Sur (contrariamente a los del Norte) en el hábito del lujo sin el hábito del trabajo, esto es, el arte de consumir sin

---

59. Uno de los primeros textos en los que propone la modificación del sistema educativo es: *La felicidad es la suprema ley del pueblo*. Buenos Aires, Imprenta Otero y Cía., 1915.

el arte de producir, hemos aristocratizado la haraganería y en ese afán de heredársela a nuestros hijos, le hemos dado la educación por cima mater el parasitismo, llenando las ciudades de doctores, politicastros y aspirantes al empleo público, mientras continuamos esperando que el inmigrante europeo venga providencialmente a poblar y a cultivar nuestro inmenso territorio baldío.

[…] A pesar de que vivimos en un siglo industrial, todavía no ha nacido entre nosotros la escuela del trabajo, donde la educación de la mente no esté divorciada de la educación de la mano. Hemos adoptado la escuela que enseña a parlar y no hace una falta inmensa la que enseñe a obrar" [60].

Sin lugar a dudas que, los distanciamientos y las críticas que Barcos hizo a la enseñanza estatal saltan en una primera lectura de sus escritos pero, sin embargo, su caso resulta paradigmático. Inflexible en su cuestionamiento al Estado educador, su pensamiento educativo mostró las huellas de su formación normalista. Como normalista conoció desde dentro el sistema educativo de allí que pudo mostrar sus debilidades y contradicciones, hasta sus trampas discursivas y de procedimientos. Pero su capital cultural se nutrió de las ideas que aquella tradición normalista recuperó y transmitió.

De modo que el acercamiento a ese movimiento pedagógico deja más dudas que certezas y la convicción que se debe seguir indagando y profundizando para dar cuenta de su riqueza y matices. Un primer indicio firme es la amplia gama de aportes en los que se inspiró y su estrecho diálogo con otras reconocidas disciplinas científicas. La convicción de que la educación extendida a toda la sociedad provocaba el cambio era una herencia ilustrada. Un sedimento ideológico a partir del cual se sumó la renovación del saber pedagógico y su necesaria adecuación a las exigencias de los "nuevos tiempos". Sobre la base de ese sustrato fue posible la conformación de un campo pedagógico. A los nombres de Erasmo, Montaigne, Rabelais, Locke, Rousseau se sumaron las modernas referencias de Pestalozzi, Fröebel, Spencer, Krause, etc. Esas fuentes de inspiración permiten revisar la idea de que el modelo de educación pública de aquel tiempo se fundamentó en una pedagogía triunfante en la que predominó la impronta positivista.

Ese campo pedagógico se constituyó a partir de una lucha de fuerzas en la que intervinieron cada uno de los agentes formados en las instituciones normalistas. Vergara, Senet, Mercante, Barcos, Camaña, Zubiaur, Berruti, Peñaloza, junto a otros referentes de la pedagogía argentina, lo enriquecieron y lo complejizaron con sus aportes. La búsqueda de otras experiencias educativas aproximó a los educadores a esa vastedad de expresiones pedagógicas que conocieron gracias al capital técnico adquirido en esa formación.

Considerar que el sistema educativo oficial, a través de la figura de sus "normalizadores laicos", pudo imponer el centralismo y el verticalismo que

---

60.   Julio BARCOS, *¿Cómo educa el Estado a su hijo?*. Buenos Aires, 1927, pp. 19 a 20 (s/e).

provocó la oposición de una corriente pedagógica alternativa –definida como democrática-radicalizada–, presupone pensar al Estado con el exclusivo uso del poder autoritario. Sin embargo, a partir de esta revisión, es posible especular que hubo margen para el disenso y que, de hecho, ese poder estatal fue capaz de utilizar como estrategia la negociación sobre la que renovaba y reformulaba su acuerdo con la sociedad civil[61]. En definitiva, el pensamiento pedagógico en su búsqueda por conseguir institucionalizarse se sometió a críticas y revisiones permanentes, producto de la dinámica de un saber en construcción, de sus agentes y de las producciones.

Como se desarrollará en las próximas secciones, ese saber pedagógico fue el que dio los fundamentos científicos para definir un modelo de educador y un determinado diseño curricular con el que se buscó alcanzar el objetivo de socialización política.

---

61. De hecho no podemos desconocer que la propia Puiggrós sostiene que en los años subsiguientes dentro del normalismo se habrían generado lo que da en llamar "posiciones orgánicas". Esta figura la utiliza para analizar aquellas adecuaciones de los postulados del activismo europeo al discurso normalizador. De ese modo se habría modificado positivamente a este último al tiempo que se limitó el alcance de los preceptos de la Escuela Nueva. De modo que: "No comprometen al currículum escolar con el problema del trabajo productivo y la capacitación laboral, reduciendo la 'práctica' a las actividades estrictamente escolares referidas al vitae tradicional": A. PUIGGROS, "La educación argentina desde la reforma de Saavedra Lamas hasta el fin de la década infame", en Adriana PUIGGROS, *Escuela, democracia y orden... Op. Cit.*, p. 60.

SEGUNDA PARTE

LA FORMACIÓN DE LOS "APÓSTOLES DE LOS TIEMPOS MODERNOS"

Capítulo IV

La Escuela Normal: el "taller" del magisterio

> *"El maestro, obrero de la civilización, debe formarse en una escuela normal, que es el verdadero taller del magisterio".*
>
> (José ZUBIAUR, *La Nación*, 22 de noviembre 1889).

El ministro de Justicia, Culto e Instrucción Pública de la Nación, Nicolás Avellaneda, señaló que era "más fácil crear […] un ejército de soldados que un cuerpo numeroso de institutores […]. El maestro no se improvisa: hay en él, como en el militar o en el sacerdote, una vocación de su estado […]. El maestro debe ser formado: y la Nación prestará el más valioso servicio a la educación […]"[1]. Ese "institutor de la mente y de la conciencia del pueblo", que convertía al niño en el hombre libre, inteligente y útil del mañana, fue presentado como el brazo aliado de las políticas educativas del Estado.

La tarea de "educar al soberano" no podía quedar librada a la subjetividad de personas individuales, sino que debía proveerse de un *corpus* de conocimiento específico que llevara a compartir una mentalidad profesional. Un primer gesto, en ese sentido, fue el de recuperar la tradición normalista. El requisito formativo (certificado a través del diploma normalista) posibilitaba intercambiar profesionales sin que sufriera alteraciones la función social desempeñada[2]. La adquisición de ese saber pedagógico era la garantía para constituir un cuerpo homogéneo de maestros y maestras que aseguraran el proceso relativamente unificado de imposición cultural[3].

Como se aseguraba, el respeto y consideración a la función y, a través de ella, a la persona del educador le permitía la conquista de un puesto de honor, al tiempo, que se convertía en un ejemplo de conducta a imitar[4]. La carrera, revestida de un discurso simbólico, debía ser el producto de una formación científica y moral que tenía como correlato la obtención de un título habilitante. En definitiva, estas políticas consagraron al magisterio nor-

---

1. *Memoria*, 1869, p. X.

2. Silvia Cristina YANNOULAS, *Educar: ¿Una Profesión de Mujeres? La feminización del normalismo y la docencia (1870-1930)*. Buenos Aires, Kapelusz, 1996. p. 32.

3. Andrea ALLIAUD, *El maestro como categoría social: génesis y desarrollo en Argentina (1880-1915)*, Buenos Aires, CEAL 1993, p. 14.

4. *El Monitor*, Año XI, N° 203, 1891-1892. El título de la nota era "La influencia social de la escuela", escrita por el pedagogo español Antonio Atienzo y Medrano.

mal como el "símbolo de la escuela laica"[5]. Estos profesionales, a partir de su función y de la disposición de un capital cultural[6], conectaron comunidades y sectores sociales distantes entre sí cumpliendo su "misión" de socializar a las nuevas generaciones de ciudadanos en la cultura "nacional". La construcción de su perfil laboral hizo posible la generación de un "habitus"[7] que fue transferido dentro de la institución formadora y reproducido por los propios agentes.

Atendiendo a estas cuestiones es que en este capítulo se analizan las secuencias de políticas y acciones que cimentaron la tradición normalista. Tal como se verá, esa formación, celebrada como una de las conquistas más sobresalientes del sistema público de enseñanza, no permaneció ajena a los sobresaltos y avatares provocados por las reformulaciones de planes de estudio, la inestabilidad laboral de los educadores, las malas condiciones de trabajo y los bajos sueldos. Más allá de tratar ese logro indiscutido como fue la institucionalización del magisterio normal, se busca dar cuenta también de la conjunción de circunstancias que contribuyeron a mitigar la conformación de un cuerpo de profesionales autónomos con el peso y el prestigio de otras carreras liberales. Fueron las ambigüedades de una profesión que desalentó a muchos cada vez que constataron la poca probabilidad de concretar sus expectativas ante la fatigosa realidad educativa que se les imponía mientras que, para otros, significó la posibilidad cierta de alcanzar el reconocimiento público y, con ello, el pretendido ascenso social.

El normalismo como opción modernizadora

El normalismo fue introducido tempranamente en las provincias del Río de la Plata. Estas instituciones recibieron varias denominaciones. En Alemania se las llamó comúnmente *seminarios* y en algunos parajes, *establecimientos para la formación de maestros*. En Inglaterra, *colegios de preparación de maestros primarios* y en Estados Unidos, *escuelas de preparación* (training schools). Parece que el primer establecimiento de esta clase fundado en Aus-

---

5. Esta imagen ha sido presentada por los investigadores que han analizado el papel de los educadores en la escuela pública de la III República Francesa. Entre esos trabajos podemos mencionar: Jacques OZOUF *Nous les maitres d'école. Autobiographies d'instituteurs de la Belle Epoque.* París, Gallimard-Julliard, 1973. Jacques OZOUF- Mona OZOUF, *La République des Instituteurs.* París, Gallimard, 1992. Además de los distintos tratamientos que se han consultado para ver de qué modo el magisterio se consolidó como un referente político e intelectual para el caso de Europa y los Estados Unidos, se han consultado aportes que estudian el magisterio en los países de América Latina. En ese sentido, un trabajo que nos ha iluminado particularmente es el de: Guillermo PALACIOS, *La Pluma y el Arado. Los intelectuales pedagogos y la construcción socio cultural del "problema campesino" en México, 1932-1934.* México. El Colegio de México, 1999.

6. Pierre BOURDIEU, *Capital cultural, escuela y espacio social.* Madrid, Siglo XXI, 1997.

7. *Ibídem*, pp. 32-33.

tria se le dio el nombre de *escuela normal*. Lakanal propuso, un cuarto de siglo más tarde, a la Convención francesa que decretara el establecimiento de una *escuela normal* (école normale) y procuró justificar este calificativo diciendo: 'Normal, del latín norma, regla. Estas escuelas deben ser, en efecto, el tipo y la regla de todas las demás'. La Convención dio el decreto adoptando el nombre, y de aquí se difundió en Francia y en otros Estados europeos como Bélgica, España, Italia, Portugal y en varios cantones de Suiza. Esa denominación se extendió en toda la América. En los Estados Unidos se emplearon indistintamente los nombres de *training school* y *normal school* y en Latinoamérica se usó exclusivamente el segundo[8].

Diversos autores indican que la presencia de las primeras escuelas normales datan en Buenos Aires de 1825. Creadas por iniciativa del entonces presidente Rivadavia, estas instituciones basaron su funcionamiento y formación del alumnado en el método lancasteriano[9]. Tiempo después en la Provincia de Buenos Aires aquel valor agregado que se le adjudicó a la labor de enseñar llevó a que Vicente López y su hijo Vicente Fidel, gobernador y ministro respectivamente, decretaran el 6 de abril de 1852 la creación de una escuela normal. Se entendía que no debía proveerse solamente a la educación general y especial de los que habrían de dar instrucción, sino contraerse particularmente a "dotarlos de una imposición importante en la sociedad, para que la carrera tenga aquellos bellos estímulos que excitan las aspiraciones de los hombres de talento y patriotismo"[10]. Se lamentaba el exclusivismo con que la juventud argentina acudía a las carreras de abogado y de médico pues como resultado se producían mil extravíos de hábitos y gustos, mil dislocaciones de condición, incompatibles, no sólo con el ejercicio próvido de esas profesiones, sino también con la repartición equilibrada y armónica de las aptitudes en la otras infinitas tareas en que la patria debía utilizar a sus mejores hijos[11]. Precisamente en el decreto de López se señalaba que,

> "Los alumnos que saliesen de la escuela normal se denominarán 'institutores'; tendrán la categoría de doctores en su ramo, y recibirán en consecuencia 'un diploma de capacidad'. En toda función universitaria, cívica o de asistencia solemne, el institutor ocupará un lugar preferente al de todo otro doctor o licenciado, y los alumnos de la escuela normal tendrán preeminencia de asiento y representación sobre toda clase de estudiantes, sean del grado y Facultad que fueren"[12].

---

8. Ver F. A. BERRA, *Código de Enseñanza Primaria y Normal de la Provincia de Buenos Aires*. Talleres de Publicación del Museo, La Plata, 1898.

9. Entre ellos podemos mencionar el trabajo de Mariano NARODOWSKY, "La expansión lancasteriana en Iberoamérica. El caso de Buenos Aires", en *Anuario IEHS*, 9, 1994. pp. 255-279.

10. Rodolfo RIVAROLA, *El maestro José Manuel Estrada*. Buenos Aires, Compañía Sud Americana de Billetes de Banco, 1914, p. 70.

11. *Ibídem*, p. 71.

12. *Ibídem*, p. 72.

Por la función superior que le cabía ante la sociedad se le debía brindar la importancia que merecían sus servicios, garantizándole las comodidades compatibles con su misión. Así se conseguiría que, "el maestro llegará por el estímulo y el empeño a convertirse en un padre afectuoso e inteligente de los niños, y el Estado verá realizarse sus fines más esplendorosos de justicia y progreso"[13].

La capacitación del magisterio, su dominio del saber y del arte de enseñar, le otorgarían respeto y proyección en la comunidad. Se suponía que cierta actitud hostil y desdeñosa que la sociedad mostraba hacia el personal docente de la escuela, podía revertirse elevando su nivel intelectual y moral, para conquistar el puesto de honor como formadores y formadoras de ciudadanos. Había que romper con aquel círculo de hierro que forjaba alrededor de la escuela esa tirantez de relaciones, "y que sea el maestro el primero en el sacrificio y en la iniciativa, seguro de que todas las recompensas morales le serán otorgadas por añadidura, sobre el bien inmediato de su perfecta educación, tan pronto como acredite merecerlas"[14]. Un título o diploma que acreditara, "[…] que el maestro, el sacerdote de la verdad, se sienta rodeado por la aureola del saber y de la virtud, animado por el calor de una vocación firme y sincera, y armado cuando menos de igual prestigio que los magistrados públicos, administradores de justicia"[15].

Después de largos años de luchas internas, durante los primeros años de la organización nacional, se creó, por decreto del 20 de junio de 1865, la Escuela Normal de Preceptores en la Provincia de Buenos Aires. El 1º de agosto de ese año se abrió, bajo la dirección de Sastre, con 22 alumnos, 11 subpreceptores en ejercicio, 5 ayudantes y 6 aspirantes. En setiembre el Sr. José Luis de la Peña pasó a regentearla y desde entonces, hasta su fallecimiento en 1872, funcionó con regularidad. En seis años de funcionamiento sólo se graduaron siete preceptores[16].

Esas magras cifras no desalentaron la convicción de seguir apostando a la formación de los maestros. El arte o la ciencia de enseñar requería de conocimientos especiales, así lo demostraban los datos que se disponían de otros países. "Para 1867, la Francia tenía 97 escuelas normales, la Inglaterra 23, el Austria 13, la Sajonia 10, la Baviera 9. No hay un sólo Estado de la Unión Americana, que no cuente una o más de estas preciosas instituciones"[17].

Ante la emergencia provocada por la ausencia de preceptores titulados se recurrió a instructores procedentes de otros países como Estados Unidos, Francia, Italia y España. Un paliativo que de todos modos dejaba dudas puesto que, "por idóneos que pudieran ser nunca seria dado esperar aquella

---

13. *Idem.*

14. *Idem.*

15. *Idem.*

16. *Informe del Departamento de Escuelas al gobierno de la Provincia de Buenos Aires (1870).* Buenos Aires, Imprenta de Pablo Coni, 1872, pp. 19-20.

17. *Ibídem*, p. 20.

uniformidad en los métodos de enseñanza que se ha encontrado conveniente en todas partes, y aquel conocimiento de la historia y de las instituciones del país, que debe también formar parte de la enseñanza"[18].

La situación llevó a no dilatar más las políticas de gobierno en esta materia. En 1870, la comisión de legislación de la Cámara de Diputados aprobó el proyecto de ley remitido por el Poder Ejecutivo por el cual se creaba la Escuela Normal de Paraná que tenía por misión formar maestros competentes para las escuelas comunes. El Tesoro Nacional otorgaba becas a setenta jóvenes que quisieran ingresar a estudiar, además de recibir gratis los libros y útiles.

Siguiendo la experiencia de países como Francia o Inglaterra, donde se demostraba "la influencia benéfica de las escuelas normales"[19], se promovió con particular interés las instituciones formadoras de maestras. Se dispuso que se entregaran becas de estudio para los alumnos maestros provenientes de hogares humildes, especialmente para las "niñas pobres de las provincias"[20]. Cabe señalar que con el paso del tiempo se hicieron observaciones sobre esas becas que se entregaban. Se señalaba que los gobiernos, al determinar las becas para las Escuelas Normales, debían repartirlas proporcionalmente en los departamentos según la importancia de las poblaciones y darlas sólo a aquellas personas determinadas por la Ley que regía a dichas escuelas. Sucedía generalmente que las becas eran distribuidas entre personas pudientes que podían costear la educación de sus hijos y después concluían la carrera, si no les gustaba el sitio donde se los mandaba a cumplir los compromisos contraídos, renunciaban sin prestar ningún servicio. A la par de esos inconvenientes, se denunció la falta de aplicación de la Ley cuando se trataba de las edades de los becados, pues con frecuencia se otorgaban becas a jóvenes de 13 y 14 años que, al concluir su carrera, estaban muy distantes de tener la debida representación que requería un maestro, para el buen orden y disciplina de sus clases. Como se afirmaba, "estos inconvenientes esencialmente pedagógicos, no pueden admitirse de ninguna manera, y son muchos más serios cuando se trata de señoritas cuya representación no satisface las condiciones requeridas para la dirección de un establecimiento escolar, a los 16, 17 o 18 años"[21].

La capacitación del magisterio debía acompañarse con un marco legal que limitara el nombramiento de personas no tituladas. Si la palabra profesión implicaba una corporación de personas idóneas por su educación para un oficio particular, y debidamente autorizados para hacerlo, tal como los médicos, abogados y otras; "en los educadores adquiría una noción vaga, antitécnica e inexacta"[22]. Como sostuvo Torres, en su carácter de director de la Escuela Normal de Paraná, aquello era "una irregularidad lamentable

---

18. *Ibídem*, p. 21.

19. *C.D.*, sesión del 12 de setiembre de 1870.

20. *Varios*, 65, 13 de octubre de 1875, p. 84.

21. *El Monitor*, Año VI, 1887. Esta era la opinión del Inspector de la provincia de San Luis.

22. *Ibídem*, Año I, Nº 18, 1882.

porque menoscaba el rango social y la dignidad del Magisterio"[23]. Los informes de los inspectores daban cuenta de esa situación, tal como ocurría en la Provincia de Santiago del Estero:

> "Escuela de Varones Nº 34 [...] En Salavina dirige la Escuela don Manuel Montes, de 30 años de edad, soltero, argentino, sin diploma. Hay general descontento en la población con este Preceptor. El Inspector, el señor Comisario, don José Díaz, los señores Ortiz, Encalada y Espíndola, me dieron informes bastantes desfavorables. Según ellos, el Preceptor no atiende la escuela y adolece de un vicio muy común en los maestros de Provincia. Es dueño de un billar y en él pasa la mayor parte de las horas de la noche [...]. Escuela de varones Nº 36 [...]. Personal.-dirige esta escuela don Francisco C. Pena, de 25 años de edad, español, soltero y no diplomado. [...] El Inspector local no ha tenido queja alguna que exponer. Un vecino se quejó de su conducta, pero ese mismo vecino ha pedido luego al Consejo que se le conserve en el cargo. [...] Pude cerciorarme en mi visita de que el maestro tenia ya noticias de mi próximo arribo a ese punto y del género de inspección que practicaba. Esta le fue, pues, de utilidad antes de realizarse. Enseñanza.-No pude obtener que los niños escribieran dos palabras sobre animales y plantas comunes. Sólo un niño pudo resolver cuentas [...]. De gramática y geografía nada supieron. El maestro me dijo que faltaba el alumno que conocía esas materias. [...]"[24].

El gobierno procuró controlar el número de maestros no diplomados[25] y, por otra parte, dispuso exámenes para todos los que carecían de diploma, tal como lo promulgó el Consejo Nacional de Educación[26]. Para evitar que los Consejos Escolares locales propusieran una terna de maestros sin diploma

---

23. *Ibídem*, Año I, Nº 17, 1882.

24. *Ibídem*, Año VIII, Nº 113, 1887.

25. De algunas de las referencias que existen en el sentido de buscar la profesionalización del personal docente, se puede mencionar la siguiente medida: "Un decreto expedido ayer por el Ministerio de Instrucción Pública, declara separada de su puesto a la directora de la escuela normal de Salta, Sra. Pilar Sarriega por no tener título alguno profesional y haber demostrado no poseer las condiciones necesarias para su puesto". *La Nación,* 2 de julio de 1887.

26. En aquella disposición se resolvió: "Artículo 1º: Todos los maestros (preceptores, subpreceptores o ayudantes) que hayan sido nombrados con posterioridad al 16 de setiembre de 1875, sin el correspondiente diploma normal o título supletorio expedido por este Consejo, deberán obtenerlo antes de terminar el próximo año de 1892, presentándose a rendir en Febrero o Agosto las pruebas establecidas en el Reglamento de Agosto de 1889. Artículo 2º: Los que, vencido el plazo fijado, no hayan obtenido diploma alguno, quedarán de hecho separados de su puesto, debiendo proponer los Consejos escolares inmediatamente la terna para sustituirlos, formada por personas que reúnan las condiciones reglamentarias y legales. Artículo 3º: Los que sólo obtengan un título insuficiente para el cargo que ejercen, quedarán igualmente en la categoría correspondiente al diploma alcanzado. Artículo 4º: Se encarga a la inspección técnica formar la nómina actual del personal docente, con determinación de aquellos que están obligados a rendir examen. [....]". *El Monitor,* Año X, Nº 204, 1891.

normal se invitaba a todos los profesores que poseían título, a que lo registraran en la Secretaría del Consejo[27].

La tarea fue persistente y no estuvo exenta de conflictos de intereses y resistencias por parte de los que se desempeñaban en las escuelas sin títulos. Sin embargo, esa iniciativa del gobierno encontró respuestas en aquellos sectores de la comunidad interesados en mejorar la calidad educativa que se le ofrecía a sus hijos. El paso de los educadores por el normalismo se imponía como un requisito necesario para cumplir la tarea. Así lo exigieron algunas voces notables de la comunidad que elevaron peticiones al gobierno nacional para la fundación de las escuelas normales regionales exponiendo, como argumento, las condiciones favorables que disponían para llevar a cabo la medida. Así lo informó en su momento,

> "El diario La Montaña en su editorial de hoy, pide que se establezca aquí una de las tres escuelas normales de maestros a crearse, diciendo que el gobierno nacional cuenta con su cómodo edificio, lo que significa una economía de alquiler, cosa que tal vez no suceda en otra ciudad; que las condiciones climatéricas son superiores a las de Santiago del Estero, por su posición geográfica central, y abundantes recursos de vida para los estudiantes, y porque la higiene mejorará con las obras de salubridad próximas a iniciarse.
>
> Pide que la representación salteña trabaje en el sentido indicado, y opina que la fundación de la escuela en Corrientes no es racional, en vista de la proximidad de la de Paraná, ni en San Luis, existiendo la escuela mixta de Villa Mercedes.
>
> Se sabe que el ministro Sr. Fernández, manifestó al diputado Ovejero el deseo de que una de las citadas escuelas se establezca en Salta. El gobernador Zerda se dirigió al presidente en este sentido"[28].

Contar con nombres más cercanos al poder político podía facilitar las negociaciones para que la iniciativa prosperara. Cada vez que en las provincias surgía el interés de algunos personajes del gobierno por "dinamizar su corriente educativa", se plasmaba esa red clientelar propia de la política de entonces. Esa trama de poder en la que intervenían personajes reconocidos de la comunidad, de la política provincial y nacional, se ponía en juego tal como lo revelan las informaciones de entonces:

> "El senador Eriberto Mendoza, llegado ayer de San Luis, trae la misión de aquel gobierno y del pueblo de su provincia, de gestionar del presidente de la república y el ministro Dr. Fernández, que una de las escuelas

---

27. *Informe presentado al Ministro de Instrucción Pública por el Director Benjamín Zorrilla: "Educación común en la Capital, Provincias y Territorios Nacionales"*. Buenos Aires, 1892, p. XVI.

28. *La Nación*, 10 de enero de 1903. En el mismo sentido en la prensa se da cuenta de un movimiento parecido en las provincias de San Luis y de Jujuy. Ver, *Ibídem*, 17 de enero de 1903 y 25 de enero de 1903.

regionales de reciente creación, sea ubicada en San Luis. Hay, en efecto razones especiales que fundan la justicia del pedido. La provincia de San Luis, tan digna de ser mejor gobernada, tiene una vida esencialmente precaria; es esencialmente pobre, dependiendo su movimiento económico de las entradas que por tal o cual razón le llegan de afuera. Además las finanzas de aquella provincia han sido mermadas con la supresión de los cursos normales anexados a los colegios nacionales y con la caducidad del contrato de la empresa de lotería, con lo que se beneficiaba en una entrada de 5000$ mensuales.

Merece, pues, San Luis que se le compense de alguna manera de tan sensible pérdida.

Firmada por caracterizados vecinos de aquel Estado, recibirá hoy el presidente de la república una nota, en la que se ponen de manifiesto las razones que median para que el gobierno nacional la despache favorablemente" [29].

La inauguración de estos "centros académicos" era un logro político de las autoridades y, al mismo tiempo, una muestra del dinamismo cultural y social de la comunidad. El acto se convertía en un auténtico acontecimiento festivo y de sociabilidad que conmovía la apacible vida de las comunidades. En los preparativos participaban personalidades reconocidas del lugar, instituciones intermedias y las autoridades locales. Por su parte, las autoridades nacionales encontraban una oportunidad para hacer gala de sus logros políticos. Una de esas tantas ocasiones fue aquella en la que se inauguró la Escuela Normal de Chivilcoy, Provincia de Buenos Aires, oportunidad en la que todos los actores de la escena pudieron hacer su demostración pública:

"[…] En la estación del ferrocarril, un gentío enorme esperaba la llegada del tren […]. Habían concurrido allí con sus banderas y estandartes, las sociedades italianas: de Socorros Mutuos, Italia, Humberto I y Unione e Fratellanza, las españolas de Socorro Mutuos y la Democrática, y una comisión de la Sociedad francesa. Concurrió también una delegación de la Logia Masónica, Luz del Oeste. En un trayecto de doce cuadras, desde la plaza España hasta la de 25 de Mayo, habían formado en ambas aceras 18 colegios urbanos, incluso los particulares, calculándose en 2000 niños que presentaban un golpe de vista muy animado. Las calles estaban profusamente embanderadas con arcos triunfales, que decían 'Honor a los fundadores de la escuela normal' […]. Una comisión de recepción esperaba al ministro en la estación, donde fue saludado con entusiasta aplauso al bajar del tren, por la enorme concurrencia.

Acompañaban al ministro, el director general de escuelas, D. Manuel B. Bahía, el rector del Colegio Nacional de La Plata, Dr. Pedro Delheye; los vocales del consejo nacional de educación, D. José Zubiaur y Pablo Lacasa, los inspectores de escuelas de la provincia, […] con un numeroso

---

29.   *Ibídem*, 26 de enero de 1903.

> grupo de chivilcoyanos residentes en esa. [...] Los viajeros subieron en
> 12 landóes descubiertos y acompañados de la comisión de recepción se
> dirigieron al palacio municipal, donde había una crecida concurrencia.
> [...]Después de los saludos y presentaciones una comisión compuesta de
> los señoras Rosa A. de Mindurry, Crescencia R. P. de Barrancos, Cándida
> J. de Soto y Calvo y Avelina B. de Mazza [...]. A las 4 p.m. tuvo lugar la
> inauguración de la escuela normal, a cuyo acto asistió una selecta concu-
> rrencia. [...]" [30].

Las evidencias que dan cuenta de este juego de intereses y del peso que
tenían las relaciones interpersonales para conseguir que efectivamente se
creara una institución normal, así como la iniciativa de los propios vecinos que exigían la presencia de un maestro diplomado, son constantes a lo
largo del período trabajado. En los archivos trabajados, particularmente en
la prensa, se han hallado reiterados reclamos de los padres presentados ante
las autoridades provinciales y nacionales denunciando la "falta de idoneidad"
de los maestros/as que educaban a sus hijos. Esas exposiciones apuntaron a
muchas de esas designaciones que por favores personales llevaron a nombrar a un personal sin titulación[31]. Ese reclamo llevó a que propiciaran por
su propia iniciativa movimientos y asociaciones en favor de la creación de
escuelas normales. Las Sociedades Populares, conformadas por vecinos y
maestros, promovieron la creación de escuelas normales para garantizar "la
mejor educación a los hijos de la comunidad"[32]. La sociedad civil con esas
acciones daba sus claros gestos de aprecio y consideración hacia aquellos que
ostentaban su título de maestros.

Aquella política llevó a que el número de establecimientos creciera con-
siderablemente. A comienzos de los noventa se contabilizaba la existencia
de trece escuelas de maestros de la nación, con un total de 3.983 alumnos
(correspondiendo 335 para los cursos normales y 3.648 de las escuelas de
aplicación anexas). A su vez, funcionaban catorce escuelas de maestras de la
nación con 4.862 alumnas (correspondiendo 650 para los cursos normales y
4.212 a los cursos de aplicación). En cuanto a las siete escuelas mixtas, asistían
2.451 alumnos (perteneciendo 223 a los cursos normales y 2.228 a los cursos
de aplicación)[33]. Pero no sólo al incremento de escuelas normales se asistió
en esos años, el otro fenómeno asociado a su expansión fue la tendencia claramente marcada de la mayoritaria presencia de la mujer en sus aulas. Según
el censo de 1909, se contabilizaba un total de 42 escuelas normales con 2186
profesores, distribuidos en la dirección (466), escuela de aplicación (466),

---

30. *Ibídem*, 13 de abril de 1905.

31. *Ibídem*, 11 de junio de 1905.

32. *Ibídem*, 17 de abril de 1912. En el caso de la Provincia de Buenos Aires se propició la
    creación de las llamadas Escuelas Normales Populares, gracias a la acción conjunta de la
    Dirección General de Escuelas y la Sociedad Civil, tal como ha sido mencionado por Pablo
    PINEAU, *La escolarización de la Provincia de Buenos Aires (1875-1930)... Op. Cit.*, p. 82.

33. *Ibídem*, 1º de enero de 1894.

jardín de infantes (48) y diversas clases (910). De ese personal docente 1219 poseían título expedido por la República, 65 en el extranjero y 222 no tenían ninguno. Entre el personal docente de las escuelas normales, figuraban 86 abogados, 62 médicos, 17 ingenieros y 907 profesores y maestros normales. Para 1908 se habían matriculado en las escuelas normales, un total de 4569 alumnos, de los cuales 4189 habían rendido sus exámenes y fueron aprobados 3349, aplazados 451 y reprobados 389. De ese modo, el 80% de los que se presentaron fueron aprobados[34]. Tal como se indicaba, las designaciones eran hechas por el CNE a propuesta de una terna de los consejos escolares de distrito, a excepción de los profesores de ramos especiales (dibujo, música, trabajo manual) que eran nombrados por ese organismo nacional. De todas maneras, las autoridades nacionales, continuaron con sus políticas de formación del magisterio frente a los reveladores números que señalaban la cantidad importante del personal escolar no diplomado. Para el año 1916, del total de 2.686 maestros que dictaban clases en las escuelas nacionales de provincias (creadas por la ley Láinez) y sin contar las escuelas de territorios nacionales, 1.274 poseían título nacional, 337 con título provincial, 31 con título extranjero; es decir un total de personal diplomado de 1.642 maestros, existiendo un total de personal docente sin título de 1.044[35] (ver Cuadros N° 15 y N° 16). En cuanto a las escuelas primarias fiscales de jurisdicción provincial, del total general de 12.294 maestros, 8.135 poseían título (3.380 con título nacional, 4.635 con título provincial, 120 con título en el extranjero) y 4.159 sin título[36] (ver Cuadro N° 17). Para 1916 las 59 escuelas normales que existían en el país[37], daban una idea exacta de cómo aquel centro educativo se había expandido y consolidado en términos de treinta y seis años acompañando la presencia del Estado en materia educativa.

"De ángel guardián del progreso" a "hijo desheredado por la fortuna"

A la hora de evaluar los éxitos de aquella política de formación de los educadores, resulta complejo efectuar afirmaciones definitivas. La suerte de ese cuerpo de profesionales fue dispar. Algunos alcanzaron el éxito prometido

---

34. *Censo de Educación de la República Argentina 1909. Población Escolar... Op. Cit.*, p. XVII.

35. Según esas cifras, llama la atención que provincias más prósperas como Buenos Aires o Córdoba, tenían más personal sin diploma que diplomado. Siendo San Luis, la más beneficiada por esta ley nacional y la creación de escuelas primarias contando con el mayor número de docentes titulados. Datos consignados en *El Monitor*, Año XIV, 1915.

36. En este caso la provincia de Buenos Aires cuenta con una notable diferencia respecto de otras provincias al tener el mayor número de personal diplomado, para continuarle luego Santa Fe y Entre Ríos con destacada presencia de sus instituciones normalistas. Córdoba, La Rioja y, en menor medida, Salta superaban el personal sin título a los que contaban con un diploma. *Idem.*

37. *Memoria*, 1916.

formando parte de esa red de altos funcionarios del Estado y convirtiéndose en la elite intelectual del movimiento pedagógico. Para otros, el destino les deparó el olvido y con ello la percepción de fracaso. Lo cierto es que, tanto unos como otros, compartieron cierto desencanto por las distancias entre lo que creían merecer y efectivamente consiguieron. En aquellos años, las voces del magisterio levantaron las banderas de un movimiento que reclamó el reconocimiento de su formación profesional, mejores condiciones de trabajo y una remuneración acorde con la misión política que debían llevar adelante. Reclamaron aquello que las propias autoridades políticas se encargaron de difundir a la hora de promover la profesionalización del magisterio.

Las políticas de Estado habían proclamado que el diploma de magisterio convertía a la actividad en una práctica honorable. El pasaje por una institución normalista era la instancia imprescindible para adquirir una posición destacada en la escala del rango y del reconocimiento social. El status de la profesión y su visualización social positiva sólo se obtenía cumpliendo con los "ritos de institución"[38] establecidos.

Existen evidencias concluyentes de que algunos de esos maestros y maestras, valiéndose de esa formación pedagógica, devinieron en intelectuales llegando a pronunciarse sobre temáticas tan complejas y centrales como la cuestión de la ciudadanía, la formación de la nacionalidad, la participación y la vida política, la familia, la infancia, la sexualidad, la virilidad y la feminidad, la higiene, la conducta y los desvíos en el comportamiento, la criminalidad, etc. Desde ese punto de vista, se pueden reconocer sus aspiraciones intelectuales. Como lo expuso Elliot Freidson, existe una creciente confluencia teórica entre los términos "intelectual" y "profesional", más allá de mantenerse atentos a las realidades y tradiciones distintas de su procedencia[39]. En un sentido abarcativo y difuso del término, tal como lo propone José Alvarez Junco, el rasgo fundamental del intelectual es que crea, administra o difunde cultura, esto es, signos, símbolos, palabras, dotados de un significado aceptado por una comunidad humana; el intelectual es, por encima de todo, un "publicista o educador en el sentido más amplio de estos términos"[40]. Como sostiene Foucault, hace bastantes años que los intelectuales han adquirido una forma más concreta y específica de actuación. Surgió así el intelectual "específico" en oposición al "universal"[41].

38.   J. PITT-RIVERS y J. C. PIRISTANY (ed.), *Honor y gracia*. Madrid, Alianza, 1992.

39.   Elliot FREIDSON, *Profession of Medicine: A Study in the Sociology of Applied Knowledge*. New York, Harper and Row, 1970.

40.   José ALVAREZ JUNCO, "Los intelectuales: anticlericalismo y republicanismo" en Marcelo Tuñón Lara, *Los orígenes culturales de la II República*. Madrid, Siglo XXI, 1993, p. 102.

41.   Cfr. Michael FOUCAULT, *Estrategias de poder*. Obras esenciales. Vol. II, Barcelona, Paidós, 1992, pp. 49 a 51.

Se puede considerar que un grupo de esos docentes normalistas de alto rango formaron parte de ese colectivo de liberales reformistas[42]. Gracias a la disposición de su capital técnico fueron parte de esa elite dentro del normalismo que consiguió el honor y prestigio de ser referente del movimiento educativo de aquellos años. Víctor Mercante, Nicolás Pizzurno, Antonio Ferreyra, Rodolfo Senet, Ernesto Bavio, junto a figuras aparentemente contrapuestas como las de Benjamín Zubiaur, Carlos Vergara, sólo por mencionar los nombres más conocidos, acompañaron esas políticas educativas desempeñándose como maestros, profesores normales, inspectores y autores de tratados educativos. Si bien los cargos más altos del escalafón burocrático fueron ocupados por miembros de la elite de las profesiones tradicionales, no se puede desconocer que tuvieron una activa participación como referentes, asesores y colaboradores dentro del sistema público de educación. Aún más, mostraron su autonomía de pensamiento. También muchas maestras hicieron evidente su formación intelectual, aunque pocas alcanzaran puestos jerárquicos dentro de la administración. Alicia Moreau, Raquel Camaña, Elvira Rawson de Dellepiane, Matilde Filgueira de Díaz, Cecilia Grierson, Rosario Vera Peñalosa, Alfonsina Storni, Herminia Brumana, fueron el indicio claro de esa presencia pública de las educadoras.

Ese respeto y demostración de aprecio se correspondió con algunas manifestaciones en la rendición de honores a la figura de muchos de estos maestros. La inhumación de algún miembro del magisterio podía ser la ocasión para que la comunidad lo gratificara públicamente por el cumplimiento de su labor. La prensa registró asiduamente diversas manifestaciones en las que se da cuenta del homenaje que se ofrecía a los educadores, como el caso de

> "[...] la imponente manifestación de duelo realizado hoy con motivo de la inhumación del cadáver de la malograda educacionista Srta. Isabel King. [...] La capilla ardiente instalada en la dirección de la escuela normal popular de la que la extinta fue directora por muchos años ha sido visitada durante todo el día por numeroso público. El curso normal y el personal docente de la escuela hicieron la guardia de honor. [...]. El ataúd fue transportado por larga distancia a pulso, desfilando el séquito fúnebre acompañado por la banda de música por entre una doble fila formada por 1500 niños de las escuelas públicas que sembraron el camino de flores. [...] La extinta es acreedora a esta honrosa demostración, pues ha sido siempre modelo de laboriosidad y de virtudes y deja su nombre ligado a todos los profesores que han dado a la escuela popular encumbramiento nacional"[43].

---

42.   Este es una categorización utilizada en el texto de Eduardo ZIMMERMANN, *Los liberales reformistas. La cuestión social en Argentina (1890-1916)*. Sudamericana-Universidad de San Andrés, 1994.

43.   *La Nación*, 19 de junio de 1904.

Formas de reconocimientos como el que recibiera Mercante cuando fue ascendido como director de la sección pedagógica de la Universidad Nacional de la Plata y dejó su puesto de director de la Escuela Normal de Mercedes. Destacados "caballeros" de la comunidad, ex-alumnos, alumnos y autoridades municipales le ofrecieron un banquete en consideración a su "prestigiosa trayectoria"[44]. Del mismo modo que Ferreyra fuera destacado por su "obra educadora y civilizadora" en un banquete celebrado en su honor donde se lo proclamó: "el hijo más iluminado y clarividente de Corrientes"[45]. Demostraciones públicas de reconocimiento hacia las figuras de los educadores que no fueron generalizadas y extendidas como el Estado prometía al promover su profesionalización, sin embargo, lo que sí consiguió aquella política del gobierno central fue que el magisterio, con el tiempo, quedara asociado al indefectible paso por la institución normalista.

Esta es una cuestión que interesa remarcar especialmente. Si bien es real que no se puede equiparar la situación del magisterio al proceso de profesionalización, a la construcción del ideal profesional y al énfasis en la carrera, la educación especializada y la meritocracia que se gestó en el caso de los médicos[46] y los abogados, lo cierto es que, las voces de aquella época hablaron de profesionalizar a los educadores y las políticas de Estado propiciaron esa capacitación. Aquí se genera una cuestión paradójica en torno a la profesionalización del magisterio porque claramente se denotan los alcances y también los límites de esa política. Si se compara la presencia profesional, pública y política del magisterio de aquella época a la actualidad, sorprende la desvalorización progresiva que ha sufrido esta ocupación. A los ojos de nuestro tiempo, el reconocimiento, la capacitación y la presencia del magisterio en aquellos días sorprende al punto de considerar que, en gran medida, la desvalorización de la escuela, en particular la pública, va asociada a la desvalorización profesional de los educadores y educadoras. Si el parámetro de referencia es el de otras profesiones liberales, efectivamente el normalismo alcanzó un relativo protagonismo con respecto a los médicos y abogados. Como explica Leandri, la elite profesional docente, como fracción subordinada, habría perdido ante la competencia que libraron con las elites de las profesiones tradicionales por el dominio de la abstracción teórica y el control académico de la cuestión educativa, elementos de gran importancia a la hora de legitimar de manera simbólica una actividad profesional[47].

---

44. *Ibídem,* 11 de febrero de 1906.

45. *Ibídem,* 16 de abril de 1906.

46. Las formas de ejercicio del poder, la búsqueda colectiva de prestigio y los procesos de "clausura social" en el campo de la profesionalización del "arte de curar" se han analizado en: Ricardo GONZALEZ LEANDRI, *Curar, persuadir, gobernar. La construcción histórica de la profesión médica en Buenos Aires, 1852-1886.* (Colección Biblioteca de Historia de América, 19), CSIC, Madrid, 1999.

47. Ver Ricardo GONZALEZ LEANDRI, "La elite profesional docente como fracción intelectual subordinada. Argentina: 1852-1900" en *Anuario de Estudios Americanos.* LVIII-2, julio-diciembre, Sevilla, 2001.

Los mismos educadores fueron conscientes de cómo se los relegó de los cargos jerárquicos dentro del sistema educativo. A las malas condiciones de trabajo y la escasa remuneración, los normalistas denunciaban que la carrera del maestro terminaba el día que recibía su primer nombramiento[48]. Por más talento, saber, experiencia y virtud que tuviera no pasaría de ser maestro primario o profesor. Acaso ni llegaría a inspector, secretario o vocal de consejo. Con vehemencia se defendía la causa del maestro remarcando que en un país donde los progresos públicos marchaban a la par de los progresos individuales y en todos los gremios se adelantaba, era válido preguntarse por qué "solamente el preceptor de instrucción pública no puede aspirar a nada y debe resignarse al silencio y a la posibilidad de las cosas inertes, esperando una vejez sin gloria, sin consideración, y a veces sin lo necesario"[49]. Un llamado de atención que en el mismo Congreso Pedagógico aportó el disertante Pastor al comparar la situación del maestro frente a las demás profesiones:

> "¿Hay carrera para el maestro de escuela en la República Argentina? No; una carrera supone una sucesión de puestos de importancia creciente a las cuales es lícito aspirar, creándose capacidades y méritos reglamentados por la costumbre o por la ley. Una carrera supone grados, escalafón, jerarquías que no existen para el maestro argentino. El soldado puede con su valor y su pericia ceñirse algún día la faja de general; el abogado puede con sus talentos aspirar a los primeros puestos públicos de su país y en el mismo foro esos talentos establecen jerarquías bien determinadas. Lo mismo ocurre con el médico, el escritor, el artista, el comerciante, el simple artesano. Todos ven desarrollarse ante sus ojos, horizontes dilatados de gloria o de prosperidad [...]. Así, jamás será el magisterio un cuerpo activo y progresista, así lo abandonaran cuántos sientan dentro de sí la capacidad y el vigor necesario para hacer algo de provecho y la educación no contará a su servicio sino a los desheredados de la suerte. [...]"[50].

---

48. Aunque no se aborda la cuestión de la lucha gremial del magisterio en estos años hay que mencionar la fuerte movilización de estos trabajadores que reclamaron por una mejora en su situación laboral. La reacción de las autoridades educativas no se hacían esperar. Fueron frecuentes la exoneración del personal docente que se plegaba a movimientos huelguísticos por parte del CNE. El movimiento anarquista a principios del siglo XX consiguió conformar la Liga Nacional de Maestros. El mentor de esta agremiación Julio A. Barcos, dijo en su momento: "Desgraciadamente el magisterio de hoy, como el de ayer y como el de siempre, no ha dejado de ser uno de los gremios profesionales más sin personalidad, sin arrogancia sin características intelectuales ni sociales. El maestro de escuela en la generalidad de los casos, es el animal doméstico por excelencia. Sometido mansa e incondicionalmente a los dispositivos aberrantes, es el encargado de perpetuar, gracias a su acción atrofiada y enervante sobre el espíritu de la niñez, todos los prejuicios y absurdos de una sociedad egoísta, fastuosa, hipócrita [...]. Así es que ocupa los últimos grados de la consideración pública". Citado por, Dora BARRANCO, *Anarquismo, educación y costumbres en la Argentina de principios de siglo... Op. Cit.* p. 74.

49. *El Monitor,* Año I, Nº 8, 1882.

50. *Idem.*

Como sostuvo Pizzurno, esos cargos educativos eran para los estadistas, políticos, médicos o ingenieros, "para cualquiera menos para los educadores"[51] y esa situación "mata la profesión de enseñanza, no ofreciéndole como estímulo una mejora progresiva de posición en su propio escenario"[52]. Esa defensa corporativa de los normalistas y la disputa por los ámbitos de competencia llevó a elaborar proyectos como el del inspector general de escuelas de territorios y colonias, Raúl V. Díaz, en el que se propuso que el presidente del CNE debía "ser un educador con verdadera autoridad profesional, capaz de imprimir dirección científica a las escuelas de propagar teorías y prácticamente los mejores principios y métodos de enseñanza"[53]. Quienes se asumieron como 'pedagogos' enfrentaron la acusación de ser excesivamente teóricos respondiendo que en los cargos educativos designaban a neófitos por simples recomendaciones políticas. Esos "simples aficionados" no contaban con una formación adecuada que les permitiera comprender la naturaleza de la cuestión educativa. Como lo expresara oportunamente Pizzurno:

> "[…] el Presidente de la República y los gobernadores de provincia no puedan prescindir de las aptitudes probadas de veras y de los antecedentes notorios, al designar a los directores generales de la enseñanza, aplicando a esta rama fundamental del gobierno el criterio que la última empresa ferrocarrilera emplea al tomar sus maquinistas: averiguar primero si serán capaces de conducir a destino, sin tropiezo el tren que se les confía. ¿No vale la instrucción pública del país, lo que un modesto convoy de pasajeros o lo que un simple automóvil de plazo, cuyo manejo las ordenanzas prohiben entregar a quien no tenga su certificado de aptitud?"[54].

Quienes tuvieron la posibilidad de pronunciarse para defender su capital técnico y sus méritos profesionales fueron precisamente quienes contaron con mayor protagonismo. Fueron esos miembros del normalismo que desempeñaron funciones como maestros, profesores, inspectores, miembros del Consejo Nacional de Educación, asesores en la cartera educativa, etc. Hicieron su carrera abierta al talento y, de hecho, consiguieron el ascenso social y el reconocimiento social.

Para quienes cumplieron funciones fuera de la Capital Federal y los centros urbanos el horizonte de progreso fue distinto. Cuando se habló de

---

51. *Congreso Pedagógico Nacional de Córdoba, diciembre de 1912. Conclusiones aprobadas y crónicas de trabajos.* Buenos Aires, Cía. Sudamericana de Billetes de Banco, 1917, p. 72.

52. *Ibídem,* p. 73.

53. *Ibídem,* pp. 74-75.

54. Pablo PIZZURNO, *El Educador... Op. Cit.,* p. 73. Cabe destacar que Pablo Pizzurno fue uno de los casos que pudo "hacer carrera dentro del sistema educativo". Fue uno de los primeros egresados con el título de Profesor Normal de la Escuela Normal de Paraná y se destacó como docente y como Inspector General del C.N.E. Por ser un referente permanente de todas las cuestiones que se referían al rumbo de la educación, después de su muerte en 1931, el Ministerio de Educación de la nación es conocido con el nombre del "Palacio Pizzurno".

paciencia y de constante contracción, de sacrificio y entrega en la misión civilizadora que debían acometer no se alejó tanto de las efectivas condiciones de trabajo para una mayoría de los educadores del país. A pesar de la grandilocuente presentación, fueron muchos los que hicieron referencia a la falta de correspondencia que existía entre la función que se depositaba en el magisterio y las escasas satisfacciones que se recibían al llevarla adelante. Ellos fueron "los hijos desheredados de la fortuna"[55] en tanto "al repartir con notoria desigualdad entre las varias profesiones el tributo de su estimación y de sus respetos, les otorgaba una mínima porción de estos galardones"[56].

La distancia, aparentemente infranqueable, entre la dignidad profesional anunciada y la que hallaba en su lugar de trabajo fue una referencia recurrente de los distintos actores. En las provincias del interior del país y en los territorios nacionales, los inspectores tuvieron la oportunidad de constatar las condiciones y las dificultades de trabajo de esos maestros explicándolas en sus informes con el propósito de revertir esa situación. En una de esas exposiciones se señalaba:

> "¡Vida dura y abnegación la del maestro de los territorios, sobre todo en el Neuquén. Largas distancias que recorrer a caballo, comiendo y durmiendo a la intemperie; completo aislamiento geográfico y social, a gran distancia de la civilización; escasez y carestía de alimentos; privación de sanos afectos de familia y de nobles estímulos; estrechez de horizontes; inseguridad de la propiedad y de la vida o, por lo menos, frecuentes sobresaltos que produce el vandalismo; poblaciones atrasadísimas, en su mayoría extranjeras, que hablan jergas especiales y apenas comprenden la lengua nacional; instalación deficiente de la escuela; clima crudo y días grises en invierno: he ahí algo de lo mucho que le espera!"[57].

Por su parte, el maestro rural, iba "más allá en la escala descendente del medio". Se convertía en un ermita, un soldado en el avanzado fortín, por lo cual su situación era mucho peor que la del maestro urbano de frontera. Alejado de la civilización, según se denunciaba, no existían para él, casi siempre soltero, más sociedad que la de sus alumnos.

---

55. *El Monitor*, Año VIII, N° 111, 1887.

56. *Ibídem*, Año XI, N° 214, 1892. Se reconocía que: "[…] preciso es confesar también que, por punto general, no se dedican al magisterio en la enseñanza primaria los jóvenes que descuellan por su talento y por disposiciones extraordinarias. Las familias son las primeras en inclinarlos a la política, al foro, a la milicia o al cultivo de la literatura, y en alejarlos de la escuela, donde les espera ruda labor y remuneración modestísima. […]". *Ibídem* pp. 321-323.

57. *Ibídem*, Año XXIII, N° 65.1904. Como lo reveló el inspector general de Territorios Federales, Raúl Díaz, el maestro público debía disputar su campo de acción con la escuela de las congregaciones. Según su informe, se lo combatía resueltamente y sin tregua, desde el aula, el púlpito, el periódico, en el hogar, en la calle, hasta desprestigiarlo ante las gentes y las autoridades.

A esas duras condiciones de trabajo se sumaba una pésima remuneración por lo cual fueron insistentes los reclamos que demandaban un mismo salario que el percibido en la Capital Federal puesto que "su misión es la misma allá, sus deberes son iguales, sus sacrificios más grandes"[58]. Ese cuadro de situación no hacía más que remarcar aquella presentación que hablaba de la humildad y el sacrificio del magisterio.

En la prensa aparecieron frecuentes comentarios solicitando una remuneración acorde por el trabajo que desempeñaba el magisterio y denunciando el retraso de meses por parte de los gobiernos provinciales en el pago de sueldos que generalmente se hacían efectivos con bonos depreciados[59]. Los maestros expusieron en varias oportunidades frente a las autoridades su situación "precaria y deslucida [...] por lo cual era perentorio una inmediata respuesta"[60]. Para los educadores, que debían instruir y educar a esa población de edad indómita y rebelde, "la vida en una escuela en uno y otro sexo era penosísima"[61]. Si el servicio de los educadores alcanzaba tanta trascendencia para la república, era válido comparar su situación con otros funcionarios como los hombres del ejército. Así en el Censo escolar de 1909 en una nota para reclamar una mejora salarial de los docentes se los comparó con las retribuciones a oficiales del ejército y de la marina. Como se decía:

> "Cierto es que aquellos están listos para defender mañana hasta con su vida la integridad del suelo y el honor nacional, lo que, por otra parte, harían también los demás ciudadanos, inclusive los maestros: cierto es que, a veces, son destacados a los confines del país, hasta lugares desolados, velando por la seguridad [...] bien merecen, entonces, la consideración pública y una retribución hasta generosa de sus servicios, pero me parece que sólo seculares prejuicios en favor de la clase militar, y acaso en contra del pobre pedagogo, pueden explicar que los maestros reciban una retribución muy inferior, como si ellos no estuvieran también continuamente, no ya manteniendo limpias y listas sus armas, en previsión de una guerra y de batallas que acaso nunca lleguen (y ojalá así sea), sino librando intensamente la batalla de la civilización nacional, [...] como guardias avanzados del progreso por la cultura; y como si no fuesen ellos precisamente los principales encargados de preparar en el niño al ciudadano y al soldado

---

58. *Ibídem*, N° 8, Año XXIV, 1905.

59. En más de una ocasión se publicaron en la prensa los intentos del gobierno nacional de bajar los sueldos de los maestros que trabajaban en su jurisdicción para ajustar el presupuesto educativo. A raíz de ese tipo de situaciones se produjeron casos como el de la ciudad de Paraná. Los maestros enviaron sus protestas y además una solicitud al Ministro de Hacienda de la provincia "pidiendo se deje sin efecto la concurrencia a la procesión cívica, por carecer de medios para presentarse decentemente en público puesto que se les debe seis meses de sueldo. [...] Contestó el ministro que no podía pagar un sólo mes y que asistieran como pudieran bajo penas severas". *La Nación*, 13 de octubre de 1901.

60. *Ibídem*, 17 de abril de 1903.

61. *C.D.*, Sesión, 27 de junio de 1903.

con amor a la patria, la conciencia de sus deberes y la capacidad mental y física para cumplirlos".[62]

En el mismo sentido, el respetado maestro e Inspector General, Pizzurno publicó en la prensa un artículo donde se hizo eco de la cuestión salarial de los docentes[63]. Reconocía que una de las causas de la escasa presencia de los varones en la profesión se debía a esa cuestión. En su alegato, destacó que no apelaba otra vez al eterno canto de la noble misión del apostolado, ni siquiera a recordar la frase lapidaria de Sarmiento, al llamarle "el último mono del presupuesto", pero sí se valió de las comparaciones volviendo a tomar como ejemplo los sueldos de los jefes y oficiales del ejército y de los "soldados de la paz", diciendo:

> "En la actualidad los directores de escuelas superiores, elementales e infantiles perciben mensualmente 300, 250 y 230 pesos; los maestros de primera categoría 200, de segunda 180 y de tercera 160 pesos. Considérese el número de años que transcurre para la mayor parte, hasta llegar a la primera categoría.
>
> [...] si los coroneles ganan alrededor de 1000 pesos, entre sueldo y sobre sueldos [...] ¿por qué percibe 450 pesos un inspector técnico? Si gana no menos de 700 pesos un comandante y 600 pesos un mayor, ¿por qué reciben solamente 300 o 250 pesos el director de la escuela superior y de la elemental? Un capitán tiene más de 300 pesos y un maestro de grado 160 o, en el mejor de los casos, 200, ¿Por qué?
>
> [...] No es desatinado, me parece, pretender que se equipare, por ejemplo, al único inspector técnico general de la capital [...] no diré a un general de división, sino a uno de brigada. Pues bien: éste tiene entre sueldo y sobre sueldos no menos de 1300 pesos, y el inspector, apenas 700, poco más de la mitad.
>
> ¡Qué acto de justicia y de trascendencia para el país, qué hermoso número también para festejar el centenario sería una ley del congreso equiparando en los sueldos a los jefes y oficiales del ejército escolar con los jefes y oficiales del ejército y de la armada!. [...]"[64].

Según esas voces, aquella situación había generado en los graduados varones del magisterio una percepción de fracaso. Como consecuencia, la

---

62. *Censo de Educación de la República Argentina, 1909,... Op. Cit.*, p. 501.

63. El artículo se titulaba, "El sueldo de los maestros: los jefes y oficiales del ejército "escolar" y los jefes y oficiales del ejército "militar". Comparaciones sugerentes. *La Nación*, 9 de junio de 1910. El diputado José Fonrouge en ocasión de presentar un proyecto de ley sobre sueldos y jubilación de maestros el autor del proyecto, apeló a la misma comparación: "[...]me parece que al maestro debemos colocarlo, cuando menos, en la misma categoría del militar, pues este vela por la integridad moral del ciudadano fuente de nuestra soberanía". *C.D.*, Sesión del 12 de setiembre de 1910.

64. *La Nación*, 9 de junio de 1910. También publicado en: Pablo PIZZURNO, *El Educado... Op. Cit.*, p. 289.

difícil misión de ocuparse de la enseñanza en una escuela pública había quedado en manos de gente sin diploma. Eso explicaba que los maestros normales fueran escasos en las provincias puesto que "alejados de los centros de mayor cultura, reducidos sus gastos por lo exiguo de sus sueldos [...] no han seguido el movimiento pedagógico de los últimos años. Y aún los que lo han seguido se estrellan con escuelas sin útiles, sin ilustraciones, sin aparatos de experimentación que permitan dar una enseñanza clara, concreta, sencilla e interesante"[65].

En esa presentación sobre la función superior para la que se preparaban y la práctica en el aula generaba un desajuste y cierta frustración para algunos de esos maestros. El sitio no esperado, el lugar distante, cierta resistencia de parte de la comunidad, la disputa con instituciones escolares privadas –eclesiásticas y laicas–, una remuneración escasa, las pocas posibilidades de acceder a una carrera por los cargos dentro del sistema, fueron aspectos que se denunciaron de manera recurrente. Sin embargo, lo que fue desalentador para algunos se convirtió en una posibilidad cierta para otros. De allí que a la hora de presentar la *sui generis* profesionalización del magisterio resulte difícil comparar con otras carreras liberales promocionadas en aquellos años. Suertes dispares, de la insatisfacción a la conquista de logros, son las caras de la conformación del normalismo. Los testimonios de la época recogen el infortunio de muchos de sus miembros, sin embargo, el recorrido por la trayectoria personal de muchos de esos maestros y maestras nos muestran de qué modo consiguieron la consideración social y protagonismo en el espacio público. Y también se encuentran aquellos y aquellas que si bien no alcanzaron notoriedad en el ámbito nacional dejaron rastros de su presencia y de sus acciones que le otorgaron la estima y consideración de la comunidad. El paso por la institución normalista fue para muchos una estrategia, una oportunidad válida que los sacó del anonimato. En ese sentido, una referencia insoslayable es la cuestión de la feminización del magisterio que ocupará el interés del próximo capítulo.

La formación científica del magisterio

La suerte dispar de educadores y educadoras no hizo claudicar, tanto a las autoridades como al propio magisterio normalista, en el propósito de prestigiar el ejercicio de la docencia a través del pasaje formador en la institución normalista. Para acceder a ella primero se debían cumplimentar una serie de requisitos previos. Se admitían gratuitamente en calidad de alumnos maestros a los aspirantes que tenían más de 16 años de edad, para los varones, y catorce años[66], para las mujeres, buena salud, intachable moralidad. Para

---

65. *El Monitor,* N° 448, Año XXIX, 1910.

66. El tema de la edad mínima que se debía exigir para que ingresara a la escuela normal generó permanente debates. Al respecto, el Director de la Escuela Normal de Profesores

acreditar una instrucción que les permitiera emprender los estudios del curso normal rendían ante el Director y los Profesores un examen sobre Lectura, Escritura, Ortografía, Aritmética y Geografía. Presentaban la autorización del padre, tutor o encargado, para dedicarse a la carrera del profesorado. Debían entregar un certificado de buena conducta, expedido por el Cura, Pastor o Juez de paz de la localidad donde el aspirante había residido el año anterior. No se permitían alumnos internos, salvo los que se presentaban espontáneamente y fueran admitidos como alumnos maestros sostenidos por el Tesoro Nacional. Todos los alumnos que obtuvieran una de esas plazas quedaban obligados a dedicarse por seis años a la enseñanza pública. Si por voluntad propia, de sus padres o encargados, o por mal comportamiento, dejaba de pertenecer a la Escuela, o si después de graduado el maestro no cumplía con los compromisos contraídos, tendría que devolver al Tesoro Nacional el importe de las cantidades que recibía[67]. La formación comprendía cuatro años de estudios en tres términos, de trece semanas cada uno.

Sobre las bases de estos requisitos se propició el ingreso de alumnos maestros a la Escuela Normal de Paraná. Como se da cuenta en los documentos de la institución, las circunstancias políticas adversas retrasaron la instalación de esta escuela, inspirada en aquellas instituciones que Sarmiento había visitado en Estados Unidos y que seguían la propuesta pedagógica de Horace y Mary Mann. Aquella demora inevitable, según la opinión de Stearn, se debió a la desconfianza generada sobre el establecimiento por lo que, varias provincias, tardaron en mandar su contingente de alumnos maestros aún después de ser instalado oficialmente. A medida que esta desconfianza fue disminuyendo se presentaron con mayor frecuencia los jóvenes de varias jurisdicciones[68].

---

de la Capital Federal, Honorio Leguizamón, se expresó sobre: "la perjudicial solución de continuidad que se establece por la ley misma, entre la terminación de la educación elemental y el comienzo de la instrucción secundaria. [...] no habiendo intermediaria entre la común y la normal, como no lo hay tampoco entre la común y el colegio nacional, cumplida la edad escolar obligatoria, no habrá razón para cerrar las puertas de los institutos [...] porque de proceder de otra manera, sería condenar a la vagancia y al olvido de conocimientos, durante dos años de vida completamente perdidos en la obra de la educación. [...] Quedaría aún la creencia de que los estudios que deben emprenderse en el primer año normal exigen más desarrollo mental que sólo se obtiene a los 16 años cumplidos; pero ¿no exigen solamente catorce para la mujer, quien debe naturalmente traer a la escuela un menor desarrollo intelectual por el retraimiento que nuestras costumbres imponen a sus sexo, privándole de la calle y con ella de ese frote social que según Malgaigne sirve para el fundamento de los hombres como para el de los guijarros? [...] No es, por otra parte, a la entrada de la escuela normal, donde falta reglamentación para garantir el éxito de la enseñanza; es por el contrario a la salida, donde el maestro, como el oficial que deja las bancas de la academia debe encontrar delante de sí un buen meditado escalafón cuyos diferentes grados debe ascender sin apresuramientos perjudiciales para la seguridad propicia de su obra y para la armónica disciplina del cuerpo al que ingresa". *La Nación*, 20 de abril de 1883.

67. Ver, *Memoria*, 1870. Tomo II. pp. 12-13.

68. *Ibídem*, 1872, pp. 323-324.

En 1873 se informó que la Escuela Normal de Paraná contaba con un total de 51 alumnos maestros provenientes de distintas provincias[69]. Para 1876, a la escuela de formación de profesores normales que habilitaba para la enseñanza en escuelas normales, se le sumó la formación de maestros que tendrían competencia exclusivamente en las escuelas primarias. En sus aulas se graduaron auténticos referentes del movimiento pedagógico argentino como Delfín Gigena, Gustavo Ferrary, Carlos Vergara, Alejandro Carbó, Ernesto Bavio, Víctor Mercante, Felisa Latallada, Rita Latallada, Rosario Vera Peñaloza. Artífices de una carrera prestigiosa y reconocida que trascendió las fronteras nacionales.

La formación que recibieron estos primeros alumnos maestros fue de evidente signos enciclopedista y estrictamente pautada en los pasos que los aspirantes al magisterio debían seguir en su formación pedagógica. Poco se tenía en cuenta en aquella capacitación las diferentes realidades sociales y culturales con las que se encontraban maestras y maestros en el desempeño de su labor. El propio Mercante criticó aquella formación por su carácter monótona y poco innovadora. En sus recuerdos quedó fijado aquel ambiente escolar de sus primeros días dentro de la institución, al comentar:

> "[…] me sentía reducido a la nada, en contacto accidental de profesores que se renovaban cada hora, y en quienes advertía una severidad que nos mantenía alejados. Comprendí lo difícilmente (sic) que era para los catedráticos que nos visitaban dos o tres horas por semana, dirigirnos una mirada cariñosa, penetrar en el espíritu de cada alumno, alentar nuestra fe en el momento que más necesitábamos, disipando las dudas acerca de nuestra propia situación"[70].

La única experiencia que señaló como innovadora fue el curso que Pedro Scalabrini brindó con el dictado del Primer Seminario de Filosofía que tuvo el país. En ese curso Scalabrini los acercó a las teorías de Krause, Ameghino y Conte. Esa primera aproximación lo guió en sus lecturas posteriores en las que buscó rever esas teorías y prácticas de la enseñanza en las que se formó, atendiendo los aportes de la antropología y, en particular, de la psicología descriptiva de la infancia y de la adolescencia. Como decía, había que conocer a la hora de emprender la tarea de enseñar las modalidades de cada edad y de cada sexo, para adaptar al hombre al ambiente social y político en que actuaba.

La opinión de Mercante sobre sus profesores y el tipo de enseñanza que recibió en la Escuela Normal de Paraná fue compartida por muchos. Esa

---

69. Tal como se consignara, los alumnos becados eran, 6 de Entre Ríos, 3 de Buenos Aires, 3 de Córdoba, 13 de Catamarca, 3 de Salta, 3 de San Juan, 4 de Santiago, 2 de San Luis, 3 de Mendoza, 3 de Tucumán, 2 de Jujuy, 2 de La Rioja, 4 de Capital Federal. *Memoria*, 1873, p. 794.

70. Víctor MERCANTE, *Mis memorias... Op. Cit.*, p. 34. En sus críticas a sus profesores no escapa ni el propio Miguel Cané que dictaba sus lecciones de forma "pesada y nos aburría, porque nunca arbitró recursos para interesarnos […] Egresé apto para leer, comprender y pensar en español, una obra francesa […]", pp. 36-37.

enseñanza enciclopédica y poco estimulante para los alumnos fue una crítica que los propios normalistas formularon en informes, escritos y obras pedagógicas en particular.

Pero no sólo sus egresados hablaron de la enseñanza tradicional que recibían, también denunciaron la constante improvisación en los planes de estudio. Hasta mediados de los ochenta, diferentes planes de estudio, con distintos contenidos y años de curso, convivieron en las escuelas normales que existían en el país. El exceso de contenidos y de horas de estudio fueron las observaciones de las que se valieron las autoridades educativas para reformularlos. Según se observaba, todos parecían partir de un vicio en común, el recargo de materias y el enciclopedismo que hacía poco práctica y viable la formación de un maestro para los propósitos buscados. El censo educativo que se realizara en 1883, en el que se brindó un informe sobre las escuelas normales y planes de estudio, es revelador en ese sentido. Latzina en su minucioso análisis del estado educativo en la Argentina comentó:

> "[…] en el curso normal las horas semanales de enseñanza variaba entre 24 y 36 horas y en la escuela de aplicación anexa entre 25 y 36 horas. El número de días que han funcionado las escuelas normales durante el año 1883, varía entre 85 y 233 días. En cuanto al número de horas dedicadas a la enseñanza de cada materia, con grandes dificultades se me ha suministrado este dato, lo cual es otra prueba más de la irregularidad con que son llevados los registros escolares en la gran mayoría de los establecimientos nacionales de enseñanza"[71].

De todas las escuelas normales existentes unas pocas brindaron información. La diversidad en la formación hizo necesario promover la uniformidad de los planes de estudio para que se educara en igualdad de condiciones a todos los niños del país que asistieran a las escuelas de la nación y de las provincias. Esa iniciativa llevó a que en 1887 se unificara el plan de estudios para todas las escuelas normales del país[72]. Fue una instancia en la que, si bien la Escuela Normal de Paraná contó con su peso tradicional para el diseño de contenidos, los otros establecimientos también participaron en esta definición del perfil académico del magisterio. Esta reforma dio pie para

---

71. *Censo Escolar Nacional, fines de 1883 principios de 1884... Op. Cit., y 2.*, p. 47.

72. En el decreto se declaraba: "Art. 1º. Hay dos clases de Escuelas Normales: las Elementales y las Superiores. Las primeras están destinadas a la formación de maestros y maestras de educación primaria elemental; y las segundas, no sólo tienen este objeto, sino también el de formar Profesores y Profesoras competentes para la superintendencia, inspección y dirección de las escuelas comunes; y para el magisterio de las escuelas normales. Sólo son superiores las dos Escuelas Normales de la Capital y la del Paraná. […]
Art. 3º. Las Escuelas Normales dependen del Ministerio de Instrucción Pública están bajo la vigilancia inmediata de la Inspección de Colegios Nacionales y tienen el personal que la dirección, la enseñanza, la disciplina y la higiene de ellas requieren.
Art. 4º. en las Escuelas Normales de Maestros de educación primaria elemental, el Curso Normal, durará cuatro años (con 36 horas de clases semanales). *Memoria*, 1886.

que, a partir de allí, el normalismo asistiera a permanentes cambios en sus planes de estudio[73]. A los reclamos por la excesiva formación pedagógica se puede marcar como rasgo de esa formación su isoformismo[74] con respecto a la escuela primaria. Ese progresivo acercamiento entre la lógica curricular e institucional de las escuelas normales y la orientación que se le dio a la educación básica que recibían los niños, puede detectarse en los programas de estudio de las materias que se abordaban en el nivel primario.

Lo cierto es que pasaron ministros y se ensayaron sucesivas reformas a lo largo de estos años convirtiendo al normalismo, como lo expresara oportunamente Pablo Ramos, "en un gran campo de experimentación de las teorías. Y, en consecuencia, ha sido una inmensa tela de Penélope que todo el mundo ha querido tejer y destejer"[75]. Años después, se continuó reclamando por una formación para el magisterio que reuniera "conocimientos concretos, aptitudes pedagógicas generales y especiales que le permitan darse cuenta exacta de su misión y de la manera de cumplirla [...] y que fuera capaz de formar en los hábitos mentales, morales y físicos, porque conoce bastante la naturaleza infantil, así como los medios de contribuir a su racional desarrollo"[76].

Tal como se decía, el mesianismo con el que se revistió a la profesión del magisterio, así como la artificiosa formación, había generado exageradas expectativas a muchos de sus miembros. Esa situación lo había alejado de la realidad al tiempo que no se atrevían a desempeñar sus funciones en zonas alejadas de los grandes centros urbanos. Ese fue el sentido de las palabras de Matías Sánchez Sorondo cuando manifestó:

> "Es sugerente el cuadro de la enseñanza normal. De cuatro mil alumnos, dos mil pertenecen a las escuelas de la Capital Federal y el resto a establecimientos ubicados en los más importantes centros de la población del país. Todos obtienen, al finalizar sus cursos, el mismo diploma, que los habilitaba para aspirar a los altos puestos de la enseñanza. Resultado práctico: abundan los candidatos para cargos en las escuelas de la Capital, alrededores y principales ciudades del interior; es muy difícil, y a veces imposible, proveer la dirección y el personal de alguna pobre escuela de campaña. [...]
>
> Yo pregunto: ¿para qué sirve un proletariado magistral que no se siente capaz de arrancar de la problemática comodidad de las capitales y

---

73. Esos permanentes cambios de planes que llegaron, incluso, a reducir a tres años la carrera del magisterio para ser nuevamente reformulada a una duración de cuatro años ha sido analizada por Andrea ALLIAUD, *El maestro como categoría social... Op. Cit.*

74. Este concepto a sido explicado por M. C. DAVINI, *La formación docente en cuestión: política y pedagogía.* Buenos Aires, Paidós, 1995.

75. Juan P. RAMOS, *Historia de la Instrucción Primaria en la república Argentina, 1810-1910... Op. Cit.*, Tomo I, p. 276.

76. Pablo PIZZURNO, *El educador Pablo Pizzurno. Recopilación de trabajos.* (...) *Op. Cit.*, p. 73.

desempeñar, donde es más necesaria, donde con más urgencia la reclama el país, su misión docente?

Es que aquí también la Nación ha malgastado. Porque necesitamos el maestro modesto; sin títulos de suficiencia tanta que deslumbre y esterilicen en la espera; el maestro que cumpla su tarea diaria, cultivando con amor el rincón del jardín humano que la suerte le dejará. [...]" [77].

En el marco de esa disputa librada por promover un cambio en el rumbo educativo, se apuntó contra el normalismo cuestionándolo por su "sentido mesiánico" y su pronunciado "cientificismo pedagógico". Sin embargo, esas críticas reforzaron aún más el sentido político de la función del magisterio.

Con sus logros o medianos alcances, según como se lo quiera considerar, lo que se acordó fue que esa preparación del magisterio no concluía con la obtención del diploma. Las maestras y maestros debían perfeccionarse a lo largo de su desempeño laboral. La conveniente supervisión de la práctica docente y la renovación constante en sus conocimientos se consideraron condiciones imprescindibles para cumplir con la carrera docente. En las instancias previstas para verificar el desempeño profesional de los educadores, y sus condiciones de trabajo, aparecía la figura del inspector estimada como necesaria e indispensable para la buena marcha de los establecimientos educativos[78]. Aunque en muchos casos fueron cargos obtenidos por prebendas políticas, se suponía que debían ejercerlo profesionales de la educación que, a partir de lo que detectaban en las prácticas educativas, debían tomar la iniciativa para buscar soluciones. Así lo hizo el subinspector Ricardo Cavero que ofreció en Santiago del Estero una serie de "conferencias a los maestros de las escuelas públicas, para vulgarizar las direcciones didácticas, que la experiencia ha enseñando a educacionistas competentes ser de resultados más positivos y científicos"[79]. También era el momento para abordar el tratamiento de aquellas asignaturas estimadas como centrales en la formación del ciudadano. Así lo hizo el inspector Jaime Fornells cuando visitó las escuelas de su distrito en la ciudad de Buenos Aires explicando a los maestros que:

---

77. *El Monitor*, Año XXXV, N° 15, 1916.

78. En la Ley de Educación Común se establecía sobre la cuestión de la Inspección técnica y administrativa de las escuelas: "Art. 35. Las escuelas primarias de cada distrito escolar serán inspeccionadas dos veces, por lo menos, en el año, por Inspectores maestros. Créase con tal objeto el cargo de Inspector de las Escuelas Primarias, que será desempeñado por maestros o maestras normales, en la forma que determina la autoridad escolar respectiva. Art. 36. Corresponde a los Inspectores de Escuelas Primarias: 1° Vigilar personalmente la enseñanza de las escuelas [...]. 2° Corregir los errores introducidos en la enseñanza. 3° Comprobar la fiel adopción de los textos, formularios y sistemas de registros, estadística e inventarios establecidos por la autoridad superior de las escuelas. 4° Informar al Consejo Nacional de Educación sobre el resultados de su inspección [...]. 5° Informar sobre el estado de los edificios de propiedad pública en sus respectivas jurisdicciones, así como sobre el estado y clase del mobiliario que tenga. 6° Pasar al Presidente del Consejo un informe mensual". *Ibídem*, Año XXVII, 1898.

79. *Ibídem*, 1898.

> "[…] en la historia patria hay muchos hechos que pueden servir de tema para la enseñanza de la moral y citarlos como modelo de abnegación, patriotismo, valor, economía, amor al prójimo, probidad, respeto, etc. Tales puntos los encontramos en la biografía de Rivadavia, Belgrano, San Martín, Moreno, Lavalle, Sarmiento y de tantos otros, y aún en algunos hechos de Dorrego y Rosas. Y cito estos dos últimos porque creo que en la escuela debe enseñarse la verdad, así como a perdonar las malas acciones olvidando los odios que ellas motivaron" [80].

Sin dudas estos inspectores fueron el ojo del Estado en realidades distantes y brindaron una aproximación al cuadro social de la región, el estado de la educación y la capacitación de los docentes en el país. Sobre la base de esas construcciones de la realidad escolar que los funcionarios hicieron, las autoridades nacionales determinaron el alcance de sus políticas[81]. El recorrido por distintas escuelas del territorio nacional no hacía más que corroborar la necesidad de generar mecanismos propicios para que mejorar la situación de la enseñanza.

---

80. *Ibídem*, XXIII, N° 364, 1904.

81. Sólo a modo de ejemplo se puede mencionar la visita del inspector nacional a los Territorios Nacionales de Santa Cruz, Chubut y Tierra del Fuego. Como describió "en la región hay un solo medio de locomoción, el caballo. […] del punto de vista de la instrucción, notaremos también un grandísimo atraso. Desde Rawson a Ushuaia existen cinco escuelas nacionales y cuatro particulares. Exceptuando una, la de Rawson, las demás no merecen ese nombre y han prestado poca utilidad. […]. La población de la Colonia Chubut es de 2.500 habitantes a lo sumo. Casi todos son galenses, una quinta parte se compone de italianos y de otras naciones, argentinos hay muy pocos. Los galenses […] hablan el galense, casi con exclusión de los demás idiomas […] hay entre ellos independientes, metodistas y anglicanos. No carecen de ilustración general y se distinguen por el noble amor de la educación de sus hijos. Aislados durante el largo espacio de treinta años, más cerca de los indios tehuelches que de los argentinos civilizados […] huyen de nuestro contacto y de nuestras costumbres. […] he querido evidenciar de esta manera, la importancia de la Colonia Chubut y sus necesidades escolares. La escuela, se ha dicho, es la quinta potencia de las democracias y hay que establecerla en todos los distritos de esta Colonia antiargentina […] para ligarla a la comunidad política y social del Estado. […] En toda la Colonia existen siete escuelas: tres nacionales y cuatro particulares […]. Las escuelas nacionales están bastantes concurridas […]; pero sólo una, la de Rawson a cargo de la Señorita Juana Canut, merece el calificativo de regular por el edificio en que funciona, útiles que posee, conocimientos de los alumnos y métodos empleados en la enseñanza. […] Las otras escuelas nacionales […] dirigidas por maestros galenses que carecen de preparación profesional. Tienen, en cambio, sobre otros, la ventaja de expresarse en galense y regularmente en español; y, por esta razón, nos será forzoso servirnos de ellos durante algún tiempo. […]
Resultado de largas meditaciones es el nombramiento de las autoridades escolares que propongo más abajo, sin las cuales sería difícil practicar el gobierno administrativo de las mismas, tan necesario para su prosperidad. Si es imposible organizar Consejos escolares en algunos puntos de nuestra campaña, debido a la escasez de hombres de buena voluntad y mediana ilustración, lo es mucho más en la Colonia Chubut tan manifiestamente opuesta a nuestras instituciones y comunidad social. […]". *Ibídem*, Año XV, N° 265, 1895.

Otro medio de garantizar la divulgación del "arte de enseñar" era a través de la lectura de publicaciones especializadas[82]. Si bien como explica Chartier, en la circulación de lo escrito y las prácticas de la lectura, no se puede determinar en qué consiste la apropiación de aquello que se lee. Pero más allá que exista una relación íntima entre el lector y lo escrito que resulta ser inabordable, en tanto el acto de leer se convierte en un "acto de la intimidad silenciosa y solitaria"[83], lo evidente es que existió una notable producción dirigida a mantener esa capacitación. Una actualización que siempre iba dirigida a que los maestros "meditaran y se interrogaran sobre el secreto de enseñar"[84].

Esa actualización se continuaba en las conferencias pedagógicas celebradas con la participación de los docentes que presentaban una exposición de una lección y se sometían a la observación de otros colegas designados para tal efecto. Así, enfrentados a sus alumnos, y observados por inspectores y colegas, exponían una clase sobre el tema sorteado. Como sostuvo el Inspector Vedia, esas experiencias eran válidas en tanto,

> "[…] una persona aumenta su saber por el simple acto de comunicarlo a los otros. [...] Las conferencias de maestros no tienen por objeto hacer gala de conocimientos sobre tal o cual materia del programa de las escuelas comunes. No se reúne a los maestros con el propósito de que aprendan un ramo cualquiera de las ciencias, sino con el fin de que los más aptos, los poseedores de alguna luz sobre el arte de enseñar a los niños, lo hagan conocer de todos, poniéndoles en aptitud de llevarla a la práctica, beneficiando así a todos los que se educan"[85].

Los propios maestros en sus asociaciones profesionales participaron de esa voluntad de mantenerse actualizados en las modernas corrientes pedagógicas. El "Centro de la Unión Normalista" fue una de las organizaciones del magisterio que propició las conferencias pedagógicas para sus asociados. En su momento, el reconocido profesor normalista, Antonio Ferreyra en su conferencia disertó sobre una cuestión que se procuraba diferenciar como era la tarea de instruir y educar al mismo tiempo. Con la claridad que no muchos alcanzaron en su tiempo, expuso a sus colegas que al instruir se suministraba materiales al conocimiento y educar era desenvolver las facultades mentales para habituarlas a establecer relaciones entre las ideas. De allí su sentencia

---

82. Entre el tipo de publicaciones que circulaban para los maestros figuraban por ejemplo: *"Revista Escolar"* Organo de la Comisión Central de Educación de la Provincia de Tucumán, *"Boletín de Educación"* de Santa Fe, *"El Inspector"* de Corrientes, *"La Revista de Enseñanza"* dirigida por los maestros normales Pablo Pizzurno y Juan Tufró, y la más importante trabajada como fuente en esta investigación, *"El Monitor de la Educación Común"* órgano del CNE.

83. Roger CHARTIER, *Espacio Público, crítica y desacralización en el siglo XVIII: los orígenes culturales de la Revolución francesa.* Barcelona, Gedisa Editorial, 1995, p. 104.

84. *El Monitor,* Año IV, N° 63, 1884.

85. *Idem.*

al afirmar que "lo más importante es que el docente aprenda a educar más que instruir"[86]. A partir de esa formación el magisterio, según expuso, estaba capacitado para discutir la formulación de contenidos que se hacían desde el Ministerio de Instrucción Pública. Convencido del capital técnico con el que contaban sus colegas, estimó que la unión de los educadores demostraría su capacidad de acción en torno a un propósito común: "la exaltación de la nacionalidad, la constitución de la patria grande y civilizada, por medio de la cultura popular"[87].

Esa magna tarea que los propios docentes habían internalizado en su formación y que reproducían en la institución, y frente a la comunidad, exigía no sólo una preparación científica. Los miembros del magisterio debían acompañar su saber con un comportamiento público y privado acorde con la tarea republicana que debían cumplir.

"El sacerdocio de los tiempos modernos"... un modelo de conducta

Efectivamente la formación científica fue estimada como condición necesaria para la tarea educadora, sin embargo no se la consideró suficiente. Debía ir acompañada de un comportamiento acorde a la función política que se desempeñaba. Ese requisito llevó a que se apelara a la tradicional imagen del apostolado y el sacrificio para revestir la tarea de un carácter misional[88]. La metáfora del magisterio como el "sacerdocio de los tiempos modernos", utilizada permanentemente, era una herencia del discurso pedagógico que circuló en Europa a partir del siglo XVIII. Se le había otorgado esos rasgos en tanto le atribuyeron una función civilizadora. El hombre que cumplía con esa actividad –era una labor básicamente masculina– vivía con pocos recursos, en el seno de una comunidad aldeana con la que compartía hábitos y otros vínculos de sociabilidad. Pero algo lo diferenciaba del resto de los miembros de esa comunidad, su trabajo no era manual. A ese laico que debía ser un ejemplo para su comunidad, se lo consideró "una especie de clérigo al aire libre"[89]. Fueron los hombres de la Revolución Francesa, con su proyecto educativo de generar al nuevo hombre, los que llevaron a escindir el profundo vínculo que existió entre el maestro de escuela y el párroco en la sociedad del *Ancien Regime*. Desde ese momento, la institución escolar se volvió hacia

---

86. *Ibídem*, Año XI, N° 14, 1889-1890.

87. *Ibídem*, Año XXI, 1902.

88. Al respecto Safartti sostiene que en la conquista de la profesionalización se evocaron aspectos de una legitimidad tradicional que ayudaron a garantizar su papel para la constitución de un mercado para los servicios profesionales. Magalli, SAFARTI LARSON, *The Rise of Professionalism: A Sociological Anályisis*, University of California Press, Berkeley, 1979.

89. Fabienne REBOUL-SCHERRER, "El maestro de escuela" en François FURET, *El hombre romántico*. Alianza Editorial, Madrid, 1995, p. 147.

una función que excedía ampliamente la mera instrucción, a partir de que la prioridad era formar a las nuevas generaciones, aunque su finalidad esencial fuera hacer mejores cristianos y luchar contra el "otro" cristianismo. A lo largo del siglo XIX, una lucha cotidiana, no siempre silenciosa, se libró entre la institución escolar y la Iglesia. Esto implicó, nada más y nada menos, que recurrir a un cuerpo de profesionales laicos que se encargaron de transmitir esos contenidos de la enseñanza oficial adquiriendo el rango social que el clero había conseguido durante siglos[90]. El institutor aparece como el depositario de un poder político y cultural que debía ganar[91]. Su figura ejemplar debía transitar por una forma de comportamiento cuasi-religioso.

En Argentina fue válida esa presentación en tanto también se le exigió un comportamiento acorde con la función política y social[92] que llevarían a cabo. Depositario de tan alta misión, la figura del magisterio fue presentada por la red discursiva de la época con una suma de valores que excedían su responsabilidad en el aula para prolongarse al resto de la comunidad. Además de ser un profesional debía contar con una preparación moral. Se le hizo depositario de una función social superior: la de ser un ejemplo a imitar. Sería el espejo que debían mirar sus alumnos para formarse como los verdaderos ciudadanos de la patria.

Para emprender la misión del magisterio, el "certificado de aptitud pedagógica"[93] debía acompañarse con "[…] múltiples cualidades […] en la escuela así como en público"[94]. Debía gozar de buena salud para dar el ejemplo de la puntualidad, y la disciplina por lo cual debía observar cuidadosamente las reglas higiénicas, de modo que se aconsejaba que, las horas de trabajo se alternasen con los ejercicios físicos activos y la recreación. Resultaba, según

---

90.   Para el caso español Lerena sostiene que se asistió más que a un proceso de sustitución del maestro por el cura, a una instancia de combinación y ensamblaje e, inclusive, períodos de recesiones en la que el maestro/a queda subordinado al sacerdote. Ver: Carlos LERENA, "El oficio del maestro. Posición y papel del profesorado de primera enseñanza en España" en, Andrea ALLIAUD y Laura DUSCHATZKY, *Maestros. Formación, práctica y transformación escolar.* Buenos Aires, Miño y Dávila Editores, 1992.

91.   Gilles ROUET, *L'invention de école: l'école primaire sous la Monarchie de Juillet.* Nancy, Press Universitaries de Nancy, 1993. El mismo autor comenta: "El estado social de Francia supone una precariedad de la acción gubernamental que unida a la presencia tentacular de una Iglesia 'ramificada en las pequeñas parroquias' contribuye a explicar, lo que Antoine Prost, señala como predominante. El maestro de escuela, 'segundo del cura', o 'auxiliar del cura' lo integra, como 'segundo hijo', de la aldea participando de su vida social". *Ibídem*, p. 8. (La traducción es nuestra).

92.   En este sentido coincidimos con la afirmación de Rouet, cuando en su análisis del caso francés entre 1820 y 1850, en un contexto socio-político y económico diferente al que trabajamos sostiene que fue: "El contexto económico y social donde se incita a considerar la actividad del educador más que como trabajo, como una función social. Esta conceptualización permitió relativizar el problema de la remuneración y de insistir en la importancia social de quien detentaba esta función en la ciudad". *Ibídem*, p. 133 (la traducción es nuestra).

93.   Jacques OZOUF y Mona OZOUF, *La Republique des Institeurs... Op. Cit.*, p. 265.

94.   *El Monitor*, Año III, 1883, N° 49.

se estimaba, tan íntima la conexión del cuerpo y la inteligencia, que sin el debido cumplimiento del primero, no se podía desempeñar adecuadamente la segunda. En un texto muy conocido en la época del pedagogo norteamericano Wickersham, se recomendaba que el maestro practicara el juego de pelota o cricket, caminara, remara, anduviera en carruaje, patinara, nadara, montara a caballo, cortara leña, trabajara en el jardín, y realizara algún trabajo de agricultura o de mecánica. Si todo eso llegara a faltar, se podía hacer uso de aparatos gimnásticos. Debía observar las leyes relativas al aire por lo que se le aconsejaba que estudiara, hiciera sus ejercicios y durmiera en habitaciones bien ventiladas. Tenía que cumplir con la ley referente al estudio. Sus comidas debían ser nutritivas, no muy concentradas o estimulantes, de fácil digestión, tomadas con regularidad y en no mayor cantidad de lo que exigiera su naturaleza. Se le exigía abstenerse absolutamente del tabaco y de la ingesta de licores embriagadores. Era indispensable que descansara el tiempo suficiente para evitar el agotamiento. En sus distracciones, se recomendaba rodearse de amigos alegres, no malgastando su tiempo en los frívolos entretenimientos que supuestamente caracterizaban el trato social, ni mucho menos figurar entre los holgazanes en almacenes y casa de bebidas; lo conveniente era que participara de conversaciones amenas y de alegres distracciones[95]. En suma, una presentación de un conjunto de actividades que aparecían claramente indicadas para el varón. Aún cuando el magisterio comenzaba a dar muestras evidentes de ser una opción elegida por las mujeres, se continuaba con la herencia discursiva que perfilaba al magisterio como una carrera para los hombres.

Otra materia de preocupación era determinar las actividades convenientes para que se desarrollaran después del ejercicio escolar. Era recomendable que viviera en una casa, entre las más estimadas por la población, alegre por su conversación, por su lectura, diversiones y música; o buscar, en su defecto, esas distracciones preservadoras de la salud, en cualquier otra parte, entre personas de su simpatía[96]. Este tipo de señalamientos llevaron a que se ensayaran en las escuelas normales argentinas algunos de estos consejos. Así el director de la Escuela Normal de Paraná, Geo A. Stearns, puso en marcha una experiencia de este tipo. Su preocupación estaba orientada fundamentalmente hacia la mayoría de los alumnos que asistían a la institución provenientes de distintos puntos del país y que no permanecían como internos. Aquel régimen, según sus propias palabras, por un lado, dejaba al alumno libre y por eso cultivaba su amor propio, si le acostumbraba a gobernarse, restringirse y respetarse a sí mismo como debe educarse. De otro lado, le exponía a varios extravíos y tentaciones por falta de la vigilancia del Director

---

95. Cf. James Pyle WICKESHAM, *Economía de las Escuelas.* Editor A. Estrada, Buenos Aires, 1889 (traducido del inglés por Clodomiro Quiroga), pp. 356-358. Este texto fue citado con recurrencia cada vez que se hizo referencia al tipo de formación que deberían recibir los maestros.

96. *Ibídem*, pp. 360-371.

o de los profesores a toda hora. Ningún joven debía gastar todo su tiempo en sus estudios puesto que perjudicaba su salud y su progreso intelectual; debía acostumbrarse a la sociedad y contar con sus distracciones racionales. Por tales motivos había establecido el "Ateneo de la escuela normal".

> "Los objetos que se propone el 'Ateneo' son proporcionar a los alumnos maestros un modo racional de emplear su tiempo para distracciones, ofrecerles una oportunidad para acostumbrarse a sociedad (sic), darles a conocer las reglas que gobiernan a todo cuerpo deliberativo, y por fin interesar a todo este pueblo en el asunto de la educación popular y muy particularmente en el adelanto de la Escuela Normal. En los Estados Unidos casi todas las instituciones de importancia tienen sus sociedades literarias que abrazan muchos de los objetos que se propone el 'Ateneo'.
>
> [...] Considero el 'Ateneo' de mucha importancia y si el señor Ministro tuviese a bien protegerlo concediendo una subvención mensual para ayudarnos, tal vez se le encontrará un gran elemento en la educación general de este pueblo" [97].

Estas actividades le permitían contar con las debidas cualidades intelectuales, demostrando un conocimiento claro de los sucesos corrientes. Era preciso que conociera cuanto sucedía en el mundo, que se interesara por él, aún cuando no fuera sino como espectador, mientras los otros desempeñaran las partes principales del drama social. Si no era así no podía adaptar su enseñanza a las exigencias de los tiempos, ni comunicar interés a su instrucción refiriéndose a los acontecimientos que se desenvuelven[98].

Conductas y actitudes que le facilitaran desarrollar particularmente sus cualidades morales. La única manera de que pudiera ser un legislador sabio, un juez recto, un ejecutivo pronto, un obrero perfecto, un guía competente,

---

97. *Memoria*, 1872, pp. 326-327. En un informe al por entonces ministro Nicolás Avellaneda, el Inspector Nacional José M. Torres comentó sobre la vida de los alumnos dentro de estas instituciones: "[...] El Sr. Director prodiga esmeradas atenciones a todos los alumnos en general, y en particular a los del curso normal. [...] los jóvenes moran en casa de familias honradas, [...] a fin de que fortalezcan sus facultades morales [...] el Sr. Rector les ha sugerido, y todos han aceptado, la feliz idea de instituir el Ateneo. Dos o tres noches cada semana, los alumnos maestros se reúnen en uno de los salones de la Escuela. Allí en filial y expansiva confianza, se leen trozos selectos de prosa y ciencia, serios y jocosos, de todo género de literatura, ejecutan ejercicios de canto y gimnasia, y se emplean algunos ratos en estudio de ingenio y otros entretenimientos instructivos y amenos: esto lo hacen cultivando un trato social, que contribuye a formar los gustos y maneras peculiares de la civilidad. El Sr. Director encuentra así un medio de asociarse a sus alumnos, que le permite conocer ciertas calidades del carácter de cada uno, ciertas aptitudes que no se manifiestan en las aulas, y que es conveniente estudiar para darles la dirección conducente a fines de la Escuela Normal [...]". *Ibídem*, p. 366.

98. Cabe señalar que aquella experiencia sólo fue implementada durante el tiempo en el que estuvo Stern como director del establecimiento.

un partidario liberal, un compañero agradable. En definitiva, un hombre bueno, con hábitos rectos y desarrollo de un carácter virtuoso y noble[99].

A lo largo de su formación debía dar cuenta de una "completa moralidad de costumbres"[100]. Sus gestos y hábitos, modos, expresiones y maneras eran observadas atentamente porque hacían a esa amplia definición de moralidad. Buscar el delicado equilibrio de los buenos modos, ejercitar el uso de un lenguaje apropiado, cuidar su aspecto personal, eran las exigencias que se esperaban de aquellos que se pondrían frente a sus discípulos y que lo observarían atentamente buscando imitar todo cuanto sus formadores hacían dentro y fuera de la escuela. Como modelo de comportamiento social se le exigía que cumpliera con un ritual de presentación, un acto formal y convencional, a través del cual lograría el respeto y la consideración propias del lugar que ocupaba en la escena social[101]. Aquella figuración suponía que, el público observaba atentamente a ese actor del cual se esperaba que cumpliera acabadamente con el conjunto de disposiciones asociadas a su función en la sociedad. Así lo entendió Carlos O. Bunge, cuando aconsejaba a los maestros que se cuidaran de todo aquello que los exponía a la mirada de los otros:

> "[...] Dentro de los cuasi proletarios intelectuales, nadie más desautorizado a dar ese mal ejemplo que el maestro de escuela; y nadie más propenso a darlo! Que profese, si le gusta, ideas contrarias al actual orden social, que sea socialista de cátedra y hasta de acción, perfectamente; pero que no olvide que las convenciones del "savoir faire" social no están siempre reñidas con sus doctrinas sociológicas, y que, lejos de valorizarla, desvirtuará su enseñanza y aún su sorda propaganda, si emplea un lenguaje grosero y maneras cursis. La cursilería del maestro produce, en alumnos de baja estirpe, la imitación; en alumnos de familias distinguidas, el desprestigio escolar. [...]

---

99. William PHELPS, *Manual del Maestro*. Minnesota, 1889. El autor hablaba de la "influencia de las buenas acciones". Los hábitos que debían cultivarse: "Prontitud y regularidad. Obediencia. Orden, sistema. Respeto de sí mismo. Respeto a las personas, propiedad y derechos de los otros. Escrupuloso cuidado. Aseo de la persona y vestido. Cortesía. Bondad. Justicia. Atención". Algunos extractos de esta obra fue publicada en El Monitor para conocimiento de los maestros.

100. El reconocido pedagogo uruguayo Berra, en su propuesta por la reforma de la enseñanza primaria y normal, sostenía: "La moralidad de costumbres y el buen estado de salud son rigurosamente exigidas en todas las naciones [...] El código acentúa estos dos requisitos diciendo que la moralidad debe ser 'completa' y que debe ser 'perfecto' el estado de salud. [...] En ninguna escuela normal bien dirigida tiene entrada persona de carácter o de maneras notoriamente incompatibles con la profesión de educador; porque, siendo estas dos incompatibilidades causas de exoneración de maestros empleados en escuelas oficiales, no hay interés ninguno en preparar para la enseñanza, pero sí en no preparar, a quienes no será permitido ejercerla". Francisco A. BERRA, *Código de Enseñanza Primaria y Normal de la Provincia de Buenos Aires... Op. Cit.* p. 171.

101. En ese sentido se sigue el análisis expuesto por Erving GOFFMAN, en: *La mise en scéne de la vie quotidienne.* Paris, Editions de Minuit, 1973, y *Les relations en public.* París, Editions de Minuit, 1971.

> Es por lo tanto, deber de todo maestro estudiar el lenguaje y las maneras de la 'elite' social, y tomar de éstas y aquel, críticamente lo aceptable. [...] Debe saber hablar, andar y comer, y si no con elegancia afectada, con elegante desafectación (sic). Debe vestir, si no según las últimas modas, con mayor esmero que el bajo pueblo, de manera que su indumentaria no choque, en la escuela, ni al vulgar, ni al aristócrata.
>
> [...] es opinión general que el lenguaje y las maneras del gremio propenden más a las groserías de pulpería que a las pequeñeces de los salones... La incorrección y hasta el desaseo en el lenguaje de los docentes son generalísimos, el 'vení pa ca che, a dar la lesión' parece ser un sempiterno matete de nuestra enseñanza primaria... Entre los maestros normales, hay quienes esputan en el suelo de la clase, y aún por el colmillo; quienes van a la escuela sin cuello, con un gajo de albahaca en la oreja, para saborear en los intervalos que les deja el cigarrillo negro, quienes mascan tabaco y usan bota de tacón alto, melena rizada, y el chambergo de ancha ala sobre la ceja feroz del orillero con altiveces de hidalgo trasnochado y pujo de chulo...
>
> Son éstos, fenómenos de barbarie que la sociedad y el Estado pueden y deben impugnar, como he visto corregir en los seminarios pedagógicos alemanes los modismos regionales, las maneras burdas, el vestir incorrecto y las uñas sucias de los candidatos a maestros.[...]" [102].

El correcto uso del lenguaje, las buenas maneras, los gestos atemperados y medidos, su indumentaria cuidada y limpia, eran signos de la seguridad con la que debía asumir su condición de educador frente a los otros[103]. El era observado y en sus modos de actuar conseguiría la dignidad pretendida. En su interacción con la comunidad, su apariencia debía corresponderse con la respetabilidad proclamada desde el discurso. Ese fue un aspecto cuidadosamente mirado en cada uno de los candidatos al magisterio. Bueno era que se relacionara con "un medio ambiente higienizado, separándolo en lo posible de las malas compañías"[104], en tanto se suponía que podían revertirse ciertas carencias en los saberes y, en ese sentido, buscar que mejore y se perfeccione, lo que no podía permitirse era la desviación hacia formas de comportamiento alejadas del buen gusto y la moralidad. El cuerpo de profesores examinaba atentamente las condiciones referidas a la "moralidad, dedicación y demás aptitudes para el magisterio que revelara el alumno"[105]. En las reuniones de docentes se evaluaba el concepto de los alumnos comentando aspectos como los siguientes:

---

102. *La Nación*, 23 de junio de 1903.

103. Los gestos, movimientos, vestido hablarían de la confianza con la que se manifiesta un individuo ante los demás tal como lo explica Richard SENNETT, *Les tyrannies de l'intimité*. París, Seuil, 1979.

104. *El Monitor*, N° 450, Año XXIX, 1910.

105. *Idem*.

"[…] En cuanto a la alumna […], el Sr. Cardoso manifiesta que es frívola, superficial y poco seria […]. El Sr. Cáceres dice que es audaz pero que no carece de aptitudes para el magisterio. Se propone la calificación de deficiente. […] El alumno […] es calificado de deficiente por sus modales un tanto afeminado y por su carácter débil. […]" [106].

Una atención especial se prestaba a la conducta que mostraran las aspirantes al magisterio. Cargada de connotaciones maternales, se la despojaba de todo contenido sexual. La maestra tenía que disponer de sus dotes naturales para guiar a sus alumnos, pero de ninguna manera mostrarse frívola y hacer demostraciones de ostentación en su aspecto exterior[107]. El tipo de feminidad esperada en la docente la revestía de rasgos asexuados. Existen indicios de la especial atención que las autoridades prestaban a los comportamientos "poco convenientes" en las que se podían ver involucradas las alumnas-maestras.

Un detalle por demás sugerente se encuentra en los relatos de Víctor Mercante en sus recuerdos como alumno de la Escuela Normal de Paraná. Una escuela en la que, en principio, no estaba previsto la incorporación de jóvenes pero en la que se vivieron situaciones donde los directivos prestaban especial atención. Mercante ha dejado registrado los episodios en los que los varones se convertían en duelistas ocasionales enfrentándose por el amor de una compañera. Eran habituales las "charlas disciplinantes" de las autoridades donde se refería a los casos de amoríos. En esas charlas de tono severo y edificantes las jóvenes solían reiterar las escenas de llantos[108].

A lo largo de toda la vida escolar se inculcaba a las niñas la importancia de mantener las formas, de cuidar sus gestos y actitudes, de defender su pudor. En la formación de las futuras educadoras estos preceptos se acentuaban. Para que consiguieran el respeto, estima y valoración en sus funciones la

---

106. *Acta de Profesores*, N° 24, Folios 64-69, 5 de setiembre de 1911. Estos archivos corresponden a la Escuela Normal Nacional "Don José de San Martín" de la ciudad de Tandil (en el sudeste de la provincia de Buenos Aires) fundada en 1911, solicitada por iniciativa de la propia comunidad. Su primer director fue un reconocido profesor normalista que dirigió, entre otras instituciones, la Escuela Normal de Corrientes.

107. Esta idea de sobriedad y sencillez estaba lo suficientemente extendida como un modelo de conducta para la mujer en general. Desde una geografía lejana, las aspirantes a maestras escuchaban las palabras del conocido escritor y autor del libro de texto escolar "Corazón" (Cuore en su versión original), Edmundo D'Amici comentaba a las alumnas maestras en ocasión de entregarles condecoraciones en la ciudad de Turín: "Vosotras comprendéis que ningún arte de joyas, ni adorno de flores o de ricas piedras puede dar al rostro de la mujer lo que le da el rayo del alma; que no la perfección de las formas ni los inflamantes colores de la pasión ni la luminosa altivez de la gloria, ni tampoco el relámpago visible del genio son tan bellos como la sonrisa que viene del corazón, y que todos los torrentes de luz que esparce el sol en el universo no valen la chispa resplandeciente en los ojos de la criatura humana que ama, que compadece y perdona. […] Acoged vuestras exhortaciones, ¡oh! vosotras, jovencitas, a quienes se habrá de confiar la parte más íntima y más difícil de la educación". *La Nación*, 2 de julio de 1895.

108. Víctor Mercante, *Los estudiantes*. Buenos Aires, Hachette, 1961. Escribió esta obra en 1908 bajo el seudónimo de F. Scanavecchia.

institución normalista inculcaba en las alumnas-maestras que cuidaran las formas en sus maneras de comportarse. Debían estar siempre atentas puesto que la población no permanecía ajena al desempeño profesional y moral de las educadoras de sus hijos. Guardar su lugar frente a sus alumnos, la comunidad y las autoridades puesto que todas las miradas estaban alertas y vigilaban cuanto sucedía con su comportamiento dentro y fuera de la escuela. La comunidad esperaba que se mantuviera el orden dentro de la institución y que los aspirantes al magisterio estuvieran a la altura de las expectativas volcadas en el desempeño de su futura labor educadora. Recibir el informe de fuera del establecimiento, donde se daba a conocer por ejemplo que una "alumna se dedica más a amoríos que a cumplir con sus deberes", implicaba su desaprobación por cuanto se afectaba el "buen nombre de la escuela"[109]. De allí que cuando se reunía la asamblea de profesores para discutir los conceptos que se pondrían a las alumnas y alumnos, se llegaba a comentar:

> "Al ser nombrada la señorita [...] se lee la siguiente observación de la Dirección. Pocas aptitudes para su autoeducación, sin vocación para el magisterio, manifiesta un mal carácter.
>
> Los profesores Cabrera y Cardoso agregan que esta alumna se pinta y la Vicedirectora manifiesta que por esta razón la llamó a su despecho y le hizo las observaciones del caso obteniendo la confesión de la alumna que efectivamente se pintaba y la promesa de que no lo haría en lo sucesivo. Sometida a votación se la califica de 'deficiente'[110].

> "Al tratarse de la señorita [...] se lee la siguiente observación de la Dirección: 'Hábito de desaliño, de negligencia y descuido en su persona, carácter atrevido, rebelde a las observaciones de los superiores. El señor Regente manifiesta que ha recibido un anónimo respecto a la conducta privada de esta alumna.
>
> La Vicedirectora manifiesta que deseaba saber si esas denuncias anónimas debían tomarse en cuenta. El Dr. Arecha dice que a su juicio cuando la denuncia anónima se dirige a un funcionario, éste debe tomarla en cuenta y el señor Director opina en el mismo sentido agregando que de ellas debe darse cuenta al Director. Sometida a votación se la califica de 'deficiente'"[111].

> "[...] Al tratarse de la señorita [...] el Sr. Avelda dijo que tenía algunas observaciones que hacer respecto a esta señorita, y que haciendo uso de una indicación del Sr. Director hecha en reuniones anteriores, por la cual invitaba a los profesores a ser igualmente severos con sus hijos que con los demás alumnos, iba a poner en conocimiento de los compañeros las versiones que a él habían llegado. Dijo que días atrás, había sido interpelado

---

109. *Acta de Asamblea de Profesores de la Escuela Normal Mixta de Tandil.*, 4 de julio de 1911.
110. *Ibídem*, folios 64-69, 5 de setiembre de 1912.
111. *Ibídem*, folios 140-147, 6 de octubre de 1914.

en forma brusca y hasta descomedida por una persona que le dijo ¿cómo es eso, señor Profesor, que Uds. son tan severos con nuestros hijos y los califica de 'deficientes' o 'malos' cuando andan en amoríos y no proceden en la misma forma con la hija del señor Director? [...] Entonces dijeron al Sr. Alvelda que esa niña mantenía relaciones amorosas con el compañero de aula [...] que de noche se los había visto conversando en la verja de la casa de la Sta. Gauna y que esto no era un misterio para Tandil [...]. El señor Director dijo que en la población también circulaban versiones respecto a los profesores, que según ellas ninguno era bueno, que se decía que a uno lo habían hechado (sic) por ladrón a otro por inmoral, a otro no sabía porque (sic) causa, en fin que no había ninguno bueno y que el no hacía caso de las versiones porque nada podían probar. [...] El señor Director creyó bastante discutido el asunto y propuso la votación; el señor Cardoso dijo que mediando un informe como el del señor Alvelda [...] la calificaba de 'deficiente'. [...] El Sr. Carriegos propone que se aplace la calificación hasta tanto se pueda comprobar los hechos. Esta moción fue aceptada por toda la asamblea" [112].

Los alumnos en general debían mantener la buena reputación intelectual y moral haciéndose sentir "en el ambiente del pueblo"[113]. Pero si esto era una exigencia que en ocasiones se podía disimular para los varones, en el caso de las jóvenes aspirantes al magisterio era una demanda insoslayable. Muchas cuestiones eran minuciosamente observadas como el cuidado de su persona, su afabilidad, su obediencia y sobre todo su honra. Las "segundas madres" debían guardar el decoro acorde al rol social que debían cumplir.

El "hábito de desaliño y descuido de su persona", la "negligencia en sus estudios", el "carácter atrevido", el "temperamento violento y las malas maneras", un "lenguaje inapropiado y vulgar", el "incumplimiento de las responsabilidades"[114], eran motivo de una calificación deficiente. Sólo con la perfecta consumación de todas las virtudes asociadas al desempeño del magisterio se conseguiría "ser un apóstol que predique con el ejemplo, e inspire la emulación de sus costumbres sus mismos hábitos y virtudes"[115].

Ahora bien, estas expresiones y ese particular celo por "vigilar" el comportamiento de los aspirantes al magisterio no debe llevar a conclusiones un tanto apresuradas. En muchos casos, al focalizar el tratamiento en esas estra-

---

112. *Ibídem*, folios 108-116, 5 de mayo de 1916. En este último caso existía una razón particular por la cual el Profesor de matemáticas llevó el caso de la hija del Director para tratar en la asamblea de docentes, por cuanto se detectaron conflictos entre ambos que llevaron a reiteradas observaciones de la dirección. Pero si pudo existir una mayor "preocupación" por inculpar a la hija del Director, lo evidente es que en ningún momento se señaló que fuera arbitrario señalar el comportamiento de la joven fuera de la escuela.

113. *Ibídem*, folio 72, 1 de julio de 1915.

114. Son los términos que aparecen recurrentemente en las *Actas de Profesores*, consultadas de dicho establecimiento desde 1911 hasta 1916.

115. *Idem*.

tegias y formas de control, algunos estudios han dejado fuera de discusión la capacidad de reacción y negociación de los sujetos sociales y, aún más, el problema de la conformación de la autoridad y los límites que la dinámica de la práctica institucional imponía a esas formas de control. De allí que, de acuerdo a lo que las propias fuentes sugieren, es plausible avanzar sobre estas cuestiones que merecen seguir siendo estudiadas y que, a modo de una primer aproximación, se tratan en el próximo capítulo.

Capítulo V

La institución, las normas, las prácticas y el quiebre del orden

> *"[...] donde no hay disciplina, no hay orden; donde no hay orden no hay método, no hay enseñanza sistemática, no hay educación. En una palabra no hay virtud, pues el fin supremo de la educación es la virtud [...]"*[1]

Como se explicaba en el capítulo anterior para la formación del magisterio se idearon una serie de dispositivos que contemplaban la preparación pedagógica y el encauzamiento de la conducta. Esa cuidada preparación ha llevado a que muchos estudios centraron su análisis en el disciplinamiento del magisterio definiendo a sus miembros como "intelectuales vigilados"[2]. Tal como se advierte, parten del presupuesto de considerar a la Escuela Normal como una de esas instituciones modernas que, en tanto formaciones de la sociedad y de la cultura, regulan las relaciones sociales, nos preexisten y se imponen a nosotros, inscribiéndose en la permanencia[3]. Son trabajos subsidiarios de los enfoques de tipo funcionalista en tanto recuperan la visión durkheimiana para estudiar los mecanismos de cohesión social y de legitimación de una jerarquización social[4]. En ese sentido, entienden a la escuela, por su función socializadora, como una institución que reproduce culturalmente ese sistema de dominación[5]. Desde un tratamiento un tanto monocromático, se basan en Bourdieu y la perspectiva foucaultiana[6] de constitución de los cuerpos disciplinados para analizar las formas cotidianas de la vida escolar a través de las cuales el trabajo pedagógico inscribe en los cuerpos de los alumnos las convenciones culturales dominantes reproduciendo

1. *Libro Copiador,* Nº 1, Diciembre 11 de 1911 a 15 de mayo de 1913, folio 7, 14 de diciembre de 1911. Escuela Normal "Don José de San Martín" (Tandil).
2. Claudia VAN der HORST, "La Escuela Normal una institución para el orden" en Adrián ASCOLANI (comp.), *La educación en Argentina. Estudios de Historia... Op. Cit.*, p. 133.
3. Richard KÄWA, *La institución y las instituciones.* Estudios psicoanalíticos, grupos e instituciones. Buenos Aires, Editorial Paidós, 1992, p. 22.
4. Daniel FILMUS, *Estado, Sociedad y Educación en la Argentina de fin de siglo. Procesos y desafíos,* Buenos Aires, Ed. Troquel, 1999, p. 124.
5. PASSERON y BOURDIEU, *La reproducción.* Madrid, 1977.
6. Con respecto a estudios sobre la producción de cuerpos dóciles en la escuela ver Julia VARELA-Fernando ALVAREZ URIA, *Arqueología de la escuela,* Madrid, La Piqueta, 1991.

en el orden escolar, el orden social. Al resaltar la dimensión estática de la institucionalidad, no dan cuenta de la complejidad propia de las relaciones de poder al interior de las instituciones. Mucho menos se reflexiona sobre los límites y alcances de la aplicación en la práctica de los dispositivos de control. Preocupados por el consenso, la dominación y la hegemonía, suelen desdibujar el problema de cómo se construye el orden o la autoridad. El problema del poder –dominación– no se considera puesto que es concebido como un elemento dado, impuesto, externo a la institución y sus agentes.

Es por esto que, si se pretende analizar la configuración de la autoridad y el ejercicio del poder al interior de las instituciones –donde los actores habrían quedado sujetos a una pautada prescriptiva–, resultan más que oportunas las reflexiones de Weber. Recordemos cuando comentó que "el poder significa la probabilidad de imponer por propia voluntad, dentro de una relación social aun contra toda resistencia y cualquiera que sea el fundamento de esa probabilidad […] Por dominación debe entenderse la probabilidad de encontrar obediencia para un mandato por parte de un conjunto de personas que, en virtud de actitudes arraigadas, sea pronta, simple y automática". Y avanzó aún más al sostener: "El concepto de poder es sociológicamente amorfo. Todas las cualidades imaginables de un hombre y toda suerte de constelaciones posibles pueden colocar a alguien en la posición de imponer su voluntad en una situación dada. El concepto de dominación tiene, por eso, que ser más preciso y sólo puede significar la probabilidad de que un mandato sea obedecido"[7]. Si lo que interesa analizar es la naturaleza del poder y la autoridad, habrá que discernir si se entiende el poder como la capacidad de los sujetos de alcanzar fines propios, o como la facultad de determinados agentes de imponer sus intereses a otros. Volviendo a Weber, se retoma el término poder para el primer caso y se habla de dominación para el segundo. De tal modo que, el poder expresa relaciones sociales y la autoridad solo puede ser entendida en el marco de una configuración específica de las relaciones sociales[8]. En tanto que el poder resulta ser el producto de un sistema de relaciones, es posible 'bajar' la mirada hacia los propios agentes, sus experiencias y sus prácticas.

Al pensar en términos de 'configuraciones' se puede complejizar la noción de autoridad en tanto puede ser concebida no solamente como una acción ejercida desde el exterior, en un sentido único, sino como el resultado de un entramado de relaciones. En ese sistema de relaciones operan la dimensión objetiva y subjetiva, es decir, la distribución de los recursos materiales en la sociedad como fuente de poder y las prácticas simbólicas en las relaciones de poder y autoridad. El mundo de lo simbólico es también campo de enfrentamientos y luchas por la apropiación de los significados a través de los cuales se define la realidad. Si las instituciones forman a los individuos

---

7.   Max WEBER, *Economía y Sociedad,* Buenos Aires, Fondo de Cultura Económica, 1983, pp. 43-45.

8.   Norbert ELIAS, *El proceso de civilización,* Buenos Aires, Fondo de Cultura Económica, Argentina, 1993.

dentro de un sistema simbólico, por otro lado, fueron conformadas y construidas por sujetos activos que, desde sus biografías personales y diferentes posiciones frente al poder, sostenían relaciones sociales tanto intelectuales como emocionales, que convirtieron a ese sistema simbólico en una instancia de disputa por la apropiación de los significados a través de los cuales se define la realidad.[9]

De modo que, resultan relevantes todas aquellas reflexiones que subrayan la distancia que existe entre los mecanismos que apuntan a controlar y someter y, por otro lado, las resistencias o insumisiones de aquellos –y aquellas– que son objeto de dominación. La tensión entre los dispositivos de coacción y su implementación, las estrategias y tácticas de los agentes ante el control, dan cuenta de la distancia entre la efectivización del control social y las formas de resistencia, impugnación y negociación[10].

A partir de estos presupuestos es posible presentar una visión dinámica de la institución normalista. Su entramado de tradiciones y de aplicación cotidiana de la prescriptiva convivió con las formas de apropiación que los sujetos hicieron de la norma. Al analizar su "pulso", es posible aproximarse a cuestiones centrales como la red de relaciones interpersonales, la cotidianeidad, la experiencia de los sujetos, la relación entre los dispositivos normativos y la capacidad de agencia de los actores. En esa taxonomía de funcionamiento de la que se valieron los agentes pudieron negociar y desplazarse al interior de ese mundo social[11]. Efectivamente, en los intersticios entre la norma y la práctica existió un margen de maniobras más allá de la sanción[12].

Estas revisiones teóricas y metodológicas llevan a reconsiderar algunos lugares comunes que han planteado los estudios que abordan la formación del magisterio. Precisamente en este capítulo se pretende analizar, a partir de las evidencias encontradas en los archivos, la distancia que existió entre la disposición al control de la prescriptiva normalista y la acción de todos aquellos sujetos involucrados en la construcción de la tradición de esa "institución total"[13]. Un modo de comenzar a transitar esta cuestión es mostrando cómo esa voluntad de encauzar y disciplinar los comportamientos del personal

---

9.   W. H. Jr. SEWELL, "The concept(s) of culture", en Victoria E. BONNEL y Lynn HUNT, *Beyond the cultural turn. New directions in the study of Society and Culture*, University of California Press, 1999. R. ROSALDO, *Cultura y verdad: nueva propuesta de análisis social*, México, Grijalbo, 1991. W. ROSEBERRY, *Anthropologies and histories. Essays in cultures, history and political economy*, New Brunswick, Rutgers University Press, 1989.

10. Al respecto un texto clave que permite repensar esta cuestión es el de: Roger CHARTIER, *Escribir las prácticas. Foucault, de Certeau, Marin*. Buenos Aires, Ediciones Manantial, 1996.

11. Mary DOUGLAS, *Cómo piensan las instituciones*. Alianza Universidad, Madrid 1996, p. 28.

12. Jacques REVEL, "L'institucion et le social" en Albin Michel, *Les formes de l'experience…* Op. Cit, p. 83.

13. Nos atrevemos a retomar esta noción de Goffman en tanto se puede advertir de qué modo la institución normalista fue atravesada por las distintas dimensiones de lo social. Ver: Erving GOFFMAN, *Assylum. Essay on the Social Situation of Mental Patients and Other Inmates*. New York, 1961.

docente debió lidiar con una inusitada recurrencia de situaciones conflictivas. Esos conflictos fueron de diferente tenor y signo, en tanto iban desde las desinteligencias cotidianas –no por ello menos violentas– hasta situaciones escabrosas y preocupantes vinculadas con asuntos políticos. Esos sucesos, que alcanzaron estado público, fueron considerados como actos de indisciplina no sólo porque desafiaban a la autoridad sino porque abiertamente se transgredían las normas. Como se verá, las autoridades educativas mostraron una particular sensibilidad por restablecer lo que se entendía como la dimensión estructural del orden dentro de la vida institucional. Claro está que no podían apelar exclusivamente a la sanción como medio correctivo. Incluso no siempre consiguieron poner fin a esas cuestiones comprometidas y, mucho menos, evitar que se reiteraran.

El desafío a la autoridad: conflicto y negociación en la institución

En la tradición normalista el orden ocupó una posición axial en tanto predecía un sistema de relaciones de poder y de autoridad, al tiempo que confería un "deber ser" para sus miembros. Cuando se transgredía ese orden se hablaba de la ausencia de armonía dentro de la institución. Al recuperar las voces de los involucrados en los conflictos, se advierte que hacían referencia al desorden toda vez que entraban en crisis los sistemas de expectativas recíprocas que regulaban las relaciones entre los sujetos[14]. Y ese quiebre fue más frecuente de lo esperado, deseado, y ciertamente poco estudiado. No fueron simples actos de indisciplina. Los casos más representativos, de los muchos encontrados, que se presentan a las lectoras y lectores dejan en claro el desafío a la autoridad que conllevaron estas manifestaciones.

En muchas de esas ocasiones los que se involucraron fueron los docentes. Un caso paradigmático, en ese sentido, fue el episodio que tuvo como protagonistas al conocido Juan Tufró y al Director Victoriano Montes. El conflicto entre ambos ocurrido en la Escuela Normal de Profesores de la Capital Federal se convirtió en un asunto público porque los propios participantes tuvieron la voluntad de hacerlo. Según informó la prensa, la nueva organización del personal docente de la escuela, dispuesta por el designado Director Victoriano Montes, dio lugar a quejas y protestas. Uno de esos reclamos al ministerio fue el de Juan Tufró, quien se había graduado en esa escuela y contaba con catorce años de servicios. En su nota comento:

---

14.   Esta noción de desorden vinculada a la manera que se desarrollan las relaciones sociales, cuya genealogía puede remontarse a la Escuela de Chicago, ha sido el presupuesto del trabajo de Daniel MIGUEZ, "Rostros del desorden. Fragmentación social y la nueva cultura delictiva en sectores juveniles" en S. GAYOL-G. KESSLER, *Violencias, delitos y justicias... Op. Cit.*

"Por publicaciones en la prensa diaria he visto con sorpresa que he sido eliminado del personal docente de la Escuela Normal de Profesores de la Capital, a la que vengo prestando mis servicios como profesor desde 1879. [...]

Me decide a hacer este pedido el deber que tengo, como profesor argentino y como director de un importante establecimiento de educación, de salvaguardar mi poca o mucha pero legítimamente adquirida reputación como profesor y mi dignidad como empleado de la nación. [...].

He sido también Exmo. señor, empleado del consejo nacional de educación, desempeñando las importantísimas y delicadas tareas de inspector técnico de las escuelas de la capital [...].

Esa misma corporación me confió después otras honrosas tareas, nombrándoseme miembro de la comisión de textos en 1887 y 1892 [...].

[...] a pesar de las disposiciones vigentes, artículos 1º y 2º del decreto del P.E. de abril 6 de 1893 y el artículo 17º del acuerdo del honorable consejo nacional de educación de setiembre del mismo año, en el que se establece la inmovilidad de los profesores de las escuelas normales mientras dure su buena conducta y competencia [...] a pesar de no existir antecedente alguno que me sea desfavorable, ni bajo el punto de vista de la competencia, ni bajo el de la honorabilidad y contracción; a pesar de no haber producido ni antes ni después del nombramiento del Dr. Montes un sólo hecho que justifique mi separación de la escuela normal en esa forma inesperada [...]

Extraoficialmente he sabido, Exmo. señor, que la causa determinante de mi separación es el haber suscrito junto con todo el personal docente de la capital federal [...] una solicitud que lleva al pié alrededor de quinientas firmas dirigidas al consejo nacional de educación, con fecha 1893, solicitud en la que haciendo uso de un derecho constitucional [...] pedíamos que para ocupar el puesto, entonces vacante, de director de la escuela normal se nombrase un profesor normal argentino, cualquiera de los muchos que el país ha producido. [...]" [15].

La carta de Tufró ilustra su evidente molestia. Por lo que deja entrever en su escrito, estimó que contaba con los antecedentes suficientes para acceder al cargo de Director. Esa trayectoria avalaría su cuestionamiento a la infortunada decisión de los miembros del CNE. Según expuso, su formación y sus antecedentes eran más que elocuentes para que las autoridades lo tuvieran en cuenta. Pero lo más sugerente es que en sus argumentos asume la defensa de la tradición normalista argentina y, por ende, de la profesión. En sus afirmaciones hay una intencionalidad de clausura social, de cierre de esa dirigencia normalista con el propósito de ocupar cargos directivos. El capital técnico que disponía le otorgaba la debida legitimidad a su reclamo. Y, finalmente, aquello que fue un código compartido en la sociedad de ese

---

15. *La Nación*, 22 de abril de 1894.

tiempo, la defensa de su honorabilidad por ser removido del cargo docente sin causas evidentes[16].

La respuesta no se hizo esperar y Montes participó de ese duelo verbal también aduciendo "proteger su reputación". Así hizo pública la autorización que había obtenido para reorganizar al personal docente y que al relevar al profesor no había puesto en duda su profesionalidad pero sí conocía su manifiesta oposición a su nombramiento. En una escueta carta comentaba que:

> "[…] la autorización al director de la escuela para reorganizar el personal de la misma, le fue otorgado por el Consejo Nacional de Educación […].
>
> Declarado cesante todo el personal, a los efectos de la reorganización que la dirección de la escuela consideraba indispensable para asegurar su buena marcha […].
>
> Respecto del Sr. Tufró mediaban antecedentes como el de la siguiente nota del subdirector de la escuela al director Montes:
>
> 'Enero 5 de 1894:- Sr. director […] En cumplimiento de los deberes que me impone el puesto que desempeño, […] comunico al Sr. Director que el profesor de este instituto Sr. Juan Tufró, faltando al respeto que me debe y olvidando sus deberes, me ha manifestado el propósito de combatir a la dirección y que contrariamente a lo que se ha dicho no renunciará, pues hoy más que nunca necesita fiscalizar los actos de la dirección con ese fin.
>
> Convencido de que un establecimiento de educación no puede marchar satisfactoriamente con profesores que no tienen inconveniente en declarar sus planes subversivos a las superiores jerárquicos que piensan hostilizar, pongo en su conocimiento lo ocurrido para que adopte la resolución que estime conveniente […]. Julián H. Pérez, vicedirector'.
>
> […] El no haberlo incluido en esta dirección de acuerdo con el consejo nacional de educación y el ministerio de instrucción pública […] ha respondido a causales que no afectan su competencia de catedrático ni su hombría de bien […].
>
> Me consta privadamente que el consejo nacional de educación, como un homenaje a sus méritos, resolvió proponerle al ministerio para la cátedra de álgebra en la escuela normal de profesores de esta capital. […] El Señor Tufró rehusó ese nombramiento"[17].

---

16. Sobre la idea de honor y sus usos se recomiendan los trabajos de: Sandra GAYOL, *Sociabilidad en Buenos Aires. Hombres, honor y cafés, 1862-1910"*. Buenos Aires, Ediciones del Signo, 2000. "Duelos, honores, leyes y derechos: Argentina, 1887-1923" en *Anuario IEHS*, 14, 1999.

17. *La Nación*, 23 de abril de 1894. El duelo verbal continuó por varios días subsiguientes entre el profesor Juan Tufró y el vicedirector Julián Pérez. En los cruces de uno y otro, apelaron a su "nombre y hombría de bien", a su "reconocido desempeño y trayectoria". Finalmente, el 28 de abril se publica la última nota de Tufró argumentando que dejaba el hecho "al buen criterio de las personas honradas […] el pronunciar su fallo". *Ibídem*, 28 de abril de 1894.

Las notas exponen crudamente el cuadro de situación y las razones del enfrentamiento. Para ambos lo que sucedía no respondía a sus expectativas. Uno defendió su autoridad de Director contrahecha a punto tal que combatían y fiscalizaban sus actos. Pero el profesor también defendió su posición de poder y prestigio dentro del normalismo. Al pronunciarse desafiaba la autoridad de Montes por no considerarla legítima, no tenía los antecedentes profesionales y la trayectoria para el cargo. De última, los miembros del CNE reconocieron los motivos que lo molestaron y, a su modo, buscaron un reconocimiento que salvara la situación. Pero Tufró, con su actitud de no aceptar el nombramiento que le ofrecieron, nuevamente desafío a una autoridad que no supo reconocer sus méritos.

Esta situación no fue un caso aislado. Las desinteligencias, los problemas de competencias y el cuestionamiento a la autoridad fue una moneda corriente que la prensa reflejó en sus páginas. Los rumores y los comentarios traspasaban las puertas de la escuela, tal como sucedió en Salta:

> "Con motivo de un incidente producido en la escuela normal de mujeres El Bien Público publica un interview celebrado por uno de los redactores con la directora de ese establecimiento.
>
> De ella resulta una confirmación de todos los cargos que se han hecho en diversas épocas de nuestra escuela. Manifiesta la directora que en ella reina un espíritu de discordia merced del cual, la disciplina sólo existe en el nombre, que sus órdenes son francamente desobedecidas por las profesoras y que los conflictos que esto ocasiona han traído la desmoralización del establecimiento.
>
> Estas opiniones vertidas por la misma directora, ponen de manifiesto la urgente necesidad de que el ministerio de instrucción pública adopte medidas serias y enérgicas, si quiere que esta escuela merezca el nombre de tal" [18].

A pesar de los informes de los directivos que hacían referencia al "orden y disciplina" dentro de los establecimientos, la armonía proclamada parece

---

18. *Ibídem*, 7 de diciembre de 1895. Los diarios llegaban a reflejar la falta de coordinación del trabajo dentro de las escuelas, haciendo referencia a la falta de contracción al buen desempeño del trabajo y la ausencia de una disciplina que garantizara el normal funcionamiento de las mismas. Así por ejemplo, se encuentra el siguiente comentario: "Confirmando las denuncias de nuestro corresponsal de San Luis respecto de la escuela normal de maestras de esa ciudad, dice el periódico oficial La Reforma:
'Desde hace algún tiempo la educación de la mujer está completamente descuidada en esta capital. Las escuelas provinciales no alcanzan a llenar su misión y la normal nacional pudiendo realizarlo no la completa a causa de su dirección, falta de capacidad e iniciativa. La dirección actual de la escuela normal de maestras no es la llamada, como hemos dicho en varias ocasiones, a permanecer al frente de este establecimiento.
Aquí se necesita una profesora que haya estudiado, que sea capaz de formar maestras, de vincular al personal docente, de hacer amar la carrera, de enseñar, de inspirarse en el bien colectivo; una profesora de carácter que no regle sus actos por chismes, intrigas o adulaciones". *Ibídem*, 19 de marzo de 1899.

haber estado en serios riesgos más de una vez. Si bien fueron reiterados los conflictos en los que quedaron involucrados el personal docente y los directivos, los que alcanzaron mayor tenor fueron aquellos protagonizados por los alumnos maestros que generaron la inmediata intervención de la superioridad como medida correctiva. Una situación de ese tipo fue la que se vivió en la Escuela Normal de Maestros de Catamarca, al producirse un acto de indisciplina por parte de los alumnos del curso normal

> "[…] que hizo necesaria la venida de un inspector para que tome medidas enérgicas y castigue a los culpables.
>
> El director de la escuela, procediendo de acuerdo con disposiciones del ministerio e instrucción de la inspección, había establecido en el horario el aumento de dos horas semanales para la enseñanza del trabajo manual, y los alumnos se negaron a asistir durante esas dos horas, por no existir, según aludieron, decreto que lo establezca y no ser reglamentario.
>
> Dada la negativa de los alumnos del curso superior, el director les increpó su proceder incorrecto, manifestándoles que si no estaban dispuestos a cumplir las obligaciones impuestas en el establecimiento, no podrían continuar en él. Estos se retiraron, siguiéndoles el curso de 2º año.
>
> La dirección dio cuenta de lo sucedido, pidiendo sea enviado un inspector" [19].

Situaciones verdaderamente sorprendentes se vivían en aquellos días. La fuerza pública debió intervenir más de una vez con el propósito de "disuadir" las manifestaciones violentas de los alumnos hacia los directivos o el personal docente. De allí que puede comprenderse la recurrencia de los testimonios que hablaban de la "inclinación a la indisciplina de los jóvenes alumnos en la Argentina"[20]. El temor ante posibles acciones de represalias llevaban a frecuentes denuncias de los directivos a la policía, como da cuenta el directivo de la Escuela Normal de Tandil:

---

19. *Ibídem*, 4 de junio de 1899. El conflicto continuó y parece haber hallado solución en la jornada del 15 de junio con la vuelta de los alumnos a la escuela, para generarse nuevos actos indisciplinarios donde llegara a intervenir la policía. "Al asistir hoy por la mañana a la escuela el director de la normal de maestros, le dieron aviso, que de los alumnos suspendidos ayer se proponían asaltar el establecimiento. Inmediatamente el director pidió a la policía que mandara dos agentes, de los cuales colocó uno en la puerta de entrada a los cursos normales, y otro en la del departamento de aplicación, con la orden de no dejar entrar a ningún alumno. Luego llegaron siete alumnos de los suspendidos ayer, entraron violentamente arrollándose al portero en su carrera. Por los fondos penetraron al departamento de los cursos normales, donde tiraron bombas en el patio y en las puertas de la dirección, dando gritos de ¡Abajo la dirección! ¡Muera el Director! Inmediatamente vino la policía y llevó a los asaltantes. Algunos de los expulsados intentaron penetrar a la escuela mientras los otros estaban adentro, pero se les impidió la entrada. El director dio cuenta inmediatamente de lo ocurrido al ministerio". *Ibídem*, 13 de agosto de 1899.

20. Cf. Así lo manifestó Octavio Bunge en su comentario en el *Monitor,* Año XXXII, 1903.

"Al Sr. Comisario de Policía de la ciudad de Tandil:

Tengo el honor de presentarme muy respetuosamente al señor comisario, poniendo en su conocimiento que en el día de ayer, se presentó a esta Dirección, el propietario de la Botica del León y vecino de ésta, Don Perfecto González Pérez, padre del alumno maestro, Jaime, quien me manifestó personalmente que, debido a una dificultad que tuvo su hijo en este establecimiento, se habían reunido allí, quiero creer que fue en su casa, varios alumnos maestros de esta escuela, agregando que se sentían enconados y como una advertencia particular y para que tomara las medidas necesarias en obsequio mío, me prevenía que dichos alumnos se habrían armado con fines premeditados y que se producirían hechos graves.

Grato a esta advertencia, el subscripto, como gefe (sic) de esta institución de cultura y respeto que dirige no puede silenciar el caso y viene ante el señor comisario, para que cite a los alumnos maestros y poder tomar de esta manera las medidas pertinentes.

Excuso fundar los derechos que me asisten para proceder en esta forma. Las leyes de mi país me lo imponen y el cargo del cumplimiento del deber como funcionario público"[21].

"Pongo en conocimiento del señor comisario que en el día de ayer, se presentó a esta escuela el ex alumno de la misma Jaime González Irigoyen, armado de revolver, con el cual empezó hacer ostentación de valor [...] Hacía gala del arma personalmente con el ex alumno maestro Edelmiro Lourora, a quien le prestaba y le quitaba el revolver"[22].

El normalismo y su proyección en la esfera política

Ahora bien, la "poca armonía dentro de la vida escolar"[23] en muchos ocasiones se vinculaba con *affaire* políticos que generaban sorpresivas alianzas entre profesores y alumnos. Un ejemplo de lo sucedido fue lo que aconteció en la Escuela Normal de Río IV (Provincia de Córdoba) y, en particular, con la figura de su director quien había quedado involucrado en conflictos recurrentes[24]. Un nuevo escándalo se hizo público cuando el directivo decidió

---

21. *Libro Copiador*, N° 1, junio 1916. Folio 36,1 noviembre 24 de 1916.

22. *Ibídem*, folio 363, 25 de noviembre de 1916.

23. Así era descripta la situación de la Escuela Normal de Maestras de Salta que llevó a que fuera convocado por el Ministro de Instrucción Pública, el Director Robles Madariaga. *Ibídem*, 26 de setiembre de 1899.

24. En uno de los problemas disciplinarios acontecidos en la escuela durante los primeros tiempos de la gestión del director Vera, el caso llegó al Ministerio de Instrucción Pública ante el pedido de una comisión de vecinos para rever la medida contra dos alumnos tomada por la autoridad de la escuela. Finalmente, la petición de los vecinos fue rechazada por el ministerio. Ver, *Memoria,* 1894. Tomo I, p. 423.

separar a un grupo de profesores provocando la inmediata reacción de los alumnos. De modo que,

> "[…] al comunicarse a los profesores Eduardo Ortiz, Gregorio Cárdenas y Osiris González su separación del cargo de maestros de la escuela normal, acaban de retirarse del colegio todos los alumnos y señoritas de los cursos normales y como cien alumnos de los grados; en una palabra, la escuela en masa que reclama otra dirección. Llegaron los manifestantes a la imprenta (El Pueblo) y El Demócrata, clamando reparación y justicia.
>
> En la imprenta de El Pueblo dirigió la palabra al director del diario uno de los jóvenes, contestándole al corresponsal de La Nación.
>
> Se espera de la rectitud del Sr. Magnasco la adopción de medidas reparadoras a fin de resolver lo que el inspector Pizzurno no ha sabido solucionar con la equidad que se anhelaba.
>
> Hay que tener en cuenta que los jóvenes exonerados han observado hasta ahora una conducta intachable, y que se graduaron en el Paraná con notas sobresalientes. Pasado mañana serán obsequiados con un banquete de demostración de aprecio.
>
> Como se me dijera que frente a la escuela habrá acantonado fuerza policial para evitar supuestos desórdenes, acabo de ver al señor jefe de policía quien me afirma que esta aseveración es infundada".[25]

Según la prensa, el director Vera había contado con una decidida "protección que le dispensa un caballero vinculado a personas colocado muy alto en el gobierno nacional"[26]. Lo cierto que la denuncia no sorprende porque de hecho existió una estrecha conexión entre el magisterio y la política. Se ha comentado anteriormente que la creación de las Escuelas Normales provinciales, y el nombramiento de sus graduados y graduadas en las escuelas primarias, en la mayoría de los casos, era el resultado de una red clientelar gestada por la dirigencia nacional en su batalla por imponer el modelo de educación pública. Con el paso del tiempo, la producción del poder social que consiguieron los propios agentes del campo educativo, en las comunidades en las que desempeñaron sus tareas, hizo posible su activa participación en cuestiones de índole política. En un contexto político en el que convivía la

---

25. *La Nación*, 7 de setiembre de 1900. El hecho fue seguido con interés por este diario, en otro comentario se decía: "La comisión de delegados al director Vera acaba de conferenciar con los alumnos de los cursos normales, rogándoles vuelvan a clase. Los jóvenes insisten en que se eliminen al director, porque su despotismo se ha enajenado todas las simpatías y perdido su prestigio. […] El Sr. Vera se ha dirigido por nota a los padres y tutores para que pasen por la dirección y expliquen por qué sus hijos no son enviados a clase. Como teme el director que el ministro ordene la clausura de la escuela, se empeña a todo trance en provocar la asistencia a los cursos normales. Si esa clausura se produjera, vendría a concluir con un nepotismo constituido en la escuela, de la que, como queda dicho, el Sr. Vera es director, vicedirectora su hermana, maestra de música su cuñada, directora del 2º grado su prima hermana, y la directora del 1º grado también una cuñada del director". *Ibídem*, 11 de setiembre de 1900.

26. *Ibídem*, 15 de setiembre de 1900.

hibridación entre imaginarios y prácticas antiguas y modernas[27], se convirtieron en miembros destacados de la sociedad civil contribuyendo a la conformación y complejización de la esfera pública y de la cultura política de aquellos tiempos.

Si bien han sido considerados como actores subalternos, en tanto difusores de las políticas educativas diseñadas por el Estado con la que se buscó construir un orden social hegemónico, de hecho el magisterio, valiéndose de su capital simbólico y como miembros de una burocracia de nuevo cuño, participó de redes clientelares dejando huellas de sus batallas políticas en la comunidad[28]. De allí que se hicieron reclamos exigiendo una administración directa para el caso de la enseñanza normal, de tal modo que se la librara de los vaivenes políticos y de la inestabilidad provocada por los permanentes recambios de ministros de instrucción. Así lo expuso el prestigioso miembro del CNE, José Zubiaur al señalar:

> "[...] Cada maestrito tiene su librito, dice el adagio. Cada ministro también ha querido tener su plan de estudios, el que ha traído también aparejada una reforma en los programas, reglamentos, textos y demás disposiciones correlativas. De esa inestabilidad ha sugerido, a la par de la nulidad, el escepticismo, y en vez del orden que garante el progreso, el caos. [...]
>
> La misma inestabilidad existe respecto del personal docente [...] la insaciable política aldeana se intrusa (sic) constantemente en los sagrados dominios de la educación, y es por ella que, de vez en cuando, la opinión pública se siente conmovida en presencia de un decreto autoritario que arroja a la calle a viejos y competentes servidores e improvisa pedagogos a algún favorito que merodea en las altas regiones –o que en el seno de la cofradía de los maestros se comenta la destitución del que negó su nombre para el triunfo del partido al que no pertenece o del que contribuye al del que goza de sus simpatías, –ó del que fue desalojado simplemente para dar ocupación a otro..."[29].

Esa opinión reconocida fue el reflejo de una impresión recurrente sobre algunas cuestiones que se habían derivado con la extensión del normalismo. La administración de estas instituciones, la inestabilidad del personal docente y los nombramientos seguidos por móviles políticos, más que por su probada capacidad, eran mencionados con frecuencia en las fuentes estudiadas. Este

---

27. Cfr. François-Xavier GUERRA, "De la política antigua a la política moderna: algunas proposiciones" en *Anuario IEHS*, Nº 18, p. 213.

28. Un trabajo muy interesante en el que se analizan las conexiones políticas y la inestabilidad del cuerpo docente de los Colegios Nacionales (haciéndose mención aislada de las Escuelas Normales) que era renovada anualmente es el de: Eduardo SEGUIER, "Los Rectorados y las Cátedras de los Colegios Nacionales como espacio de lucha facciosa. El caso de las provincias argentinas en el siglo XIX" en *Anuario de Historia de la Educación*, Nº 1, 1996/1997, Universidad de San Juan, 1997.

29. La Nación, 23 de marzo de 1894.

hombre de la educación asumió la defensa de la profesionalidad del personal docente. Como otros también lo denunciaron, el magisterio se había convertido en una carrera burocrática. Se supuso que los varones habían sido los más expuestos a ese mal de la *empleomanía*.

Según otros, si la Escuela Normal estaba bajo la jurisdicción del Ministerio de Instrucción Pública de la nación se evitaba la tendencia de muchos educacionistas de crear escuelas sin atender los efectos finales. Las instituciones normalistas devinieron en un instrumento de poder para las autoridades educativas nacionales, de allí las disputas entre unos y otros. Para el ministerio eran un resorte para articular sus políticas de turno. Cada nueva reforma impulsada por los funcionarios de la cartera se proponía alejar al normalismo de la "politiquería insignificante"[30]. Claro que para dar curso a la medida se nombraba a un personal docente acorde con su política. Y todo continuaba...

Idas y vueltas en la que los protagonistas no temían a las contradicciones entre sus acciones y sus palabras. Tal fue el caso de Leopoldo Lugones, que en su momento fue un colaborador directo del Ministro Osvaldo Magnasco. En su cargo de inspector recorrió las provincias anunciando la reforma de los Colegios Nacionales y el cierre de las Escuelas Normales de varones provocando más de un escándalo[31]. Tiempo después, apeló a su experiencia en el cargo para sostener que el mayor problema residía en que las escuelas normales no estaban bajo jurisdicción del CNE sino del Ministerio de Instrucción que poco y nada consultaba sus decisiones. Con poca información y víctima de juegos ajenos a lo educativo, los ministros atendían reclamos de políticos locales que solicitaban una nueva fundación de instituciones normalistas para proporcionar trabajo a las personas que resultaran favore-

---

30. *Memoria*, Buenos Aires, Imprenta La Penitenciaría, 1895, p. 347. El vínculo entre la política y el magisterio ha sido analizado en otras experiencias educativas de Latinoamérica, EEUU y Europa. De la vasta bibliografía consultada mencionamos solo a modo de ejemplo, el resto se cita en el listado bibliográfico general, dos trabajos significativos que analizan el caso de México y la política pedagógica ideada por José Vasconcelos: Guillermo PALACIOS, *La Pluma y el Arado. Los intelectuales pedagogos y la construcción socio cultural del "problema campesino" en México, 1932-1934*. México. El Colegio de México, 1999. Mary KAY VAUGHAN, *La política cultural en la Revolución. Maestros, campesinos y escuelas en México, 1930-1940*. México, FCE, reedición 2001.

31. La prensa informó su recorrido atentamente a partir de lo sucedido en la ciudad de Salta cuando en su conferencia abordó "[...] con frase elocuente el tema educativo, explicando los propósitos y fundamentos de los programas de enseñanza secundaria. Hablando de la historia patria, recomendó que se dedicaran dos clases anuales exclusivamente a glorificar la memoria del insigne Güemes. El recuerdo de este prócer dióle tema para producir una brillante improvisación, que arrancó prolongados aplausos. Terminó el Sr. Lugones su conferencia pronunciando frases que envuelven una amenaza para el personal docente de los establecimientos nacionales. Dijo que aquellos debían renunciar porque llevaba una vara con miel en el extremo, y acerada punta en el otro, que la sentirán en carne viva los que no se sometieron a las resoluciones del superior". *La Nación*, 6 de mayo de 1901.

cidas por los puestos[32]. En el ejercicio de sus funciones había comprobado que la Capital Federal desbordaba de maestros, sobre todo de maestras, en tanto muchas regiones del país debían entregar la enseñanza a personas sin título profesional. Según sentenciaba aquel "despilfarro de la enseñanza" era el producto de una confusión: "El magisterio no es una profesión liberal, sino una carrera esencialmente burocrática"[33] generando varios inconvenientes como la injusticia en la distribución de las becas y el desalojo de los alumnos varones, necesarios en las poblaciones como las colonias agrícolas rusas y alemanas de Entre Ríos y de Misiones, donde la nacionalidad estaba en juego.

Lo cierto es que esos comentarios tenían una razón de ser y es que efectivamente maestros y maestras formaron parte de esa redes de poder en torno a los notables de la política y tuvieron una activa presencia en la esfera pública. Hay fuertes indicios de esa participación de los educadores en ese espacio de mediación entre la sociedad civil y el Estado o el poder político. Se vincularon a partidos políticos, asociaciones civiles y a la prensa como directores y columnistas recurrentes para manifestar sus opiniones. En sus columnas editoriales atacaron a personajes notables de la comunidad y dejaron constancias de ideas políticas y de acción partidaria.

Ese fue el caso de la maestra Josefa Venegas que ejerció sus funciones en la pequeña comunidad de Tandil –sudeste de la provincia de Buenos Aires–. Intervino en cuestiones de la política local y fue miembro activa de entidades de beneficencia. Esposa de José Venegas, comerciante respetado de la zona, quien actuó como miembro de la Comisión Examinadora de la Escuela de Varones y fue redactor del periódico *La Luz,* órgano de prensa de la logia masónica local Luz del Sud, a través del cual defendió principios liberales como la enseñanza laica en las escuelas. Josefa fue una pieza clave dentro del movimiento masónico local. Se convirtió en la primer mujer que escribió un artículo en el diario *El Eco* de la localidad, pronunciándose a favor de la educación de sus congéneres[34]. En su cargo como presidenta de la Hermana de los pobres, la sociedad de beneficencia de la Masonería, libró arduas disputas con las Damas de la Caridad, regenteado por señoras que mantenían estrechos vínculos con la Iglesia católica[35]. Dictó charlas y

---

32. *El Monitor,* Año XXVII, N° 52, 1908. Lugones expresó estos conceptos en ocasión de escribir su obra *Didáctica* publicada en esta revista, por encargo del entonces presidente del CNE, José Ramos Mejía.

33. *Idem.*

34. Cabe destacarse que la primer referencia que se hace en *El Eco* a esta maestra es el 21-9-82 cuando la nombraron Sub-preceptora de la Escuela de Niñas, cargo que había desempeñado en la localidad de Rauch. El 25-2-83 aparece su artículo titulado "La educación de la mujer", en el que asume la defensa de la educación de las "hijas del pueblo" de carácter integral, atendiendo aspectos intelectuales, físicos y morales, tal como proclama la Ley 1420.

35. Esta disputa ha sido trabajada en la tesis de licenciatura de Yolanda de PAZ TRUEBA, *"Mujeres: del espacio doméstico a la esfera pública. El largo camino hacia la inclusión",* defendida en abril de 2006 en el Departamento de Historia de la Facultad de Ciencias Humanas de la UNCPBA.

conferencias pedagógicas en la Biblioteca Pública de evidentes conexiones con la masonería. Integró la comisión, en representación de los maestros del pueblo junto a quien fuera intendente Pedro Duffau y a otro notable local como Marcial Etcheverry, que convocó a los vecinos –vinculados a la masonería– a la creación de esta institución. Formó parte del directorio y fue accionista del banco Popular Argentino (también lo fueron otras mujeres notables del pueblo). Los vaivenes de la política local y el cambio de dirección en el diario *El Eco*, llevó a que la figura de los Venegas fuera cuestionada. El matrimonio se convirtió en el centro de las noticias del diario, aunque Josefa siempre fue rescatada por sus condiciones como educadora y "mujer de conducta intachable".

No caben dudas que las acciones de esta no-ciudadana en la plaza pública revelan una arista interesante para seguir trabajando al tiempo de sugerir sus conexiones personales por ser la esposa de un destacado hombre del pueblo, habrá que considerar el nuevo espacio político que se abrió para muchas mujeres a partir de su condición de educadoras. Otro aspecto interesante es la particular sensibilidad de las autoridades con respecto a los maestros varones y sus vínculos con la política, reproduciendo aquella imagen de las maestras como figuras obedientes y disciplinadas. De todos modos, no dejan de registrase casos en los que se remueve o sancione a maestras por denuncias en las que quedaban involucradas en reyertas políticas o porque su figura resultaba poco simpática a los ministros de turno[36].

Efectivamente esa sensibilidad llevó a prestar una particular atención a los hechos en los que quedaron involucrados maestros. Una preocupación que se exacerbaba en tiempos en los que el clima político se calentaba. De allí que se procediera habitualmente a la separación de profesores tildados como "enemigos" para ser sustituidos "por amigos que nos ayudan"[37]. En el mismo sentido, el Ministro de Instrucción Pública le informaba al Presidente Juárez Celman, "nuestro amigo [Abasalón] Rojas quedará bien satisfecho pues así en el Colegio nacional como en la Escuela Normal, todos los puestos que había disponibles han sido llenados con recomendados suyos exclusivamente"[38].

---

36. Tal fue el caso de la destitución de María Villarino del Carril que generó la inmediata reacción de Luis del Carril. Desde Milán denunció a Roca que el ministro Wilde había cometido en San Juan "el acto más injusto nada menos que con la madre de Alejandro del Carril mi primo que desempeñaba el puesto de Rectora de la Escuela Normal [...] María Villarino era nieta e hija de educacionistas, pues su Sra. Madre era la célebre y renombrada Manuela Cabezón de Villarino, a quien le debe Chile la educación de la mujer [...] Al lado de su madre, [...] se crió y aprendió a dirigir los colegios a la que en toda su crueldad acaba de destituir Wilde obedeciendo a una de esas intrigas que en San Juan con tanta frecuencia y maldad se urden", Luis Carril a J.A. Roca, Milán 19-IV-1883, Archivo General de la Nación, Sala VII, Arch.Roca, Leg.30. En adelante, AGN.

37. Abasalón Rojas a J.A. Roca, Santiago del Estero, 8-I-1885, AGN, Sala VII, Arch.Roca, Leg. 43. Cabe consignar que en ese entonces Rojas era Senador Nacional por la provincia de Santiago del Estero.

38. Eduardo Wilde a Juárez Celman, Buenos Aires, 16-II-1886, AGN, Sala VII, Arch. Juárez Celman, Leg. 24.

Esas destituciones venían acompañadas de un decreto en el que se argumentaba la razón de la medida y en la que se recordaba que estos funcionarios docentes no podían participar de la "política mezquina". Así lo dispuso el decreto del ejecutivo nacional en el que se informaba:

"Teniendo conocimiento el Ministro de Instrucción Pública, que el director de la Escuela Normal de maestras de Santiago del Estero, señor Víctor A. Dupuy, el vicedirector, señor Juan O. Gauna y el regente de departamento de aplicación Sr. Máximo S. Victoria, son redactares del diario titulado Unión Cívica, en cuya hoja se hace propaganda subversiva contra el gobierno, empleando términos violentos e injuriosos, llegando hasta el insulto y la amenaza; considerando que los empleados inferiores de la administración tienen restricciones y deberes que no pueden salvar, que les inhiben de todo acto de protesta pública contra sus superiores inmediatos, –y teniendo en cuenta razones de mejor servicio, el presidente de la República decreta [...]:
Quedan igualmente separados de sus funciones los señores Víctor Dupuy, Juan O. Gauna y Máximo S. Victoria. [...] [39].

Recelo particular ante estos hechos que llevaron a generar un debate en torno a los límites de la participación política que se debía imponer a los funcionarios, y en particular a los educadores. Una gran mayoría coincidió que por su misión no debían quedar involucrados en cuestiones de "politiquería" sino que debían cumplir con sus estrictos deberes como ciudadanos. En ese sentido, nuevamente José Zubiar como presidente del CNE, dejó registro de su parecer al comentar:

"[...] No nos ocuparemos de rebatir la espaciosa tesis de los que creen que el empleado público, aunque éste sea de rama tan especialísima como la educación, está a la merced del gobierno que lo nombra o le hace liquidar el sueldo que le asigna la ley del presupuesto; pero sentaremos una vez más la de que el maestro o el profesor debe ser el último politiquista y el primero en cumplir con sus deberes de ciudadano. En democracia la abstención es un crimen. En democracias embrionarias como la nuestra, en que las clases educadas deben dar el ejemplo a la mayoría ignorante, ese crimen se convierte en tal desde el momento que no se cumple con el deber elementalísimo de inscribirse y de votar. El maestro debe hacer algo más: no debe reservar jamás su opinión política. Pero de esto a que se inscriba en clubs, se embandere incondicionalmente en partidos, redacte periódicos que no nos atrevemos a calificar, se convierte en fin, en un demagogo más o menos moderado, hay una gran distancia" [40].

---

39. *La Nación*, 3 de enero de 1894.
40. *Ibídem*, 23 de marzo de 1894.

Estas situaciones promovían la decisión de aplicar medidas correctivas puesto en tanto eran consideradas como "una falta grave a la envestidura de la misión docente". Bajo esa apreciación, los directivos solicitaban la urgente intervención de autoridades nacionales para evitar "la desmoralización del establecimiento y que ponen de manifiesto la urgente necesidad de que el ministerio de instrucción pública adopte medidas serias y enérgicas"[41].

Así lo entendieron el presidente de la nación Julio A. Roca que, junto a su ministro de instrucción –Osvaldo Magnasco–, dispuso un decreto destituyendo a varios profesores de colegios nacionales y escuelas normales, puesto que:

> "Informando este ministerio que varios miembros del personal docente del colegio nacional, escuela normal mixta del Paraná y de la escuela normal de maestras de San Juan, como asimismo del actual inspector de instrucción primaria de la provincia de Entre Ríos, aparecen suscribiendo convocatoria en la que se invita al pueblo a concurrir a reuniones de carácter político, lo que importa asumir públicamente el rol de elementos militantes en la política provincial, sin que haya tenido conocimiento de que dichos empleados hayan hecho rectificación alguna al respecto. Considerando perniciosa para los intereses superiores de la educación la injerencia activa en las contiendas de los partidos locales por parte de las personas que ejercen el magisterio o funciones íntimamente ligadas con él, quienes tienen el deber moral de no tomar participación en movimiento de tal carácter [...] que en consecuencia deben adoptarse las medidas disciplinarias que reclaman la actitud de los empleados aludidos [...], se resuelve:
>
> Suspender sin goce de sueldo por el término de dos meses: al Director Francisco Soler en sus funciones de rector del Colegio Nacional de Paraná, a los Sres. Ricardo Poitem, Ernesto A. Bavio, Avelino Herrera, Alfredo Villalba, Martín Herrera y Juan J. Nissen, como profesores de éste establecimiento y escuela normal mixta, y al Sr. Fermín Usín en el cargo de inspector nacional de instrucción primaria de Entre Ríos. Suspender por igual término a profesores de la escuela normal de maestras de San Juan, Sres. Macedonio Leiva, Modesto T. Leites y José Echavarría"[42].

La prensa local que siguió el tema se mostró a favor de "los distinguidos" profesores sancionados. A partir de los comentarios que se volcaban en sus

---

41. *La Nación*, 7 de diciembre de 1895. Los diarios locales denunciaban para el caso de la Escuela Normal de Maestras de San Luis, los continuos actos indisciplinarios y la falta de competencia de la dirección puesto que se "necesita una profesora que haya estudiado, que sea capaz de formar maestras, de vincular al personal docente, de hacer amar la carrera, de enseñar, de inspirarse en el bien colectivo; una profesora de carácter que no regle sus actos por chismes, intrigas políticas o adulaciones de funcionarios de turno". *La Reforma*, 19 de marzo de 1899.

42. *Ibídem*, 14 de setiembre de 1900. Nótese que entre los nombres que resultan reconocidos y que fueron sancionados se encuentra Ernesto A. Bavio que fuera posteriormente un reconocido inspector y estrecho colaborador durante la gestión de Ramos Mejía.

páginas, se sugiere que aquella renovación de las autoridades comunales preocupó al gobierno nacional que había pretendido evitar el recambio de dirigentes. Una sanción que fue considerada por un sector de esa comunidad como arbitraria, sobre todo cuando poco tiempo después fue levantada por el propio presidente Roca:

> "El Entre Ríos da noticias sin comentarios. La Verdad califica de avance arbitrario del ministro Magnasco la suspensión, y espera conocer el decreto que indulta a personas dignísimas como si fueran delincuentes vulgares [...].
>
> La razón aplaude el indulto 'pues si es cierto que agrada un acto de justicia, es más placentero contemplar una bella acción'.
>
> La Libertad dice: Cuando el presidente de la república dio su histórico úkase por el que mandaba a suspender en el ejercicio de sus funciones a los distinguidos profesores que firmaron una invitación al pueblo de esta capital con motivo de aproximarse la renovación de las autoridades comunales, por el ministerio de instrucción pública, se dijo: los profesores no deben mezclarse en las cuestiones políticas, y hoy que el presidente de la república levanta a dichos profesores la exoneración con motivo de ser el 2º aniversario de su 'presidencia histórica', el ministro Magnasco aconseja a los referidos educadores cumplan con sus deberes cívicos, pero que no se metan en política.
>
> No se puede pedir una subversión más chocante del sentido moral en nuestro docto ministro" [43].

La cuestión de fondo era evidente había una verdadera disputa política a nivel nacional en torno a la suerte de las Escuelas Normales. Bajo la excusa de dar curso a una política racional que modificaría la exigua cantidad de graduados varones y su deficiente preparación profesional[44], en su momento el Ministro Magnasco triunfó en la disputa con el CNE presentando a consideración de los legisladores la mencionada reforma *(ut supra)* de las Escuelas normales de varones. Según argumentó, no se justificaba la inversión de esfuerzos y dinero de la nación en esas instituciones. Las aulas de las escuelas normales cada vez más se poblaban de mujeres que esperaban obtener con su título de maestras una oportunidad de ingresar al mercado laboral. Era una evidencia que la Escuela Normal de niñas respondía fielmente a sus fines. Cada año egresaba un buen número de maestras y en sus aulas "alternaba la niña humilde y pobre con la hija del opulento, fraternizando bajo la perspectiva de que todas se preparan para servir eficientemente una noble causa"[45]. Apelando una vez más a esa figura de las maestras como las más obedientes

---

43. *Ibídem*, 15 de octubre de 1900.

44. *Memoria*, 1898, p. 32.

45. *Ibídem*, 1899, pp. 480-481. Aquellas entusiastas declamaciones fueron formuladas por la directora Isaura Robles de Madariaga en su informe sobre la actividad de la Escuela Normal de Maestras de Salta.

y disciplinadas estimó que no se justificaba continuar con el magisterio para el varón, que además solía quedar involucrado en batallas políticas.

Es que los aparentes problemas cotidianos de indisciplina, en última instancia, tenían un mar de fondo más complejo, como lo demuestran los sucesos acaecidos en la Escuela Normal de Varones de San Luis:

> "Ayer penetró un individuo en la escuela normal de varones dando gritos de ¡Abajo la dirección! e incitando a los alumnos a sublevarse: todos permanecieron en sus aulas, con excepción de uno. Parece un hecho comprobado que algunos de los personajes más influyentes de la situación dominante están comprometidos en este escándalo.
>
> Dada la reconocida competencia y honorabilidad de las personas que están al frente de ese establecimiento, este hecho ha producido verdadera indignación en esa sociedad. Ha sido suspendido el regente de esa escuela" [46].

La prensa aportó, en su momento, los elementos por los cuales se explica el "desorden". Se hizo evidente la presión que ejerció la autoridad gobernante contra los docentes que hicieron pública su opinión política. La institución receptaba estas cuestiones extra-educativas, alterando su funcionamiento interno:

> "Con motivo de los sucesos ocurridos en la escuela normal de maestros y que en mi anterior telegrama anuncié, han sido expulsados cuatro alumnos. Esta resolución ha sido tomada por unanimidad del cuerpo docente.
>
> La Reforma, periódico oficial, incita a los alumnos a que no concurran a la escuela mientras no se cambie la actual dirección.
>
> A pesar de los esfuerzos que hacen los hombres de gobierno en el sentido indicado, las clases siguen funcionando con toda regularidad, debido exclusivamente a la alta autoridad moral de que goza la actual dirección" [47].

Las confusas situaciones en la que quedaban involucrados el personal docente y alumnos de las escuelas normales llevó, incluso, a que se trasladara la violencia política al interior de las instituciones. Reveladores, en ese sentido, fueron los hechos que acaecieron en la Escuela Normal de 25 de Mayo en la Provincia de Buenos Aires. Por participar en la convulsionada vida política local, algunos docentes de la Escuela Normal de la ciudad fueron expulsados ante la gravedad que habían alcanzado los acontecimientos. El desencadenante había sido la disputa que se dio entre los miembros de la comisión encargada de organizar los festejos del Centenario. Las disputas políticas entre oficialistas y opositores se trasladó a la comisión y cuando un sector se retiró negándose a participar, fueron acusados de boicotear a

---

46. *Ibídem*, 24 de marzo de 1899.

47. *Ibídem*, 27 de marzo de 1899.

las autoridades municipales y de estar involucrados en el asesinato de un dirigente cercano al intendente. En pleno festejo, la violencia política llevó al enfrentamiento que se trasladó entre el personal docente, involucrando al médico del establecimiento, y jefe de la oposición, y a un grupo de maestras:

> "Hoy el pueblo amotinado se presentó a la hora de entrada de la escuela normal con una nota pidiendo la suspensión inmediata del sindicado como jefe de los asesinos, de la vicedirectora y regente, que tienen vinculaciones con el Dr. Galindez. Se les acusaba de complicidad propagandista en el crimen con otros tres miembros del cuerpo docente [...].
>
> La nota está firmada por todos los padres, alumnos y respetables hacendados.
>
> Se han suspendido las clases.[...]
>
> Doscientos vecinos congregados hoy frente a la escuela normal impidieron la entrada del catedrático Dr. Galindez y a varias maestras que fomentaron actos antipatrióticos, caldeando el ambiente delictuoso.
>
> El director de la escuela, ante la fuerza de opinión, cerró el establecimiento dando cuenta al ministerio" [48].

Estos hechos que pueden suponerse como casos aislados, revelan su recurrencia cuando se aproxima el análisis a partir del tratamiento de los archivos de las propias instituciones. Esos incidentes que involucraban a directivos, profesores y alumnos aparecen con cierta frecuencia, en este caso, en los registros de la Escuela Normal de Tandil. En una de esas oportunidades, el director volvió a recordar al cuerpo de profesores la normativa vigente:

> "Nuevamente transcribo al señor Profesor para su conocimiento y efectos las disposiciones prohibitivas en vigencia que le conciernen:
>
> Art. 52: ''Está prohibido a los profesores;
>
> Inciso 6: Inmiscuirse en política activa y formando parte de comités redactando diarios que la fomenten.
>
> 'Los jefes de reparticiones de cualquier categoría que sean y los empleados de las mismas que figuren en los comités de los partidos o hagan propaganda a favor de los candidatos determinados, serán suspendidos en sus empleos y en caso de reincidencia serán exonerados" [49].

Una advertencia que alcanza un tono más severo cuando va dirigida puntualmente a un profesor, de reconocida militancia radical, dándole un carácter intimidatorio, para evitar la reiteración de su conducta, tal como

---

48. *Ibídem*, 31 de mayo de 1910. En notas posteriores se publica la declaración del médico Galindez en la ciudad de la La Plata donde fue trasladado el caso. En ellas el imputado sostenía no haber participado de los sucesos en los que se lo involucraba junto a otros docentes. Según afirmaba, "eran víctimas de las conspiraciones de los enemigos políticos", *Ibídem*, 2 de junio de 1910.

49. Libro Copiador N° 1, 28 de abril de 1915 al 2 de junio de 1916. Folio 383, 21 de agosto de 1915. Estos libros manuscritos dan cuenta de parte de la actividad que se desarrollaba dentro de la escuela a lo largo de los días de clase.

lo sugiere este comunicado donde se refiere específicamente a la norma dispuesta por el CNE,

> "Señor Profesor Ramón C. Carriegos:
> Para su conocimiento y fines consiguientes transcribo a Ud. la resolución adoptada por el H.C.N de Educación [...] Circular Nº 71:
> 'Art. 17º: Los jefes de las reparticiones de cualquier categoría que sean y los empleados de las mismas que figurasen en los comités de los partidos políticos o hagan propaganda a favor de candidatos determinados serán suspendidos en sus empleos y en caso de reincidencia serán exonerados.
> Art. 18º: La misma pena sufrirán los empleados de cualquier categoría que dentro de sus respectivas oficinas hagan propaganda o trabajen a favor de partidos políticos o candidatos para puestos electivos. Todo funcionario nacional proclamado candidato a posiciones electivas, hará renuncia de su empleo inmediatamente de haberse hecho la proclama. [...]" [50].

De tal modo, estos indicios llevan a reflexionar sobre los estrechos contactos de algunos miembros del cuerpo docente con personajes locales y nacionales, al tiempo que iluminan para continuar indagando a ese normalismo como agentes políticos e intelectuales. Ciertamente estas evidencias presentan varias aristas para analizar. Si nos quedamos con una primer impresión, parece ser que la sanción fue la premisa y, en ese sentido, se puede decir que el magisterio fue un cuerpo de "intelectuales vigilados". Pero las medidas no parecen haber sido disuasorias por la recurrencia de los hechos. Además, en la mayoría de los casos la connivencia entre el magisterio y la política, por lo menos a nivel de las comunidades pequeñas, no terminaba con una sanción.

Por otra parte, nuevamente aparece claramente la reciprocidad y colaboración que existió entre los funcionarios docentes y los notables de la política que, por un lado, revelan la inestabilidad del cuerpo docente ante el cambio de alianzas y, por otro, deja abierta otra cuestión como es la de estudiar hasta qué punto los maestros normales consiguieron cierto grado de autonomía respecto a su relación con el Estado[51]. Al mismo tiempo, un camino que habrá que seguir explorando es el de esta participación en la esfera pública de estos maestros y maestras que se sumaron a ese proceso de la construcción de la modernidad política y la consagración de la ciudadanía.

En definitiva, es evidente que para garantizar el orden e imponer la disciplina en el trabajo escolar se generaron una serie de dispositivos y controles. Sin embargo, esa disposición para vigilar la conducta dentro de la escuela normal no impidió que los individuos se movieran dentro de esa normativa e inclusive se apartaran de las convenciones establecidas. Los casos más extremos que alcanzaron estado público llevaron a tomar medidas más seve-

---

50. *Ibídem*, Folio 427, 6 de setiembre de 1915.

51. Esta cuestión cuenta con una serie de trabajos relevantes entre ellos el de: Terence JONSON, "Governmentality and the institutionalization of expertise" en T. JONSON, G. LARKIN y S. MIKE, *Health professions and the State in Europe*. London, 1995.

ras para reacomodar el funcionamiento escolar, pero sería válido pensar en las situaciones anónimas, que ensayaban cotidianamente los actores como miembros de una institución y que no necesariamente llegaban a un conflicto abierto y declarado con los superiores o con sus pares. Estrategias silenciosas a través de las cuales, los sujetos negociaron al interior de ese micromundo social. Esto invita a seguir discutiendo sobre las formas de aplicación de la prescriptiva disciplinadora del normalismo en el terreno de la práctica. En principio, un modo de avanzar es atendiendo otras formas de control a las que fueran ideadas "desde arriba". Las relaciones entre pares al interior de las instituciones, el vecindario, las comunidades, la prensa de hecho dieron muestra de una pluralidad de medios de control y de posibilidades de sanción.

Ahora bien, otra idea muy fuerte asociada a la estricta y pautada formación del magisterio es la de asociarla con la predisposición a la obediencia que habrían tenido las mujeres. Es más, fue uno de los argumentos utilizado para promover el ingreso de las jóvenes a la docencia y, a riesgo de no ser originales, en el siguiente capítulo se vuelve sobre esta cuestión que le otorgó un particular sello a la conformación de la tradición normalista argentina.

Capítulo VI

El arte de educar en "las segundas madres"

> *"—[...] A mí cuando al salir de la escuela dije a la señorita: ¡hasta mañana! Ella me acarició la mejilla y me contestó: ¡adiós, queridita!*
> *—Y a mí –exclamó el varón– me ha dicho el maestro al terminar la clase: muy bien se ha portado usted hoy, si continúa así, su nota de fin de año será espléndida".*
>
> (José Manuel Aubín, *Cosa de niños. Libro Primero de Lecturas.* Angel Estrada Editores, XIII Edición, Buenos Aires. La lectura se titula: "Lo que has hecho en la escuela", p. 38).

Esta lectura corriente de uno de los tantos textos escolares que circularon en aquellos años nos aproxima a las imágenes que se transmitieron en torno a las figuras de la maestra y el maestro y sus vínculos con los alumnos. La dulzura, la afabilidad, el afecto de la maestra se diferencia del trato cordial pero distante del maestro que reconoce a su alumno y le promete una buena calificación si continúa con su empeño. El trato maternal de la educadora, contrasta con el tono disciplinante del educador. Una sencilla reflexión que no tiene más aspiraciones que la de volver sobre una cuestión profusamente estudiada por las investigaciones de historia de la educación y de los estudios de género. De modo que, el propósito de este capítulo es el de abordar algunos aspectos menos conocidos sobre esa asociación escuela-maestra instalada en aquel tiempo, y que se continúa hasta nuestros días.

Sabemos que aquella institución, pensada para el disciplinamiento, convocó a la señorita maestra invocando sus virtudes maternales para formar a las almas infantiles. El estímulo para formar a las jóvenes como educadoras, y la pronunciada deserción de los varones de las filas del normalismo, generó lo que ha sido presentado como la feminización del magisterio[1]. De hecho

---

1. Si bien en el resto de América Latina se advierte la presencia de las mujeres como maestras no es un fenómeno tan marcado como en el caso Argentino. Lo mismo sucedió en Estados Unidos y Europa –salvo España donde se asiste a una experiencia similar a la nuestra–. Sobre la cuestión del magisterio y la mujer en otras realidades existe una amplia bibliografía de la que podemos mencionar: Myriam Báez OSORIO, "El surgimiento de las Escuelas Normales Femeninas en Colombia" en *Revista Historia de la Educación Latinoamericana.* N° 4, Bocoyá, Colombia, 2002, pp. 156-179. Eva BLAY, *Mulher, escola e proffisao: um estudo do ginásio industrial femenino na cidade de Sao Paulo.* Sao Paulo, CERU/FFLCH, 1981. Zelia DEMARTINI & Fátima ANTUNES, "Magisterio primario:

las políticas de Estado que promovieron la recuperación del normalismo, al mismo tiempo, estimularon a la educación de la mujer para que se desempeñara como maestra. Subsidiarios de las ideas de Pestalozzi[2], las autoridades educativas hablaron de la "madre educadora" como la figura pedagógica central. La morada de Gertrudis era el modelo de escuela ideal.

Nicolás Avellaneda, como Ministro de Culto e Instrucción, recomendó al Congreso Nacional que una de las dos Escuelas Normales que se crearan debía formar a las maestras en tanto, "el Profesorado será [...] para la mujer una verdadera regeneración, ofreciendo a su tiempo y a sus facultades un noble empleo y creándole una carrera lucrativa, de la que se halla hoy desprovista [...]"[3]. La maestra, maternal, eficiente, obediente y económica, devino en el "mejor agente para educar al soberano".

Esa red argumental responde a un contexto social donde la industrialización y la urbanización occidentales produjeron una división sexual del trabajo específica entre: la esfera del quehacer doméstico, reproductivo, gratuito, privado, femenino; y la esfera del trabajo, productivo, remunerado, público, masculino. Del concepto de trabajo fueron excluidas todas las actividades domésticas no remuneradas, realizadas por las mujeres, vinculadas a la reproducción material o simbólica[4]. Según Apple, el trabajo femenino se situó en una división vertical por la cual las mujeres como grupo estaban en desventaja frente a los hombres en cuanto al salario y condiciones laborales, en tanto el hombre sería responsable del sustento familiar. En segundo lugar, el trabajo femenino remunerado se integró en una división horizontal

profissao femenina, carrera masculina". *Cuadernos de Pesquisa*. Sao Paulo N° 86, Ago. 1993. pp. 5-14. Gertrude YEAGER, "Women's Role in Nineteenth-Century Chile: Public education Records, 1843-1883" en *Latin American Research Review* 18:3, 1983. Oresta LÓPEZ, *Alfabeto y enseñanzas domésticas. El arte de ser maestra rural en el Valle del Mezquital.* Centro de Investigaciones y Estudios Superiores en Antropología. Consejo Estatal para la cultura y las Artes de Hidalgo, 2001. Carmen COLMENAR ORZÁES, "Contribución de la Escuela Normal Central de Maestros a la educación femenina en el siglo XIX", *Historia de la Educación*, 2, 1983, pp. 105-112. Sonsoles SAN ROMÁN, *Las primeras maestras. Los orígenes del proceso de feminización docente en España*. Barcelona, Ariel, 1998. Seth KOVEN and Michael SONYA, "Womanly duties: maternalist politcs and the origins of welfare states in France, Germany, Great Britain and the United Sates 1880-1920" en *The American Historical Review* 95:4, 1990. Myra STROBER and Audri GORDON LANFORD, "The Feminización of Public School Teaching: Cross-Sectional Analysis, 1850-1880", *Sing II*, 1986. Urban Wayne, "Historical studies on teacher education", R. HOUSTON (ed.), *Handbook of research on teacher education.* New York-London, MacMillan publishing Company, 1990. Un enfoque general sobre las distintas alternativas de la feminización del magisterio en Iberoamérica se encuentra en: Lucía LIONETTI, "La educación de las mujeres en América Latina: su ingreso a la plaza pública como formadoras de ciudadanos en la primera mitad del siglo XX" en I. MORANT (dir.) A. LAVRIN-G. CANO-D. BARRANCOS (coord.), *Historia de las mujeres en España y América Latina*. Tomo IV: Siglo XX: Sección: Trabajo y Educación. Barcelona, Editorial Cátedra, 2005.

2. Juan PESTALOZZI (1801), *Cómo Gertrudis enseña a sus hijos.* México, Porrúa, 1980.

3. *Memoria (1869).* Buenos Aires, Taller Tipográfico de la Penitenciaria Nacional 1900, p. 2.

4. Cf. Silvia Cristina YANNOULAS, *¿Una Profesión de Mujeres?. La Feminización del Normalismo y la Docencia 1870-1930 La feminización del normalismo y la docencia (1870-1939)*. Buenos Aires, Kapelusz, 1996, p. 25.

del trabajo, según la cual las mujeres se concentraron en un determinado tipo de ocupación por las características "naturales" que se le atribuían[5]. Los discursos sobre la división sexual del trabajo, vinculaban a la mujer con la reproducción y la domesticidad y al hombre con la producción y el salario. En esa instancia se otorgaba fundamento al principio prescriptivo por el cual la mujer no era contemplada como trabajadora asalariada permanente y de tiempo completo[6].

El discurso pedagógico, signado y condicionado por ese contexto socio-económico y cultural, se nutrió de sus propios argumentos científicos para demostrar la conveniencia de que las mujeres volcaran su potencial maternal en la educación de los escolares. El magisterio, considerado una instancia laboral decente, era la continuación de sus funciones "naturales" fuera de su ámbito doméstico. En aquella división horizontal del trabajo, la "señorita maestra" era las más adecuada para llevar con éxito la misión de la tarea docente que exigía la entrega, el sacrificio, en definitiva: el apostolado.

Sin embargo, si bien se estimuló la presencia de la mujer en el magisterio por sus ventajas comparativas, no se dejó de señalar la importancia de contar con la figura del varón dentro de las escuelas. Fueron reiteradas las ocasiones en las que se habló de la necesidad de recuperar la autoridad en la escuela, y por extensión en la sociedad, a partir de que el hombre recuperara su tradicional rol de educador. Ciertamente el discurso no fue tan unánime a la hora de promover la educación de la mujer como maestra, puesto que la incontrastable realidad de su presencia mayoritaria en las escuelas preocupó a no pocos. De un modo u otro, la feminización del magisterio fue un hecho y, sin lugar a dudas, eso dio un sello particular a esa profesionalización. Para muchas fue la posibilidad de su ingreso a la plaza pública a partir de un trabajo considerado socialmente decente. Al mismo tiempo, comparativamente con la cantidad de egresados varones, fueron muy pocas las que ingresaron a la elite de normalista referentes del movimiento pedagógico argentino y burócratas de peso dentro del sistema educativo.

Las mujeres como educadoras:
maternales, obedientes, sacrificadas, baratas...

Se suponía que gracias al magisterio[7] la mujer conseguía ingresar a un campo profesional donde ejercitaba, con éxito personal y social, sus dotes

---

5. Michael APPLE, "É impossível entender a escola sem uma teoria da divisão sexual de trabalho" en *Educação e realidades.* Porto Alegre, Vol. 11, N° 2, Jul-Dez., 1986.

6. Cf. Joan W. SCOTT, *Gender and the politics of history.* Columbia University Press, New York, 1988.

7. Una vasta producción existe sobre esta cuestión para el caso Argentino, pero podemos mencionar como las de consulta indispensable: Graciela MORGADE (comp.), *Mujeres en la docencia en la Argentina (1870-1930)* Buenos Aires, Miño y Dávila, 1997. Silvia Cristina YANNOULAS, *Educar: ¿Una Profesión de Mujeres?... Op. Cit.*

especiales para la enseñanza de los niños en sus primeros pasos por las aulas. En su carácter de "segunda madre" recreaba en la escuela el clima familiar. El niño reconocía en su maestra el cariño, la solicitud y la vigilancia que recibía de la madre en el ámbito familia. Según se decía, esa condición natural para ejercer la maternidad la predisponía al trato afable y protector que necesitaban las débiles criaturas. Era la más adecuada para estimular la inteligencia, la imaginación y el corazón de los infantes. Ella les daba los instrumentos para convertirlos en hombres buenos, morales, aplicados y capaces de ser felices.

La configuración de ese modelo de educadora concordaba con un *partenaire* ideal: el niño. Era un discurso en el que predominaba aquella percepción de la infancia como una etapa diferenciada del adulto en la que se debía formar a los pequeños "hijos de la patria". Precisamente las corrientes pedagógicas que circularon por entonces contribuyeron a afianzar esa imagen de la niñez. Cada vez que se habló de la pertinencia de contar con la figura femenina como educadora se la asoció a las pequeñas y tiernas almas a las que se debía proteger y educar. Esos "angelitos" debían ser formados con esmero, dedicación y paciencia puesto que,

> "[...] el niño desde los dos hasta los seis años es un jardín preparado por la naturaleza para recibir y fecundar las semillas de buenas o malas impresiones e ideas depositadas en el surco del alma. Depositar en esos surcos la mejor semilla por los mismos medios de la naturaleza, es colaborar con ella en su noble obra de inocular en las jóvenes plantas los gérmenes de elevación moral e intelectual" [8].

La infancia era la instancia propicia para iniciar la formación de su comportamiento individual y social o, en su defecto, encauzarlo. Las buenas costumbres sólo se podían internalizar a través de la persuasión y la bondad. Esto significó también una tenaz convicción de que en la práctica escolar se debía erradicar todo tipo de castigo físico hacia el niño con un propósito disciplinador. Allí comenzó aquella batalla contra el tradicional lema: "la letra con sangre entra". No sólo desde el discurso pedagógico se divulgó este cuestionamiento contra la violencia ejercida hacia los niños sino que las denuncias de los padres –con mayor frecuencia de las madres- podía provocar la exoneración del personal docente involucrado en ese tipo de abusos. Inclusive, se registraron casos que llegaron a instancias judiciales donde las partes expusieron sus argumentos y se sentenció de acuerdo a la interpretación de esas presentaciones y los antecedentes de cada uno de los involucrados.

Si como recomendaba la teoría pedagógica, el inocente corazón del niño debía ser tratado con amor, paciencia, conociendo su psicología, allí estaba la maestra. Nadie mejor que ella para conducirlo a través de sus dotes maternales para que el niño desarrollara todas sus potencialidades. Con su dedicada atención, podía comprender la delicada misión de inculcar un sentido moral

---

8.   *El Monitor*, Año I, N° 8, 1882.

hacia sus jóvenes discípulos o de "rescatar" a aquellos que se habían perdido orientando su conducta. Los consejos y reflexiones del maestro Francisco Ley a sus discípulos, iluminan más precisamente sobre el tratamiento que debían dispensar a sus párvulos en su práctica cotidiana:

> "[…] Casi todos nuestros libros de pedagogía y la mayor parte de los pedagogos tienen la convicción que el niño viene al mundo con una cantidad de gérmenes del mal. Por consiguiente, el hombre es tratado como una planta que no se puede dejar ni un momento sola, que es preciso guiar, conducir, trabajar, transformar y doblar a nuestro capricho. […]
>
> Este muchacho que nos traen será un hombre cuando salga de entre nuestras manos?. Esta es la cuestión y la sociedad tiene por cierto el derecho de preguntar, si los niños que no han confiado son para ella miembros útiles, inteligentes sin duda, pero morales ante todo. Si la escuela primaria tuviese por resultado despoblar en poco tiempo los asilos de mendicidad y las penitenciarias y disminuir el presupuesto de la beneficencia, se podría afirmar que realizaba una de las partes más importantes de su objeto; pues moralizar las masas, inculcarles el orden, hacerles olvidar el camino de la taberna e inspirarles el amor al trabajo será siempre el objeto que se pide de la grande mayoría. […]
>
> Nuestros alumnos malos, brutales, hipócritas, groseros son el triste producto de una educación dada por padres malos, brutales que no tienen cuidado de las palabras que emplean en presencia de los hijos. […]
>
> No son los espiritualistas que negarían la influencia de la educación; pero, se ve que los materialistas los más convencidos creen que el individuo bien llevado por el camino del perfeccionamiento puede aniquilar los defectos que tiene por su constitución física, por herencia o de una mala primera educación. […]
>
> Tomemos el pulso moral a los niños, pensemos bien; examinemos el caso; interroguemos al paciente, indiquémosle el remedio, el régimen que hay que seguir; si se muestra rebelde […] volvamos siempre a la carga pero siempre con bondad; […]; al menor esfuerzo de buena voluntad, a la más mínima señal de mejoramiento, mostrémonos felices, satisfechos, alabemos y demos ánimo" [9].

Nadie más capacitada que la maestra para tomarle el pulso a sus discípulos y alentarlos con la virtud de su paciencia ante sus progresos diarios. Así como en el hogar la madre debía favorecer a sus hijos para que crecieran y se superaran, la educadora acompañaría los logros de sus alumnos. El modelo patriarcal de aquella sociedad daba legitimidad, coherencia y contundencia al argumento pedagógico. Si en la familia ella era la primera educadora era, entonces, la más adecuada para transmitir los hábitos y valores que conformaban el ideal de la moral pública. Aquel era el mandato de la naturaleza que sellaba su condición femenina, ampliaba el rol social de la mujer redefiniendo

---

9.   *Ibídem*, Año V, Nº 86, 1885.

el contenido social de la maternidad. Bajo esa figura de la *maestra racional intuitiva*, inspirado en el modelo de Fröebel, se formó a las profesionales con un dispositivo de conocimientos y de manejos metodológicos que la capacitaban para el trabajo en el aula[10]. La "potencia maternal" definía la maternidad social a partir de la proyección en la sociedad de los recursos que eran inherentes a su condición[11]. De allí que se despojara a las aspirantes del magisterio de todo contenido sexual.

Así se supuso que, la mujer maternal, abnegada, obediente y sacrificada, estimaría el desempeño de la docencia como una instancia efectiva para ampliar sus horizontes sociales y culturales. Esa imagen de entrega coincidía perfectamente con la construcción que se había hecho de la figura del magisterio como los dedicados "apóstoles del progreso". Aquel lenguaje, que reforzaba el sentido misional de la docencia, no hizo más que fijar un imaginario en torno a la "señorita maestra" asociado a la vocación de servicio más que al ejercicio de una profesión. Pero, por otra parte, esa escasa retribución material, en el caso de las mujeres, era una fuente de recursos que le permitía "adquirir una posición independiente que satisfaga todas las necesidades de la vida, lo que es al mismo tiempo el medio más eficaz de moralizarla"[12]. Este era otro argumento que se esgrimía a favor de su inserción en el mundo del trabajo con el desempeño de una tarea que la dignificara en su condición. Un ocupación que la alejara de cualquier tipo de extravío, en tanto no se debía olvidar que "las dos terceras partes de las mujeres que se apartan del camino de la virtud son arrastradas por la miseria"[13].

Esa maestra maternal era la figura más indicada para llevar adelante la misión de formar a los soldados de los tiempos de paz. Como lo expresara Pizzurno en su momento, "la maestra formaba parte de ese noble ejército de los maestros argentinos, encargados de la gran tarea de formar los ciudadanos útiles y patriotas que el país necesita"[14]. De allí que las convocara para contribuir a la grandeza de la patria,

> "[…] dándole hombres honestos, activos y laboriosos, veraces, tolerantes y con ideales nobles en el alma. Y no temáis, hombres así preparados, amantes sinceros de su tierra por lo mismo que con su labor contribuyen

---

10. Sobre los distintos modelos que finalmente llevaron a la incorporación de la mujer al sistema de educación pública ver: Sonsoles SAN ROMAN, *Las primeras maestras. Los orígenes del proceso de feminización docente en España... Op. Cit.* Para el caso español podemos citar, entre otros trabajos, Pilar BALLARIN, "La educación de la mujer española en el siglo XIX", *Historia de la Educación*, 8, 1989, pp. 245-260. Marina SUBIRATS y Cristina BRULLET, *Rosa y azul. La transmisión de géneros en la escuela mixta.* Madrid, Instituto de la Mujer, 1988.

11. Mary NASH, "Maternidad, maternología y reforma eugénica en España 1900-1939" en G. DUBY y Michel PERROT, *Historia de las mujeres en Occidente. El siglo XX,* Madrid, Taurus, 1993. Tomo 5.

12. *El Monitor*, Año II, N° 10, 1882.

13. Pablo PIZZURNO, *El Educador... Op. Cit.*, p. 10.

14. *Idem.*

a engrandecerla, no serán nunca sordos al toque del clarín cuando, por desgracia, la patria tenga que llamarlos para defenderse contra el agresor extranjero!" [15].

Su arenga se cargó de sentido simbólico cuando les remarcó:

"Id, pues, misioneras afortunadas de la verdad y del bien; id decididas que vosotras no encontraréis el dolor físico ni mucho menos la muerte cruel a manos de los indios salvajes, cuya civilización perseguían los misioneros de la historia. Cada una de vuestras lecciones, cada uno de vuestros ejemplos, se traducirá en un bien para la sociedad y en bendiciones para vosotras. Y por última vez: Combatid la mentira, enseñad el amor al trabajo y tened fe en el éxito" [16].

La formación de las segundas madres

Estas ideas a favor de la formación del magisterio femenino pudieron divulgarse gracias al esfuerzo de algunas voces que se venían pronunciando desde tiempo atrás. Sin dudas, un primer referente de esas ideas fue el propio Sarmiento que tempranamente se manifestó a favor de la educación de la mujer. En sus días de exilio en el territorio chileno, expresó una de sus convicciones más firmes al señalar que

"[…] de la educación de las mujeres depende la suerte de los Estados; la civilización se detiene a las puertas del hogar doméstico cuando ellas no están preparadas para recibirla. Hay más todavía: las mujeres, en su carácter de madres, esposas o sirvientes, destruyen la educación que los niños reciben en las escuelas. Las costumbres y las preocupaciones se perpetúan por ellas, y jamás podrá alterarse la manera de ser de un pueblo sin cambiar primero las ideas y hábitos de vida de las mujeres. La prensa de Chile ha producido la bellísima obra de Aimé Martín, De la civilización del género humano por las mujeres, y en aquellas páginas inmortales, escritas con el corazón podrán los hombres llamados a influir sobre el destino de los pueblos americanos encontrar muchas de las causas de su atraso actual. Los franceses atribuyeron con razón a la parte que dan en todos los actos de su vida a las mujeres, la civilidad y dulzura de costumbres que caracteriza a su nación" [17].

A lo largo de sus viajes había tomado contacto con los adelantos producidos en materia de educación y pudo comprobar el aporte de la presencia femenina en el magisterio. Después de visitar Francia, España, Alemania,

---

15. *Ibídem*, p. 13.

16. *Ibid*, p. 22.

17. Ricardo ROJAS, *El pensamiento vivo de Sarmiento*. Buenos Aires, Editorial Losada, 1983. El autor de este texto extrajo la cita de la obra de Sarmiento "Educar al soberano", p. 195.

Suiza, Africa, en su paso por Inglaterra descubrió el *Seventh Anual Report* (Séptimo Informe Anual) de Horace Mann a la Junta de Educación de Massachussets. El interés que le despertó ese Informe lo llevó a visitar a Mann y su esposa en los Estados Unidos. En 1847, pasó dos días en las casa de los Mann, en West Newton, Massachussets. Como Horace Mann no hablaba español, Mary, que se comunicaba en español y francés con Sarmiento, sirvió de intérprete. Allí se inició una profunda admiración y una estrecha relación de amistad entre quienes compartieron un acuerdo básico: la llave para la "civilización", o la expansión del progreso cultural como lo definía Sarmiento, era la expansión de la educación universal[18].

En su flamante cargo de Ministro argentino en los Estados Unidos volvió a visitar, por entonces, a la viuda Mary Mann quien le recomendó y contactó una serie de administradores y maestros norteamericanos para trasladar la exitosa experiencia del país del norte[19]. Producto de esas recomendaciones llegaron en 1867, Storrow Higginson y Foster Thayer, pero el entonces gobernador Alsina no prestó ayuda para darles puesto de trabajo en la enseñanza. Más tarde arribó la primer maestra Mary Elizabeth Gorman, durante la presidencia de Sarmiento[20]. Prestó sus servicios en un jardín de infantes en Buenos Aires –se negó prestar sus servicios en el interior del país– junto a tres maestras recomendadas por Mary Mann (Francees Wood, y las hermanas Ana e Isabel Dudley). La primera murió de fiebre amarilla y las otras dos se volvieron a los Estados Unidos de Norteamérica. De todas estas experiencias, la más exitosa fue la de George A. Stern que fue designado primer director de la Escuela Normal de Paraná.

---

18. Su llegada a aquel país coincidió con un momento en el que los educadores discutían temas muy cercanos a sus intereses: la organización de la posguerra y la reorganización de la educación, el papel de la enseñanza universal en la república y la emergente profesionalización de los maestros. La expansión de las instituciones del Norte hacia el Sur, comenzando con sus sistemas escolares, fue vista como un requisito para la reunificación nacional. Richard Edwards, presidente de la Escuela Normal del Estado de Illinois, quien sería recomendado posteriormente por Mary Mann como candidato para un cargo en la Argentina, expresó la opinión de "que el maestro debe terminar lo que el soldado ha comenzado tan bien. Se deberán implantar escuelas gratuitas donde quiera que flamee una bandera de la república". El presidente electo de la NTA, renombrado autor de obras pedagógicas que circularon en la Argentina, James Pyle Wickersham de Pensilvania abogó en favor de una oficina nacional de educación.

19. Esa relación de amistad y respeto intelectual entre la Sra. Mann y Sarmiento ha quedado registrada en fluido intercambio epistolar entre ambos. En esas cartas, en las que expresaron sus ideas políticas, educativas y religiosas, la educadora norteamericana le recomendó una serie de maestros, maestras y administradores para que se radicaran en la Argentina. Al respecto se puede consultar la recopilación epistolar de: Barry L. VELLEMAN, *"Mi estimado señor". Cartas de Mary Mann a Sarmiento (1865-1881)*. Buenos Aires, Icana-Editorial Victoria Ocampo, 2005.

20. La oposición a que se trajeran educadores extranjeros fue muy marcada, sin embargo, Sarmiento apeló al ejercicio de su mandato presidencial para decidir sobre esta cuestión. Un trabajo en el que se analiza esta cuestión es el de: Georgette Magassy DOM, "Sarmiento, the United States, and Public education" en Joseph T. CRISCENTI (ed.), *Sarmiento and His Argentina*, Boulder, Lynne Riennner Publisher, 1993.

La impresión favorable sobre las oportunidades educativas y de libertad de las mujeres en los Estados Unidos que tuvo Sarmiento, lo llevaron a insistir y realizar ingentes esfuerzos para conseguir radicar maestras norteamericanas en Argentina. En esa búsqueda de maestras Sarmiento se contactó también con Kate Newall Doggett de Chicago, una señora de la alta sociedad y reformadora social que tenía varios amigos en el mundo académico del Oeste medio. Al respecto de las figuras de estas mujeres a las que admiró dijo:

"Mis amigas Mann y Doggett son, a mi juicio, el tipo de la mujer futura del mundo, con el ferro-carril y el vapor atados a su puerta por vehículos, el mundo por barrio, la humanidad por vecinos y amigos, trabajando, dando ciudadanos a la patria, escribiendo, enseñando y haciendo felices a sus amigos" [21].

El "gran educador" de Argentina admiró a otra mujer que le recordaba la fuerza y la voluntad masculina: a la maestra argentina Juana Manso[22]. Esta educadora, a su regresó a Buenos Aires después de emigrar junto con su familia durante el primer gobierno de Rosas, libró una dura batalla por implantar la moderna corriente pedagógica de Horacio y Mary Mann. La oposición de destacados miembros de la comunidad y, en particular, de las damas de la Sociedad de Beneficencia, la llevaron afirmar:

"Las maestras de escuelas públicas, con raras excepciones, no son en esta ciudad, lo que debieran ser, personas educadas; y ésta no es una suposición sino hechos latentes, palpables. Descubiertas en su ignorancia, no se resolvieron a aprender sino que se rebelaron contra las verdades evidentes, que se patentizaban a su vista, olvidando que nadie nace sabiendo y que cuesta mucho adquirir algunos conocimientos. [...]. De modo que las primeras reuniones de maestros murieron de inanición y las segundas acabaron en tragedia. Para alcanzar tan famoso resultado ha sido necesario corromper maestras y maestros incitándolos a la rebelión, hacer de cada escuela un taller de Anarquía, de mentira y de indignidad [...]. Las maestras que aún frecuentan las Conferencias, fueron amenazadas con la destitución y aun hoy, antiguas relaciones se conservan alejadas por el terror que se les ha inspirado [...]. Hay necesidad de hacer efectiva la escuela de maestras y de ir renovando el personal con gente más idónea, pero no se quién será el valiente que vuelva a ponerse al frente de tal empresa" [23].

---

21. "La caridad", octubre 4, 1873, *Obras Completas,* 21, 353-54.

22. A propósito de ella, diría en su primer impresión: "La Manso, a quien apenas conocí, fue el único hombre en tres o cuatro millones de habitantes en Chile y Argentina que comprendiese mi obra de educación. ¿Era una mujer?". *Obras,* 49, 211.

23. *Anales de Educación Común,* 12, enero 1870, Vol. IX.

A pesar de que esas iniciativas individuales fueran malogradas, producto de las resistencias, contribuyeron a divulgar una imagen favorable sobre la mujer como educadora pero, ante todo, capacitada para emprender la tarea civilizadora. Tiempo después, fueron las autoridades nacionales las que participaron de ese movimiento renovador y apelaron a esa gama de recursos argumentales para propiciar el ingreso de las mujeres al normalismo. Como lo dijo el Diputado Leguizamón, a todas sus condiciones que había destacado la pedagogía le sumaba otro elemento: eran más baratas:

> "[…] nadie me negará que, con la misma suma de dinero con que sostiene 100 escuelas, regenteadas por varones: se podrán costear 200, dirigidas por mujeres: por la razón muy sencilla de que el trabajo de la mujer vale la mitad, o menos, que el trabajo del hombre" [24].

Además de contar con la formación de un personal adecuado por ser obediente y eficaz para enseñar las primeras letras y el estudio de las humanidades, se tuvo en cuenta este aspecto que inquieta y provoca nuestra mirada contemporánea pero que en la época pudo pronunciarse sin temor a la crítica. Sarmiento, en ese momento Inspector en la provincia de Jujuy, encontró la oportunidad para explayarse sin reservas y ni disimulos sobre las ventajas que aportaba la formación de un magisterio femenino:

> "¿Por qué no emprender deliberadamente lo que ya se viene indicando, que es difundir la enseñanza primaria, fatalmente rudimental, por medio de mujeres, que se adaptarían más que los hombres a las circunstancias y condiciones de su país, abriendo escuelas pequeñas, poco retribuidas pero en gran número, así que pudiese reunir mayor número de niños, si cabe, que hoy?" [25].

Dos argumentos sustentaron su opinión. En primer lugar, la escuela primaria tendría siempre una fatal condición: su carácter rudimentario. En tanto esta enseñanza tenía que educar en principios y valores más que instruir en conocimientos, habilitaba a la mujer para ejercerla. O sea, si la mujer estaba menos preparada para divulgar el conocimiento o saberes cientificistas no era un problema. La escuela primaria sólo tenía un propósito moralizador y ella era la más apta en ese sentido. En segundo lugar, nuevamente planteó la escasa retribución que recibía el magisterio, aunque suficiente para las aspiraciones de una maestra.

Cuando nuevamente se trató el tema en la Cámara de Diputados de la Nación, el diputado nacional Igarzábal, legislador por la provincia de Córdoba, presentó su proyecto que contemplaba no solo la creación de dos escuelas de enseñanza superior para niñas en su provincia y Buenos Aires, sino el otorgamiento de 30 becas para cada establecimiento[26]. Dos inicia-

---

24. *C.D.* 3ª Sesión Ordinaria del 22 de mayo de 1874.
25. *El Monitor,* Año II, Nº 3, julio de 1881.
26. *C.D,* Sesión 22 de mayo de 1874.

tivas interesantes se debatieron en aquella oportunidad, la de extender la educación a las niñas reconociendo sus méritos para que pudieran formarse como maestras y la entrega de becas para que prosiguieran sus estudios[27]. Un sentido de reparación social hacia la postergada mujer fue el hilo conductor de esas voces masculinas que se levantaron en su defensa. Esa era la oportunidad que la sociedad les ofrecía a todas las niñas, incluso, a aquellas hijas de hogares humildes. Iniciativas que contaron con el consenso de la mayoría de los legisladores, de modo que fue posible que al año siguiente el Ministerio de Justicia, Culto e Instrucción Pública, impulsara la creación de escuelas superiores de mujeres en el resto de las capitales de provincia –siempre que tuvieran las condiciones propicias–.

Pero si esas fueron las primeras iniciativas concretas a favor del magisterio de la mujer, la realidad educativa que tenía el país en aquellos años exigía soluciones a corto plazo. ¿Quién formaría a esas jóvenes aspirantes al magisterio? ¿Quiénes serían su ejemplo a imitar? Se necesitaba una solución inmediata. Sarmiento apeló a sus contactos con Mary Mann para convocar a las educadoras norteamericanas. Si bien, ambos preferían a las maestras de Nueva Inglaterra y, en particular, de Massachusetts, finalmente arribaron veintidós maestras de Winona, ocho de Indianápolis y cuatro de Oswego, Nueva York. El perfil de esas instructoras mostraba el movimiento general hacia el Oeste, de las nuevas ideas pedagógicas en los Estados Unidos, que completa el movimiento en el Sur y le demostraba a Sarmiento la posibilidad de una "frontera" civilizadora y educativa en perpetua expansión; algo que se podía emular en la Argentina. A finales de 1870, algunas de estas maestras sirvieron como directoras de las escuelas normales en Mendoza, Catamarca, San Juan, Rosario, La Rioja, y otras partes de Argentina. La Sra. Mann personalmente se encaró de recomendar a las postulantes en cartas dirigidas al entonces presidente de la nación:

---

27. En aquel ámbito se esgrimían argumentos que se referían a la posibilidad de que las mujeres tuvieran otras alternativas liberales, así como también que no quedaran condicionadas a prestar un tiempo de servicio por las becas que recibieran para estudiar el magisterio. Así por ejemplo son significativas las palabras del diputado Funes, cuando en su alegato comentó: "Soy opuesto a las becas; pero como a la mujer nada le damos; como nuestras liberalidades limitan a votar grandes cantidades para la educación del hombre, en este caso la aceptaré. Pero no se por qué se les pone esa condición indispensable de que deberán enseñar por un tiempo determinado, después de concluidos sus estudios. Hay muchos casos de personas que han llegado a adquirir un título de doctor, merced a la becas, y no se les ha puesto la condición de enseñar: y a unas pobres mujeres les ponemos esa condición. [...] ¡Ojalá todas las educandas nuestras tuvieran otras profesiones, como médicas, etc., que por desgracia de nuestro país, están sólo reservadas para hombres. ¿Por qué? Porque tenemos patilla, como dice un libro. Quiere decir que ahora que tratamos de presentar a la mujer la oportunidad de ser maestra, si le conviene, se le tendrá que decir que si quiere ejercer otra profesión mejor: No, Señora, y ha de ser maestra!
    —Señor, que yo quiero casarme...
    —No, no se ha de casar, sea maestra! [...]". *Ibídem*, Sesión Mayo 31 de 1875.

"A Su Excelencia
Presidente Sarmiento,
Mi estimado señor:

La señorita Fannie Wood, portadora de esta nota, es una maestra muy admirada y valorada del Rice School en Boston, que va a S. Amerida con mucho interés y entusiasmo, para ayudar en la buena obra que a usted le interesa. Trae buenas cartas de aquellos que conocen íntimamente sus valiosos servicios, y lamentan perderlos, pero la alientan en su camino ya que la ven tan firmemente resuelta a ir a pesar de que se le ha ofrecido un cargo en una Escuela Normal de Boston de aquí. La encomiendo a su gentileza.

Muy afectuosamente,
Mary Man
Cambridge, 18 de enero de 1870" [28]

La mayoría de esas educadoras, y por cierto también los maestros convocados en aquellos años, se volvieron a su país ante las dificultades políticas, particularmente, con la Iglesia católica. Cabe recordar, aquel episodio en el que intervino el Vicario Jerónimo Clara de Córdoba quien publicó una carta pastoral en la que prohibía asistir a los niños católicos a escuelas laicas dirigidas por instructores protestantes. Una serie de autoridades eclesiásticas del interior siguieron ese ejemplo y finalmente se produjo la confrontación con el ministro de Instrucción Pública Eduardo Wilde. Como desenlace de ese episodio, se determinó la expulsión de un obispo del país lo que originó la ruptura de relaciones entre Argentina y el Vaticano[29]. En una carta a la Sra. Mann, del 2 de octubre de 1884, Sarmiento le escribe acerca de sus temores por el "tema religioso" que llevarían a que las Escuelas Normales de mujeres fueran cerradas por la falta de asistencia y "acaso las jóvenes maestras norteamericanas tendrán que regresar a su país"[30].

Los contratiempos y la oposición a esas primeras educadoras, si bien frustraron las aspiraciones de muchas de esas atrevidas mujeres, no desanimaron a quienes tuvieron la convicción de favorecer la profesionalización de la mujer en el campo educativo. No se pudieron imponer quienes combatieron aquella novedad de los tiempos modernos. Entre los logros de aquellas políticas de Estado en materia educativa, una mención especial merece esa impulso a la

---

28. Citada por Barry L. VELLEMAN, *"Mi estimado señor". Cartas de Mary Mann a Sarmiento (1865-1881)…* Op. Cit, p. 305. Cabe señalar que Serena Frances (Fannie) Woods vino a Buenos Aires con las hermanas Dudley en abril de 1870. Antes, había fundado una escuela para libertos en Warrenton, Virginia. Sarmiento había planteado que fuera directora de la Escuela Secundaria para mujeres en San Juan. Murió de fiebre amarilla en 1871.

29. Ver: Juan Manuel SANGUINETTI, *La representación diplomática del Vaticano en los países del Plata.* Abecé, Buenos Aires, 1954. Eduardo WILDE, *Gobierno y administración: Segunda parte* (Vol. XIX de sus *Obras Completas*), Buenos Aires, Belmonte, 1939.

30. Citado en Edmundo CORREAS, *La pasión educativa de Sarmiento. Sarmiento viajero.* Comisión permanente de homenaje a Sarmiento, 1958, p. 24.

formación de la mujer como maestra. De hecho, esa marcada desproporción fue decisiva para que las autoridades nacionales decidieran no otorgar más becas a los alumnos varones. En momentos de revisión de planes de estudios, de cuestionamientos a la labor del magisterio que provocó la fusión de la escuelas normales de varones con los colegios nacionales, no se puso en dudas la necesidad que continuaran funcionando para la formación de las maestras.

> "[...] Creemos que, en materia de escuelas normales [...] nada debe suprimirse. Debe notarse con este motivo, que las escuelas de mujeres y aún las mixtas no deben tocarse en ningún sentido, puesto que, no existe respecto de ellas, la razón que se invoca para disminuir la de los maestros. Porque, en efecto, si éstos abandonan su profesión por el funcionarismo [...] o si deciden buscar fortunas en las carreras liberales [...], es evidente que las maestras, que no cifran en otras carreras liberales [...], permanecerán en las del magisterio, acabando por dormir completamente en la enseñanza primaria, circunstancia que está lejos de ser un mal, según lo confirma la experiencia y lo abona la experiencia de los que más se han ocupado en esta materia [...][31]".

Reiteradamente se ha dicho que las razones últimas por las cuales se estimuló especialmente la capacitación de la mujer para emprender la monumental tarea de combatir el analfabetismo, tuvieron que ver con un determinado contexto social y cultural. Pero más allá de esa verdad que desnuda la ampulosidad de las palabras, lo que efectivamente aconteció es que la feminización del magisterio forma parte de esa tradición escolar de Argentina. El binomio escuela-maestra, con sus más y con sus menos, se instaló en el sistema educativo y en el imaginario de la comunidad. El éxito de aquella convocatoria tiene dos caras: una la eficacia de aquellas políticas; la otra, es que fue una opción prometedora para aquellas mujeres que pudieron elegir la tarea docente en el marco de esa realidad social.

Sin embargo, a pesar de esa contundente presencia femenina en las Escuelas Normales[32], el lenguaje de los contemporáneos apareció desfasado de la

---

31. *La Nación*, 30 de octubre de 1898.
32. En la Memoria de 1872 se informa que sobre un total de 2.966 maestros, 1.558 eran varones y 1.408 eran mujeres, en *Memoria del Ministerio de Culto, Justicia e Instrucción Pública*, 1872, p. 44. Por otra parte, en el informe de presidente del CNE, Dr. Benjamín Zorrilla, correspondiente al año 1886, se estimaban que de los 3758 maestros de las escuelas públicas de las provincias (sin contar las de la Capital Federal y de las escuelas particulares de todo el país), 1.698 eran varones y 2.060 eran mujeres. Unos cuantos años después en el Censo de 1909 se revela que, de los 18.571 individuos que componían el personal docente, 17.008 eran maestros –4.549 varones y 12.459 mujeres– y 1.563 ayudantes –215 varones y 1.348 mujeres–. Al analizar los números arrojados por el censo, el director de la Estadística Nacional, Dr. Francisco Latzina, comentaba: "Esta diferencia en el sexo del personal docente, que se nota entre nosotros, se opera también en muchas nacionalidades, principalmente en aquellas donde el desarrollo económico es más considerable, y en las que, por consiguiente, el trabajo del hombre es mejor remunerado que el de la mujer. En la República Argentina esta diferencia nace de las escasas compensaciones que perciben los maestros, y ella se irá acentuando a medida que el país prospere y se

realidad. Los giros lingüísticos de la época delataban aquella asociación tradicional entre el maestro y sus discípulos. En plena expansión del normalismo y de su feminización siempre se habló de los apóstoles, los sacerdotes, los obreros de la civilización, de aquellos depositarios de valor, coraje y sacrificio. Ese magisterio había sido una carrera masculina y el vocabulario revelaba sus huellas. Las propias maestras a la hora de referirse a su tarea reproducían metáforas que no se correspondían con los atributos de feminidad de la época. Como lo ha expresado Morgade, el "silencio" de lo femenino tomó una dimensión dramática, desde la primera década del siglo XX. Al hablar de los "maestros" se estaba hablando de casi el 90% de las mujeres maestras. Se podría empezar a reescribir la historia desde allí y decir que para el mundo de las mujeres la docencia configuraba la realización de una esperada conquista[33].

De todos modos, esa persistencia del varón como modelo de educador puede sugerir otra arista más que el silencio y la distancia entre la realidad y el discurso. En un proyecto educativo que buscó imponer un modelo de comportamiento, el ideal de virilidad que encarnaba ese prototipo de maestro era un ejemplo a imitar. Es que se debe recordar que nunca se desestimó la presencia del varón en la educación. Y aún más, la presencia mayoritaria de las mujeres en las escuelas mostraba esa provocativa proyección pública del "sexo débil". Los primeros sobresaltos y denuncias, sobre lo que se percibía como uno de los síntomas del desorden social, se manifestaron en estos tiempos. Esos nuevos espacios que ocupaba la mujer habían menguado la autoridad del hombre y, con ello, debilitado a la sociedad.

La urgente acción de las manos viriles

Desde el mismo momento que se consideró más conveniente a la maestra para afrontar la tarea educadora, se planteó otra cuestión: no era conveniente que la mujer fuera la formadora de aquellos niños que comenzaban a definir sus primeros "rasgos de virilidad". Toda aquel dispositivo que la perfilaba como la más preparada para formar a las "débiles almas infantiles" se revertía cuando esos niños llegaban a la pubertad. Esta precaución fue oportunamente señalada desde el mismo momento en que se reafirmó, en el marco del Congreso pedagógico de 1882, la ventaja de contar con el magisterio femenino. En la trama argumental de los disertantes que apostaron por la figura de la maestra, en las primeras etapas de la educación, remarcaron el aporte invalorable del varón para educar a los niños mayores. Fue allí donde expresaron el interés de recuperar a los maestros varones que habían aban-

---

enriquezca, y siempre que no se mejore esa desventajosa situación." *Censo de Educación de la República Argentina, 1909.* Monografías... *Op. Cit.*

33. Graciela MORGADE, "La docencia para las mujeres: una alternativa contradictoria en el camino hacia los saberes "legítimos" en, Graciela MORGADE,... *Op. Cit.*, pp. 130-149.

donado progresivamente el magisterio. Detrás estaba presente ese clamor por reforzar la autoridad del hombre dentro de una sociedad que parecía desbordada. La denunciada inestabilidad social, la ausencia de rumbo moral, el desorden social y la debilidad de las nuevas generaciones para afrontar los desafíos que ese nuevo escenario social ofrecía eran los rasgos marcados de una sociedad percibida como débil y "afeminada". Según se argumentaba, el "afeminamiento" de los jóvenes tendría como principal causa la pérdida de autoridad del varón. Una ausencia que comenzaría en el ámbito familiar para extenderse a la sociedad en su conjunto:

> "El debilitamiento, casi diría la anulación de la autoridad del padre en lo que atañe a la educación del hijo, constituye un mal grave y figura en la primera línea entre las múltiples causas que concurren a apagar el entusiasmo, a extinguir las aspiraciones elevadas, a producir la indiferencia y la inercia para todo lo que no sea empresas de lucro, a destemplar y deprimir el carácter, a embotar el sentido moral, a rebajar el nivel de los estudios y la aplicación al trabajo a extremos increíbles, a enfriar y envejecer el alma llenándola con todos los egoísmos. [...]
>
> Por eso lo que procede, en bien de la enseñanza, no es destruir y reemplazar los planes vigentes en escuelas y colegios, sino corregirlos y ponderarlos, según los consejos de la experiencia. [...] Es menester que reconozcan las funciones activas del padre como educador y que desaparezca su papel pasivo y tolerante hacia el hijo [...]" [34].

Así se suponía que, el orden imperaría cuando esa crisis de autoridad fuera revertida por la recuperación del adiestramiento paterno que pondría frenos a los excesos de blandura y mimos maternos. Esto se podía continuar en tanto volviera a tener presencia la figura del maestro dentro de la institución escolar. De allí que fueron muchos los esfuerzos por revertir esa "falta de maestros varones". Según se denunciaba, en las escuelas de niñas y en las infantiles (que eran mixtas) el personal directivo era exclusivamente femenino; en la de varones la dirección era generalmente masculina, pero también se daba que hubiera maestras dirigiendo. De modo que, el personal docente mostraba un predominio extraordinario de maestras, que tenían a su cargo no sólo los grados inferiores de las escuelas de varones, donde serían irremplazables, sino también los elementales y a veces los superiores. Según los datos de la época, esa situación se venía dando desde hacía veinte años como en el caso de la Capital Federal donde el 75% del personal docente eran mujeres. Tal como se constataba, esto no cambiaría mientras "el varón no viera revertir la contrariedades múltiples que comporta el cargo de maestro" de allí que:

---

34. *La Nación,* 5 de abril de 1901. La nota era firmada por N. Piñeiro. Cuando el autor se refiere a la reforma de planes de estudio en escuelas y colegios, tenía presente la obsesiva voluntad reformadora de la gestión del ministro de instrucción Osvaldo Magnasco.

"Tal situación no debe durar. Muchos nos preguntamos, alarmados, si la falta de hombría de las últimas generaciones no reconoce, entre otros factores, el hecho de que a la edad en que se necesitan la dirección y el ejemplo masculinos, siguen siendo moldeados por maestras mujeres y jóvenes, a menudo demasiado jóvenes.

Y no cabe argüir con el ejemplo de los Estados Unidos, pues ni aquel medio ni aquellas mujeres maestras son nuestro medio, ni nuestras maestras, fuera de que no sé, si no podría afirmarse que allí mismo las cosas andarían mejor si fuesen hombres los encargados de educar a los niños después de cierta edad.

Esperamos que un buen día los poderes públicos tengan un arranque, que sería realmente patriótico, y levanten, junto con la retribución pecuniaria, el prestigio moral del maestro varón que no desertará entonces las filas, como hoy ocurre irremediablemente" [35].

Reclamos constantes que se profundizaron con la feminización del normalismo, pero que no llegaron a ser unánimemente compartidos. En ese sentido, sorprende encontrar afirmaciones como las de Juan Pablo Ramos:

"[…] ¿puede ser el maestro varón una enseñanza viviente para el niño, un ejemplo sugerido de imitaciones futuras? La mayoría de las opiniones son favorables a este respecto, cuando afirman que en los grados superiores, el hombre es necesario para educar a los niños convenientemente, por su energía, por sus fuerzas varoniles. Sin embargo, hay en esto, como se ha dicho ya, una falacia. Hoy rige en la escuela primaria un concepto exclusivo de instrucción, porque es imposible no poder ser así, dados los planes de estudios, los horarios, la psicología y la orientación mental del maestro. Aun suponiendo que este, individualmente, sea un magnífico ejemplar humano, un exponente de todas las características fundamentales de la abstracción del hombre, ¿en qué forma podría transmitirlas a sus educandos si estos no pueden ver en él al hombre sino al maestro, a pesar de todos los empeños de la teoría? Podrá exteriorizar ante la clase sus condiciones sociales, su efectividad, su sentimentalidad, pero no las energías o las fuerzas varoniles, que sólo se manifiestan en la acción" [36].

Para Ramos la presencia del maestro varón no bastaba, no era suficiente para transmitir el sentido de una conducta viril a los niños. Una vez más, reafirmaba la necesidad de promover un cambio más profundo en la formación del magisterio que apuntara a la acción más que a la declamación. Sin embargo, otros continuaron expresando su contrariedad frente a la marcada presencia de la mujer en el normalismo. La nota más llamativa fue el pro-

---

35. *Censo de Educación en Argentina 1909... Op. Cit.*, p. 500.
36. Pablo RAMOS, *Historia de la Instrucción Primaria en la República Argentina, 1810-1910. Tomo 1... Op. Cit.*, p. 274.

vocativo discurso del Ministro de Instrucción, Saavedra Lamas, dirigido al público de la Escuela Normal de Maestras Nº 4:

> "La civilización que queremos arraigar en nuestro suelo requiere ante todo acción de manos viriles [...] Esto se agrava todavía con la circunstancia de que los padres hállanse habitualmente sustraídos al hogar por sus ocupaciones, quedando así la educación casi por entero a cargo de las madres de familia. Si la enseñanza es femenina también, resulta que la acción intelectual del hombre sobre el niño de su sexo queda casi por entero suprimida y salta a la vista el desequilibrio social que este estado de cosas produce" [37].

No es casual que en ese tiempo en el que la educación pública fue puesta en el banquillo de acusados, reclamando su urgente reforma, también se aprovechara para responsabilizarla por uno de su males: el predominio de la mujer en las aulas. Tampoco es casual que Manuel Gálvez, desde la ficción, presentara a Raselda, la maestra normal corrompida por la ausencia de la enseñanza religiosa. En tiempos en los que se cuestionó la mayoritaria presencia femenina dentro del magisterio, este escritor que contribuyó a divulgar los temas ideológicos "nacionalistas" a través de sus libros, escribió *La Maestra Normal*. Su obra, marcada por la dinámica política y social que hace difícil rastrear su pureza doctrinal[38], evidencia una impronta católica que lo lleva a cuestionar duramente a esa escuela laica que provocó la pérdida del rumbo social y político del país. Pero claro si había que buscar un paradigma para mostrar esa perdición moral, su pluma eligió a la controvertida figura de la maestra a quien "en la escuela nunca le hablaron de Dios [...] y no tenía fuerzas para vencer los instintos."[39]

Pero más allá de las acusaciones y las críticas, de los temores y los anuncios agoreros, la identidad de la escuela pública quedó asociada a la figura de la señorita maestra. Las mujeres continuaron eligiendo el magisterio como forma de capacitarse e insertarse en la sociedad ganando respeto y consideración[40]. La institución normalista se transformó en un ámbito marcadamente femenino, sobre todo en ciudades como Buenos Aires[41].

---

37. Carlos SAAVEDRA LAMAS, *Reformas de la Enseñanza Pública... Op. Cit.*, p. 122.

38. Olga ECHEVERRIA, "Los intelectuales católicos hasta el golpe de Estado de 1930: la lenta constitución del catolicismo como actor autónomo en la política argentina", en *Anuario del IEHS*, 17, 2002.

39. Manuel GALVEZ, *La maestra normal. Obras escogidas.* Aguilar, Madrid, 1941, pp. 342-343.

40. Así por ejemplo para el año 1917 del total de 2.165 títulos normales emitidos, 318 fueron para varones y 1.847 fueron para mujeres. Citado por: Silvia C. Yannoulas, *Educar: ¿Una Profesión de Mujeres?... Op. Cit.*, p. 53.

41. Tal como informaba el Inspector General de Enseñanza Secundaria, Normal y Especial, J. J. Millán, comentaba: "Se aumentan las escuelas normales, pero donde siempre han faltado los maestros normalistas, siempre siguen faltando. En cambio, como en Capital Federal, donde siempre hay maestras disponibles, se han aumentado de modo tal, que hoy se oye decir que, a fines de 1916, había 800 maestras sin ocupación [...]. Cada día se

Evidentemente había un malestar ante lo que se percibía como un excesivo protagonismo en el espacio doméstico y, aún más, su evidente presencia en la plaza pública, territorio por excelencia del varón. Si otrora las primeras maestras habían sido exaltadas por la virilidad de sus conductas, con el advenimiento de ese escenario social de principios de siglo su numerosa presencia ponían en riesgo la hombría de las jóvenes generaciones. Es llamativo el contraste entre uno y otro momento. Es que los hombres de principios de siglo tenían frente a sus ojos una realidad que no esperaban. Si en su momento para el reconocido pedagogo uruguayo José Pedro Varela lo que más había que destacar de la sociedad en los Estados Unidos era que "[…] una mujer es un hombre; piensa y filosofa como uno… Los Estados Unidos es una nación formada por hombres de ambos sexos en la que uno jamás encuentra una mujer", a las puertas del siglo XX lo que parecía predominar era la fragilidad enfermiza de la sociedad, de allí la urgencia de convocar a las "fuerzas varoniles" para que recuperaran su protagonismo.

Es que esos nuevos tiempos anunciaban cambios sociales que llevaron a choques culturales, debates y confrontación de ideas en los que también alzaron sus voces las mujeres, por cierto muchas de ellas maestras. En esas disputas, las ironías y las expresiones cáusticas pueden llevar a la confusión de un lector contemporáneo. No fueron pocos los que hicieron referencia a los "rasgos de virilidad" que mostraban algunas mujeres de vidas ejemplares, pero parece que eso no necesariamente fue visualizado como una virtud, tal como le parecía a Varela en el siglo anterior. Es más, muchos denunciaron la masculinización de la mujer. Era tiempo de diferenciar los comportamientos de hombres y mujeres. No fueron pocas las voces femeninas que inclusive condenaban a sus congéneres que luchaban por la igualdad con el hombre corriendo el riesgo de masculinizarse. Claro que también hubo quienes avanzaron más aún y se expresaron a favor de un cambio de sensibilidad insistiendo en una feminización de los valores en la sociedad argentina moderna difundidos a través de la autoridad de la maestra. La controvertida maestra Herminia Brumana en su oposición a la integración de las mujeres al campo político, reclamó por romper ese binarismo de lo masculino y lo femenino. La moralización de la sociedad sólo venía de la mano de una feminización de los valores que garantizarían la paz social. La mujer debía apartarse de ese viciado terreno de la política para luchar como madre educadora y formar a los futuros ciudadanos. Como dijo en su momento:

> "Dentro de la estrechez del hogar hay más amplio campo de acción para luchar por el bien que en la amplitud del salón parlamentario. Cómo: ¿y una madre con su amor no es capaz de hacer del hijo un paladín del bien? ¿Y ese hijo bueno no habrá gobierno bueno? Pónganse todas las

---

siente más la necesidad de fomentar las escuelas de maestras. El joven maestro, capaz de ir a cualquier parte del país, es el ideal que se requiere para llevar la instrucción hasta los más alejados rincones del país, y sin embargo, continuamente se ha visto que se suceden las creaciones de escuela normales, de mujeres". *Memoria*, 1917, p. 19.

mujeres a alzar con su corazón un grande anhelo de justicia en el corazón de cada hijo y entonces el voto femenino –que tiende a la justicia– estará sencillamente demás" [42].

En definitiva, más allá de estas consideraciones lo que resultó evidente es que el magisterio fue una de las alternativas elegidas por las jóvenes de aquel tiempo para trasvasar las barreras de su delimitado ámbito doméstico. Y eso lleva a preguntarse quiénes tuvieron las condiciones para visualizar un horizonte posible que las llevara a progresar y a ser estimadas por su labor. Es esta una cuestión que no necesariamente aparece cerrada más allá de los valiosos trabajos que se han citado.

El magisterio:
¿una vía de ascenso social y de proyección pública?

Tal vez una forma de comenzar a responder esa inquietud pueda hacerse a través de los testimonios de los propios contemporáneos. Según esas voces, existían razones por las cuales el magisterio prometía mejores oportunidades para las mujeres que para los varones:

> "Aunque el preceptor goza del beneficio, no pequeño entre nosotros, de habitación en el edificio de la escuela, es evidente que la posición que se hace al preceptor sin otra perspectiva que su mezquino sueldo, no es por cierto muy halagüeña, ni bastante a satisfacer las aspiraciones de un hombre que entra en el camino de la vida con el vigor de los primeros años, y la aspiración legítima de llegar al bienestar y la fortuna.
>
> Mientras tanto, aquel mezquino sueldo, con el auxilio de la habitación, es ya una posición apetecida y honrada para la mujer, que no tiene los mismos horizontes que el hombre, ni los medios de adquirir. La dirección de una escuela es una posición buscada con el mayor empeño por muchas distinguidas señoras y señoritas de nuestra sociedad" [43].

A pesar de su mezquino sueldo y unas condiciones precarias de trabajo que el ejercicio del magisterio implicaba, fue estimada como una carrera viable para la mujer honrada. Aquellas circunstancias, sindicadas como negativas para el hombre, se revertirían cuando de la mujer se trataba. Si bien no se encuentra una representación proporcional de profesionales mujeres desempeñando cargos jerárquicos o como referentes pedagógicos, a la cantidad de

42. *Clarín*, Año I, N° 10, 1919. "Contra el feminismo y para las mujeres". Entre los pocos trabajos que han abordado la obra y la acción de la Brumana, se puede citar el de: Lea FLETCHER, *Una mujer llamada Herminia*. Buenos Aires, Catálogos, 1987. Francine MASIELLO, *Entre civilización y barbarie. Mujeres, Nación y Cultura literaria en Argentina moderna* Beatriz Viterbo Editora, Rosario, 1997.

43. *Informe del Departamento de Escuelas al Gobierno de la Provincia de Buenos Aires correspondiente a los años 1870, 71, 72.* Imprenta de Pablo E. Coni, Buenos Aires, 1872. p. 24.

maestras que integraron mayoritariamente el cuerpo docente. Si la dirección y la vicedirección de las escuelas de niñas y de las normales de maestras fueron los máximos cargos y más frecuentes en cuanto a la aspiración que muchas pudieron concretar, existieron otros resquicios que hicieron posible que algunas de ellas traspasaran ese premeditado lugar común. Las que sobresalieron por su trabajo, las que se mostraron más inquietas y decididas o simplemente aquellas que contaron con una recomendación apropiada, fueron percibidas como capaces y dignas de ejercer un cargo, de emitir una opinión y de ser un referente a tener en cuenta. Es posible encontrarlas como miembros de congresos pedagógicos en los que dejaron el sello particular de su palabra, autoras de libros de textos que se consultaban en las aulas y de obras pedagógicas, comentaristas y disertantes en conferencias sobre cuestiones educativas en general. Pero todas esas voces femeninas que llegaron a esos lugares de mayor notoriedad, fueron profesoras o maestras normales, más allá de que también contaran con un guiño político para ocuparlos. De todos modos, en las fuentes trabajadas no se han hallado nombres de educadoras como miembros del CNE, ni cumpliendo cargos de mayor jerarquía dentro del ministerio.

La elección del magisterio reconocido como una alternativa para las jóvenes del país[44] estuvo condicionada por la procedencia social de las aspirantes al magisterio. Ciertamente resulta dificultoso determinar con precisión los orígenes sociales de las primeras normalistas. Por algunos comentarios se puede, en principio, sugerir que la composición fue mucho más heterogénea que la señalada en algunos trabajos. Un análisis bastante extendido, y compartido, ha sido el de presentar al magisterio como una profesión elegida por una mayoría de jóvenes pertenecientes a los sectores medios[45]. Sin embargo, como afirma Yannoulas, existen algunas referencias de la época que señalan la presencia de niñas de "clases privilegiadas" en las escuelas normales argentinas. La excepción a esa realidad fue la Escuela Normal de Mujeres de Capital Federal, dado que las hijas de la elite porteña concurrían a escuelas particulares de alto costo localizadas en la ciudad[46].

---

44.   Un trabajo que refleja esa feminización del magisterio en un caso particular del país, la provincia de La Pampa, es el de: Ma. José BILLOROU, "Mujeres en la docencia: una herramienta para la construcción del Estado en el interior argentino (1900-1930) en Ma. Herminia Di LISCIA y José MARISTANY (Eds.), *Mujeres y Estado en la Argentina. Educación, Salud y Beneficiencia*. Editorial Biblos, Buenos Aires, 1997.

45.   Nos referimos por ejemplo los trabajos de Graciela MORGADE, *El determinante de género en el trabajo docente de la escuela primaria*. Buenos Aires, Facultad de Filosofía y Letras de la Universidad de Miño y Dávila Editores, Buenos Aires, 1992. "La docencia para las mujeres: una alternativa contradictoria en el camino hacia los saberes legítimos", *Propuesta Educativa*. Buenos Aires, Año 4, N° 7, Oct., pp. 53-62. "¿Quiénes fueron las primeras maestras?, *Revista del Instituto de Investigaciones en Ciencias de la Educación*. Buenos Aires, Año II, N° 2, Julio, pp. 52-61. Andrea ALLIAUD, *El maestro como categoría social: génesis y desarrollo en Argentina (1880-1915)... Op. Cit.*

46.   Silvia Cristina YANNOULAS, *Educar: ¿Una profesión de Mujeres?... Op. Cit.*, p. 52.

Si se rastrean los testimonios, a partir de los distintos momentos trabajados, una primer referencia ubica, en la provincia de Buenos Aires en los años setenta, a las alumnas maestras provenientes de familias que habían tenido un pasado próspero:

> "Nuestras luchas civiles y la inestabilidad misma de la fortuna, mayor entre nosotros que en otras partes, ha dejado a muchas familias que vivían antes en la opulencia, en las circunstancias más estrechas. La Escuela Normal encontraría entre ellas sus mejores alumnas, y puede asegurarse que en pocos años, nuestras escuelas públicas estarán dirigidas por hábiles preceptoras, que agregarían a una completa competencia, el decoro y la dignidad de las maneras" [47].

Esos escasos comentarios directos sobre las procedencias sociales de los aspirantes al magisterio, llevan a aproximar una idea posible a través de menciones indirectas o siguiendo algunas trayectorias particulares. Los nombres de las primeras maestras como Juana Manso, Manuela Gorriti, Cristina Alió, se vinculan a antiguas familias patricias. Ellas eran hijas de reconocidas familias que fueron parte de la oligarquía o tuvieron estrechas vinculaciones con las elites gobernantes. Otro dato que no resulta menor es el de las denuncias que, con cierta frecuencia, se referían a las becas de estudios otorgadas a jóvenes aspirantes al magisterio que distaban mucho de proceder de familias humildes.

Con el paso del tiempo, y como expresión de los alcances de la alfabetización, aquella sociedad con su movilidad hizo de las Escuelas Normales una posibilidad cierta para las jóvenes de otros sectores sociales. Como explicaba Pablo Ramos en su informe, basado en los datos obtenidos a partir de su estudio sobre el cuadro educativo del país,

> "Generalmente las clases aristocráticas de las diferentes agrupaciones jurisdiccionales de la República, no han dado muchos de sus hijos varones al magisterio. La razón es demasiado sencilla para mencionarla. 'El batallón sagrado de la cultura argentina, la guardia escogida de los ejércitos sociales de la patria' como llamaba a los maestros el mensaje de un gobernador del Norte, era un arranque de lirismo pedagógico-militar, ha tenido que formarse entre los hijos de la clase media y de la baja sociedad. En cambio, en lo que a la mujer se refiere, las tres clases sociales han intervenido, sobre todo en algunas provincias del interior, con un considerable número de sus hijas. Esto ha producido –siempre en algunas capitales del interior se entiende– una mayor vinculación entre la sociedad y la escuela para mujeres, que entre la sociedad y la escuela para hombres. Este sólo hecho ha originado una serie importante de consecuencias, de las cuales la mayor parte han sido escuelas normales, en las diversas encuestas ministeriales que se han sucedido en los últimos años. [...]

---

47. *Informe del Departamento de Escuelas de la Provincia de Buenos Aires correspondientes a los años 1870, 71 y 72. Op. Cit.*, p. 25.

La mujer [...] pobló las escuelas normales, muy poco tiempo después de haber sido fundadas. Si para el hombre la profesión significaba en tesis general, una orientación en un sentido limitativo, para la mujer implicaba, al contrario, una considerable amplitud en el horizonte de su vida. Por eso acudió a ellas decididamente. Las familias más pudientes y distinguidas de algunas provincias del interior no vieron sino ventajas en el hecho de que sus hijas frecuentaran las clases de esos institutos profesionales. Pero, sobre todo la clase media fue solicitada para acudir. Esto vinculó a la escuela con la sociedad, con el hogar" [48].

Esta diversidad social en cuanto a la composición del magisterio femenino encuentra una constatación en los archivos escolares. A partir del seguimiento de la lista de alumnas-maestras se detectan nombres de aspirantes que pertenecían a diversos sectores sociales, junto a jóvenes de reconocidas familias, se suman aquellas (y aquellos) cuyos padres son medianos propietarios rurales, arrendatarios, pequeños y medianos comerciantes, cuentapropistas, pequeños propietarios urbanos, que consiguieron su título de maestra normal[49].

Otra mención indirecta se ha podido hallar, a partir de un interesante y sostenido debate entre dos reconocidos escritores que abrazaron la corriente nacionalista. Manuel Gálvez, cuando expuso su dura crítica a la escuela oficial, en su ya mencionada obra la "Maestra Normal", mantuvo una pública controversia con Leopoldo Lugones. Este último al asumir la defensa del magisterio y del honor de las jóvenes, hizo referencia a su procedencia social:

"[...] Hace más de treinta años que la mayoría de aquellas señoritas más distinguidas siguen la carrera magistral, sin que se haya notado por ello mengua en la moral ni en la cultura públicas. Hace más de treinta años que la mayoría de aquellas señoritas adquiere el título de maestra normal, y ello por una razón digna del mayor respeto; la mujer provinciana es generalmente pobre y como en la buena educación de provincia el trabajo no degrada a quien lo ejerce, las familias buscan para sus hijas el título de maestras normales, que así ha ido vinculándose a los apellidos más ilustres. Con ello ganan de consumo en el hogar, la escuela y el país

---

48.   Pablo Ramos, *Historia de la Instrucción Primaria en la República Argentina, 1810-1910...* *Op. Cit.*, p. 266.

49.   Si tomamos el ejemplo de la Escuela Normal Mixta "Don José de San Martín" de Tandil, se advierte en su las lista de los alumnos-maestros, en principio, un predominio de mujeres. En segundo lugar, en su mayoría son argentinas y argentinos –aunque sus apellidos delatan ser mayoritariamente la primer generación nacida en el país–, pero encontramos aspirantes varones y mujeres dinamarqueses, españoles e italianos. En tercer lugar, hay aspirantes como Zulema Duffau hija descendiente de un prestigioso dirigente político local y propietario de la zona, Juana Urrutebehety descendiente de vascos medianos propietarios y arrendatarios del partido de Tandil; Mercedes Oddone de origen italiana; y un destacado número de jóvenes de sectores medios de la ciudad. Ver, *Libros Copiadores, 1911-1916, Escuela Normal Mixta "Don José de San Martín"*.

así servido por las mejores maestras que pudieran desear, en cuanto ellas aprecian a la inteligencia más despierta de los medios sociales elevados y a la dedicación que necesita su carrera, la delicadeza y gracia de una fina educación familiar"[50].

Menciones poco precisas y aisladas que si bien no dan una idea exacta de la composición social del magisterio femenino, permiten aproximar algunas conclusiones. En primer lugar, sería conveniente hablar de una diversidad social en la procedencia de las aspirantes al magisterio. Diversidad que tiene que ver con el espacio y el tiempo. Es factible pensar que, en las primeras escuelas normales del interior hayan asistido aquellas niñas pertenecientes a familias destacadas de la región. Con el paso de los años, en aquellas regiones más dinámicas en su crecimiento económico y en su movilidad social, como en las comunidades de la región bonaerense y litoral y la ciudad de Buenos Aires, habrían optado por continuar sus estudios de maestras aquellas jóvenes pertenecientes a sectores medios y medios bajos (muchos de ellos de origen inmigrante) que permitía su ingreso a ese universo de los que cumplían con la importante misión de educar a los niños del país.

Más allá de los orígenes sociales que delataron las maestras normales, lo cierto es que no siempre fueron tan favorecidas. Para algunas de ellas, la situación que ofrecía su participación como educadora en las lejanas escuelitas de las aldeas del interior, fue desalentadora. Como Ramos comenta:

"Ya se ha hablado [...] de la poca coordinación existentes entre las Escuelas Normales nacionales y las Escuelas Primarias provincias. Quien salía de las primeras no encontraba siempre en las segundas una adecuada acomodación. Destacando los teje maneje habituales de la política local, quedaba la cuestión fundamental de los sueldos. Estos eran, por lo general, demasiados mezquinos, aún en algunas capitales mismas o ciudades de la provincia de cierta importancia. Pagados además con una excesiva tardanza, cerraban completamente la carrera a quien ambicionaba conseguir, con el ejercicio de su profesión, una vida descansada al abrigo de los apremios de la miseria. ¿Qué iba a hacer la mujer, maestra normal, entonces? ¿Decidirse por su profesión, a pesar de todo? ¿Soterrarse en la inmensa soledad de una aldea sin vida, sin horizontes intelectuales, sin el abrigo consolador de la afecciones habituales, sin nada de eso que interesa al espíritu más seco o más frío, familia, simpatías, cariños, rela-

---

50. *La Nación*, 13 de junio de 1915. La nota se titulaba "Por la verdad y la justicia". El debate entre los dos escritores se trasladó a las páginas del diario, participando también el escritor Unamuno quien defendió la tesis de Gálvez. A lo largo de varios días tanto Gálvez como Lugones defendieron su postura argumentando su experiencia como inspectores de educación y su conocimiento directo de aquello sobre lo que opinaban.

ciones sociales, soterrarse así, siendo mujer y joven? Era pedir demasiado a una vocación"[51].

La situación pudo ser otra para aquellas cuyos destinos laborales fueron más promisorios. Fue el caso de las muchas que se formaron en instituciones normalistas de su comunidad y que se quedaron en ella para demostrar sus condiciones profesionales. Desde ese plano microsocial de interacción entre los agentes, en su contacto cara a cara con el otro, es posible imaginarse que muchas de aquellas mujeres de las ciudades, de los pequeños pueblos, estimaran la salida profesional como un reposicionamiento en su propia comunidad de referencia. Un trabajo presentado como decente, como el más apropiado para ser desempeñado por una mujer fuera de su hogar, con una preparación que la hacía miembro de la esfera de los alfabetizados, le otorgaba cierta respetabilidad entre los suyos. No se puede dar como única explicación, la premisa del respeto y la estima social como una variable que pueda indicar las razones por las cuales se pudo optar por el magisterio pero, no deja de ser estimada como una razón de peso. Evidentemente para aquellas que pertenecían a sectores medios bajos, muchas hijas de inmigrantes, el magisterio ha sido una forma de ganar el reconocimiento y la consideración de su entorno social. En ese margen de acción donde se da la experiencia individual de la vida social[52], algunas de aquellas maestras dejaron el testimonio de su presencia. Se convirtieron en referentes de acción y opinión, dentro de un movimiento que reclamó por la condición de sujeto jurídico real de la mujer dentro de la comunidad del *citoyen*. Formaron parte de los *contrapúblicos,* es decir de aquellos "públicos" caracterizados por elaborar estilos alternativos de conducta política y normas propias de diálogo público[53]. Múltiples aristas de un hecho social que explica la presencia de figuras públicas, durante las primeras décadas del siglo XX, como Raquel Camaña, Alicia Moreau, Herminia Brumana, Alfonsina Storni, Elvira Rawson, Felisa Latallada, Ernestina Nelson, entre otras muchas. Ellas se impusieron por el vasto registro de sus pronunciamientos y por su capacidad de agencia en la sociedad civil. Como lo expresara la propia Alfonsina: "muchas escritoras de avanzada y feministas a pesar suyo, provienen del normalismo". A través de sus ideas operaron como

---

51. Juan Pablo Ramos, *Historia de la Instrucción Primaria en la República Argentina 1810-1910... Op. Cit.*, p. 271.

52. A propósito del modelo de Goffman, existe un interesante aporte de Joseph ISAAC, *Erving Goffman et la microsociologie.* Presses Universitaires de France, París, 1998.

53. Esta noción introducida por Nancy Fraser, parte de considerar que la conceptualización de esfera pública habermasiana no ha estimado otras esferas públicas no liberales (como asociaciones femeninas y actividades de protesta obrera durante el siglo XIX). Según explica, el discurso público basado en la accesibilidad, la racionalidad y la suspensión de jerarquías de estatus, constituyó, en verdad, una estrategia de distinción. Ver: Nancy FRASER, "Tethinling the Public Sphere: a Contribution to the Critique of actually existing Democracy", en *Social Text,* No. 25-26.

"mediadoras culturales", para llegar a los diversos colectivos de receptores con una intencionalidad pedagógica[54].

Si bien la mayoría de aquellas educadoras permanecen en el olvido, algunas de ellas puede ser rescatadas del silencio aunque más no sea recuperando sus nombres. Como ejemplo en una de las tantas escuetas comunicaciones del Consejo Nacional de Educación, se detectan a algunas de estas desconocidas al ser exoneradas junto a otros maestros acusados de participar en la huelga de 1912 y de propagar ideas anarquistas. A los nombres del Inspector Técnico Próspero Alemandri, de los maestros Rafael Sedano Acosta y Julio Barcos, del director y subdirector del Museo Escolar Sarmiento, Carlos Biedma y Luis María Jordán se sumaron, los nombres de las directoras Catalina Argofoglio y Cornelia Fontana y la maestra Leonilda Barrancos. Agentes que en su tarea diaria resignificaron, frente a sus alumnos, aquello que habían aprehendido de la cultura hegemónica y en ese movimiento pendular de resistencia, asimilación y negociación dieron su propia versión de ese universo de valores que debían transmitir.

Tal vez al recuperar la vida de esas otras desconocidas, como lo hiciera Sarlo sacando del anonimato a Rosa del Río, se pueda comprender lo que significó para la vida de muchas de ellas más allá de que contribuyeran a reproducir el modelo cultural dominante. Como explica la autora,

> "la escuela era una máquina de imposición de identidades, pero también extendía un pasaporte a condiciones mejores de existencia: entre la independencia cultural respecto del Estado y convertirse en servidor del proyecto cultural de ese mismo Estado, quedaban pocas posibilidades de elección. Rosa del Río ve a la escuela como una realidad (la de la escena simbólica más rica) y como una promesa (la de un trabajo mejor remunerado, más prestigioso y más liviano que el que iba a realizar si seguía de oficiala en el taller de su padre).
>
> Su historia es, entonces, la de alguien que se convierte en fracción dominada de la clase dominante para emplear la fórmula ya clásica de Pierre Bourdieu. Será miembro medianamente exitoso del aparato más eficaz montado en la Argentina moderna, remunerado, por otra parte, relativamente abundante si se piensa en las otras posibilidades laborales que estaban en el horizonte antes de entrar a la Escuela Normal"[55].

Y es tiempo de replantear, entonces, esta otra faceta que propone esta autora. Como lo ha dicho oportunamente Catherine MacKinnon, a la hora de definir las características del Estado Liberal, "el feminismo no tiene una

---

54. Esta cuestión ha sido trabajada en: Lucía LIONETTI, Continuidades y discontinuidades de las políticas públicas en la educación de las 'madres de ciudadanos' en la Argentina del siglo XIX" en Pilar PEREZ CANTO-Susana BANDIERI (Comp.), *Género, educación y ciudadanía en Argentina, siglos XVIII al XX*. Editorial Miño y Dávila, Buenos Aires, 2005.
55. Beatriz SARLO, *La máquina cultural. Maestras, traductores y vanguardistas*. Editorial Ariel, Buenos Aires, 1998, p. 67.

teoría del Estado", sino que consigue avanzar sobre una teoría del poder[56]. Una forma de salvar esas supuestas debilidades de los estudios de las mujeres, y el feminismo puede encontrarse entendiendo ese tejido de construcción del poder entre el Estado y la sociedad civil. En este caso, se trata de tener presente que esas políticas convocantes tuvieron como contrapartida una respuesta favorables de aquellas que buscaron tener su oportunidad. Esas maestras que con su labor colaboraron en la construcción del orden y del Estado Liberal, a su vez, reconocieron la ventaja de adquirir el capital social, técnico y cultural que esas políticas de profesionalización les brindaba.

---

56. Catherine MacKINNON, *Hacia una teoría feminista del Estado,* Madrid, Cátedra, 1995, p. 277.

TERCERA PARTE

LA SOCIALIZACIÓN POLÍTICA DE LOS "PEQUEÑOS PATRIOTAS"

Capítulo VII

Argentinizar a los futuros ciudadanos de la república

> *"[...] La tarea de educar adquiere una función especial en repúblicas como la nuestra, formada por una población colectiva, cosmopolita [...] el magisterio asume desde luego la misión política de conservar con la enseñanza la unidad nacional, tócale dentro de su esfera infiltrar en los inmigrantes escolares [...] el espíritu de nuestras instituciones democráticas, para hacer de todos verdaderos ciudadanos, habitantes tranquilos, amigos del país que reciben [...] la costumbre del bien, la educación; comprendiendo en ella el respeto, la veneración de nuestros héroes y nuestros grandes hombres de la libertad y la independencia [...] y todo eso que es la base del civismo y de la conservación de las glorias incomparables e imperecederas [...]".*
>
> *La Nación*, 5 de setiembre de 1889.

El esfuerzo por convertir a la educación en una cuestión de Estado, el tenor de los debates generados en torno a sus resultados así como, la preocupación por formar al magisterio alcanzan sentido cuando se recuperan estas palabras. A la escuela pública le cabía una tarea que excedía ampliamente la mera intención de inculcar los saberes de base: leer, escribir y contar. Su función adquiría ribetes políticos al otorgarle la misión republicana de *formar al ciudadano*[1]. Su obra civilizadora perseguía un propósito de *socialización política* a partir del cual, los hijos de la república, mostrarían en privado y en público "la virtud, la inteligencia, la destreza, la fidelidad a la patria, la obediencia, el valor, la confianza de sí mismo, la industria, la perseverancia y el máximum de salud y robustez física"[2].

Tal como se suponía, ese perfil de ciudadanía garantizaba la cohesión nacional, la moralización de la sociedad y el mantenimiento del orden social. Para concretar la unidad nacional del extenso territorio, habitado por una dispersa población heterogénea, era imprescindible conformar una identidad común. La tarea fue ardua y compleja porque se puso en marcha el proceso de invención de la nación. La escuela debía transmitir el respeto a las instituciones de la república, el conocimiento del territorio, la enseñanza del idioma nacional y de una versión de la historia nacional. De ese modo,

---

1. Juan Carlos TEDESCO, *Educación y sociedad en Argentina (1880-1945)... Op. Cit.*
2. *El Monitor*, Año IV, N° 72, 1885.

la presentación de ese pasado, que creara la conciencia de pertenencia a una tradición y a una comunidad de destino, se transformó en una preocupación permanente a lo largo de estos años.

Tal como se abordará en este capítulo, para conseguir transmitir a los escolares ese sentido de *argentinidad* se diseñaron contenidos, estrategias de enseñanza y una generosa producción de textos escolares. Ahora bien, como se pretende demostrar la circulación de ese discurso histórico en las aulas no fue una mera reproducción de una versión hegemónica de la configuración del pasado. El tono moralizante de ese relato histórico, con el que se buscó modelar la conducta de los "pequeños patriotas", presentó matices sugerentes para destacar. Un límite obvio de este tratamiento es que las fuentes consultadas permiten hacer sólo algunos guiños al tipo de prácticas que se generaron en el ámbito de la institución escolar. A pesar de esas debilidades, se trata de mostrar de qué modo esa red discursiva fue generadora de prácticas escolares que han persistido en el tiempo.

Más allá de las controversias y debates que este modelo educativo generó, y aún genera, es indudable que en gran medida consiguió su propósito. Nadie pondría en duda su éxito si solamente nos detenemos a pensar que los hijos de inmigrantes, nacidos en este país, se identificaron con su condición de argentinos. Y tampoco hay que olvidar que ese discurso, de indudable pretensiones homogeneizadoras, llegó hasta quienes fueron premeditadamente excluidos de la Historia Oficial. Sin embargo, para los intelectuales, educadores y dirigentes de aquel tiempo la obra de la escuela parecía inconclusa. A la puertas del siglo XX, se llegó a proclamar la necesidad de un cambio que subsanara el error de las políticas educativas precedentes. En los tiempos del Centenario, el clima de ideas exacerbó el sentido de la crítica invocando el lema de la enseñanza patriótica con el que se tiñó la gestión refundadora de José Ramos Mejía. Aquella experiencia de la modernidad, que trajo como una de sus novedades la emergencia de una sociedad cosmopolita, generó una sensación de extrañeza y de peligrosidad que atentaría contra el orden social. Según se pensó, la enseñanza patriótica enmendaría ese riesgo de desintegración social que el "pasaporte a la utopía de la modernidad" había generado.

Conocer a la patria, sus glorias y sus héroes

Como lo establecía la Ley 1420 en su artículo primero: "Las Escuelas primarias tienen por objeto favorecer y dirigir simultáneamente el desarrollo moral, intelectual y físico de los niños". Esa enseñanza primaria, dividida en seis grados, contemplaba tres instancias: las Escuelas Infantiles, Elementales y Superiores. Tal como se fijó en el artículo 6º el mínimum de instrucción obligatoria comprendía las siguientes materias:

"Lectura y Escritura; Aritmética (las cuatro primeras reglas de los números enteros y el conocimiento del sistema métrico decimal y la ley nacional de moneda, pesas y medidas), Geografía particular de la República y nociones de Geografía particular de la República y nociones de Historia general; Idioma Nacional, Moral y Urbanidad; nociones de Higiene; nociones de ciencias matemáticas, físicas y naturales; nociones de Dibujo y Música vocal; Gimnástica y conocimiento de la Constitución Nacional. Para las niñas será obligatorio además el conocimiento de Labores de manos y nociones de Economía doméstica. Para los varones, el conocimiento de los ejercicios y evoluciones militares más sencillos; y en las campañas nociones de Agricultura y Ganadería" [3].

Si una república verdadera debía educar a sus hijos, por instinto de su propia conservación, se acordó que la primer misión de la escuela pública era la de extender la matriz identitaria a toda la comunidad[4]. Para conformar la sociedad civil proyectada era imprescindible que la comunidad de individuos reconociera su pertenencia a la nación. La vastedad del territorio y la población heterogénea se convirtió en un desafío para quienes entendieron que era prioritario promover el sentimiento de fidelidad a la patria. Un desafío que se hacía a todas luces evidente ante la realidad que presentaban ciudades como la populosa Buenos Aires que quintuplicó su población con más de un 50% de la población inmigrante. En esa ciudad de luces y sombras, la muchedumbre "sin rumbo"[5] se percibió como una presencia peligrosa e

---

3. *El Monitor,* Año III, Nº 63, 1884.

4. Existe una profusa bibliografía de historiadores, antropólogos y sociólogos sobre la cuestión de la construcción de la nación y los nacionalismos. De esa variedad de aportes podemos mencionar a modo de ejemplo a: Benedict ANDERSON, *Imagined Communities: Reflections on the origin and Spread of Nationalism,* New Edition, 2006. E. HOBSBAWM-T. RANGER, *La invención de la tradición.* Barcelona, Editorial Crítica, 2002. John HALL (ed.), *Estado y Nación. Ernest Gellner y la teoría del nacionalismo.* Cambridge University Press, Madrid, 2000; A. M. THIESSE, *La Création des Identités Nationales. Europe XVIIIe-XXe siècle.* París, Seuil, 1999; E. GELLNER, *Naciones y nacionalismos.* Madrid, Alianza, 1988. Dentro de la postura de la escuela esencialista uno de los últimos trabajos es el de: Adrian HASTINGS, *La construcción de las nacionalidades.* Madrid, Cambridge University Press, 2000. Una autor que ha sido sindicado como representante de esa escuela, pero con notorias diferencias respecto al anterior es: A. SMITH, *The Ethnic Origins of Nations.* Blackwell, Oxford UK and Cambridge USA, 1986. La revisión de su presentación puede encontrarse en: A. SMITH, "¿Gastronomía o geología? El papel del nacionalismo en la reconstrucción de las naciones?, en *Zona Abierta 79.* Madrid, 1997, pp. 39-68. Un tratamiento sobre el debate general puede encontrase en: R. MAIZ, "Nacionalismo y movilización política: un análisis pluridimensional de la construcción de las naciones", en Ibíd., pp. 167-216. En Argentina se ha recuperado este tema en: Elías PALTI, *Aporías. Tiempo, Modernidad, Historia, Sujeto, Nación, Ley.* Buenos Aires, Alianza Editorial, 2001 y *La Nación como problema. Los historiadores y la cuestión nacional.* Buenos Aires, Nueva Visión, 2002.

5. Así se llamó la obra de Eugenio Cambaceres, *Sin Rumbo.* Buenos Aires, Igón Hermanos Editores, 1888, donde la inmigración es descripta como una muchedumbre invasora de un espacio: la ciudad. Esto llevó a revalorizar el campo tal como el mismo autor lo expresaba en *Pot-Pourri* (1882): "Una brusca nostalgia de la pampa invadía, su estancia,

incómoda. El resto del insondable territorio del país ofrecía un escenario habitado por "las diferentes razas que le han dado origen, mezcla de salvajes y civilizados"[6]. Para los dirigentes del joven Estado Nacional fue imperioso generar una identidad común.

En el año 1887 se promovió un intenso movimiento de construcción de la tradición patria en la que se priorizaron los "ramos referentes a la República: su geografía, tradiciones, historia y organización política"[7]. En primer y segundo grado, donde "predomina la lectura como base de conocimientos, entra también en el programa del idioma nacional". Desde el tercero, "aparece la geografía de la República, su historia, deberes con la Patria". En cuarto y quinto grado,

> "La instrucción cívica, la historia, la geografía de la República y universal [...] son motivo de la enseñanza en ambos grados, nuestra organización política, el ciudadano: sus deberes y derechos, la Nación, las provincias y el municipio; forma de gobierno, declaraciones y garantías; poder legislativo, poder ejecutivo. De la índole de estos estudios se destaca el pensamiento capital que preside a su formación: la educación en esa forma es esencialmente nacional y tiende a formar buenos e inteligentes ciudadanos"[8].

Para conformar la identidad y el sentido de pertenencia a la nación se consideró como indispensables las asignaturas Idioma Nacional, Nociones de Geografía Nacional, Historia Nacional e Instrucción Cívica. Según se dijo, la enseñanza de una lengua en común, la presentación de un pasado nacional, el conocimiento de las instituciones de la república y las particularidades de un territorio harían viable la homogeneización cultural.

La enseñanza del Idioma Nacional preveía que los niños mejoraran el manejo de la lengua y adquirieran las nociones de la gramática. La difusión de lengua nacional estrecharía los vínculos de unidad entre los hombres que habitan el territorio. Los más extremos, no dejaron de señalar que era acaso el medio único para cultivar el patriotismo. Según lo percibían, no había más que ver a los extranjeros que residían en el país, muchos de los cuales se aferraban a su nacionalidad hablando su propio idioma entre sí y con los

---

su libertad, su vida soberana fuera del ambiente corrompido de la ciudad, del contacto infectivo de los otros, lejos del putrílago social".

6.   Informe del Inspector General Víctor M. Molina de los Territorios Nacionales del Sud, enero de 1885. *El Monitor*, Año IV, Nº 81, 1885.

7.   *Ibídem*, Año VI, Nº 122, 1887. En esa oportunidad el diario *La Tribuna* alabó la medida sosteniendo: "[...] se ha acentuado la importancia del idioma nacional, de la geografía y de la historia del país, y se ha dado grande extensión a la instrucción cívica. Es necesario que la juventud aprenda a conocer su patria; a sentir sus glorias o sus duelos; sus anhelos y necesidades, sus orígenes y destinos, así como las responsabilidades que ellos entrañan y se reparten entre todos sus hijos. [...] no se ama hasta el sacrificio lo que no se conoce o se conoce imperfectamente: si el amor local engendra valerosos caudillos, el amor de la patria crea héroes y grandes varones. [...] La geografía, la historia, el idioma y la instrucción cívica son los instrumentos de esa educación y de esos altos fines". *La Tribuna*, 1887.

8.   *Idem*.

hijos a quienes enviaban con preferencia a las escuelas particulares dirigidas por compatriotas donde poco se hablaba el castellano.

La cuestión del idioma de los argentinos había estado presente desde 1810, pero en algunos momentos históricos alcanzó mayor repercusión como en torno al año 1900[9]. Ese debate, permeado por la realidad del proceso inmigratorio, giró en torno a dos posturas claramente diferenciadas. Por un lado, estaban aquellas voces que consideraban el idioma de los argentinos como tributario y continuador del de España. Por otro, los más extremos, hablaban de una emancipación lingüística por medio de la construcción de un idioma radicalmente diferente. En este segundo grupo, estaban aquellos que se mostraron favorables a la adopción del criollismo[10] y sus expresiones literarias hasta quienes hablaron de la existencia de un idioma argentino en formación[11].

A la escuela le competió aquella compleja tarea de uniformar el uso del idioma castellano. Por eso a la hora de diseñar su enseñanza se puso un especial énfasis en que se evitara el farragoso tratamiento de las reglas gramaticales que entorpecían el auténtico propósito de la materia. Si, a pesar de los debates, en los programas escolares no se discutió la importancia del estudio del idioma nacional no sucedió lo mismo con respecto a la gramática propiamente dicha. Como se indicaba la experiencia enseñaba que era posible hablar, leer y escribir con corrección sin conocer otras reglas gramaticales más que las que se necesitaban para realizar los ejercicios de composición. Por eso se preguntaba: "¿a qué pues recargar la mente del niño con el estudio de áridas reglas de gramática que en la mayor parte de los casos no comprenden o que no son de una utilidad apreciable en la vida ordinaria?"[12].

En esa búsqueda por precisar una identidad, la enseñanza de la Geografía contribuía al conocimiento del "suelo patrio". Se recomendaba que su tratamiento fuera de lo particular a lo general, de la realidad más cercana a los alumnos para remitirlos a la más lejana. Lo más conveniente era que reconocieran la geografía del lugar en el que vivían, para que estuvieran en

---

9.	Como explica Terán, el lugar que le ocupaba al idioma nacional era una recuperación de una larga tradición romántica que remitía a Herder y que había identificado lengua con nacionalidad. Así en los noventa, algunos intelectuales que abrazaron el programa modernizador, reivindicaron el criollismo que pretendía identificar lengua e identidad con "lo criollo". Para otros intelectuales como Ernesto Quesada el recorrido era inverso. Frente a la pregunta recurrente de toda cultura derivativa: ¿cómo hacer de una lengua heredada de la metrópoli una lengua propia? Hombres de letras como Quesada apelaron a la figura de un mediador. Esa era la función argumentativa y simbólica que cumplía la figura del gaucho. Ver: Oscar TERAN, "Ernesto Quesada o cómo mezclar sin mezclarse… *Op. Cit.*, pp. 37 a 50.

10.	Sobre el criollismo se puede consultar el clásico trabajo de Antonio PRIETO, *El discurso criollista en la formación de la Argentina moderna.* Buenos Aires, Sudamericana, 1988.

11.	Las voces de Ernesto Quesada, Miguel Cané y Paul Groussac, entre otros, se enrolaron en la defensa tajante del castellano como idioma oficial y único de los argentinos. A propósito un trabajo en el que se recupera la postura de este último es el ya citado de: Paula BRUNO, *Paul Groussac. Una estrategia intelectual… Op. Cit.*, especialmente capítulo III: "Una lengua, una literatura, una actitud…", pp. 129 a 167.

12.	*El Monitor,* Año XV, N° 273, 1896.

contacto con los objetos naturales, de no contar con ellos se recurriría a las demostraciones gráficas. Por lo que explicaban los inspectores, lo más común era que los niños conocieran los mapas pero no llegaban a darse cuenta de la representación gráfica que se operaba. Su tratamiento profundizó el conocimiento físico del territorio del país, aunque se dictaron nociones de la geografía universal, indispensables para adquirir un conocimiento exacto del lugar que ocupaba el país en el mundo y de los vínculos que lo ligaban a los demás estados por tradición histórica y por sus intereses comerciales. En suma, los alumnos debían ser inducidos a pensar que su patria abrazaba el vasto suelo que se extiende desde la Cordillera de los Andes, adquiriendo una idea sumaria de las riquezas que encerraba. Por eso, no era necesario que acumulara detalles superfluos, como nombrar sitios, ríos, departamentos y otros datos de poca significación y que se borrarían con el avance de la civilización y el progreso. De allí que, los maestros debían esmerarse por imprimir, en la mente de sus alumnos, "la imagen de cada una de las divisiones políticas del país con sus caracteres especiales, la extensión territorial, su clima, sus producciones, su población, su aspecto general y todo aquello que tenga una verdadera significación"[13].

Ahora bien, quedó claro que el reconocimiento del territorio en el que se vivía no bastaría si no iba acompañado de una valoración particular de esa tradición "que predestinaba el futuro de una nación que sea la patria de los hombres libres; el centro de las virtudes sociales y de los inocentes goces que saben proporcionar la industria y el talento"[14]. El advenimiento de una nueva sociedad debía fundarse en un pasado, en una historia a través de la cual era posible construir la identidad nacional. De allí que aparece como atractivo y sugerente ese proceso de construcción del saber histórico escolar en aquellos años. Las anticipaciones nacionales y nacionalistas que se vivieron en los ochenta llevaron a ritualizar las celebraciones patrias en los espacios públicos, apelando a la escuela como la mejor aliada para reproducir esa configuración del pasado. Como se dijo en su momento:

> "[...] una de las primeras doctrinas que deben implantarse en el corazón de un niño [...] son las que lleven al conocimiento de sus antepasados en su vida cívica, y en la elaboración de su nacionalidad en aquel primer escenario donde se debatieron los principios de nuestro ser político y se conquistaron los derechos y autonomía del pueblo argentino: porque ellos formaron la patria donde se meció nuestra cuna [...]
>
> Con el ejemplo de sus sacrificios, de su heroísmo, de su abnegación, se forman los buenos servidores de la patria [...]"[15].

---

13. *Ibídem*, Año XVII, N° 294, 1897, p. 626.

14. Alfredo GROSSO, *Nociones de la Historia Nacional para los niños*. Buenos Aires, 1913, p. 156.

15. Pedro RIVAS, *Lecturas Históricas. Según el orden de las principales efemérides argentinas. Para el uso diario de las Escuelas*. Barcelona, Imprenta de los Sucesores de N. Ramírez y Cía., 1884, pp. XI y XII.

En ese proceso de construcción de la memoria[16], la historia devino en una disciplina científica y se conformó un campo intelectual y profesional en el que participaron intelectuales, no solo historiadores y memorialistas, sino también ensayistas, poetas, novelistas, artistas plásticos y músicos. Como ha explicado Bertoni, la actividad, de ribetes de deber cívico y servicio a la patria, provocó un cruce entre las distintas concepciones de la nación –y la nacionalidad– que pugnaron por organizar las diferentes tradiciones históricas que las legitimaran. Esos exhaustivo debates han quedado registrados en la *Revista Nacional* en donde se explicitó el conflicto entre las distintas tradiciones y operaciones de invención de la nación.

Para algunos, ese debate generado entre los años 1880 y 1910 es parte de esa genealogía de una historiografía y, específicamente, sería el momento en el que se gestó la "escuela historiográfica erudita". A su primer exponente, Bartolomé Mitre, le continuó la obra de Paul Groussac[17] y, posteriormente, el grupo de historiadores de la Nueva Escuela Histórica[18]. Para otros como Halperin Donghi, durante esos años se asistió a un período de confusión e incertidumbre en el que, por un lado, hubo una crisis en la concepción de la historia válida anterior (1852-1880), cuyo epicentro estuvo en la nación y la nacionalidad y, por otro, una crisis de forma por la cual la preponderancia de la historia narrativa había dejado paso a la exploración de nuevas modalidades de expresar los discursos sobre el pasado[19]. Esta última visión también ha sido revisada al señalar que responde a un esquema interpretativo que supone la existencia de una edad media historiográfica para, posteriormente, reivindicar el surgimiento de un renacimiento cuyos protagonistas serían los primeros historiadores profesionales[20].

Más allá de las divergencias y revisiones sobre la cuestión, se puede decir que durante los años se impuso la versión de una historia valorada por la seriedad erudita y objetividad científica, hasta entonces ausentes[21]. Efecti-

---

16.   Pierre NORA, *Les Lieux de mémoire*, 1, París, Gallimard, 1998.

17.   Una revisión de la obra histórica de Groussac, una especie de eslabón intermedio entre la versión erudita de la historia y la profesionalización del historiador, se encuentra en: Paula BRUNO, *Paul Groussac. Una estrategia intelectual... Op. Cit.*, especialmente el Capítulo IV: "Los hombres que hacen historia".

18.   R. CARBIA, *Historia crítica de la historiografía argentina. Desde sus orígenes en el siglo XVI.* La Plata, Universidad de La Plata, 1939 [1925].

19.   Tulio HALPERIN DONGHI, "La historiografía: treinta años en busca de un rumbo" en G. FERRARI y E. GALLO (comps.), *La Argentina del ochenta al Centenario.* Buenos Aires, Sudamericana, 1980.

20.   Fernando DEVOTO, "Estudio preliminar", en Fernando DEVOTO (comp.), *La historiografía argentina del siglo XX*, Tomo I, Buenos Aires, CEAL, 1993. Fernando DEVOTO, "Relatos históricos, pedagogías cívicas e identidad nacional" en, J. PEREZ SILLER y V. RADKAU GARCIA (Coord.), *Identidad en el imaginario nacional: reescritura y enseñanza de la historia.* Puebla, El Colegio de San Luis-Instituto Georg-Eckert, 1999.

21.   Cf. Tulio HALPERIN DONGHI, "Mitre y la formulación de una Historia Nacional para la Argentina", en *Anuario IEHS*, N° 11, 1996, p. 58. De todos modos no se puede desconocer que durante esos años se publicaron una serie de obras que estaban bastante alejadas del modelo mitrista como: *La tradición nacional*, de Joaquín V. González (1888);

vamente, esos años fueron el epílogo del debate entre Mitre y Vicente Fidel López, el otro referente historiográfico[22], que apeló a la memoria colectiva del patriciado porteño como fuente privilegiada[23]. Fue esa versión mitrista, con sus matices y adaptaciones para el tipo de público al que iba dirigido, la que se transmite en las escuelas de enseñanza primaria[24].

El federalismo argentino de Francisco Ramos Mejía (1889); *La locura en la Historia* de José María Ramos Mejía (1895); *La época de Rosas* de Ernesto Quesada (1898).

22. Cabe señalar que Bartolomé Mitre escribió, entre otras obras: *Historia de Belgrano* en IV Tomos, la *Historia de Belgrano y la Independencia. La Historia de San Martín* en VI Tomos y la *Historia de San Martín y de la Emancipación.* Por su parte, Vicente Fidel López –considerado el otro padre fundador de la historiografía argentina– escribió *La Historia Argentina* en X Tomos. Sobre la labor de Mitre como historiador se puede consultar el clásico trabajo de: José Luis ROMERO, *Mitre, un historiador frente al destino nacional.* Buenos Aires, 1943.

23. Los prolegómenos de ese debate llevaron a la profesionalización representada por la Nueva Escuela Histórica. Ver entre otros trabajos: Alejandro CATTARUZZA, "La historia y la ambigua profesión del historiador en la Argentina de entreguerras" en A. CATTA-RUZZA y A. EUJANIAN, *Políticas de la historia. Argentina, 1860-1960.* Buenos Aires, Alianza, 2003. N. PAGANO y M. GALANTE, "La Nueva Escuela Histórica: una aproximación institucional del centenario a la década del cuarenta", en F. DEVOTO (comp.), *La historiografía... Op. Cit.*

24. Así en los programas dictados en 1887 se dispuso un punteo de lo siguientes temas a ser dictados a partir del 3º grado: Descubrimiento y conquista (se trata todas las expediciones). Coloniage: principales autoridades del gobierno colonial [...] Sublevación de Tupac Amaru. Invasiones inglesas. Liniers. Pueyrredón. La reconquista. Los patricios. Segunda invasión. La defensa. Influencia de las invasiones ingleses. En 4º grado: Independencia. Acontecimientos que precedieron la Revolución de Mayo. Primer gobierno patrio: Saavedra y Moreno. Expediciones y batalla [...]. Gobiernos [...]. Anarquía y Organización Militar: la guerra civil en el litoral. Constitución de 1819. La anarquía: separación de las provincias. Gobierno de Rodríguez. Presidencia de Rivadavia. Quiroga. Guerra con el Brasil. Ituzaingó. Gobierno de Dorrego. Independencia de la Banda Oriental. Revolución de Lavalle. Rosas, Gobernador de Buenos Aires. Expedición al Desierto. Nuevo gobierno de Rosas con facultades extraordinarias. La tiranía y sus horrores. Lavalle y Paz. Urquiza, expedición libertadora. Caseros. Revolución del 11 de setiembre. Buenos Aires y la Confederación. Constitución de 1853. Cepeda. Pacto del 11 de noviembre. Derqui. Batalla de Pavón. Presidencias de Mitre. Sarmiento. Avellaneda y Roca. En 5º grado: Nociones sumarias. Idea de los acontecimientos principales que caracterizan cada período. Historia Antigua [...]. Historia de los Tiempos Modernos [...]. Y para el 6º grado: Nociones de Historia Contemporánea [...]. Historia Argentina: revisión de la historia patria, insistiendo desde el período de la Independencia (programas de tercero y cuarto grado). En una de las tantas conferencias pedagógicas desarrolladas para el perfeccionamiento de los docentes, se llegaba al acuerdo que para la enseñanza de la Historia había que tener en cuenta las siguientes cuestiones: "1º Siendo la Geografía el auxiliar más poderoso de la Historia, siempre debe enseñarse esta última de acuerdo con la primera. 2º Para aprender con conciencia la Historia de un lugar se necesita, como condición previa, que se conozca su geografía política. 3º El método que debe seguirse consistirá en una variación hecha por el Preceptor a sus educandos, pudiendo hacer, intermedio, algunas preguntas para asegurarse de que ha sido comprendido. Concluirá al fin con un resumen hecho por los alumnos. 4º Siendo las *fechas* las que indican el orden cronológico de los *hechos y personajes*, los que dan origen a los acontecimientos, tratárase de que tanto las unas como los otros queden grabados en el cerebro del alumno. En los personajes se detendrá lo más posible, dando a conocer el carácter y fisonomía de ellos, pues esto tiene su importancia,

Ciertamente que es un lugar común decir que la fechas elegidas como pilares de celebración de la patria fueron el 25 de Mayo de 1810 y el 9 de Julio de 1816. Desde que al director Pablo Pizzurno le otorgaron los créditos de ser el promotor de la iniciativa de conmemorar la jornada del 25 de mayo de 1887 en el patio de la escuela, un estudiado ritual se impuso de allí en más en los establecimientos escolares. Con el tiempo, se fueron dando una serie de sugerencias para hacer más conmovedoras y participativas aquellas celebraciones[25]. En su momento el presidente del CNE José Zubiaur, preguntó a los maestros y maestras: "¿cómo festejar a Mayo [...] el mes y día más glorioso de la gran patria pasada y de esta patria del futuro que estamos elaborando?". Según les expuso, un primer procedimiento era conmemorar aquellas jornadas de mayo con intensidad, brillo y entusiasmo para conmover los corazones y despertar las mentes de los niños y maestros. Cada escuela, desde la que funcionaba en el más suntuoso edificio hasta la que cumplía su misión en la mal distribuida o mezquina casa particular, debía convertirse en un foco de convergencia de niños, padres y vecindario en general. Las banderas debían ondear en los altos y frente de los edificios, en azoteas, balcones, puertas y ventanas. Los edificios escolares debían destacarse con iluminación por la noche y con flores en los patios, las salas y los salones de actos. A lo largo de la semana, se ejecutarían músicas y cantos alegóricos, se pronunciarían encendidas declamaciones y discursos. Los escolares y los educadores debían lucir cintas y escarapelas blancas y celestes en el pecho. Se visitarían las tumbas y estatuas de los héroes, los museos, templos y parajes históricos. Participarían en los desfiles cívico-escolares en los distritos apartados de Buenos Aires (Catalinas, Floresta, Flores, Belgrano, Barracas, la Boca, etc.). De modo entusiasta, señalaba que no existía una lección moral y cívica para alumnos y el pueblo más contundente que ver en esas jornadas vistosamente arreglados los "templos del saber", cuidadosamente ornamentados como los templos religiosos.

---

moralmente considerado: el niño aprende a amar la virtud, a desterrar el vicio. 5º En cuanto a textos, el educacionista deberá consultar la mayor cantidad de autores que le sea posible a fin de transmitir siempre la verdad histórica". *El Monitor,* Año IX, 1889.

25. Más allá que, desde los ochenta, se efectivizaron las acciones de las autoridades por ritualizar y apropiarse de la significación de los festejos patrios no podemos desconocer que, con anterioridad, existieron festejos marcadamente populares. En algunos pueblos, como Tandil, los archivos dan cuenta de los festejos durante la jornada del 25. Los alumnos y alumnas de las escuelas, los soldados del destacamento de las guardias nacionales, las autoridades municipales participaban del saludo al "Sol del Veinticinco", del *Te Deum* y el desfile alrededor de la plaza. La mayor convocatoria de los vecinos se deba en el momento de realizarse la carrera de sortija y la retreta, o a la noche con el espectáculo de fuegos artificiales y los bailes. Esta cuestión es mencionada por: María M. BJERG, *El mundo de Dorotea... Op. Cit.* Un trabajo en el que se analiza centralmente esta cuestión es el de: Juan Carlos Garavaglia, "A la nación por la fiesta: las Fiestas Mayas en el origen de la nación en el Plata" en *Boletín del Instituto de Historia Argentina y Americana "Dr. Emilio Ravignani".* 3º Serie, 2º Semestre, 2000.

Su categórico alegato tenía una razón de ser. A los dirigentes de la época les preocupaba la falta de entusiasmo que manifestaba el pueblo de Buenos Aires en esas jornadas. Según se comentaba, no se veía en los edificios escolares públicos izada la bandera nacional ni siquiera en los 25 de Mayo y 9 de Julio. Como supo pensar Zubiaur, si a los padres extranjeros les agradaba ver flamear sus colores nacionales, como lo demostraban en sus propias festividades, mostrarían respeto por la bandera blanca y celeste que era el símbolo nacional de sus hijos. La fotografía de las celebraciones de Mayo en el Colegio del Uruguay (Entre Ríos), lo había conmovido puesto que en ella se veía "a las señoritas y niñas de la escuela normal y los gallardos y briosos muchachos del colegio nacional, confundirse con las niñas y niños de las escuelas fiscales y privadas, urbanas y rurales, sin excluir a los chiquitines del jardín de infantes... Y con ellos, todas las autoridades, nacionales y extranjeras, los padres, las madres, los amigos, todo el vecindario"[26]. Si el alma y el corazón de todo francés se estremecía al entonar "Allons, enfants de la patrie!", se interrogaba: "¿por qué no podía ser posible provocar el mismo estado de ánimo cuando se levantara la voz para cantar el 'Oíd mortales, el grito sagrado, libertad, libertad, libertad?'"

Ese camino de cooptación del espacio público iniciado por el joven Estado nacional permitió programar un ritual cívico para reafirmar el sentimiento patriótico de la comunidad[27]. Un presencia destacada se previó para los escolares. El desfile de los llamados batallones infantiles y los certámenes de narraciones en las escuelas fueron recurrentes prácticas a las que se apelaron. Esos dudosos relatos infantiles, exaltando las proezas de los grandes hombres a favor de la patria, han quedado como testimonio de esa pautada actividad escolar:

> "Revolución de Mayo
>
> ¡Cuántos recuerdos gloriosos vienen a mi mente en estos días de Mayo, al recorrer las páginas de la historia de mi patria, que se cuenta feliz hoy al ser libre e independiente!. Por eso debemos recordar con cariño y gratitud los nombres de los héroes que se sacrificaron por conseguir la deseada libertad, y que generosos derramaron su sangre por la patria. [...]. (Rito Descalzo, de edad 10 años; alumna de 4º grado de la Escuela Elemental núm. 11, Parroquia Ballenera)"

> "Un gran entusiasmo de emancipación se despertó en los corazones generosos de los patriotas al sentirse fuertes para vivir sin el dominio de una nación extranjera; pues al empuñar sus armas vencedoras, en las invasiones inglesas, habían sentido latir fuertemente sus corazones con el deseo de ser fuertes e independientes, aunque esto despertara el descontento general

---

26. *Ibídem*, Año XX, N° 326, pp. 277-278.

27. Lilia Ana BERTONI, "Construir la nacionalidad: héroes, estatuas y la formación de la nacionalidad a fines del siglo XIX" en *Boletín del Instituto de Historia Argentina y Americana "Dr. Emilio Ravignani"*. Tercera sección, núm. 13, 1º semestre, Buenos Aires, 1996.

en los españoles que querían seguir preponderando. [...] El día 25 se levantó el pueblo en masa; armas en mano pidiendo deponer a Cisneros y formar una junta nueva de confianza. En esta revolución los patriotas, salieron victoriosos haciendo muchos sacrificios, pero sin derramar sangre ninguna (Adelina Ibarra, 11 años, 4º grado)".

"El año 1810 es memorable en la historia Argentina porque estos países quedaron libres de los vínculos que ligaban al Monarca Español. Hacía mucho tiempo que los americanos tenían la idea de ser libres, no tener que ser mandados por otra nación, pero después de muchos trabajos lo consiguieron. [...]. (Aurora J. Solari, 4º grado, de la Escuela Elemental de Niñas, núm. I, del 4º Distrito)".

"Al emanciparse el pueblo argentino de la madre patria, contrajo ante la posteridad una deuda de empeño y honra, que ha pagado ya con largueza. Quiso ser libre, no como el gusano miserable, para arrastrarse por el otro lado de la tierra, sino como el águila altiva para cernerse en la región del cielo. La libertad, lo mismo que el hierro, puede ser un arma de muerte como el puñal, o un instrumento de progreso, como el arado; según el uso que se hace de esa noble facultad innata al hombre, así son sus frutos. El día que se pregunte al pueblo argentino: ¿Qué has hecho de tu libertad? podrá, por toda respuesta, mostrar orgulloso sus caudalosos ríos surcados por naves, sus feroces llanuras cruzadas por ferrocarriles y sus hermosas ciudades que reflejan todos los esplendores del cielo y son suma y compendio de todas las grandezas de la tierra. Bendito el pueblo que tan noble empleo da a la libertad, forjado en el yunque del trabajo el progreso del que se envanece, entre himnos de gloria y bajo el humo de la chimenea del taller, que flota en el aire como bandera desplegada en el viento. (Casimiro Prieto, Mayo 26 de 1889. Del Colegio San Vicente de Paul)" [28].

Los textos escolares también dan cuenta de esas composiciones que los alumnos debían realizar en la hora de lectura, geografía e historia. Según escribe Pizzurno en uno de esos texto, luego de ser leídas en clase, el maestro las corregía y se copiaban en el cuaderno mensual. Así aparecen composiciones como la siguiente:

"La palabra patria despierta en mí, el recuerdo del pueblo argentino congregado en la Plaza que hoy se llama Mayo, aclamando a la Primera Junta que asumió con valentía la responsabilidad y la magna tarea de iniciar el movimiento emancipador en 1810; me recuerda el no menos atrevido congreso de Tucumán, que proclamó ante el mundo la existencia de la 'nueva gloriosa nación'.

---

28. *El Monitor*, Año XI, Nº 181, 1890. Cabe señalar que la intención del CNE era que participaran todas las escuelas desde 3º a 6º grado, sin embargo, tal como se comenta en esta publicación en aquel año sólo dos Directoras de escuelas enviaron las composiciones.

> Patria es cada uno de esos hombres que por ella dieron todo su esfuerzo y expusieron su vida, desde San Martín y Belgrano, Moreno y Rivadavia, y tantos otros no menos nobles y generosos de aquella época y de épocas más recientes, hasta los modestos, obscuros soldados que llenos de entusiasmo siguieron a sus jefes a través de llanos y montañas, sufriendo privaciones y fatigas y la muerte, sin asomos de protesta [...]"

> "Amo a mi patria porque es grande y bella, y también la amor porque es rica y generosa. Es tan generosa y rica que no sólo prevee (sic) de abundante sustento a cuantos hemos tenido la suerte de nacer en ella y a cuantos de fuera vienen a cobijarse bajo su hermoso cielo, al amparo de sus leyes liberales, sino que aun trabaja para enviar al extranjero el producto de su esfuerzo y la fertilidad de su tierra"[...][29].

Como se pensaba, la participación en las fiestas patrias "despertaría en los niños el sentimiento nacional con el cariño y la admiración por sus glorias y sus instituciones democráticas"[30]. De modo que nada se podía improvisar. Los escolares debían concurrir a las escuelas públicas en los días 24 y 25 de Mayo a las 12 del día, ostentando los colores de la bandera nacional o un pequeño escudo con las armas de la República. El 24 de Mayo se homenajeaba a la patria, entonando la canción nacional. En la ceremonia los maestros explicarían, en un lenguaje apropiado a la edad de los niños, los acontecimientos de 1810. Finalmente, la escuela se mostraría a la comunidad. En Buenos Aires los alumnos transitaban un estudiado recorrido llevando a su frente la bandera argentina. Algunos se hacían presente en la plaza más cercana del vecindario de la escuela para cantar el Himno Nacional, mientras otros concurrían al Te Deum celebrado en la Catedral. Y, finalmente, un grupo de niños se dirigía a la Plaza de Mayo, llevando flores para depositarlas al pie de la Pirámide y de la estatua de Belgrano[31]. Según se esperaba, ese acto debía reproducirse con los mismos tópicos en las jornadas del 9 de Julio tanto en la Capital Federal como en los distintos puntos del país.

Los estudiados rituales, la selección de textos y relatos sobre ese pasado, en el fondo encerraban una preocupación nodal: cómo enseñar historia a los

---

29. Pablo PIZZURNO, *El libro del Escolar.* 3° Libro Aprobado para los grados elementales. Buenos Aires, Aquilino Fernández e Hijo Editores, 2ª edición, 1921, p. 18.

30. *El Monitor*, Año XI, N° 182, 1890.

31. De todos modos aquellas jornadas adquirieron una verdadera dimensión política toda vez que en la prensa las tomaba como referentes para cuestionar al gobierno de turno. Tal fue el caso, por ejemplo, de los festejos del 9 de Julio en 1886 y la jura de la Constitución, en las que se acusaba que el gobierno los tomaba como hechos aislados y no en toda su dimensión, de modo que, "Todo eso explica la falta de expansión popular en las fiestas del 9 de julio. Hemos proclamado la independencia para ser libres: no lo somos [...]. El gobierno se sirve de nuestra independencia para despojarnos de nuestra libertad". *La Nación*, 11 de julio de 1886. En el mismo tono crítico y en pleno contexto de la crisis del 90, el diario fundado por el entonces opositor Bartolomé Mitre, comentaba: "Este año pasará casi en el silencio el aniversario de la independencia nacional. [...] Es un mal síntoma que nunca estará suficientemente criticado". *La Nación*, 9 de julio de 1890.

escolares. Las respuestas que se ensayaron apuntaron a orientar a los maestros y maestras en los procedimientos y estrategias para aplicarlas en el aula. Un aspecto que se señaló fue que la noción de patria no debía aparecer como algo intangible para los escolares. Había que asociarla con lo más próximo y cercano, con ese mundo de los afectos que era la familia. En la *petit patrie,* la familia, el hogar y el lugar de nacimiento[32] se forjaban los lazos de unión que los llevaba a desear "que todos sean felices y se conduzcan bien", tal como lo había propuesto Michelet. Sin embargo, esa referencia por la cual los *pequeños patriotas* debían comprender que "la patria es la nación que se debía amar, honrar y servir"[33] no siempre alcanzó resultados satisfactorios. Permanentemente se criticó ese tratamiento distante que alejaba a los escolares de ese sentido de pertenencia. Según se aducía, el relato anodino, vacío de emociones y recargado en la información no generaba ese compromiso que se reclamaba a los alumnos. De allí que, tan importante como mejorar las instancias de enseñanza de la historia era garantizar la producción de textos y manuales escolares que además de cumplir con los requisitos académicos debían entusiasmar por su lectura amena.

La idea de patria en los textos escolares

Esas estrategias de enseñanza fueron acompañadas por el aporte de una generosa producción de textos escolares que contribuyeron a difundir y sellar esa versión del pasado. La edición de estos libros constituyó una preocupación constante para los funcionarios del área educativa. Su carencia, sumada a la dispar calidad y la falta de uniformidad, llevó a promover concursos, licitaciones, subvenciones, recomendaciones, y también rechazos, para determinar qué textos debían utilizarse[34]. Pautados, y en concordancia con los programas de enseñanza, ocuparon un destacado lugar en la transmisión de los contenidos de ideación oficiales, efectivos aparatos ideológicos y soporte físico de contenidos culturales[35].

Las autoridades educativas, en primer lugar, buscaron que los textos tuvieran rigor científico y se ajustaran a los criterios impuestos por el padre de la "escuela erudita", título que se había ganado Mitre. Los autores hicieron ese esfuerzo y así lo dejaron escrito, tal como lo explica el educador español Vicente Gambón quien en el prólogo escribió:

---

32. *El Monitor,* Año XX, N° 328, 1900.

33. *Idem.*

34. Marta POGGI, "Los libros escolares y la construcción de la ciudadanía (1880-1890)". C.D. *IX Jornadas Interescuelas y Departamento de Historia.* Córdoba 2003, p. 5.

35. Catalina WAINERMAN y Mariana HEREDIA, *¿Mamá amasa la masa? Cien años de libros de lectura de la escuela primaria.* Buenos Aires, Editorial de Belgrano, 1999, p. 23.

"[…] Creemos ya que la República Argentina camina ya con holgura en su período de desarrollo intelectual que permite al historiador entrar a juzgar los hechos y las personas con amplitud de criterio, sin que se vea coartado por las trabas que naturalmente habían de presentarse a los que escribieron en épocas lejanas de nosotros, cuando las vinculaciones de parentesco o la existencia de los que actuaron en las luchas políticas eran un obstáculo para emitir un juicio imparcial.

Vinculado, por otra parte, al país por largos años de residencia en él y por las relaciones de amistad que naturalmente engendra la asidua tarea del profesorado cree el autor de estas Lecciones haber atesorado el suficiente cariño al pueblo argentino, para mirar sus legítimas glorias con satisfacción y […] de dar necesariamente a sus juicios esa imparcialidad que constituye la primera cualidad de la historia" [36].

La Historia Argentina, presentada como la "narración verídica de los sucesos ocurridos en nuestro país"[37] comprendía cinco grandes períodos: 1. El descubrimiento y la conquistas; 2. El gobierno colonial; 3. La revolución; 4. La anarquía y la dictadura; 5. La reorganización constitucional. Un recorrido a lo largo del tiempo que pretendía mostrar de qué modo la patria había concretado "la paz, el progreso y el glorioso futuro que habían proyectado los fundadores de la patria[38]. Si, por un lado, se recomendó que la referencia a la patria no apareciera como un relato vacío y abstracto, por otro, la historia relatada en los textos presentaba una preponderancia de los hechos políticos en su rumbo por constituir el marco institucional del Estado liberal.

El relato lineal y teleológico, que mostraba el inexorable devenir histórico hacia la organización nacional, marcó como primera epopeya el "triunfo de las armas populares" frente a las invasiones inglesas. Tal como fue reproducido incansablemente por el convencionalismo de la historia oficial, se afirmaba que, a partir de aquel acontecimiento, "la independencia, aunque de una manera vaga, surgió en la mente de todos los ciudadanos, tomó pronto forma definida y se convirtió en glorioso hecho"[39]. El gobierno de la 1ª Junta había sido el logro de "la revolución argentina" que encontró en "[…] Belgrano, Saavedra y Moreno las tres figuras más caracterizadas […] el primero como iniciador y director robustecía la enérgica actitud del segundo,

<hr>

36. Vicente GAMBON, *Lecciones de Historia Argentina*. Buenos Aires, Angel Estrada y Cía. Tomo II, XVII edición, p. 5.

37. Benigno MARTINEZ, *Nociones de Historia Argentina*, Buenos Aires, Igón Hermanos Editores, 1888. Texto arreglado para el programa oficial de los grados 3º, 4º y 5º grado de las Escuelas Comunes, p. 4.

38. S. Diez MORI, *Conversaciones instructivas dedicadas a los niños*. Buenos Aires, La República, 1879, pp. 47-57 y Marcos SASTRE, *Anagnosia. Método para enseñar a leer en pocos días demostrando por la práctica en las escuelas públicas y particulares*. Edición Nº 45, Buenos Aires, Librería Nouvelle, 1899, 39 a 48.

39. José María AUBIN, *Historia Nacional*. Libro de 4º grado. Editorial Angel Estrada y Cía, Buenos Aires 1908, p. 79.

cuya firmeza de carácter hizo temblar más de una vez a los Virreyes; pero Don Mariano Moreno, orador fogoso, cuya palabra ardiente entusiasmaba a las masa populares; minaba el prestigio de aquellos y tuvo que renunciar a la Secretaría de la Junta [...] no sin dejar en las filas del pueblo las teorías democráticas por él propaladas en las reuniones públicas y en la prensa [...]"[40].

Esa narración, centrada en la acción de las figuras pilares del panteón nacional, hacía una difusa y ocasional referencia a la entidad colectiva del pueblo o los ciudadanos para dejar como protagonistas a aquellos "grandes hombres que consagraron su vida en beneficio de la patria"[41]. Como se explicaba, esas figuras debían ser reconocidas porque personificaban "el modelo de abnegación, patriotismo, valor, economía, amor al prójimo, probidad, respeto que todo ciudadano debe demostrar"[42]. Así se consagraron las figuras de Don José de San Martín como "el gran libertador, brazo poderoso y genio militar"[43] y a Manuel Belgrano como "el ideal del demócrata"[44]. Sus conductas fueron destacadas por su virilidad, por su honra y virtud patriótica al mostrarse "capaces del mayor sacrificio como Belgrano que se improvisó general porque su patriotismo era grande" aunque, "consiguió en gran parte con la diplomacia, lo que no obtuvo con la espada"[45].

No menor habría sido la contribución de Rivadavia que promovió el progreso y la renovación con la fuerza de sus ideas liberales. Lavalle, por su parte, fue presentado como el que combatió y luchó hasta su muerte contra la tiranía de Rosas, aunque también fue señalado como el responsable del fusilamiento de Dorrego, episodio considerado "como una calamidad nacional"[46]. De Urquiza se dijo que fue el caudillo que hizo posible la organización nacional y que cometió errores propios de su tiempo. Se lo debía admirar no por sus equivocaciones sino por sus aciertos. Había dado muestras de tener "bastante patriotismo para sobreponerse a sus pasiones personales y violentas de caudillo victorioso"[47]. A Mitre se lo definió como "el gran ciudadano de su patria, por la virtud, la abnegación y el valor con que actuara en su empresa

---

40. Benigno T. MARTINEZ, *Nociones de Historia Argentina... Op. Cit.*, p. 55.

41. Pablo PIZZURNO, *El libro del Escolar. 3º... Op. Cit.*, 103.

42. *El Monitor*, Año II, Nº 171, 1882.

43. Benigno MARTINEZ, *Nociones de Historia Argentina... Op. Cit.*, p. 55.

44. Bartolomé MITRE, "El General Belgrano" en: José Berrutti, *Lecturas morales e instructivas*. Buenos Aires, 1910, Angel Estrada Editores, pp. 66-71.

45. Alfredo GROSSO, *Nociones de Historia Nacional*. Para uso de las escuelas comunes. Consejo General de Escuelas de la Provincia de Buenos Aires, 1913.

46. Mariano PELLIZA, *El Argentino*. Texto de lectura. Buenos Aires, Angel Estrada y Cía., 1905, p. 96. Aunque el autor agregaba: "[...] La República entera se estremeció en presencia del ominoso sacrificio de que el general Lavalle, obedeciendo a su natural arrogancia, asumió sin comprometer a nadie la responsabilidad ante la historia; pero no ocultó nunca su hondo pesar de haber sacrificado a su compañero de armas; y si ay algún holocausto aceptable de la posteridad y de la justicia suprema, sería este arrepentimiento". *Idem*.

47. Mariano PELLIZA, *Historia de la Organización Nacional. Urquiza-Alsina-Mitre (1852-1862)*. Buenos Aires, Editorial Lajouane, 1897, pp. 378-379.

reorganizadora". Por eso se puso "al frente del orden nacional y aspirando a consolidar su obra, ambicionó para sí el primer puesto a que lo llamaban sin violencia, sus propios actos"[48]. Como el más grande apóstol de la educación popular y su propagandista más brillante y genial fue presentado Sarmiento, de quien también se reconoció su potente genio de luchador invencible[49]. Junto al "gran educador" que había hecho "mucho bien a la Nación"[50], estaban Avellaneda que enfrentó la crisis económica "concretando su pensamiento [...] que ha recogido la historia: *Sostendré el crédito nacional, ahorrando sobre el hambre y la sed del pueblo argentino*"[51]. Y Roca, que culminó "felizmente la conquista al desierto [...] y tuvo la gloria de entregar el mando en paz"[52].

Esa historia institucional y militar había interrumpido su camino a la organización definitiva por "una serie de luchas civiles, las más de las veces desastrosas". Producto de esas luchas llegó al poder Rosas que, según se afirmaba, recibió "el pomposo título de Restaurador de las leyes". Con "el negro cuadro de la falsa federación" se había entrado "así de lleno en la sombría noche de la tiranía"[53]. Como se le relataba a los escolares, aquel "que hubiera podido constituir la unión nacional, tan deseada por los pueblos, si al servicio de esta idea hubiese puesto todo el prestigio que tenía cuando subió al poder" no fue más que el cabecilla de la Sociedad Popular Restauradora que "estaba constituida por una agrupación de bandidos y asesinos, cuyo distintivo era una *mazorca* de maíz, y su misión la de asesinar a todos los que estaban señalados como enemigos de Rosas. Las víctimas eran asaltados [...] y degollados en medio de las carcajadas de los asesinos"[54].

Pero también en esa presentación se tributaba a "los ignorados, a los humildes y sencillos". Allí estaban Cabral "un sargento herido mortalmente en San Lorenzo que, al caer, dijo '¡Hemos triunfado, muero contento!'; y Falucho, "un pobre negro que prefirió morir a renegar de su patria"[55]. Esto que es un hecho significativo respondió al reclamo de esas voces que sostuvieron

---

48. *Ibídem*, p. 393.

49. En esos términos se le rindió homenaje en ocasión de celebrarse un nuevo aniversario del 25 de Mayo de 1810 en 1900, inaugurando su estatua en Buenos Aires. En esa oportunidad se organizó una manifestación de la que participaron el presidente de la nación, el presidente de Chile y el organizador del acto, Miguel Cané. Ver *El Monitor*, Año XX, 1900, N° 327.

50. José María AUBIN, *Historia Nacional.* Libro de 4° grado... Op. Cit, p. 149.

51. *Idem*, p. 150. Cursiva del autor.

52. *Idem*, pp. 150-151.

53. Benigno T. MARTINEZ, *Nociones de Historia Argentina... Op. Cit.*, p. 79.

54. Alfredo GROSSO, *Nociones de Historia Nacional... Op. Cit.*, p. 135. Cursiva del autor. Un detalle que destacar de este autor es que en ningún otro caso adjetiviza sobre la figuras históricas o emite opinión, solo presenta escuetamente los hechos. Sin embargo, en la etapa rosista también puede detenerse a comentar: "Los soldados de Rosas [...] producían una impresión de miedo y de lástima. [...] La mayor parte eran antiguos soldados con las caras llenas de cicatrices y que revelaban las penurias sufridas". *Ibídem*, p. 138.

55. José María AUBIN, *Los cuentos de la abuelita.* Libro segundo de lectura. Buenos Aires, Angel Estrada y Cía. Séptima edición, 1919, p. 116.

que la historia nacional debía reconocer a los soldados que entregaron su vida por la causa patriótica. Los actos de arrojo y valor de Cabral, el negro Falucho y, el menos mencionado, Baigorria fueron destacados entonces en las lecturas escolares[56].

Ahora bien, esa versión del pasado que exaltaba particularmente a "los muertos por la patria" [57] fue cuestionada por alguna que otra voz. Se puede decir que fueron solo referencias excepcionales que en nada modificaron la presentación de esa historia nacional. Pero lo cierto es que hablaron de la ausencia de métodos, del cúmulo de información y de la falta de textos más sencillos para ser trabajados en el aula. Si esas críticas, formuladas con frecuencia por los inspectores, apuntaron a la forma de dictar las clases, otros avanzaron aún más atreviéndose a cuestionar la presentación de ese relato. Fueron algunos de esos educadores los que se atrevieron a señalar que esa versión de la historia nacional sólo recordaba a las "tumbas de la gloria" no consiguiendo conmover el corazón de los niños. Como se dijo, junto a esos grandes hombres y las acciones bélicas, había que rescatar a los hombres comunes, aquellos que con su esfuerzo sembraban el progreso de la patria. Así los expresó José María Torres, al remarcar que a esa enseñanza de la Historia,

> "[…] le falta la ley de sucesión porque falta en ellos la continuidad histórica; y falta esta porque se ha perdido el centro histórico. La Historia Argentina empieza con el grito de Independencia puesto que desde entonces empieza la vida del pueblo; y la época anterior constituye una apéndice de otra historia. A partir de la verdadera época histórica, los escritores de texto han corrido en pos de los hechos bélicos solamente saltando de uno en otro casi como si hubiesen querido escribir una especie de historia puramente militar y han interpretado estos hechos con un criterio muy exagerado y sin consideración hacia la verdad histórica. Ahora bien, en la historia entran los siguientes elementos: el Cronológico, el Geográfico, el Etnológico, el Estadístico, el Filosófico, el Artístico, el Religioso, el Político, el Industrial y el Comercial y todos ellos han de figurar oportuna y ordenadamente […]. La Historia, dijo Cicerón, es la maestra de la vida, y ella ha de responder en las escuelas principalmente a este fin, es decir, ha de ser educativa, ha de formar en el corazón de los niños el sentimiento de las virtudes patrias, no solamente en lo militar para cuando la necesidad así lo exija, sino, y principalmente, en lo civil. La verdadera misión de los

---

56. Precisamente sobre la figura de Falucho en las páginas del diario La Nación se generó un debate sobre la conveniencia de erigir un monumento como recordatorio. Mientras una opinión destaca la valentía con la que abrazó la lucha como soldado de San Martín, para otros, no era propio poner como ejemplo a un hombre que "no murió en combate, sino fusilado". Rafael Obligado en su poema sobre El negro Falucho, al que llamó "el negro de San Martín", lo alabó en su "gloriosa muerte": "Muera el insurgente!/ Y asestados al valiente/Cuatro fusiles brillaron… /Más como el negro exclamó /¡Viva la patria y no yo!/¡Los cuatro tiros sonaron (…)!: Rafael Obligado, "El negro Falucho", en José Berrutti, *Lecturas morales e instructivas… Op. Cit.*, pp. 199-202.

57. José María AUBIN, *Los cuentos de la abuelita… Op. Cit.*, p. 114.

pueblos es vivir en paz y no en guerra. [...] Un pueblo bien educado en todas las virtudes civiles, será a su vez un pueblo valeroso en los combates porque posee a conciencia del derecho que defiende. No se si es por un extravío del sentimiento humano o por una aberración de mi entender: en toda la humanidad se ha visto que se levantan estatuas y mausoleos a los capitanes en razón de la muerte que han sembrado en los campos de batalla, mientras al modesto agricultor que siembra en la tierra semilla de vida y del progreso, muere abandonado y despreciado" [58].

Una voz femenina también dejó testimonio de esa nota diferenciadora a la hora de celebrarse el Día de la Independencia. La maestra Manuela Arroqui señaló que mientras se celebraba la fiesta de la patria fijando la mirada sobre la casa de Tucumán,

"[...] en una comarca lejana, en una ciudad sonriente, gala y perla del continente civilizado, una mujer, la madre cariñosa de un pueblo feliz, reúne a los hombres de todas las zonas, de todos los continentes, de todas las razas [...] para pedirles que, atados por el lazo de un ideal supremo, consoliden la paz del universo, síntesis de la grandeza humana [...]" [59].

Sus palabras igual de militantes, rescataron la función de la mujer, de la madre y de la maestra, que junto a la escuela, debían promover la paz universal. La figura de la reina Guillermina, que "tuvo la voluntad de ser la madre de la paz universal", fue la que inspiró su pensamiento. Por eso afirmó, desde su condición de mujer y de maestra:

"Yo festejo el día de la patria pensando en la patria del universo, porque siento que esta acción noble de la mujer-reina, es una promesa y una enseñanza para la mujer futura. En otros tiempos había heroínas que combatían al lado de los hombres, para libertar a la patria del yugo de los opresores; había damas patricias que vendían sus alhajas, para comprar fusiles y municiones; había madres que entregaban a sus hijos, para que se mezclaran en el horror del combate y perdieran la vida en holocausto de la patria, de la tierra nativa, de la independencia, de la libertad.

[...] levántate corazón para decir a la mujer que su gloria nace en el hogar, en la formación de la familia, en el origen de la sociedad, en el nido caliente donde se forma el corazón del niño, donde se enseña a tener el alma grande y el odio corto [...], para hacer brotar la pasión del amor universal [...].

La madre y la escuela deben ser virtualmente los transformadores de la humanidad. La primera arroja en el alma la semilla del bien; la segunda la cultiva y la fortalece [...]. Esa es nuestra misión, la misión de la mujer, sea madre, sea maestra. [...]

---

58. *El Monitor,* Año XVIII, N° 12, 1898.
59. *Ibídem,* XVII, N° 67, 1907.

Sólo, voy a hacer un voto en este día de la patria, en que se adoraban los símbolos de los hombres de guerra. Que todos, hombres y mujeres, madres y maestros, levantemos un nuevo símbolo, desde el altar de las glorias futuras, que tenga esta leyenda: 'todo por el bien, todo por el amor universal'. Y habremos hecho la escuela del porvenir" [60].

Por su parte, fue el autor Cotta quien buscó conciliar las figuras del guerrero y del labrador. Esa historia debía celebrar el sacrificio de unos y de otros puesto que ambos formaban parte de ese panteón de la nación:

> "—Soldado de la paz… —Tu de la guerra…
> —[…] Cercené mil cabezas. —Sembré trigo
> —Quemé mil pueblos. —Levanté ciudades
> […] En la página histórica se estampa.
> Mi honrado nombre para eterna gloria.
> —Yo ese honor no busqué, más, mi memoria
> está en los surcos de la inmensa pampa.
> […] Con la voz del cañón lamo al progreso.
> —Yo con la industria de la patria mía
> […] Oh! La patria que me debe un monumento
> —A mí nada me debe y le doy tanto.
> —Es que con fama su valor levanto.
> —Yo elevo con virtud su pensamiento.
> —[…] Entonces es de los dos. —Viva mi tierra!
> —[…]¡Salud noble soldado del progreso!
> —¡Salud, bravo soldado de la guerra!" [61]

Muchos de los maestros y maestras promovieron esa desmilitarización del relato histórico porque no lo consideraron apropiado para formar el espíritu y la moral de los "pequeños patriotas". En ese sentido, la más combativa fue otra voz femenina que retomó el ideal de una educación que fomentara la paz y la unión universal. La reconocida maestra y pedagoga, Raquel Camaña, organizadora del Primer Congreso Nacional sobre infancia en 1913 y escritora de temas pedagógicos, puso su sello y su opinión sobre el signo de esa enseñanza. Defensora de la educación integral de la mujer, e influenciada por el movimiento eugenésico de principios de siglo, fue capaz de cuestionar a una escuela que propagaba la guerra a expensas de los valores humanos. Según afirmaba, aquella escuela había logrado "una única influencia profunda manifiesta en el amoroso cuidado con que cultiva sentimientos y prejuicios engendradores de las virtudes militares. Inculca y diviniza el arte de matar y bestializa el de crear la vida"[62].

---

60. *Idem.*
61. Juan Manuel COTTA, *Ejemplos. Lecturas morales para formar el carácter de los niños.* Buenos Aires, Cabaut y Cía. Editores, 1916.
62. Raquel CAMAÑA, *El dilettantismo sentimental,* Buenos Aires, La Cultura Argentina, 1918, p. 10.

Estos pronunciamiento reflejan su postura a favor de una definición de la nación y la nacionalidad inspirada en la matriz contractualista y de herencia ilustrada, liberal y cosmopolita. Por eso, muchos de esos educadores que abrazaron esa idea de la nacionalidad como producto de una mezcla y del crisol de razas, se manifestaron cuando contaron con la oportunidad en contra de esa autoproclamada "enseñanza patriótica".

La obra refundadora de la "enseñanza patriótica"

Como ha explicado Bertoni, la definición de la nacionalidad contrac-tualista desde la década del noventa libró su batalla con una concepción esencialista y excluyente. Se puede decir que esta concepción de la nacionalidad tuvo anticipaciones a fines del siglo XIX. Pero a las puertas del siglo XX, y particularmente en tiempos del Centenario, esa tendencia encontró un clima ideológico propicio para proclamar la altisonante consigna de la "enseñanza patriótica". Ese contexto de ideas, atizado por el emergente cuadro social, llevó a profundizar el tono de la crítica hacia la educación. Tempranamente Miguel Cané había anunciado: "honor y respeto a los restos puros de nuestro grupo patrio, cada día, los argentinos disminuimos… Cerremos el círculo y velemos por él"[63]. Un sentimiento aciago invadió a esa elite replegada que reclamó por "la urgencia de salvar del caos el cuño nacional, que muere en este momento entre la policromía advenediza de los aluviones extranjeros"[64].

Cuando Argentina iba ha demostrar al mundo, y ha demostrarse, la gloria de su pasado, la grandeza de su presente y la promesa de su porvenir, no podía admitirse que se opacara "la centelleante luz de su historia"[65]. Ese clima de

---

63.   Carlos NERVAL, "Miguel Cané, de cepa criolla", citado por Susana ZANETTI, *La prosa ligera y la ironía. Cané y Wilde*. Buenos Aires, 1977.

64.   En el escrito recuperado de Belisario Roldán de 1909, se continuaba expresando: "[…] Se pretende que somos un país de inmigración: que nuestra fisonomía se está formando y que cuando se haya plasmado del todo, plasmadas estarán también las derivaciones subsiguientes y concordantes; pero apresurémonos a reparar que si somos en la actualidad un país de inmigración, lo seremos con mayor motivo en el futuro, lo que prolongaría indefinidamente el problema, y reparemos asimismo que la fisonomía no es un accidente que se recoge en marcha, sino un hecho primario que se salva, si ha de salvarse, al través de todas las evoluciones y transfiguraciones…

      ¡Pero no será; no será mientras haya en el interior de la república grupos orgánicos que levanten en sus manos la bandera abandonada por los grandes centros; no será mientras quepa en lo posible inocular en la conciencia de las actuales generaciones el concepto de que por virtud de un complicado veredicto de la historia les está reservada la misión vestal de organizar por segunda vez la nacionalidad y consumar […]la definitiva independencia nacional. […]", en José BERRUTTI, *Lecturas morales e instructivas… Op. Cit.,* 291 a 295. Cabe recordar que Berrutti ha sido presentado, por algunos investigadores, como uno de los referentes de la corriente democrática-radicalizada de la pedagogía argentina.

65.   *La Nación*, 23 de mayo de 1910.

inquietud política, social y cultural[66] preparó el escenario para que se proclamara como presidente del CNE a José María Ramos Mejía. El tono de su gestión, marcado por la impronta nacionalista, no hizo más que profundizar los temores frente el advenimiento de esa sociedad cosmopolita. Producto de esa connotación ideológica, se dispuso que la clase de historia o de geografía argentina no se dictara en días específicos u horarios determinados, sino aprovechando todas las oportunidades y en todos los momentos. Como se recomendaba, con una nota serena y tranquila había que analizar hechos y cosas del país para mostrar todo lo bueno que lo hacía amable. También, con tacto, se tratarían las imperfecciones que se debían corregir para aumentar sus bellas cualidades. Dando, en otras ocasiones, la nota entusiasta, sugestionadora, que hiciera vibrar el alma del niño, que lo conmoviera para fijar los sentimientos sanos y firmes que determinaran su conducta para llegar a cumplir, en el futuro, sus deberes de ciudadano, pensando que se sirve a sí mismo y a su país. Se esperaba que la vida escolar se convirtiera en un ejercicio diario de afirmación, casi religiosa, de fe hacia la patria. Fórmulas impregnadas de ritualismos y de gestos se llegaron a sugerir para potenciar el desarrollo de aquella conducta cívico-patriótica. Pablo A. Pizzurno, en su carácter de Inspector General, indicó los procedimientos que debían seguir los docentes primarios para conseguir el éxito esperado[67]:

"1º Fijar diariamente en un lugar visible de la escuela la efemérides del día y hacer su comentario cada vez que sea oportuno. [...]

2º Iniciar las clases diarias con un coro de carácter patriótico, sin perjuicio de los cantos habituales al Hogar, al Trabajo, a la Verdad, a la Naturaleza, a la Escuela, etc., que se entonaran en las clases los diversos momentos del día en que fuera oportuno.

En un día fijo de cada semana, que podría ser al comenzar, el lunes, entonar el Canto a la Bandera, en presencia de ella y estando toda la escuela formada. [...]

3º Conmemorar con actos sencillos –como ser recitación de poesías, cantos, composiciones ad hoc hechas por niños y maestros, visitas a los

---

66. El clima cultural de esa época ha sido reconstruido en el trabajo de B. SARLO y C. ALTAMIRANO, "La Argentina del Centenario: campo intelectual, vida literaria y temas ideológicos", en *Ensayos Argentinos,* Buenos Aires, CEAL, 1983.

67. Sin embargo, Pablo Pizzurno, fiel representante de ese nacionalismo contrac-tualista, siempre cuestionó ese sentimiento nacionalista excluyente. Según creía, los hijos de los "gringos", principalmente de las clases inferiores, eran los que más protestaban contra el calificativo y los que más empeño ponían en hacer constar que eran "criollos". Según argumentaba, los mismos extranjeros, después de un cierto tiempo de residencia, frente a la influencia del medio físico del país, las facilidades materiales de vida, la libertad de la que disfrutaban, acababan por vincularse definitivamente a la tierra y quedarse en ella. Años después en una conferencia dada en setiembre de 1916 ante la Asociación Nacional del Profesorado, el llegó a sostener que ese 'patriotismo' anacrónico" no hizo más que desvirtuar lo que andaba bien en los ramos de la enseñanza. Pablo PIZZURNO, "La Escuela Normal, el maestro y la Educación Popular", conferencia dada en 1916, p. 71.

lugares o monumentos respectivos, si los hubiere– las fechas importantes de nuestra historia. Esto aparte de los actos especiales que son de práctica en los días de mayo y de julio y del día también especial consagrado una vez por año a la Bandera, de acuerdo con la indicación expresa que al respecto me ha hecho el señor presidente.

4º Visitar el Museo Histórico con frecuencia; dar con este motivo las lecciones del caso, relacionando estas visitas con las clases de historia, instrucción moral y cívica, geografía, composición. [...]

5º Visitar otros lugares en que se hallen reliquias o pueda evocarse recuerdos del pasado: tumbas, monumentos, edificios antiguos, objetos históricos, etc. [...]

6º Dotar a todas las escuelas que aun no la tienen o la tienen incompleta, de una colección de retratos de nuestros prohombres, así como de reproducciones de cuadros que representen hechos históricos importantes. [...]

7º Disponer que en las escuelas que tienen todo lo necesario para ilustrar la enseñanza con proyecciones luminosas existan colecciones tan completas como sea posible de diapositivas correspondientes a los retratos y cuadros a que se refiere el párrafo anterior, así como una colección de diapositivos (sic) de geografía argentina, comprendiendo los de lugares históricos, monumentos, edificios, etc., en primer término los que por su situación no pueden ser visitados. [...]

8º Organizar de tiempo en tiempo [...] concursos de composición sobre temas patrióticos, entre grados paralelos dentro de la misma escuela, entre escuelas diversas del mismo distrito y aun entre distritos diferentes; así como también en forma análoga, de lectura o de recitación de trozos escogidos de autores nacionales y de carácter igualmente patriótico".[68]

El mismo funcionario, en una de las instrucciones al personal docente –por disposición del presidente del CNE– informaba que para acentuar el carácter patriótico de la enseñanza, se utilizaran al efecto las diversas materias de estudio. Así recomendaba, para el caso de la *Lectura y Escritura*, escribir frases y palabras de carácter patriótico, nombres de patricios, de lugares históricos, monumentos, fechas y con las explicaciones que fueran posibles. Cuando el curso avanzara se introducirían lecturas de poesía y trozos en prosa de autores nacionales. Para la enseñanza del *Castellano*, se debería incluir en la conversación asuntos de carácter patriótico: la bandera, el escudo, los monumentos, el himno nacional, los prohombres. Lo mismo

---

68. *El Monitor*, Año XXVII, Nº 45, 1908. Cabe señalar que estas recomendaciones, junto con las efectuadas para el caso de las Escuelas Particulares (como exigir que el maestro de Historia y Geografía Argentina y de Instrucción Cívica sea ciudadano argentino, que quien enseñe el Idioma Nacional fuera argentino, establecer que los programas tomen como base el oficial en vigencia, que conmemoren el 25 de Mayo y el 9 de Julio en forma privada o pública) del por entonces Inspector Técnico General, fueron favorablemente recibidas y aprobadas por el presidente del CNE, Ramos Mejía.

durante los ejercicios de reproducción oral de frases y trozos leídos, así como en la recitación de memoria de los trozos selectos, la copia, el dictado y aún la caligrafía, así como temas de composición. Para las Ciencias naturales se ilustraría con preferencia las lecciones con ejemplos de la fauna y la flora argentinas, resaltando la riqueza del país. Se marcaría la superioridad de la producción argentina comparada con la de los principales países del mundo, en la ganadería y en la agricultura. Se consideraba propicia la ocasión para que se mostrara la influencia del trabajo perseverante en el bienestar individual y colectivo y el error de los que pudiendo dedicarse a estas actividades o a sus industrias derivadas, preferían vegetar en la empleomanía. La Higiene podía prestarse para provocar observaciones de carácter nacional y patriótico. Al referirse, por ejemplo, a las obras de salubridad de Buenos Aires había que resaltar que figuraba por ellas entre las primeras capitales del mundo, gracias a la acción de los legisladores y funcionarios que dedicaron todos sus esfuerzos para dotar a todas las poblaciones de aguas corrientes, de medios de saneamiento, de oficinas que fiscalizaban la calidad de los alimentos y bebidas que se vendían al público, etc. Al tratar la salud y los medios para conservarla, combatiendo el alcoholismo y otros vicios, sería oportuno hacer notar que cuidando la propia salud la persona se pone en condiciones de ser individualmente feliz y también más útil a la sociedad y al país. La Geografía, al ocuparse de los diversos lugares, de las bellezas naturales comparables a las mejores del mundo, se presentaría siguiendo los itinerarios de los hechos históricos como medio de enseñanza para la historia. La Historia debía reflejar en todos los acontecimientos las actitudes de perseverancia, abnegación, sencillez, valor. En la Instrucción Moral y Cívica se buscarían los modelos de las distintas virtudes en la historia del país. Se insistiría en el cumplimiento de los deberes ciudadanos, especialmente el deber de votar. Había que poner de relieve cuán perjudicial era la indiferencia de los que se abstienen, y la venalidad de los que venden su voto o de los que incitan a otros a que lo hagan; puesto que votar era uno de los actos más patrióticos. Mostrar la liberalidad y excelencia de las leyes argentinas, capaces de provocar las simpatías del extranjero, era otra cuestión para abordar. En las clases de Aritmética los maestros deberían aplicar ejercicios relacionados con la historia, la geografía y la industria nacional, preguntando tiempo transcurrido entre distintas fechas históricas, etc., utilizando cifras representando el curso de los ríos, elevación de las montañas, la extensión superficial, habitantes del país, extensión de los ferrocarriles, producción, importación, exportación, etc. En Dibujo, presentar temáticas donde la representación se vinculara a hechos patrios o de figuras que destacaron en su historia. En Música, se comentaría detenidamente las letras y cantos de carácter patriótico, entonando periódicamente el canto a la bandera[69].

---

69. *Idem.*

Hasta qué punto los funcionarios del sistema educativo, desde inspectores a maestros, compartieron el carácter de esa enseñanza o si, por el contrario, respondieron obedientemente, con sus acciones y palabras, a la marcada autoridad del CNE será un interrogante que difícilmente pueda encontrar una única respuesta. Lo que si llama la atención es que algunas figuras de reconocidas trayectorias sorprenden con sus dichos y acciones en aquellas circunstancias. Es el caso de Felisa Latallada, maestra graduada en la Escuela Normal de Paraná. En su carácter de directora de la Escuela "María Sánchez de Thompson", en una conferencia pronunció sus dichos sobre la insuficiencia desde el punto de vista cívico que poseía la mujer para afrontar la cuestión de la "enseñanza patriótica". Reconocía que, a pesar de la lucha de algunas mujeres que pugnaban audazmente por llegar al comicio, a la lucha parlamentaria, a la prensa, a la dirección de las industrias, a las cargas públicas compitiendo con el hombre en la labor política,

> "[…] es evidente que, cualesquiera que sean los éxitos de esta orientación en la actividad femenina, no podrán ser destruidas, ni la voz de la naturaleza, que señala para su actividad el cerco limitado del hogar, ni la voz de la sociedad que la obliga a la más libre de las sumisiones y la dignifica con el más difícil de los gobiernos: el de sí mismo y el de los niños" [70].

Tal como lo entendía, los primeros maestros de la enseñanza cívica eran los grandes hombres públicos. Cuanto más alta la posición del hombre público, más amplios serían los horizontes de aquella enseñanza. Entre las nociones fundamentales que se debían dar en esa enseñanza nacional, de modo simple para los niños y amables para las instituciones republicanas, estaban la noción de igualdad civil y política. En esa instancia se comprendería la igualdad de los hermanos ante la autoridad del padre, la igualdad por la acción, los sentimientos y los deberes. La igualdad de los discípulos ante el maestro, por el trabajo y el cumplimiento del deber. Esa noción de igualdad era la que llevaría a la hermandad civil y política. Esa era la igualdad que se había consagrado en el artículo 16 de la Constitución. Junto con aquella idea, había que abordar la noción de la libertad en el orden doméstico, en el orden moral y en el orden político. Así como la noción del respeto a la autoridad moral cívica y política, constituida y libremente reconocida como legal. Encontró oportuna la sentencia del Dr. Quintana cuando proclamara: "sólo son grandes y felices los pueblos que saben honrar la memoria de sus grandes hombres". También se manifestó a favor de la tolerancia religiosa y política, puesto que sería la única forma de transformar las opiniones diferentes y los odios en entusiasmos sociales. Sobre esa base sería posible recuperar esos ideales de la patria que se vislumbraron en los albores de la vida nacional y que se habían esfumaba en medio del cosmopolitismo absorbente. Como afirmaba, en su guiño hacia ese tono militante de la enseñanza,

---

70. *Ibídem*, Año XXIX, 1909, N° 7.

> "[...] esta noción es capital para nuestras necesidades políticas, para hacer la amalgama, la verdadera unidad en este compuesto de elementos heterogéneos venidos de todas partes del mundo, para pasarlos por el crisol de nuestras costumbres, de nuestros ideales, de nuestro propio carácter de argentinos. Sin esta noción, difícil sería hacer de nuestros inmigrantes, nuestros compatriotas, ni siquiera nuestros compañeros en la gran obra industrial y comercial de la República Argentina"[71].

En esas circunstancias, para Latallada, era imprescindible que las nuevas generaciones asimilaran aquello que significara un elemento orgánico de la nacionalidad como la lengua, la organización secular de la familia, la conservación de las tradiciones, los símbolos. El culto a los héroes y sus glorias, al recordarlos, sería una forma de vivir algo de sus vidas. Por ello era positiva la irrupción en las aulas de las banderas, los himnos y las figuras históricas de los héroes. Finalmente, la comprometida directora concluía:

> "Este es el método objetivo de dar la enseñanza patriótica que preconizamos y practicamos; pero la doctrina como método, están infiltrados en todo el programa de la enseñanza y en toda la vida escolar.
>
> Debe haber una especie de concentración de estudios, concentración de ideas como la que practican los alemanes en la enseñanza primaria, según los principios de Herbart, aplicada a la enseñanza patriótica. Debe haber una especie de orgullo, de vanidad absorbente que haga curar la cabeza del prejuicio y la herencia de las razas que están asimilando, encauzándolas enérgicamente por las corrientes de la tradición, el carácter de nuestros antecesores y la norma de nuestras instituciones.
>
> Yo no conozco otro medio más eficiente para infiltrar esta doctrina, por este método, que el entusiasmo, la fe, la vehemencia y la sinceridad del maestro"[72].

Las convenientes palabras de la maestra permiten volver la mirada sobre esa pieza clave que garantizaría la difusión "del ideal de patria como un lema sagrado"[73]. El magisterio nuevamente fue llamado para cumplir con esa misión política. Para que su obra llegara a ser efectiva, había que conseguir que el maestro fuera querido y aceptado por el pueblo donde cumplía su tarea. Tal como se afirmó, tenía que "haber vinculaciones estrechas, vinculaciones adecuadas entre la población y el personal docente"[74]. Otras indicaciones se referían a los métodos de enseñanza, a libros que deberían utilizar para el tratamiento de la Historia[75] y a la práctica diaria de ejercicio patrióticos como

---

71. *Ibídem.*
72. *Idem.*
73. *Escuelas Nacionales de las Provincias... Op. Cit.*, p. 32.
74. *Ibídem*, "Circular a directores de Escuelas sobre educación social", pp. 131 a 132.
75. Por ejemplo para los primeros grados se recomendaban entre otros: "Episodios Nacionales" de Espora, "Leyendas Argentinas" de Elflein, "Tradiciones argentinas" de Obligado,

izamiento de la bandera. En las celebraciones y conmemoraciones cívicas y religiosas se izaría a tope la bandera nacional en la escuela o cerca de los edificios de las escuelas. Se evocarían a las grandes figuras con la voz alta del maestro pronunciando una frase que perfilara la personalidad del gran hombre y la clase a coro pronunciaría su nombre, tal como: "Serás lo que debes ser y si no serás nada", San Martín, "Viva mi patria aunque yo perezca", Moreno. Se suponía que con esas instrucciones se conseguiría la cotidiana presencia en las aulas argentinas de los símbolos nacionales como la Bandera Nacional, los himnos y las figuras históricas en las aulas argentinas.

Para el tratamiento de aquella historia dictada en las escuelas de jurisdicción nacional[76] se continuaba recomendando que, en el primer grado, se trabajara con sencillas narraciones, relatos y biografías. Debía abordarse lo conocido para llegar a lo desconocido, de lo próximo a lo remoto, para comenzar por la historia del país, para pasar después a la de los países que estaban más relacionados con él. Y, además, no ignorar que la Historia debía relacionarse con la Geografía por ser "el paisaje del escenario". No ignorar que otros de los factores que conformaban la historia, se vinculaban con lo económico. Una novedad era el criterio sociológico que debía acompañar al análisis histórico para comprender la razón de ser de las virtudes y los vicios de la sociedad. Había que conocer las razones de lo que Bunge había dado en llamar la "pereza criolla". La educación adquiría entonces otra misión, combatir aquella herencia psicológica. Aquella sería la clave de la fijación del

---

"Glorias Argentinas" de Pelliza, "Diccionario Biográfico Argentino", "Cartilla Militar" "Sarmiento Anecdótico" por Belin Sarmiento, "Glorias Argentinas" por Cabaut, "Tradiciones coloniales" por Pearson, "Facundo y Recuerdos de Provincia" por Sarmiento, "Biografía de Wheelrigth" por Alberdi, "Biografía de Pringles" por Espejo. Para los años superiores: "Historia de San Martín y Belgrano" de Mitre, "Historia Argentina" por López y por Estrada de García Merón "Memorias de Paz, Lamadrid, Espejo, etc.", "Cartilla Militar", "La Anarquía y el Caudillismo" por Ayarragaray, "Rosas y su tiempo" por Ramos Mejía, "Anales Históricos de la Revolución" por Calvo, "Leyes y Decretos sobre el Escudo, la Bandera Nacional por Pelliza, por Vedia, por Zeballos, etc. Al respecto, la maestra Hermosina Aguirre de Olivera sobre la "enseñanza de la Historia", comentaba que los textos sólo relataban los hechos militares descuidando una interpretación verdaderamente científica de la evolución sociológica de la Historia Argentina. Según lo entendía, las honrosas excepciones, en ese sentido, eran las obras de José M. Ramos Mejía, Saldías, Peña. Continuaba diciendo, "Tenemos obras monumentales, como las de Mitre, López, Trelles, Lamas, Carranza Fregeiro, Pelliza, etc., pero han descuidado la parte civil y casi todas pecan por el concepto unilateral de la teoría del grande hombre, olvidando por completo la acción de la masa anónima que constituye el ambiente social en que el héroe se desenvuelve". *El Monitor*, Año XXIX, Nº 14, 1909.

76.   Se comenzaba en 1º y 2º grado tratando temas de la vida primitiva, colonial y la civilización que alcanzó la Argentina con relatos y narraciones. En 3º grado se trataba los pueblos aborígenes, el descubrimiento, sencillas lecciones sobre la organización de la familia y del gobierno colonial. En 4º grado, los antecedentes de la Revolución Argentina. Las Campañas de Independencia. La vida política y económica. La época anárquica. La tiranía. La emigración. La vida económica y cultural. La Organización Nacional. En 5º grado la Historia de América. en 6º grado La Civilización Moderna y Contemporánea. Revisión de la Historia Argentina.

carácter nacional, "formar hábitos de trabajo e inculcar ideales y para esto nada más eficaz que la historia patria"[77].

Esa historia de héroes, con sentido moral y de celebración de fechas gloriosas, que ya se había anunciado en tiempos precedentes, recuperó también aquel relato historiográfico donde se revalorizaba la tradición hispana. Esa presencia del elemento hispánico era un modo de recobrar la estirpe patricia y una raza que constituiría la esencia de la argentinidad:

> "[…] Ante el avance de la inmigración ácrata y disolvente ubicado con suma comodidad, al amparo del liberalismo de las leyes, y que hoy empaña al Centenario, pretendiendo imponer su dominio con la dinamita, hay que afrontar enérgicamente el problema educacional, […] para que ante las viejas civilizaciones pueda repetirse, con la frente bien en alto, las luminosas palabras de la oración del poeta: 'nada hay más espléndido que nuestra estirpe latina, ni en venas de seres humanos corrió sangre más ferviente y generosa que la sangre española' […]. Tengo orgullo de mi estirpe, de mi raza y de mi patria"[78].

De modo que aquella "escuela patriótica" fue permeable a la reconsideración del discurso histórico del primer nacionalismo o el llamado "nacionalismo cultural"[79]. Un discurso que convivió con la propuesta historiográfica liberal que celebraba a los "grandes hombres de la patria". Pero, en definitiva, las reglamentaciones de Ramos Mejía para celebrar el culto a la nación fueron la culminación, aceptación, readecuación y ordenamiento institucional de un proceso que se había iniciado mucho antes en las escuelas argentinas. Un ritual en torno a la patria, que se cargaba de contenido moralizante a través de las vidas ejemplares de sus héroes y que serían una verdadera demostración de la virtud ciudadana.

Los ausentes del panteón nacional

A pesar de los matices, reconsideraciones y desplazamientos de ese discurso histórico, que contribuyó a dar forma a esa operación política y cultural

---

77. *El Monitor,* Año XXIX, 1909. En ese sentido, Bunge recuperaba su concepción de que en los orígenes de la sociedad argentina se encontraban resabios negativos de un aspecto de la cultura española y la indígena y que dieron lugar a la "pereza criolla" que se había fundido con aquel conglomerado de "razas incongruentes". Había, por lo tanto, que combatir aquella herencia psicológica para superarla. En: Octavio BUNGE, *Nuestra América (ensayo de psicología social).* Valerio Abeledo, Buenos Aires, 1905.

78. *Ibídem,* Año XXIX, N° 450, 1910. Una nota que no deja de ser ilustrativa, en tanto revela la diversidad de origen de algunos de estos hombres que planteaban la recuperación de la tradición es que, quien firma la nota se llama Dardo Corvalán Mindilharsen.

79. Este movimiento que planteaba un retorno a la hispanidad y redefinía la identidad argentina ha sido trabajado, entre otros, por: Maristella SVAMPA, *El dilema argentino. Civilización o Barbarie… Op. Cit.,* p. 88.

de invención de la tradición, se acordó un lugar común: el triunfo de la nación implicaba la imposición de una forma de civilización superior. Finalmente, lo que se había impuesto era una organización nacional forjada por la estirpe patricia de la sociedad blanca. Aquellos que formaban parte de otros grupos étnicos inexorablemente debían adaptarse al mandato civilizador de esa sociedad. Efectivamente, en los textos escolares se hace una referencia a esa alteridad aunque vaga y, al mismo tiempo, ambivalente. Si se buscan referencias a las culturas indígenas su presentación oscilaba, según la época que se historiaba, desde la visión positiva a la negativa. Así para referirse a la política española en tiempos de la colonia, algunos se atrevían a hablar del abuso hacia los indígenas[80]. En otros casos se hicieron descripciones genéricas y bastante deformadas sobre lo que se presentaba como la costumbre, industria y creencias de los aborígenes. Esa fue la intención de José María Aubín al relatar que "cuando los españoles emprendieron la conquista del actual territorio argentino, lo encontraron habitado por numerosos pueblos indígenas pertenecientes a las razas **Quechua, Guaranítica** y **Patagónica**"[81]. El autor reconocía una tradición en esos pueblos y así hizo referencia de los quechuas como pueblos que "creían en la inmortalidad del alma [...] Su culto al Sol se distinguía por la suntuosidad de los templos [...] a cuya cabeza estaba el Villac-Uma". Continuaba señalando que eran "muy industriosos y aplicados en el trabajo, sobresaliendo en las labores agrícolas [...] Conocían la música y el baile [...] Eran muy amantes de la poesía y nos han quedado de ellos muchas composiciones"[82]. De los "indios de raza guaranítica" analizaba sus creencias y los describía como "sumamente supersticiosos". Destacaba sus rasgos más primitivos puesto que

> "vivían de la caza y la pesca, y del cultivo del maíz y la mandioca [...] Iban semidesnudos y eran muy poco comunicativos; su fisonomía era grave y taciturna [...] Mostraban poco afecto a la familia [...] No tenían caminos, ni correos, ni institución alguna de carácter civilizado"[83].

Y, finalmente, de los araucanos decía que

> "[...] no constituían propiamente una nacionalidad [...] Creían en dos divinidades, originarias del bien y del mal. [...] Vivían de la caza de la foca, del zorro, del lobo y otros animales salvajes. Su vestido era muy sencillo [...] En la paz, resolvían los asuntos de la tribu en parlamentos reunidos al aire libre, en los cuales todos los asistentes tenían voz y voto. En caso de guerra, nombraban un jefe, al que concedían un poder absoluto mientras duraba la lucha".

---

80. Se puede mencionar en esa línea a Juana Manso, Op. Cit, 1888.
81. José María Aubín, *Historia Nacional... Op. Cit.*, p. 7.
82. *Ibídem*, pp. 8 a 10.
83. *Ibídem*, pp. 11 a 14.

Otros detalles que se mencionaban es que "se preocupaban muy poco del aseo personal [...] Eran muy reservados, lacónicos y de aspecto muy serio y hosco [...] Mientras tenían provisiones permanecían en la ociosidad [...] Nunca tuvieron instituciones de ningún género, ni idea de lo que son el Estado y la Ley"[84].

Podía ser aún mas vaga y escueta la descripción de las costumbres de los "primitivos habitantes" para dar paso a una narración donde se imponía la ya conocida imagen de "la civilización y la barbarie"[85]. Así un autor como Grosso, comentaba a los escolares que "el descubrimiento de América fue un acontecimiento de lo más notable"[86]. Después de todo, "la cría del ganado y el cultivo de la tierra [...] era lo que preocupaba a los colonizadores de aquel tiempo exceptuando a los que buscaban los minerales de oro y plata"[87]. Según argumentaba, aunque se podía reconocer algún tipo de abuso, su situación había mejorado en la vida de las misiones puesto que si bien "eran como niños grandes, a lo menos, no sufrían el trato cruel de los encomenderos"[88]. Al alternar sus tareas con ceremonias religiosas, fiestas, bailes se contribuía "a tenerlos sumisos sin el empleo de la violencia"[89]. De todos modos, "a pesar de las ventajas, ese sistema adolecía de un gran defecto: los indios no tenían libertad de obrar"[90]. Finalmente, carga de juicio de valor su narración al referirse a la sublevación de Tupac Amaru. Como dice:

> "los indios sublevados trabajaban en las minas y su situación era insoportable: eran tratados peor que las bestias [...] A Tupac Amaru le cortaron la lengua y después tuvo que soportar un horrible suplicio: se intentó descuartizarlo a la cincha de cuatro caballos, sin conseguirlo"[91].

De todos modos, esos atisbos de defensa del indígena es parte de una narración que resalta la opresión española para contraponerla al nacimiento de la patria. El vacío sobre la historia de estos pueblos daba paso a una descarnada presentación de la "Conquista del Desierto", estimada como un triunfo de la civilización. De todos los relatos, acorde con la matriz de pensamiento que justificó la expansión militar bajo la égida del mandato civilizador, el más provocador fue el de Mariano Pelliza. Su narración, además de responder a esa consigna ideológica, mostró un elocuente guiño político a la figura de Roca, al destacar que,

---

84. *Ibídem*, pp. 15 a 17.

85. Alfredo GROSSO, *Nociones de Historia Nacional... Op. Cit.*, p. 12.

86. *Ibídem*, p. 15.

87. *Ibídem*, p. 36.

88. *Ibídem*, p. 46.

89. *Idem.*

90. *Ibídem*, p. 47.

91. *Ibídem*, p. 57.

"El acontecimiento más notable de la época presente es, sin disputa, la conquista del desierto. [...] La riqueza de los campos, consistente en ganados, era la presa continúa de los Indios bárbaros. El asesinato y el incendio señalaban sus pasos continuamente.

El arduo problema de los Indios parecía insoluble, empero un hombre destinado a vengar la civilización de tan largo ultraje apareció en la escena. Ese hombre fue el general Roca que [...] puso en práctica un sistema vigoroso contra los salvajes, no para destruirlos sino para someterlos y civilizarlos, trayéndolos vencidos a participar de los derechos que gozan todos los Argentinos [...] La Pampa y la Patagonia entregadas a la civilización marcan una época en la historia y una página brillante en los anales argentinos" [92].

Si ambiguas y contradictorias fueron las imágenes de esos "primitivos pobladores" o los "indios", igual de llamativo resulta la referencia al colectivo de los negros. De la presentación, a pesar de los debates, de las figuras de Cabral, Falucho o Baigorria se pasa al olvido o a una referencia menoscabada de la comunidad negra, frecuentemente asociada a la etapa rosista. Como se comenta en una de esas menciones: "Había en Buenos Aires, en la época de Rosas, de doce a quince mil negros. Había barrios en los que dominaban casi exclusivamente, y formaban agrupaciones con sus *Reyes*. Rosas para tenerlos de su parte, asistía con su familia a las fiestas que organizaban"[93]. Nada se decía por qué se referían a ellos en términos del pasado y dónde estaban y qué hacían en esa sociedad pujante y progresista que se presentaba en la Argentina de fines del siglo XIX. Una nota particular, por detenerse a presentar con mayor detalle la vida de los negros en Buenos Aires, la encontramos en el texto de José Berrutti. En su libro retomó el escrito de José Antonio Wilde para destacar las condiciones de vida favorables con las que contaba

"[...] La esclavitud en Buenos Aires –dice Vidal en sus Observaciones sobre Buenos Aires y Montevideo– es verdadera libertad, comparada con la de otras naciones.

Efectivamente [...] no han existido jamás ninguna de esas leyes atroces, ni castigos bárbaros, reputados necesarios para reprimir al esclavo.

[...] Desde la declaración de la independencia, la suerte de los esclavos mejoró todavía notablemente. Una de las primeras leyes que se promulgaron fue no la abolición completa de la esclavitud, que eso al fin, en aquella época y en la situación especial que se encontraban los negros, más bien les habría sido perjudicial, sino estableciendo y protegiendo su seguridad individual.

---

92. Mariano PELLIZA, *El Argentino... Op. Cit.*, pp. 113 a 115. En el mismo sentido hizo referencia al territorio del Chaco donde "La autoridad nacional ha constituido un gobierno territorial [...] para cultivar sus tierras y labrar las maderas de sus bosques". *Ibídem*, pp. 119 a 121.

93. Alfredo GROSSO, *Nociones de Historia Nacional... Op. Cit.*, p. 154.

> […] En la guerra de Independencia, en que sirvieron algunos miles de ellos, prestaron importantísimos servicios. Valientes, sufridos, obedientes, probaron ser soldados de primer orden, contándose entre la mayor tropa de los ejércitos de la patria.
>
> Los "Libertos" decidieron más de un encuentro con los españoles. Aquí hemos tenido varios batallones, y en Entre Ríos el general Urquiza tuvo dos, que se portaron bien en Caseros.
>
> Creemos que en aquella provincia existe, en la actualidad, mayor números de negros que en Buenos Aires" [94].

Esos vacíos y olvidos convenientes acentuaron la noción de alteridad de esos pueblos que quedaron excluidos de un historia sellada por el triunfo de la tradición blanca y patricia. El advenimiento de esa nación, integrada al concierto de las naciones civilizadas, había sido obra de viriles figuras que forjaron el honor de la patria. Una presentación de este tipo inmediatamente nos conduce a formular otro interrogante: ¿qué lugar ocuparon en ese relato las mujeres de esa cultura hegemónica? Una posible respuesta se ensayará en las últimas páginas de esta sección. Por lo pronto se avanzará sobre esa convicción que existió en aquel proceso de construir la tradición de la enseñanza pública: su obra no concluía con la tarea de argentinizar. Quedaba mucho esfuerzo por delante porque el objetivo último era de conseguir la formación integral del ciudadano. Como se verá en los próximos dos capítulos también se diseñaron contenidos y estrategias didácticas para avanzar en ese propósito.

---

94. José BERRUTTI, *Lecturas Morales e Instructivas… Op. Cit.*, pp. 86 a 91.

Capítulo VIII

Formar a la niñez en la virtud cívica

> *"La virtud puede ser privada, y en este caso se refiere a la vida o a los actos íntimos de las personas, como por ejemplo: el saber dominar las pasiones, el hábito del trabajo, de orden, etc.; o puede referirse a la vida del hombre como ciudadano y entonces se relaciona con el bienestar y los intereses de los demás ciudadanos, denominándose virtud ciudadana".*
>
> (Enrique M. ANTUÑA, *Moral cívica. Cabaut & Cía. Editores,* 2º Edición, Buenos Aires, 1905, p. 43).

La apuesta optimista a favor de la escuela supuso que aquellos niños que pasaran por sus aulas alcanzarían sólidas bases morales y cívicas para convertirse en buenos jefes de familia, buenos trabajadores, en definitiva, buenos ciudadanos. La honra, la honestidad, la modestia, el cumplimiento de las obligaciones familiares, el respeto a las leyes y las autoridades, el amor a la patria, devinieron en un abanico de valores, modales, gestos y actitudes que expresaba la moralidad de costumbres, requisito indispensable para alcanzar la condición de ciudadano. Con la difusión de esos preceptos se erradicarían los males y vicios que corroían el buen comportamiento del hombre y del ciudadano. Pobres y ricos, nativos e inmigrantes, tenían el derecho y el deber de superarse y elevarse moralmente controlando los impulsos, las pasiones y el desborde de las emociones. Un mandato civilizador a través del cual se consagraba la ciudadanía virtuosa y, con ello, la conformación del pueblo soberano. Como se afirmaba, solo así podía garantizarse el orden social y la estabilidad de las instituciones republicanas.

Teniendo en cuenta estos aspectos, en este capítulo se analizan los contenidos curriculares que fueron diseñados para ser dictados en las asignaturas de Moral y Urbanidad e Instrucción Cívica. Tal como se podrá advertir, al desagregar esos programas de estudio y sus respectivas lecturas moralizantes, una cuestión que llama particularmente la atención es que los hábitos y buenas costumbres que se buscaron inculcar recuerdan aquellos valores instituidos por la tradición católica. Efectivamente, esos profetas de la modernización, que apelaron a las políticas estatales, recuperaron ese dispositivo de valores y conductas en la medida que contribuían al encauzamiento de la moral individual y colectiva. La imposición del orden necesitaba de principios organizadores y, al mismo tiempo, integradores. Ese Estado secularizador, que en su disputa consiguió invadir territorios históricamente cooptados por la Iglesia Católica, resignificó ese código de preceptos para transmitirlos a través de la educación pública buscando la normalización de las conductas. Más que una contradicción, lo que mostraron los actores estatales fue una predisposición para utilizar todo aquello que hiciera plausible la imposición de las buenas costumbres y las normas de civilidad. De allí que, esa individualización de la ciudadanía se acentuó de modo significativo en la noción del cumplimiento de los deberes republicanos, de acatamiento a las leyes y las normas de conducta y de respeto a la autoridad en sus diversas formas más que en el ejercicio de los derechos y garantías constitucionales.

El deber ser de un buen ciudadano

Bajo el amparo de aquella impronta civilizadora se buscó imponer hábitos de conductas, valores, gestos y actitudes tanto en la vida privada como la pública. La escuela, al tiempo que formaba al futuro ciudadano llegaba, a través de los niños y niñas, a las familias con la intención de moralizar sus costumbres. Esa intención se plasmó en la asignatura Moral y Urbanidad prevista por la Ley 1420 para ser dictada a los largo de los seis años de la escolarización primaria. En 1° grado se desarrollaba una grilla de contenidos como: la moral: conversaciones, pequeños relatos, poesías y ejemplos morales, llamados a despertar el sentimiento del deber, enaltecer la virtud y condenar el vicio. Enseñanza práctica, observando las inclinaciones de niño, fomentando las buenas y corrigiendo las malas. Urbanidad: aseo en la persona, vestidos y habitación. Modo de conducirse en la casa y en la escuela. Buenos modales.

Para el 2° grado se remarcaban los aspectos tratados en el curso anterior: Moral: conversaciones, pequeños relatos, poesías y ejemplos morales, llamados a despertar el sentimiento del deber, enaltecer la virtud y condenar el vicio. Enseñanza práctica, observando las inclinaciones del niño, fomentando las buenas y corrigiendo las malas. Urbanidad: aseo en general. Decencia, elegancia y lujo. Modo de conducirse en los juegos, comidas y visitas y diversiones. Buenos modales.

En el 3° grado se avanzaba sobre los comportamientos privados y los principios y referentes de autoridad, así se presentaba en las clases las siguientes cuestiones: Deberes consigo mismo: el cuerpo: aseo, sobriedad, gimnasia. Perjuicios de la gula y embriaguez. El alma: veracidad, estudio y trabajo. Aversión a la ignorancia y la pereza. Modestia, paciencia, valor, dignidad personal. Deberes con los padres: obediencia, respeto, amor, gratitud. Auxilio en las enfermedades y en la ancianidad. Amor y protección entre los hermanos. Afabilidad con los sirvientes. Deberes con los maestros: asistencia y aplicación. Deberes con la Patria: grandeza y porvenir de la República. Deberes con la Patria: obediencia a las leyes, servicio en las armas, impuesto, voto. La enseñanza se debía dar por medio de lecturas, explicaciones y ejemplos, que despierten y robustezcan el sentimiento del deber y de la responsabilidad. Urbanidad: reglas de urbanidad para con las autoridades, los parientes, los amigos, vecinos y criados.

En 4º grado se trabaja, entre otros puntos, las siguientes cuestiones: Deberes con los otros hombres: Justicia y caridad. Respeto a la vida, a la reputación, a la propiedad y a la libertad de los otros hombres. Fraternidad. Relaciones respecto a los bienes: Economía. Funestas consecuencias del juego y la ambición. Prodigalidad. Avaricia. Trabajo. Ahorro. Deberes para con Dios: Amor y respeto a Dios, como Creador y Providencia. El cumplimiento de los deberes que dicta la conciencia. Tolerancia con los sentimientos religiosos bajo las diversas formas que se manifiestan. La enseñanza se debía dar por medio de lecturas, explicaciones, ejemplos que despertaran y robustecieran el sentimiento del deber y de la responsabilidad; absteniéndose de entrar en los dogmas y doctrinas religiosas, reduciendo el estudio a las nociones esenciales de moral comunes y necesarias a todos los hombres civilizados. Urbanidad: reglas generales de urbanidad.

Para el 5º grado debían conocer aspectos referentes a: La moral: ideas fundamentales, el bien y el mal. El deber y el derecho. La libertad. La responsabilidad. Virtud y vicio. La ley moral y la ley escrita. Moral individual: deberes respecto al cuerpo. Conservación y desarrollo del organismo. El suicidio. Educación de las facultades. El trabajo. Moral doméstica: importancia y carácter de la familia. El matrimonio. Deberes entre los esposos, entre padres e hijos, entre hermanos. Deberes entre patrones y sirvientes.

Finalmente en 6º grado se revisaban los contenidos de Moral individual y doméstica (programa de 5º grado) y se avanzaba sobre: La moral social: necesidad y beneficios de la sociedad. Deberes de justicia. Respeto a la vida: legítima defensa, duelo. Respeto a la honra: injurias, calumnias. Respeto a la libertad. Promesas. Lealtad. Fiel cumplimiento. Deberes de caridad: su carácter. Moral política: la patria, el Gobierno, los ciudadanos. Autoridad pública. Deberes cívicos: obediencia a las leyes, servicio militar, impuestos, voto. Deberes de los gobernantes. Armonía del orden y de la libertad.

Tal como se la presentaba, la moral era la "ciencia del bien obrar" puesto que,

> "[...] nos enseña a ser buenos con todas nuestras obligaciones. [...] Una obligación es algo que tenemos que hacer [...]. Las obligaciones que tenemos que llenar se llaman deberes. Obedecer a vuestros padres es un deber; no tomar lo ajeno, estudiar vuestras lecciones, venerar a Dios, ser gratos a vuestros maestros, asear vuestro cuerpo, servir a la Patria, etc. son deberes también. [...].[1]"

---

1. *La Escuela Moderna. Serie elemental de Instrucción primaria. Lecciones cortas sobre moral.* Buenos Aires, Cabaut y Compañía Editores, 1915. 5º Edición.

Si para mostrar fidelidad a la patria era "forzoso ser moral y observar una conducta regular"[2], por otra parte, era imprescindible que "todo ciudadano conociera los derechos y deberes cívicos que la Constitución y las leyes le otorgan e imponen"[3]. Por eso en 1887, con la mencionada reforma de planes de estudio, se consideró que la materia Instrucción Cívica era uno de los pilares del proyecto nacionalizador. La asignatura comenzaba a dictarse a partir del 4º grado (sólo para los varones) y se trabajaban los siguientes contenidos: Nociones sumarias sobre nuestra organización política. República representativa y federal. El ciudadano y el extranjero. Explicación sencilla de los derechos de libertad, igualdad, propiedad y seguridad. La obligación escolar, el servicio de las armas, las contribuciones. El sufragio. La Policía y la Administración de justicia. Noción del Municipio, de la Provincia, de la Nación, sus principales autoridades.

En el 5º grado (para ambos sexos): Preámbulo de la Constitución. Gobierno republicano, representativo, federal. Derechos y garantías que acuerda la Constitución Argentina. Ciudadanos y extranjeros. Naturalización. Derechos y obligaciones del ciudadano. Gobierno Nacional: Poder Legislativo: cámara de diputados y senadores. Forma de la elección y condiciones de elegibilidad. Poder Ejecutivo. Presidente de la República. Forma de elección y condiciones de elegibilidad. Los Ministros. Poder Judicial: nombramiento y condiciones requeridas. Principales atribuciones de los poderes legislativo, ejecutivo y judicial.

Y para 6º grado: Revisión: (programa de 5º grado). Gobiernos de Provincia: Autonomía Provincial; bases constitucionales. Atribuciones reconocidas a las Provincias. Limitaciones. Intervención. Régimen Municipal: importancia. Gobierno Municipal: importancia. Gobierno municipal de la Capital (o de la Provincia). Departamento ejecutivo y deliberante, noción de sus principales atribuciones.

A través del tratamiento de ese currículo se suponía que era posible formar a los niños para convertirlos en buenos ciudadanos concientes de sus derechos y deberes sociales y políticos y capaces de rodearse de una atmósfera de civismo. Tal como se proyectaba, el clima confortante y saludable de moral de la vida del niño en la escuela necesitaba saturarse de otro elemento: el ejercicio de la moral política. Inspiradoras de esa voluntad de formar en la moral cívica fueron las palabras de Mobillean cuando decía:

"[…] la diferencia entre un hombre de bien y un buen ciudadano, es la ley social que agrega a la individual. Sellar el interés supremo del Estado […] debe ser la misión de la escuela, dar una base sólida e inquebrantable a la ley más resistente que la que se origina de la voluntad accidental de la nación que la formula. […]

---

2.   Juan BELTRAN, *Educación Cívica Primaria*, III Edición, Buenos Aires, Imprenta Pelerano, 1922 (primera edición 1916), p. 23.

3.   Enrique ORTEGA, *"Compendio de Instrucción Cívica"*. Buenos Aires, Pedro Igan y Cía. Editores, 1897.

> La moral cívica tiene su explicación intuitiva en la historia de las necesidades humanas (temperamento, costumbres, herencias, tradiciones) y en las exigencias de la vida actual, porque todas las constituciones nacen del medio en que se producen como una condición de su desenvolvimiento.
>
> El respeto, pues, por el orden establecido no se infiltrará en el espíritu del niño argentino, si la historia de nuestra evolución política no justifica ante su razón el establecimiento de nuestras leyes y si por medio del estudio de la sociabilidad presente, no se encuentra relación entre las garantías legales y los deberes y derechos que tiene para cumplir su destino.
>
> La historia de nuestra revolución y emancipación política debe resucitarse con sus más vivos colores y abrazar el más extenso escenario que sea compatible con el grado intelectual del niño, porque de allí arranca nuestro credo social [...]" [4].

Evidentemente aquella connotación de carácter moral que se le dio a la educación ciudadana generó la superposición de temas que, según se decía, terminaban por agotar a los niños. Esto llevó a que, finalmente, a principios del siglo XX se reunieran los contenidos en la asignatura Instrucción Moral y Cívica. En esa relación estrecha entre una y otra se debía reforzar el conocimiento de los derechos y deberes del ciudadano, una vez que en la vida privada se internalizaran todos los deberes de un buen hijo y de un buen padre de familia. Tal como se les recomendaba a las maestras y maestros, esa enseñanza tenía que dictarse con un sentido eminentemente práctico a partir del ejemplo cotidiano. Para ello era menester que cumplieran con rigurosidad sus deberes. A saber: un orden inalterable en la casa y en el ajuar de la escuela, un sentimiento de sociabilidad creada entre los alumnos, estimular el amor a la verdad y la justicia mediante la recta conducta del maestro valdrían más que todas las disertaciones sobre los deberes del hombre para con Dios, para con sus semejantes, para con sus padres [5]. Debían corregir al niño en sus conductas desviadas, señalarle su buen comportamiento para que se aprehendiera el sentido y alcance de las lecciones que se dictaban sobre el tema. En definitiva, todo debía comenzar con el personal docente (directivos y maestros) ajustando su conducta a la ley, a los reglamentos, a los buenos preceptos de la moral y al correcto desempeño de su labor en la escuela [6]. Aquello que aprendieran los alumnos en las aulas les permitiría no

---

4. *El Monitor*, Año X, Nº 205. 1891.

5. *Ibídem*, Año XVI, Nº 294, 1897.

6. Claro que entre lo que se proyectaba y lo que solía acontecer en las aulas de las escuelas públicas había una distancia. Las recurrentes recomendaciones y directivas no hacen más que sugerir que las autoridades estaban al tanto de lo que acontecía. Entre la copiosa y muy valiosa información que dejaron registrados los inspectores podemos citar como ejemplos informes como el del "[...] sub-Inspector E. Almirón de la 7ª Sección de la ciudad de Buenos Aires quien describía el cuadro que encontró en "la escuela núm. 2 de la Piedad: el preceptor estaba ausente de la clase [...] el estado de indisciplina en el que se halla la escuela me hace suponer que estas ausencias se repiten muy a menudo. El preceptor es una persona de no escasos conocimientos, pero se comprende al primer

sólo conocer los actos de la vida pública sino adquirir conciencia del rol que desempeñarían cuando se incorporarán al goce de la ciudadanía[7].

Según algunas voces, esos hábitos de la disciplina debían ir acompañados con la conducta ecuánime de la maestra o el maestro, puesto que la injusticia generaba la indisciplina y la rebelión. Si la meta de la educación era la de "formar un ser capaz de gobernarse a sí mismo" había que favorecer la libertad de acción del niño basada en sus esfuerzos y en sus observaciones propias. Así el profesor Berrutti, indicaba a sus colegas que la verdadera disciplina surgía del trabajo constante, metódico, variado y ameno. De allí que sentenciaba: "demos la libertad a nuestros educandos, formando en ellos hábitos de orden, de estudio y de trabajo, sin imposiciones ni castigos"[8].

Con el transcurso de los años, y en el contexto de la proclamada "educación patriótica", esos hábitos de comportamiento fueron percibidos como los que conseguirían erradicar los "males sociales" que ponían en riesgo a la nación. Según se creía, había que profundizar su enseñanza teniendo como meta, una educación que velara por los "intereses de la patria". La escuela reforzaba, bajo esas circunstancias, el sentido y el alcance de la *moral cívica* en

---

golpe de vista que muy poco o nada se ocupa de la escuela que está bajo su dirección. En la clase a cargo del sub-preceptor se produjeron, durante mi visita, hechos altamente irrespetuosos por parte de los alumnos. [...] La escuela núm. 15 se encuentra en muy mal estado. Hay una falta completa de disciplina y muchísimo atraso. [...] En las escuelas núm. 8 y 9 de San Nicolás hay mucha indisciplina y poco adelanto". *Ibídem*, Año III, N° 48, 1883. En otro de los tantos casos, "el sub-inspector Vicente Ferrer sostenía que, "La costumbre establecida en varias escuelas de tomar mate en las horas de clase, considero que es muy digna de atención por parte del Consejo, pues evidentemente el que toma mate no puede enseñar, y aunque pudiera cumplir con sus deberes de Maestro, mal corregiría en sus alumnos la misma falta que él comete, y tendría que dejarles comer en clase, cosa bien poco regular. Siendo la clase un lugar donde van los niños a educarse, es conveniente esforzarse porque la respeten como si fuera un templo, y no conseguiría este resultado el preceptor que se permita en él cosas que son propias de otros sitios menos elevados por el objeto que se dedican". *Ibídem*, Año III, N° 27, 1884.

7.   Los libros de textos recomendados solían culminar sus comentarios con una sentencia o máxima que reforzaba el sentido moralizante de la lectura. A modo de ejemplo encontramos en uno de esos textos consejos como: "El poder no pertenece sino a los trabajadores; los perezosos son siempre impotentes". "Tratad con el mayor cariño a vuestros compañeros de estudio, para que ellos hagan lo mismo con vosotros". "Pasarán las riquezas, las grandezas y las glorias del mundo; pero las buenas obras permanecerán". "Cuando se trata de servir a la patria, deben cesar las discusiones y callarse nuestras pasiones: desaparece el hombre y sólo queda el ciudadano". "Niños: ¿queréis que la patria sea más grande cada día? Poned a su servicio vuestro estudio, vuestro trabajo y vuestras acciones". "Sed modestos y seréis apreciados". "La felicidad del hombre no es posible sin la virtud". "Acordaos sin cesar que la patria tiene derechos imprescriptibles y sagrados sobre vuestro talento, vuestras virtudes, vuestros sentimientos y vuestras acciones; que en cualquier situación en que os halléis, estáis, como soldados de guardia, obligados a velar por ella continuamente y a volar a sus socorro al menor peligro". En José BERRUTTI, *Lecturas Morales e Instructivas... Op. Cit.*

8.   *El Monitor*, XXVI, 1907. Estas palabras de Berrutti, fueron en ocasión de dirigir un discurso en una reunión con padres de los niños de la Escuela "Presidente Roca", en la que ejercía el cargo de Director.

tanto devenía en una cuestión central para educar a los ciudadanos bajo los preceptos de la *cultura política*. Nada más indicado que recuperar a Alberdi para comprender exactamente lo que se buscaba fomentar:

> "Saber ser libre, es saber gobernarse a sí mismo. Saber gobernarse a sí mismo, es saber elegir por sí, [...] es tener la capacidad y la costumbre de discutir los intereses generales del país y los actos del gobierno, en público, sea por la prensa o sea por la palabra; es saber vivir de su trabajo propio sin depender de nadie; es tener la ciencia y la conciencia de los derechos y deberes que la Constitución reserva a cada ciudadano, y la costumbre, el civismo, el coraje de obrar en el sentido del interés general; es saber obedecer y respetar al gobierno cuando procede lealmente, y atacarlo, resistirlo, cuando es desleal; es tener el gusto y la costumbre de la paz, de la devoción al orden, el respeto más sumiso a las libertades de los otros en que la nuestra tiene sus límites naturales; la capacidad del sacrificio y de la abnegación, cada vez que se trata de vencer una dificultad que interesa a la salud común; pagar honrada y puntualmente su contribución en tiempo, en dinero, sangre, trabajo, celo, a la sociedad que nos protege y defiende.
>
> Saber obrar así, es saber ser patriótico, y es además saber ser libre, pues el patriotismo bien entendido se identifica con el ejercicio de la libertad, es decir, del gobierno del país por el país, cuya labor es un placer, pero más que un placer es un trabajo duro y continuo pues un ciudadano que sabe ser libre tiene tanto que hacer como un ministro"[9].

Tal como se remarcó, el sentido práctico de la enseñanza debía apelar a los ejemplos de la vida cotidiana. Se consideraba que las elecciones que se reproducían con frecuencia, la inmigración que afluía constantemente al país, el comercio en sus grandes proporciones, el desempeño de los legisladores y de la guardia nacional en sus ejercicios doctrinales, el funcionamiento de los tres altos poderes de la nación, el desempeño correcto de las autoridades municipales podían demostrar al alumno "cuál es el régimen de gobierno y de las diversas instituciones que concurren a robustecer y afirmar la sociedad política".

---

9. *Ibídem*, Año XXVIII, N° 17, 1909. Atendiendo estas cuestiones, el programa de Instrucción Cívica reforzaba en los últimos grados los siguientes puntos: "La Patria [...]. El patriotismo: el primer y principal deber del hombre y del ciudadano, es amar, honrar y servir a su patria. Pueblo: argentinos y extranjeros, ciudadanos y habitantes. Gobierno. [...] Explicar, aclarar y concretar los términos: pueblo argentino, nación argentina, soberanía, constitución. Derechos de libertad, de igualdad, de propiedad y de seguridad. La obligación escolar. El servicio de las armas. Las contribuciones. Explicar, aclarar y concretar los términos: derechos civiles, derechos políticos. Derechos electorales [...]. Caracteres del Gobierno Argentino [...] régimen municipal. La administración de Justicia. Gobiernos de provincia. La Policía. La Reforma de la Constitución. La Nación Argentina: su origen". *Ibídem*, Año XXIII, N° 56, 1914.

Modelos de moral y virtud ciudadana

A la hora de plasmar esos valores que representaban el modelo de virtud ciudadana, se apeló a "los ejemplos de la Historia Nacional"[10]. Si la moral cívica fue entendida como "el conjunto de los deberes y obligaciones que tiene que cumplir el ciudadano para demostrar su amor a la patria y la consideración que le merecen sus compatriotas"[11], los hombres que ocupaban el más alto sitial en el panteón nacional simbolizaron ese modelo de virtud proclamada.

Nuevamente aparecieron figuras como las de San Martín y Belgrano, junto a otras, representando el sentido de abnegación por la patria a la que se definió como "el sacrificio de uno mismo para servir a su país"[12]. Pero esos comportamientos en los que se destacaba la voluntad y la virilidad no podían ser tan lejanos para los niños de allí que se afirmó que todo ciudadano, cualquiera fuera su profesión o posición social, podía hacer gala de esa conducta acudiendo en defensa de la patria cuando estaba en peligro. Si esa era la función de la Guardia Nacional, también "era un honor para todo joven argentino [...] no esquivar el enrolamiento en tiempo de paz [...] porque es en la paz que se ha de recibir la instrucción necesaria para ser realmente útil en la guerra"[13]. Era la misma abnegación que un ciudadano común debía manifestar en el caso de ser funcionario o servidor público.

También se remarcó que para servir a la patria había que posponer los intereses privados como muestra del amor y la honra con la que se actuaba. Sólo se demostraba un auténtico sentimiento patriótico en la medida que se actuara con integridad y probidad. La primera se la entendía como la virtud por la cual se rechazaba toda idea de engrandecimiento personal faltando al cumplimiento de todas las leyes, por su parte, la probidad se refería a la virtud de no resistir a las tentaciones faltando a la honradez conservando la rectitud de ánimo y espíritu de justicia aún en la pobreza. Pero todas esas acciones debían acompañarse de la modestia alejando toda forma de ostentación. Según se sentenciaba, "un modo de vivir modesto y frugal conserva la salud, mantiene la tranquilidad de ánimo y asegura la independencia"[14].

Ahora bien, si fueron válidos los nombres que figuraban en el altar nacional para fijar un modelo de virtud cívica, a la hora de buscar la regularidad y el orden en el aspecto personal e íntimo un lugar común fue utilizar enseñanzas como las reglas elaboradas por Benjamín Franklin para ser aplicadas a lo largo de los días de la semana. Como explicó el filósofo norteamericano, los niños y niñas debían incorporar hábitos como la inclinación al trabajo, a la economía, a la moderación y a la justicia. El respeto a los padres, maestros, hermanos.

---

10.   Enrique M. ANTUÑA, *Moral Cívica... Op. Cit.*, p. 1.

11.   *Ibídem*, p. 2.

12.   *Ibídem*, p. 9.

13.   *Ibídem*, p. 10.

14.   *Ibídem* p. 117.

La protección y cuidado de los más débiles (pobres, ancianos, enfermos, ciegos). El deber de comprender que no se debía hacer lo que no se quería que se les hiciera a ellos. El cuidar la propiedad y los intereses ajenos. De evitar las querellas y de no emplear las malas palabras. Esos gestos, modales, actitudes y deberes involucraban la vida en el hogar, la escuela y hasta en la calle[15]. Precisamente, la calle no era percibida como el espacio de encuentro entre amigos, un espacio libre de muros para el juego. Se la visualiza como ausencia de refugio. Un ámbito por el que todos circulaban, de todos y de nadie al mismo tiempo. Fuente de peligros y de inmoralidad como las informaciones diarias aparentemente demostraban. Como señala Philippe Ariès, la calle sólo deja de ser inmoral cuando se convierte en un lugar de tránsito y cuando pierde "el carácter y la tentación de la permanencia"[16].

Esa férrea voluntad de moralizar las costumbres hizo posible una armoniosa convivencia de valores y normas que tradicionalmente difundió el catolicismo y, por extensión, el cristianismo y ese modelo de buen comportamiento que se proyectó desde la escuela laica. Por eso no resulta extraño encontrase con comentarios como el siguiente:

> "Habiendo tratado hasta aquí de las materias que se refieren al mundo y al hombre debiera entrar ahora en otras que se refieren a Dios. Pero es tema este que no se puede tocar, y fue muy bien pensado el no hacerlo figurar en modo especial en los programas, porque Dios representa el Absoluto, y este es impenetrable a la mente humana. [...] Queriendo penetrar más allá, se limitaría la esencia Divina y se crearía un Dios humano. Se han de observar sin embargo ciertos destellos de la Divinidad en cuanto se refiere a la humanidad para que esta se encamine por la senda del bien. Pero la Moral no se ha de estudiar en los libros ni ha de hablar en una hora determinada para semejante enseñanza, pues de este modo no se obtendrían los resultados prácticos que se buscan. El maestro, a cada instante, tiene ocasión de insinuar en el corazón de los alumnos el sentimiento del bien, del deber, del amor, del respeto, de la caridad, de la fraternidad, del perdón, de la humildad, de la tolerancia y de la misericordia en oposición al odio, a la venganza, al orgullo, a la ostentación, a la soberbia, al egoísmo, etc., Cristo, este modelo perfecto de virtud, enseñaba principalmente por ocasión"[17].

---

15. Así se comentaba: "En la calle es conveniente andar derecho y con cuidado, a fin de evitar los riesgos que constantemente amenazan a los que se distraen. Es malo tirar piedras, correr o treparse sobre los carros [...] Algunos niños tienen la costumbre de poner sobrenombres [...] y se entretienen en gritarles por la espalda [...] Otros niños se mofan de algún vigilante, sin comprender que estos son sus mejores amigos, y que están colocados para su defensa y la defensa de sus familias. Hágaseles ver que deben respetar la autoridad, la ancianidad, y en general a sus mayores, mostrándose bien educados en todas las situaciones que se les presente. Hay sitios adecuados para que los niños puedan correr y saltar, pues no conviene que estén en una quietud permanente [...]". *El Monitor*, Año XIX, 1899, N° 317.

16. Philippe ARIES, *Ensayos de la memoria 1943-1983*. Colombia, Norma, 1996, p. 283.

17. *El Monitor*, Año XIX, 1900. En ese mismo sentido, en esta publicación se da a conocer una carta en la que se contesta a un debate sostenido con un maestro y que fuera pu-

José de San Martín, Manuel Belgrano, Mariano Moreno, Bernardino Rivadavia, los hombres que habían forjado la historia nacional en esa operación de "invención de la tradición", podían convivir perfectamente junto a la figura de Cristo como ejemplos de comportamiento virtuoso sobre el que se fundaba la ciudadanía republicana.

Cuando se proclamó que el control de las pasiones, la moderación de los impulsos, la atemperación de las emociones y la regulación de la fuerza física llevaría a la *moralización* de la conducta y al imperio de la *civilización* hubo una convivencia con aquellos hábitos de moralidad proclamados por la Iglesia Católica. En el proyecto de construcción de la ciudadanía implementado a fines del siglo XIX en Argentina se promovió la sumisión como virtud. El orden fue considerado requisito indispensable para el progreso y para ello se promovió el deber para con los padres, maestros, gobierno y Dios. El vínculo de subordinación consolidado y consagrado por la religión fue válido para los dirigentes que dieron forma a ese proyecto de ingeniería cultural que buscó construir las bases de una nueva sociedad civil.

Así lo consideró quien fuera presentado como referente de la pedagogía alternativa aunque, como se ha mencionado, fue estrecho colaborador de Ramos Mejía. El maestro y pedagogo Berrutti recuperó un texto de Schíller titulado "Presencia de Dios" para dar cuenta de esa autoridad superior que conducía a la autodisciplina y, con ello, a la formación de una conciencia virtuosa. En esa lectura, entre otras consideraciones, se comentaba a los escolares:

---

blicado en el diario *La Libertad* de la ciudad de Córdoba. Es notable que se la considera oportuno rescatarla para que fuera leída en todo el país. En aquella carta el autor que firma con el seudónimo de R. Rotciv (evidentemente su nombre de pila era Víctor y apeló al recurso de escribirlo al reverso, tal como se hizo en el contexto de la Ilustración), considera que la educación moral debe darse en la escuela y no dejarse como una cuestión que pertenecía exclusivamente a los padres, llegando a la conclusión de que nos es posible excluir la idea de Dios de la escuela y del colegio. Aclara, "No, mi muy apreciado amigo; si le fuera posible despejar la incógnita del pseudónimo con que van firmadas estas líneas, vería usted que tras él no se oculta ningún beato ni fraile, sino un espíritu eminentemente independiente, capaz de romper hasta con sus propias ideas, tratándose del mejoramiento de la juventud. ¿Son sectarios quizás Blachie, Compayré, Torres y Janet? [...]'Llevad en vuestro corazón un tesoro de santas palabras y estareis mejor armados que un monarca absoluto tras de las amenazadoras picas de sus guardias' (Blachie). 'Si la religión tiene tan profunda influencia en el desarrollo de la moral, es porque presenta al espíritu humano la idea de un poder supremo, bienhechor de la humanidad' (Compayré). 'El incentivo más eficaz que la educación pueda emplear para promover la moralidad, es el sentimiento religiosos' (Torres). '[...]se debe, sobre todo, despertar en las almas el sentimiento religioso y hacerles comprender que el sentimiento y el pensamiento de Dios pueden mezclarse en todos los actos de la vida' (Janet). [...] En esa edad hay que desarrollar el sentimiento moral, dirigiéndose al corazón, tratando de conmoverlo y presentando ejemplos [...]¿Y dónde encontramos elementos más preciosos para esa acción que en la vida de Cristo? [...] No pretendo formar beatos ni fanáticos, ni mucho menos hipócritas [...], pero lo que pretendo es la formación del *chritian gentleman*, que sin intolerancia y sin exhibicionismo cumpla con sus deberes. [...]"

"¡Oh Dios! Siento por doquiera tu presencia en la naturaleza. Por doquiera miro, veo tu huella luminosa. [...]

¡Oh Tu, que estas presente por doquiera, graba, pues, en mi corazón esta verdad: que nadie podrá substraerse a tu brazo y a tu vista! Guíeme siempre ella en la senda segura de la virtud, y que, a la idea de cualquiera acción mala, me grite con voz de trueno: Nada ¡oh! Nada puede substraerme a tu poder, por doquiera estás cerca de mi!" [18].

Llegado a este punto es posible formular algunas reflexiones para compartir con las lectoras y los lectores. Como hemos visto, el campo educativo fue el ámbito recurrente en el que liberales y católicos libraron su batalla cada vez que buscaron fortalecer sus posiciones ideológicas y políticas. Al escenario argentino se trasladó el clásico conflicto europeo entre católicos y liberales. Sin embargo, esa disputa en la Argentina tuvo sus particularidades. Los católicos liberales laicos tuvieron una activa participación en definición del proyecto educativo estatal. Una clara evidencia se encuentra precisamente en el diseño del espacio curricular de la asignatura Moral y Urbanidad en la que se transmitieron las formas de comportamientos virtuosos, que tradicionalmente había propagado el catolicismo, más allá de la proclamada laicidad. Si la Iglesia no podía llegar a todas las latitudes del país, si no se contaba con el número de sacerdotes suficientes, si efectivamente la escuela se había convertido en la institución con mayor alcance en la formación, bien se podían valer de ella para llegar a todos los niños del país hijos de familias católicas, protestantes o "ateas" bajo el paraguas de la escuela pública. A su vez, es factible hallar otra derivación de esta cuestión. Se puede pensar que, más que existir una confrontación entre los valores defendidos por los actores estatales liberales y los sectores católicos, fue posible que hubiera una convivencia. En todo caso los valores, pautas y normas de comportamiento, que se pretendían transmitir en la escuela, revelaron la funcionalidad de los principios católicos para los dirigentes liberales que buscaron moralizar las costumbres de los habitantes del país. Bajo la consigna de difundir los contenidos que definían lo que se entendía por moral, y sin llegar a referirse a un dogma, la enseñanza laica utilizó un dispositivo normativo que tuvo más puntos de contacto que diferencias con aquello que difundió la enseñanza religiosa.

Esa convivencia no sólo habrá que buscarla en términos institucionales sino en lo que se designaba como un comportamiento virtuoso. Como explican Di Stéfano y Zanatta, en principio, la modernización que determinaba la vida social y que introducía en ella ideas y estilos de vida heterogéneos, diferenciaba las actividades y las expectativas de los individuos y cambiaba las

---

18. José BERRUTTI, *Lecturas morales e instructivas... Op. Cit.*, pp. 157-158. En el mismo texto hay una lectura de Severo Catalina en las que se habla de las Hermanas de la Caridad, esas "hijas del cielo y madre de los desvalidos", que son celebradas por su austeridad frente a la obra de la filantropía (recordemos impulsada por la masonería liberal) (pp. 176 a 182).

escalas de valores y las concepciones de la autoridad y de la jerarquía social[19]. Sin embargo, en el caso argentino, gran parte de la elite no cuestionaba el carácter cristiano de la civilización que debía implantarse en las tierras sustraídas de la "barbarie" y apreciaba la función "civilizadora" del clero siempre que no contradijera su "proyecto de nación"[20]. Lo que ha sido presentado como una competencia entre la autoridad temporal y la espiritual, el ciudadano y el fiel, que habría significado el avance, en el mundo occidental, de las ideas y conductas de la sociedad burguesa vuelve a sugerir, como otra opción explicativa en el caso argentino, la posibilidad de estimar la recuperación de los valores tradicionales en pleno contexto de la secularización y de advenimiento del discurso modernizador. Una convivencia, por cierto, menos conflictiva de lo que ha sido presentada. Como se ha podido detectar, los católicos liberales laicos participaron del proyecto educativo estatal.

Las expresiones extremas de quienes fueron actores decisivos en la disputa y ciertos lugares comunes de los análisis de esa controversia no debe prestarse a confusiones. Efectivamente hubo voces contundentes como las de Pedro Goyena que defendió su postura incansablemente por considerar que: "La vida de la República ha sido tumultuosa, […] hemos pasado muchas veces por días aciagos; las pasiones han estallado estruendosas y fatalmente, la venganza ha inmolado millares de víctimas; el orgullo ha hinchado muchos corazones y oscurecido muchas inteligencias; hombres y pueblos se han extraviado en las sendas tortuosas de las falsas doctrinas, hasta llegar a una época de servil imitación de aquellos países donde se considera como halagüeño progreso, un positivismo mezquino y repugnante que pretende elevar a la categoría de principio la torpe sensualidad"[21].

Como sabemos, esas palabras fueron el producto de las numerosas tensiones que se manifestaron entre católicos y liberales en estos años, sobre todo cuando lo que se ponía en juego era la consolidación de un orden político fuerte de tono centralista[22] y la construcción de una noción de nacionalidad.

---

19. Cf. R. DI STEFANO-L. ZANATTA, *Historia de la Iglesia Argentina. Desde la Conquista hasta fines del siglo XX*. Grijalbo-Mondadori. Buenos Aires, 2000, p. 311.

20. *Ibídem*, p. 332.

21. Pedro GOYENA, "Introducción" en Jorge María SALVAIRE, *Historia de Nuestra Señora de Luján. Su origen, su santuario, su Villa, sus milagros y su culto"*. Buenos Aires, 1885, Tomo I, pp. LXXVI y LXXVII. Citado por Laura ROMERO, *Catolicismo y Nacionalidad. El culto de la Virgen de Luján según la obra del Padre Jorge Salvaire (1870-1900)*. Tesina de Licenciatura defendida en Tandil, UNCPBA, octubre de 2003. Como explica la autora, el culto de la Virgen de Luján se confunde con el de la historia de la Nación de modo que, favorece el proyecto de construcción de la Iglesia Católica argentina a través del cual se identifica al catolicismo con la nacionalidad, intentando transformar a la religión en el principio organizador de la sociedad. Pero al mismo tiempo, las autoridades del Estado Nacional veían, por su parte, la coincidencia con sus objetivos de búsqueda de una tradición patria en la que podían reflejarse las masa de inmigrantes de las cuales no podía verse aún los efectos que causarían en la sociedad. Cfr. Pp. 121-122.

22. Natalio BOTANA y Ezequiel GALLO, *De la República posible a la verdadera (1880-1910)*. Buenos Aires, Ediciones Ariel, 1997, p. 35.

Pero lo cierto es que hubo una coincidencia de objetivos entre el Estado Nacional y una Iglesia que, en el caso de Argentina, estaba en pleno proceso de construcción según el modelo jerárquico de Roma. En ese proceso de consolidación de uno y de construcción de otra, se generaron tensiones que estaban vinculadas a la definición de espacios de competencia.

En ese contexto, el tratamiento y la aprobación de leyes sobre temas que habían sido de competencia de la Iglesia Católica se vincularon a esas políticas de Estado que promovieron la centralización administrativa como condición necesaria para acompañar el proceso de transformación económica y social. Por su parte, los sectores católicos y la propia Iglesia utilizaron la disputa contra el impulso secularizador de las autoridades civiles para cohesionarse internamente y posicionarse en el escenario político de la época.

Más allá de las disputas y los puntos de encuentro, a la dirigencia de la época le preocupó la imposición de un orden sustentado en un principio de autoridad. Como se estimó, ese propósito sólo se podría concretar en la medida que se formara a un ciudadano conciente de sus derechos y sobre todo de sus deberes para con la República[23].

El mandato del orden político y social

Si, por un lado, se apeló a esa gama de recursos para conseguir que los escolares fueran "cada días más morales y urbanos"[24], por otro, existió una preocupación por formar a los niños en una estricta cultura cívica. El detallado análisis de la Constitución, de los antecedentes constitucionales, de la noción de Patria, Estado, Nación, de la forma de gobierno y la división de poderes, de los derechos y deberes ciudadanos dan cuenta de ese propósito de transmitir un deber ser de la ciudadanía.

Tanto el sentido moralizante como el carácter cívico confluían en esa idea de virtud ciudadana, sobre la que sería posible edificar un orden. La república, presentada como "la mejor forma de gobierno para aquellas naciones en las que el pueblo es inteligente y moral"[25], exigía un ciudadano con plena conciencia de los derechos y un estricto cumplimiento de sus deberes para con la patria. De allí que se remarcara que debía "ser obediente y respetuoso de la

---

23. Sobre las diferentes críticas y combinaciones para redefinir el término ciudadanía existe una vasta y sugerente bibliografía de la que se puede mencionar a: Chantal MOUFFE (comp.), *Dimensions of Radical Democracy. Pluralism, Citinzenship, Community.* Londres, Verso, 1992. Salvatore VECA, *Cittadinanza. Riflessioni filosofiche suul'idea di emancipazione.* Milán, Feltrinelli, 1990. Ronald BEINER (comp.), *Theorizing Citizenship, State.* University of New York, Albany, 1995. Antonio ANINO (comp.), *Historia de las elecciones en Iberoamérica, siglo XIX. De la formación del espacio político nacional.* Buenos Aires, FCE, 1995. José MURILO de CARVALHO, *Desenvolvimiento de la ciudadanía en Brasil.* México, FCE, 1995.

24. *El Monitor*, Año XXI, N° 227, 1902.

25. Clodomiro QUIROGA, *Manual del ciudadano.* Imprenta La Misión., Buenos Aires, 1873.

ley y la autoridad"[26]. Tal como se sentenciaba, "[...] Si no hubiera códigos ni autoridad, dominaría el más fuerte como aconteció en épocas remotísimas. [...] Las leyes, por otra parte, se han hecho para castigar al culpable y proteger al bueno. Solo quienes las manejan pueden fracasar por incompetencia o parcialidad"[27]. De modo que si las leyes "eran necesarias para el orden social", se entendía entonces que,

> "El primer deber del ciudadano consiste en respetar escrupulosamente y en hacer que todos respeten, en cuanto de él dependa, la Constitución de su país, en la que se estatuye la libertad, la seguridad y hasta la existencia de la sociedad. Negarle obediencia o conspirar contra ella, son actos de rebelión y hasta tentativas de muerte contra el orden social, porque destruida la Constitución, que es la ley fundamental, quedan de hecho anuladas todas las demás leyes.
>
> El deber de cumplir y hacer cumplir las leyes lo mismo alcanza a gobernantes que a gobernados, según sus deberes respectivos y en relación con las distintas funciones que ejercen en el mecanismo del Estado o nación.
>
> [...] Honrar a la autoridad superior, es honrar a la nación y a la sociedad en que se vive; es honrarse a sí mismo, pues la dignidad del ciudadano es inseparable de la del Estado. Esto no significa doblar la rodilla ante un hombre, sino inclinarse ante la majestad de la ley, que a todos ampara, al grande como al chico, al encumbrado como al humilde.
>
> [...] No hay otro camino para ser libre y para merecer la libertad que aceptar siempre y bajo todas las formas el yugo de la ley, lo mismo tratándose del orden civil, que del político y moral. Nada se aproxima tanto al servilismo, como el espíritu de rebeldía" [28].

A los "pequeños patriotas" se les explicaba que la Constitución Nacional era "la más liberal de la orbe"[29] y que, a partir de ella, se concretó la organización de la Nación Argentina, determinando la forma de gobierno, garantizando los derechos y estableciendo los deberes de todos los habitantes del país[30]. Sobre la base de ese código se constituía la autoridad legítima: la Democracia definida y caracterizada como:

> "[...] el equivalente de república y significa el conjunto del pueblo ejerciendo su soberanía al organizar su Constitución y nombrar sus autoridades.
>
> La soberanía de la Nación; el supremo imperio de la voluntad popular expresada por sus representantes legítimos; la igualdad de todos ante la ley y ante la justicia; la responsabilidad personal de todo acto ilícito, sea

---

26. Juan BELTRAN, *Educación Cívica Primaria...* Op. Cit, p. 23.

27. Juan Manuel COTTA, *Ejemplos. Lecturas morales para formar el carácter de los niños...* Op. Cit, p. 16.

28. Enrique M. ANTUÑA, *Moral Cívica... Op. Cit.,* pp. 67 a 70.

29. Juan BELTRAN, *Educación Cívica Primaria...* Op. Cit, p. 31.

30. *Ibídem*, p. 29.

el ejecutado por gobernantes o gobernados; el gobierno amovible, para que sea ejercido por todos y sobre todos: la libertad de la palabra, de la creencia y de la imprenta; en resumen: todo aquello que puede pedirse por un ciudadano libre a una colectividad política, para el ejercicio de sus derechos populares, es lo que caracteriza a una democracia.

El ejercicio de la democracia no es tarea fácil y liviana; cuanto más libre es un pueblo, la tarea de sus ciudadanos es más grave. Bajo los despotismos, los pueblos no hacen sino obedecer y su obra se limita a la pasividad.

La democracia abarca todas las fases de la vida de un pueblo: la faz moral, la política y la económica.

La democracia desarrolla en el hombre todos los nobles sentimientos; le hace económico, buen padre y buen y buen ciudadano: todo esto no requiere sino ser un hombre libre y ponerse a la tarea diaria de la vida, practicando todos los derechos y deberes del ciudadano.

La democracia no es completa ni efectiva si no existe entre los ciudadanos espíritu de solidaridad y cierto bienestar general" [31].

Esa república democrática era el opuesto a la monarquía, en tanto, el origen de toda autoridad nacía del pueblo[32]. A la hora de definir esa condición de pueblo soberano se lo hacía precisando quiénes reunían las condiciones para ingresar a la ciudadanía y quiénes quedaban excluidos. Como se decía, pueblo

"no era sinónimo de plebe, puesto que las familias pudientes son pueblo; no es tampoco la gente que más levanta la voz y la que suele estar dispuesta a todo género de manifestaciones callejeras, si no que es: la colección de los jefes de familia y de aquellos individuos que, sin ser actualmente cabeza de ella, han llegado a la edad de la emancipación, y por consiguiente gozan de los derechos políticos que la Constitución les reconoce" [33].

La fórmula un individuo un voto alcanzaba sólo a los varones mayores de edad, nacidos en el país, que conformaban ese colectivo soberano. Tal como se señalaba, los varones extranjeros sólo podrían acceder a esos derechos y prerrogativas siempre y cuando se naturalizaran. Por eso se reconocía "la nacionalidad como un hecho de la naturaleza y la ciudadanía como un hecho artificial"[34]. Esa condición de ciudadano exigía el aprendizaje de una cultura política que le permitiera conocer sus deberes, responsabilidades y derechos del orden republicano. En ese sentido, un aspecto que merece destacarse es que cada vez que se hizo mención de los derechos políticos de los ciudadanos se puso el acento más en el deber de votar que en el derecho

---

31. *Ibídem*, p. 63.

32. *Ibídem*, p. 90.

33. Vicente GAMBON, *Manual de Instrucción Cívica... Op. Cit.*, p. 211.

34. Juan BELTRAN, *Educación Cívica Primaria... Op. Cit.*, p. 80.

de elegir y ser elegido[35]. De todas maneras, aunque la noción de derecho quedara desdibujada ante la fuerte impronta de la idea de obligación, hubo una voluntad de formar al ciudadano en esa cultura cívica que ciertamente se inspiró, más halla de su obvias adaptaciones, en ese modelo de educación del ciudadano impulsado por la III República Francesa[36].

Cabe destacar que, ese complejo proceso de conformación de la ciudadanía política en la Argentina se relacionó con las distintas vertientes del pensamiento liberal que inspiraron a los dirigentes a la hora de construir la nueva legitimidad. En ese proceso, el desafío que se planteó fue el de restaurar las jerarquías sociales a partir de la exclusión de ciertos sujetos. Esta situación es lo que permite explicar por qué durante el siglo XIX, y buena parte del siglo XX, el debate político giró en distinguir a los "ciudadanos" de los "habitantes".

El tránsito gradual de la "república posible" a la "república verdadera" se hizo sobre la base de las variaciones doctrinarias producidas al interior mismo del pensamiento liberal decimonónico. La redefinición permanente del "ciudadano argentino" estaba íntimamente ligada a tales variaciones[37]. Cuando la Constitución nacional de 1853 fijó definitivamente la organización republicana, representativa y federal de gobierno, las formas democráticas se mantuvieron. No obstante, para sentar las normas de los regímenes basados en la soberanía popular e impedir, al mismo tiempo, sus previsibles excesos, se confió el ejercicio del poder a los más dignos: la clase política. La concepción de un pueblo inmaduro para el ejercicio pleno de sus derechos ciudadanos fue entonces la base de las formas ficcionales que regirían las conductas de buena parte de los grupos dirigentes de la época[38].

Ahora bien, el sustento filosófico liberal en el que se inspiraron las formas de la política argentina hizo que el sufragio se convirtiera en un elemento fundamental a la hora de legitimarse en el poder. Es así que las elecciones se practicaron casi ininterrumpidamente a lo largo del siglo XIX. También el fraude y la cultura del pacto entre notables fueron expresiones corrientes de esos actos electorales, especialmente a partir de 1880. Entre esa legalidad política que garantizaba la consagración del ciudadano y la realidad política

---

35. En ese sentido, cabe destacar la dedicada atención que se prestaba para instruir (y al mismo tiempo educar) a los escolares sobre los pasos a seguir para la convocatoria a elecciones y todos los procedimientos que debían conocer como futuros ciudadanos sobre el acto eleccionario.

36. Sobre esta cuestión consultar: Pierre ROSANVALLON, *Le sacre du citoyen: histoire du suffrage universal en France.* Gallimard, París, 1992.

37. Elías PALTI, "Orden político y ciudadanía. Problemas y debates en el liberalismo argentino en el siglo XIX", en: *Estudios Interdisciplinarios de América Latina y el Caribe.* Vol. 5, N° 2; Israel, Universidad de Tel Aviv, pp. 95-97.

38. Susana BANDIERI, "Género y ciudadanía en la historiografía argentina de los siglos XIX y XX: Un estado de la cuestión" en Pilar PEREZ CANTO y Susana BANDIERI (comp.), *Género, Educación y Ciudadanía. Las mujeres argentinas 1700-1943.* Buenos Aires, Miño y Dávila Editores, 2005, p. 23.

de la Argentina, los hombres de la elite idearon una forma de mediación en la que se reservaron el manejo de la alta política, en tanto era considerada una actividad de "notables". De allí que el régimen otorgó esa condición de ciudadanos a todos los varones adultos nativos o nacionalizados (los extranjeros votaban exclusivamente en el ámbito municipal). De tal modo, a nivel jurídico la ciudadanía se entendió como un estatus personal regido por el Estado. En esa definición se precisaron los derechos políticos que garantizaban la participación de los ciudadanos en la formación del mismo, así como las relaciones entre ciudadanía y nacionalidad y las obligaciones recíprocas entre el ciudadano y el Estado.

Vale destacar que, desde un punto de vista más sociológico y antro-pológico, la ciudadanía implica un tipo de relación entre los individuos, una pertenencia a la comunidad, una afirmación de una identidad y, junto con ello, a un sistema de reconocimiento y a una forma de legitimación político-social. En ese sentido, la ciudadanía se inserta en una amalgama de teorías, símbolos, valores y expectativas que responden a los diferentes ordenamientos políticos-sociales. Al individuo ciudadano se le adjudican derechos y deberes al mismo tiempo que se autorrepresenta[39].

Es así que los discursos políticos, los lenguajes y las prácticas generaron una experiencia política que contribuyeron a conformar una identidad ciudadana de contornos difusos. Como explica Sábato, las prácticas electorales cumplieron un papel central en la construcción de una esfera política que se relacionaba de manera compleja con la esfera social, pero que no podía reducirse a ella. En el marco de esa red política, los votantes no eran ciudadanos individuales, libres y autónomos, tal y como se declaraba en la prescriptiva. Los pocos que votaban lo hacían enrolados en fuerzas electorales que participaban en las tumultuosas jornadas de comicios[40]. Las prácticas electorales de la época y la fuerte injerencia del gobierno desalentaban a los que quisieran participar de la batalla por la alternancia en el poder. Sin embargo, para esos gobiernos fue también necesario ampliar sus bases consensuales de allí que se convirtió en un desafió, para esa dirigencia, conseguir el ejercicio de una ciudadanía activa[41].

---

39. M. GAILLE, *Le citoyen*. Gallimard, París, 1998.

40. Cf. Hilda SABATO, "Introducción" en Hilda SABATO (coord.), *Ciudadanía política y formación de las naciones. Perspectiva histórica de América Latina*, México, El Colegio de México, 1999. p. 25.

41. Cf. Hilda SABATO, *La política en las calles. Entre el voto y la movilización. Buenos Aires 1862-1880*. Sudamericana, Buenos Aires, 1998. Cabe destacar que, en estos últimos años, se ha producido una sugerente renovación en esta temática planteando la cuestión de la ciudadanía con una perspectiva de análisis más abarcativa que la estricta cuestión electoral para centrar los estudios en las vías informales o supletorias de participación ensayadas por la sociedad civil. Al respecto podemos remitir, entre otros, a los trabajos de: Marcela TERNAVASIO, *La revolución del voto. Política y elecciones en Buenos Aires 1810-1852.* Buenos Aires, Siglo XXI, 2002. Pilar GONZÁLEZ BERNARLDO, *La création d'une nation. Histoire politique des nouvelles appartenances culturelles dans la ville de Buenos Aires entre 1829 et 1862.* Hilda SABATO, "Citizenship, Political Participation and the

Insistentemente se procuraba inculcar en los niños el deber de votar como una manera de evitar el abstencionismo de los varones adultos nativos. Incluso puede pensarse que, a partir de los años noventa, hubo una intención de contrarrestar la convocatoria a no votar del radicalismo[42]. Como se afirmaba, ese síntoma de ausencia de compromiso con la Patria solo se podía combatir si la "educación cívica preparaba al pueblo para cumplir sus deberes políticos"[43]. Según se explicaba, el voto

> "Además de ser un deber, es también un derecho, por el cual interviene en el nombramiento de los ciudadanos que representan al pueblo, como son los diputados y los senadores. Es esta una obligación importantísima, porque siendo libre, se deja a su voluntad la elección del representante; la ley quiere que se manifiesten las voluntades y resoluciones de la mayoría; por eso, todos los ciudadanos que son libres de votar o no, pero que tienen el deber de hacerlo"[44].

Formation of the Public Sphere in Buenos Aires, 1850s-1880s", *Past and Present,* agosto de 1992, núm. 136 (publicado en *Entrepasados,* 1994, año IV, núm. 6. Hilda SABATO, y Emma CIBOTTI, "Hacer política en Buenos Aires: los italianos y la escena pública porteña 1860-1880", *Boletín del Instituto de Historia Argentina y Americana "Dr. Emilio Ravignani",* primer semestre de 1990, tercera serie núm. 2. Hilda SABATO y Alberto LETTIERI (comps), *La vida política en la Argentina del siglo XIX. Armas, votos y voces.* México, FCE, 2003. Marta BONAUDO, "De representantes y representados: Santa Fe Finisecular (1883-1893) en, Hilda SABATO (coord.), *Ciudadanía política y formación de las naciones. Perspectivas históricas de América Latina.* México, FCE, 1999. Etienne TASSIN, "Identidad, ciudadanía y comunidad política: ¿Qué es un sujeto político? en Hugo QUIROGA y Susana VILLAVICENCIO y Patrice VERMEREN, *Filosofía de la ciudadanía. Sujeto político y democracia.* Rosario, Homo Sapiens, 1999. Una perspectiva de análisis que atiende a la conformación de la esfera pública en la frontera nortpatagónica se encuentra en: Leticia PRISLEI, *Pasiones sureñas. Prensa, cultura y política en la Frontera Nortpatagónica (1884-1946),* Buenos Aires, Prometeo Libros/Entrepasados, 2001.

42. A propósito de esta cuestión Ernesto León O'dena comentaba que: "[...] desde 1853 hasta la fecha [...] parece indiscutible que las revoluciones, expresión de la anarquía y de la falta de cohesión de la vida cívica, están definitivamente desterradas de nuestras costumbres, y ojalá que la conciencia pública reaccione contra estas prácticas salvajes, que han hecho decir a sabios pensadores europeos, como Le Bon, que somos democracias inorgánicas. La mayoría de las revoluciones, principalmente en los últimos años, no han sido sino complots para apoderarse del poder. Se cree, generalmente, que la revolución puede volver a manos del pueblo, la libertad que le arrebatan los malos gobiernos, sin pensar, como sería lógico, que es la falta de educación política, y el abandono que el pueblo hace de sus derechos electorales, lo que facilita la existencia de los malos gobiernos [...]". El mismo escribió estos comentarios en oportunidad de publicar los *Apuntes para un libro de moral cívica,* en *El Monitor,* Año XVIII, 1909. Sobre el radicalismo en aquellos años podemos citar el ya reconocido trabajo de Paula ALONSO, *Entre la Revolución y las Urnas. Los orígenes de la Unión Cívica Radical y la política argentina en los años '90.* Buenos Aires, Editorial Sudamericana-Universidad de San Andrés, 2000.

43. Pablo PIZZURNO, *El Educador... Op. Cit.* "La formación del sentimiento nacional...", Conferencia 1909, p. 33.

44. *La Escuela Moderna... Op. Cit,* p. 52.

Pasado el tiempo, y a partir de la Ley Sáenz Peña que en 1912 estableció el sufragio universal, secreto y obligatorio, aparecen algunos matices a tener en cuenta sobre la cuestión del sufragio. Si bien se destacó la idea del voto como un derecho se marcó con mayor énfasis la obligatoriedad y la responsabilidad puesto que, "ejercer la vida cívica es un deber imperioso, pues de otro modo, la República puede caer en manos de malos gobernantes". Cuando los ciudadanos no ejercían su derecho se estaba frente a un acto de "indiferencia cívica"[45]. Como se decía, "el voto es más que un derecho y un deber: es una función vital para la República [...]"[46]. Un acto de responsabilidad puesto que como se sentenciaba: "si doy mi voto a un mal candidato, traiciono a la Patria y hago un daño a la sociedad de que formo parte"[47].

De modo que, esa condición de ciudadanía otorgaba prerrogativas e imponía la obligación de cumplir con las cargas públicas como: el pago de impuestos y contribuciones, la contribución a la prosperidad nacional, la obligación escolar y, por supuesto, el primer deber de "armarse en defensa de la patria y la Constitución, pero siempre de acuerdo con las leyes y cuando el poder ejecutivo nacional lo ordene"[48]. Según se afirmaba, el servicio militar obligatorio había sido la "más democrática" de las disposiciones impulsada por el gobierno de Roca, en 1901, en tanto posibilitaba a todos ciudadano de bien enrolarse para defender el honor de la patria y mostrar su valor cívico.

Esas gama de atributos y responsabilidades precisaron la individualidad del sujeto ciudadano y su condición moral. Esa forma correcta de comportamiento ciudadano fue considerada una "valoración fuerte" que permitía alcanzar la dignidad personal y, por efecto, el reconocimiento mutuo entre los miembros de ese cuerpo soberano. El logro de esas políticas se concretaría en tanto y en cuanto los propios sujetos asumieran y defendieran esas valoraciones en distintas instancias de reconocimiento.

Ahora bien, a partir de estas consideraciones, vale preguntar ¿cuál era el sentido último de esa persistente intención de inculcar los derechos, deberes y responsabilidades?. Tal y como se reconocía, lo que se buscaba era garantizar el mantenimiento del orden político y social. De allí que debía imponerse el respeto a la autoridad, representada en sus diversas formas y manifestaciones. Como se afirmaba, en tanto era la fuente del orden y de justicia que regía a la sociedad se la debía "acatar sin fijarse en la persona que la representa"[49]. Sólo con el respeto a la autoridad se evitarían los actos de rebeldía producto de "la vanidad alentada por la ignorancia"[50]. Los pequeños escolares debían comprender que "la obediencia no envilece siendo razonable puesto que es

---

45. *Ibídem*, pp. 94-95.

46. *Ibídem*, p. 73.

47. *Ibídem*, p. 78.

48. Francisco GUERRINI, *Nociones de Instrucción Cívica... Op. Cit.*, p. 27.

49. Juan Manuel COTTA, *Ejemplos. Lecturas morales para formar el carácter de los niños... Op. Cit.*, p. 29.

50. *Idem.*

siempre una actitud de los espíritus más fuertes y equilibrados que no se ven en ello otra cosa que respeto y cultura"[51].

Todo principio y formas de autoridad debían internalizarse. Para fijar esa noción de autoridad se apeló a todas sus formas y se la concibió como cambio y acción. Al respecto, como dice Kojeve, sólo se tiene autoridad sobre lo que puede "reaccionar", es decir, cambiar en función de lo que, o de quien, representa la Autoridad (la "encarne", la realice, la ejerza). Y, evidentemente, la Autoridad pertenece a quien hace cambiar y no a quien experimenta el cambio: la Autoridad es, en lo esencial, *activa* y no pasiva[52].

Así se proclamó obediencia a la omnipresente autoridad de Dios, a la autoridad política, a la autoridad de los maestros y directivos y, por supuesto, a la autoridad tradicional de los padres como único modo de garantizar que la familia alcanzara "su firme constitución basada en la moralidad y respeto mutuo de todos sus miembros"[53]. Como se le indicaba a los alumnos y alumnas, si no se respetaba las normas y las buenas costumbres la autoridad aplicaba la sanción buscando corregir o, en su defecto, castigar. Un simple relato servía de excusa para emitir un juicio con un contundente tono moralizante. Así, a modo de anécdota, uno de los autores trabajados narra sus memorias sobre la enseñanza de su maestro. En particular, recordaba aquel episodio en el que al pasar junto a los muros de una cárcel se le interrogó:

> "¿Quién ha encerrado a los miserables?– dijo un muchacho.
> —La justicia –respondió el maestro.
> —¿Para qué señor?

---

51. *Idem.*

52. Como explica el autor: "Se puede, desde luego, modificar nuestra definición de Autoridad de manera de englobar la acción divina, diciendo que la acción (divina o humana) es autoritaria en la medida en que no provoca ninguna reacción. Se podría hablar entonces de la Autoridad *divina*. Pero, sin embargo, será preciso distinguirla cuidadosamente de la Autoridad *humana*, que presupone no sólo la ausencia de una acción *real*, sino también la presencia de una *posibilidad* de reacción". Atendiendo a que esa reacción siempre es *posible* y que quienes podrían reaccionar se abstienen de modo *consciente* y *voluntario*, según sostiene, habrá que saber *por qué* se la reconoce. La respuesta habrá que buscarla en los diferentes tipos de autoridad temporal. Para Kojeve existen cuatro tipos "puros" de autoridad: a) la Autoridad del Padre sobre el Hijo (Variantes: la Autoridad que nace de un gran distanciamiento entre edades –la Autoridad de los viejos frente a la juventud–; la Autoridad de la tradición y de quienes la posean; la Autoridad de un muerto –testamento–; la Autoridad del "Autor" sobre su obra, etc.). b) La autoridad del Amo sobre el esclavo (Variantes: la Autoridad del Noble sobre el Villano; la Autoridad del Militar sobre el Civil; la Autoridad del Hombre sobre la Mujer; la Autoridad del Vencedor sobre el Vencido, etc.). c) La Autoridad del Jefe (dux, Duce, Führer, leader, etc.) sobre la Banda. (Variantes: la autoridad del Superior –director, oficial, etc.– sobre el Inferior –empleado, soldado, etc.–, la Autoridad del Maestro sobre el Alumno; la Autoridad del Sabio, del Técnio, etc.; la Autoridad del Adivino, Profeta, etc.). d) La Autoridad del Juez (Variantes: la autoridad del Arbitro; la Autoridad del Inspector, del Censor, etc.; la Autoridad del Confesor; la Autoridad del Hombre justo u honesto; etc.). Alexandre KOJEVE, *La Noción de Autoridad.* Buenos Aires, Ediciones Nueva Visión, 2005.

53. Francisco GUERRINI, *Nociones de Instrucción Cívica... Op. Cit.*, p. 1.

—Para corregir a los que han tenido la fatalidad de extraviarse y para castigar a los malvados.

—¿Quién se ocupa de corregir o castigar?

—La autoridad por medio de las leyes.

—¿Y quién faculta la autoridad?

—La sociedad al constituirse, han formulado estos convenios: premiar al que haga obras buenas y dar su merecido al que atenta contra el semejante.

—Desgraciadamente la falta de cultura es la causa principal de la criminalidad. Si se indaga en un presidio, el número de condenados analfabetos será siempre abrumador.

—Por eso hay que hacer que el cerebro aprenda a pensar y el corazón a sentir.

—¿Comprendéis por qué la Nación se afana en difundir la enseñanza?

—Sí –contestamos en coro y seguimos meditando sobre las ventajas de la escuela" [54].

El autor hacía referencia al poder de la autoridad para reglamentar, vigilar y castigar. Pero también, se señalaba, que debía prevenirse y enmendar con la obra civilizadora de la escuela. Otra vez aparece esa imagen de la escuela como aquella institución que encauza las conductas y promueve el orden social. Su alcance socializador le permitía difundir esa idea de autoridad en sus aspectos más formales pero también estuvo atenta a presentarla de una manera más inmediata y cotidiana. En ese sentido, una figura próxima para la comunidad en general, y para los niños y niñas, en particular, era la del agente de policía como miembro de la fuerza pública y el respeto que le debían los civiles. Así se relataba:

"Jugaban en la plaza de Dolores varios niños traviesos, y quien sabe por qué sugestiones los acompañaba el muy decente Carlitos. Entraban a los jardines, trepaban a los focos y arrojaban piedras a la pirámide que recuerda la gloriosa Revolución del Sud. El vigilante, avisado por el guardián, se dirigió a ellos. Todos huyeron entonces, gritándole: ¡Baca la mano! ¡Baca la mano! –mote que el humilde servidor cargaba a causa de los errores que cometía en las instrucciones de táctica, por no dominar el castellano.

Carlitos [...] volvió hacia donde estaba el vigilante más con vergüenza que rabia, y descubriéndose, le dijo como un hombre honesto: Señor, yo he cometido una falta, porque me han inducido. Si no se puede disculpar, cíteme, que iré muy arrepentido a pagar los perjuicios.

El modesto vigilante se conmovió, y el jardinero, hombre pobre pero inteligente, arrancó la mejor flor y le dijo: Toma este premio, ciudadano que respetas a tu patria en su más humilde servidor" [55].

---

54. Juan Manuel COTTA, *Ejemplos. Lecturas morales para formar el carácter de los niños...* *Op. Cit.*, pp. 16-17.

55. *Ibídem*, p. 30. En los textos de lectura frecuentemente se hacía referencia al respeto a la autoridad y, particularmente, a la figura del vigilante. A modo de ejemplo se puede citar la siguiente lectura: "Antonio, el vigilante: Si ocurre algún desorden o alguna desgracia,

La apelación a esta figura del agente del orden significó mucho más que una simple anécdota en aquel contexto. Como ha sido estudiado, la necesidad de incorporar más hombres a esta institución de control y vigilancia llevó a que se reclutaran no sólo a quienes tenían escasa preparación sino, en el caso de las ciudades como Buenos Aires, a muchos inmigrantes[56]. La presencia de ese policía que deformaba el idioma e incluso desconocía el nombre de las calles fue frecuente en ciudades como Buenos Aires. De allí que ese personaje, objeto de burla y denigración, se lo debía reivindicar porque era la referencia más cercana de la autoridad pública[57]. Convivía en la comunidad y, de hecho, conocía a los vecinos de allí su familiaridad. Por la función que cumplía, se le debía respeto y obediencia:

> "La policía es la institución más indispensable y general. Está en contacto directo con todos los habitantes y existe en todas las poblaciones. Es la autoridad encargada de custodiar el orden y la seguridad de todos y de cada uno, los derechos y libertades que les pertenecen.
>
> El más humilde agente tiene esta misión, que a todos los habitantes interesa sea bien ejercida, y por ello debemos siempre acatar y respetar a la policía y prestarle toda clase de auxilio"[58].

Como este tipo de relatos encontramos reiteradas lecturas que explican las diferentes formas de autoridad que se debían respetar. Si bien sería ocioso detenerse en cada caso, se puede resaltar que esa insistencia da cuenta de un síntoma de preocupación. El ritmo vertiginoso del progreso necesitaba un control para contrarrestar los excesos de la transformación, mutación y cambio social. Ese control no podía ejercerse sin el convencimiento y aceptación de aquellos que eran pasibles de la imposición del orden. Y eso se trató de difundir en la escuela y, en particular, en los contenidos de la asignatura moral e instrucción cívica. El orden traería la estabilidad. Y esa estabilidad podía alcanzarse siempre y cuando se aceptara, sin reticencias ni resistencias, a la autoridad que lo imponía.

Claro que una última reflexión vale en este sentido no "podemos reducir la reproducción del mundo social a la lógica que gobierna la producción de

---

es el primero que llega y muchas veces expone su vida para salvar la de otros. Cuida del orden, y recoge a los niños extraviados. No comprendo cómo puede haber personas que molesten o falten el respeto a los vigilantes. Son hombres muy útiles que velan por la tranquilidad de los demás", en: Ernestina A. LOPEZ de NELSON, *Segundo libro de lectura*. Casa Editora Coni, Buenos Aires, 1920, p. 126.

56. Sandra GAYOL, "Entre lo deseable y lo posible: perfil de la policía de Buenos Aires en la segunda mitad del siglo XX, en *Estudios Sociales*. Revista Universitaria Semestral 10, Año VI, primer semestre de 1996.

57. La Institución Policial en su constitución como una esfera de poder y su ejercicio de autoridad en el tejido social y, al mismo tiempo, en la construcción de la marginalidad ha sido trabajado por: Beatriz RUIBAL; "El control social y la Policía en Buenos Aires. Buenos Aires 1880-1920", en *Boletín del Instituto de Historia "Dr. Emilio Ravignani"*, 2, primer semestre, 1990.

58. Juan BELTRAN, *Educación Cívica Primaria... Op. Cit.*, p. 150.

discursos"[59]. Detrás de esa profusa diatriba y de esa obsesiva alocución al imperio del orden se visualiza una sociedad que aparece como desafiante e irreverente por la dinámica de su cambio y por la percepción de la inestabilidad en toda forma de ejercicio de la autoridad.

---

59. Roger CHARTIER, *El mundo como representación*. Buenos Aires, Gedisa, 1992.

Capítulo IX

Generaciones sanas, robustas, felices y trabajadoras

> *"Habrá que formar al hombre sano, honesto, veraz, trabajador, ilustrado, sin prejuicios, tolerante, fuerte de cuerpo y de alma, todos sentimientos y comportamientos que lo dignificarán".*
> (*El Monitor*, Año XVIII, Tomo IV, 1908, p. 34).

La maestra Adelaida D'Angelo preguntó: "¿cuál es el objeto que se propone un Estado al establecer y mantener la educación pública libre?" Volvió a interrogar: "¿puede ser otro que el de asegurar y perpetuar su propia existencia? Para responder a esas preguntas, explicó que el propósito cardinal de la escuela era conseguir la estabilidad y el orden. Ese objetivo se concretaba si en la escuela se promovía "la virtud, la inteligencia, la destreza, la fidelidad, la obediencia, el valor, la confianza de sí mismo, la industria, la perseverancia y el máximo de salud y robustez física". Tal como concluyó en su argumento, el mandato republicano de la escuela pública "es el de educar por instinto de su propia conservación, para poder duplicar una y mil veces las benéficas potencias inherentes al cerebro, al brazo, al corazón de todos y cada uno"[1].

Estas palabras de la educadora muestran que ese modelo educativo pretendió formar integralmente a los escolares. Acusado de estar viciado por su marcado carácter enciclopedista y memorístico, no dejó de mostrar una predisposición y una clara intención de incorporar en esa formación el tratamiento de asignaturas y contenidos más prácticos. Como se pretende demostrar en este capítulo, ese propósito de socialización política concebía al ciudadano capacitado para moverse satisfactoriamente en todos los aspectos de la vida en sociedad. Se entendía que la fidelidad a la patria, la moralidad en las costumbres y la virtud ciudadana sólo podían concretarse en la medida que fueran acompañadas de la fortaleza física, el coraje, la destreza y la cultura del trabajo. La enseñanza de la higiene, de la educación física y del trabajo manual fue ideada con el objetivo de formar en esos hábitos de comportamiento. Sin embargo, a pesar de coincidir en ese aspecto general, las discrepancias surgieron a la hora de seleccionar el tipo de contenidos y al especificar los propósitos que se perseguían con el dictado de esas asignaturas.

---

1. *El Monitor*, Año XXIX, N° 448, 1910.

Como se verá, en ese modelo de virtud ciudadana concurrieron una gama de actitudes y comportamientos íntimamente asociados. Según se suponía, cada uno de esos rasgos construían un todo que debían aparecer en cada momento, en cada instancia de la vida familiar y social. Ese dispositivo de hábitos, valores y patrones de conductas terminaban de completar ese perfil de ciudadanía proyectado.

Cuidar la salud para favorecer el desarrollo psíquico y moral

A fines del siglo XIX en Argentina se asistió a un proceso de medicalización[2] que promovió el cuidado de la salud apelando a un conjunto de estrategias que buscaron generalizar los hábitos de limpieza como parte del esfuerzo de autocontrol. Las políticas de Estado que instauraron el monopolio médico científico occidental y un modelo bacteriológico fueron características del último cuarto del siglo XIX. La higiene y los higienistas ocuparon un lugar significativo en la constitución del Estado nacional argentino.

Los cambios sociales y las nuevas dimensiones urbanas que esa transformación trajo aparejada generaron problemáticas desconocidas hasta entonces. Ciudades como Buenos Aires, Bahía Blanca o Rosario, receptoras del caudal inmigratorio, dieron cuenta de su falta de adecuación en la infraestructura edilicia y sanitaria para contener al contingente humano que albergaban. Las consecuencias lógicas del crecimiento demográfico fueron el hacinamiento, la falta de higiene, la aparición de nuevas enfermedades; falta de viviendas y de agua potable. Los escasos centros hospitalarios y un cordón sanitario acorde a ese mapa poblacional completaron la percepción de ese cuadro preocupante y desalentador.

El ámbito urbano devino en un espacio patógeno, origen de enfermedades que no reconocían barreras sociales al transformarse en epidemias. Los temores y sobresaltos que planteó ese escenario llevaron a la elite dirigente a instrumentar una serie de medios destinados a buscar soluciones. Es así como se asistió a una primera etapa donde la iniciativa privada asociada, en gran medida, con la filantropía se mezcló con las iniciativas emanadas de los poderes públicos. En las últimas décadas del siglo XIX el Estado realizaba una intervención de tipo "indirecta" cuya característica era la preeminencia de instituciones benéficas, las que en muchos casos eran subsidiadas y

---

2.   La llamada medicalización se inició en el mundo occidental en el curso del XIX y permitió el gradual acceso a los servicios médicos de una mayor parte de la población. Asimismo, los preceptos higiénicos condicionaron la sexualidad, la alimentación, las formas de ocio y esparcimiento, el estudio, el trabajo entre otros ordenes de la vida. Sobre esta cuestión son de relevancia los aportes de: E. RODRÍGUEZ OCAÑA, *Por la salud de las naciones. Higiene, microbiología y medicina social.* Madrid, Akal, 1992, y Kerr WHITE, *Healing the Schism. Epidemiology, Medicine and the Public's Health,* New York, Springer-Verlag, 1991.

constituidas como tales desde el poder público[3]. De todos maneras la bio-medicina, en su cruzada por imponer su criterio de verdad científica sobre los saberes populares del cuerpo, también buscó desplazar de sus lugares de poder institucionales a las Damas de la Sociedad de Beneficencia y su proyecto político-asistencial[4],

Desde fines del siglo XIX, se desarrollaron aquellas políticas sociales impulsadas por el sector más reformador de la clase dominante con el objeto de establecer el control sobre la temida multitud que de modo irreverente se había impuesto ante los hombres de la elite[5]. Como producto de ese proceso se fue generando en el seno del aparato estatal una elite política que operaría como la burocracia político-administrativa. Estos hombres se convirtieron en intérpretes de aquellas corrientes europeas que concebían una política estatal que diluyera los conflictos sociales, brindando condiciones de vida y de trabajo relativamente equitativas.

Uno de esos hombres fue José María Ramos Mejía quien consiguió, gracias a su iniciativa, fundar el Círculo Médico Argentino en 1873[6]. Este fue el paso inicial, la vidriera, para mostrarse como un hombre decidido y versátil. A partir de su proyección pública, accedió al gobierno de Buenos Aires desde donde promovió la creación de la Asistencia Pública de la ciudad en 1892. Entre los años 1893 a 1898 fue presidente y reorganizó el Departamento

---

3.   Adriana ALVAREZ, "Ramos Mejía: salud pública y multitud en la Argentina fini-secular" en Mirta Zaida LOBATO, (editora), *Política, médicos y enfermedades.* Universidad de Mar del Plata, Editorial Biblos, 1998, p. 76.

4.   Esta cuestión ha sido trabajada para el caso de Capital Federal por: Valeria Silvina PITTA, "¿La ciencia o la costura? Pujas entre médicos y matronas por el dominio institucional. Buenos Aires, 1880-1900" en Adriana ALVAREZ, Irene MOLINARI, Daniel REYNOSO, *Historias de Enfermedades, Salud y Medicina en la Argentina de los siglos XIX-XX.* Mar del Plata, UNMdP, 2004.

5.   Sobre la cuestión del reformismo social a fines del siglo XIX y principios del XX se destacan trabajos muy sugerentes entre los que podemos citar: Héctor RECALDE, *La higiene y el trabajo,* 2 vols. Buenos Aires, CEAL, 1988. Ricardo SALVATORE (comp.), *Reformadores sociales en Argentina, 1900-1940. Discurso, ciencia y contrato social.* Buenos Aires, Instituto Torcuato Di Tella, 1992. Eduardo ZIMMERMANN, "Raza, medicina y reforma social en la Argentina, 1890-1920", en A. LAFUENTE y M.L. ORTEGA (eds.), *Mundialización de la ciencia y la cultura nacional.* Madrid, Don Calles, 1993. Eduardo ZIMMERMANN, "Racial Ideas and Social Reform: Argentina, 1890-1916", en *Hispanic American Historical Review,* febrero de 1992. Eduardo ZIMMERMANN, *Los liberales reformistas. La cuestión social en la Argentina 1890-1916.* Sudamericana-Universidad de San Andrés, 1994. Para una visión diferente, Juan SURIANO, "El Estado Argentino frente a los trabajadores urbanos: política social y represión, 1880-1916", en *Anuario,* segunda época, 14, Rosario, 1889-1990. Diego ARMUS, "Los médicos", en *Profesiones, poder y prestigio.* Buenos Aires, CEAL, 1981. Diego ARMUS, "Enfermedad, ambiente urbano e higiene social. Rosario entre fines del siglo XIX y comienzos del XX", en *Sectores populares y vida urbana,* Buenos Aires, CLACSO, 1984.

6.   El surgimiento de esta entidad se concretó después de una sostenida lucha que pretendía reformar los estudios universitarios en la Facultad de Medicina. En el diario *La Prensa,* Ramos Mejía hizo un análisis negativo de la enseñanza en esa casa de estudios, proponiendo su urgente modernización. Cf. Tulio HALPERIN DONGHI, *Historia de la Universidad de Buenos Aires,* Buenos Aires, EUDEBA, 1962, p. 82.

Nacional de Higiene. Años después, como ya se ha expuesto, llegó a ser presidente del Consejo Nacional de Educación dejando una clara impronta en su gestión. Desde esos puestos puso en práctica aquel camino que abrió la sociología en la medicina social. La higiene combatiría los males del urbanismo y la epidemiología sería el instrumento para prevenir enfermedades transmisibles cuya etiología comenzaba a develarse gracias a la bacterología y cuyo contagio era favorecido por el hacinamiento y las comunicaciones[7].

El discurso médico buscó, amparado por las políticas de Estado, generalizar las prácticas higiénicas que las familias de la élite comenzaron a incorporar como referentes del orden social[8]. La separación en espacios privados y las reglas de comportamiento que privilegian el distanciamiento hizo posible que las viviendas mostraran la nueva sensibilidad estética e higiénica. La valoración positiva de la limpieza capturó a intelectuales y profesionales, que la hicieron suya y expandieron hacia el resto de la sociedad letrada de mediados del siglo XIX, con anterioridad al desarrollo sanitario y al control higiénico estatal que en la ciudad de Buenos Aires, y en las más importantes ciudades del Litoral, se inició a partir de 1880 pero mucho después en el resto del país.

Se ha dicho que el acceso masivo a la educación primaria, espacio privilegiado de distribución del mensaje higiénico, rindió sus frutos recién en las primeras décadas del XX. Asimismo, se sostiene que la incorporación de manera decisiva de la problemática de la salud como problema social en los programas y material educativo no se visualiza hasta ese momento[9]. Sin embargo, habrá que reconocer, a partir del tratamiento de los programas y los textos escolares, que ese discurso médico llega a la escuela desde el mismo momento en que se conforma el sistema de enseñanza pública. Esa representación del cuerpo y los saberes acerca del cuerpo, tributarios de un estado social, de una visión del mundo y de una definición de la persona, llega con sus matices y adaptaciones a los escolares[10].

Los actores estatales apelaron al discurso médico reformista para divulgar, a través de la enseñanza, hábitos, rutinas y conductas orientadas al cuidado de la salud y el cuerpo. Por su parte, los galenos apelaron a instituciones del

---

7.   Alfredo KOHN y Abel AGÜERO, "El contexto médico", en Héctor BIAGINI (comp.), *El movimiento positivista argentino*. Buenos Aires, Editorial Belgrano, 1985. p. 121.

8.   Ver al respecto Mark SZUCHMAN, *Orden, Family and Community in Buenos Aires, 1810-1860, California*, Stanford University Press, 1988 y Jorge MYERS, "Una revolución en las costumbres: las nuevas formas de sociabilidad de la élite porteña, 1800-1860", en F. DEVOTO y M. MADERO (dir.), *Historia de la vida privada, País antiguo y colonia en 1870*, Buenos Aires, Altea-Aguilar, 1999, pp. 111-145.

9.   Ver María Silvia DI LISCIA, "Médicos y maestros. Higiene, eugenesia y educación en Argentina, 1880-1940", en Graciela Nélida SALTO y María Silvia DI LISCIA (ed.) *Medicina y educación en la Argentina: imágenes y prácticas (1880-1940)*, Santa Rosa, EdulPam, 2004.

10.   La construcción simbólica de la noción moderna del cuerpo como efecto de la estructura individualista del campo social y de la ruptura de la solidaridad que unía a la persona con la colectividad y con el cosmos, ha sido tratada sugerentemente por: David Le BRETON, *Antropología del cuerpo y de la modernidad*. Buenos Aires, Ediciones Nueva Visión, 2002.

Estado como la escuela para transmitir su credo científico. Ese saber buscó transmitir en los escolares más que el conocimiento anatómico-fisiológico sobre el cuerpo, una serie de prácticas reguladoras de los hábitos higiénicos.

En efecto, el lenguaje educativo se impregnó de giros y modismos del higienismo. Los niños y niñas alcanzarían su edad adulta y una completa moralización de costumbres si cuidaban la salud de su cuerpo. El mandato higiénico se revistió de contenidos morales de allí que el principio "mens sana in corpore sano" adquirió nuevo sentido en ese tiempo. La mejor forma de combatir los peligros y los males de la llamada cuestión social era a partir de educar en los preceptos del conocimiento de los especialistas.

El CNE, permeable a estos movimientos, brindó un espacio a los médicos para que asesoran en los planes de estudio, brindaran conferencias, divulgaran sus conocimientos en libros y artículos publicados en su órgano de difusión. De hecho en 1888 se constituyó en forma definitiva un Cuerpo Médico (CME) que supervisó estas tareas dentro del Consejo. Su figura se convirtió en una presencia cotidiana en algunos de los establecimientos escolares de las zonas urbanas más desarrolladas[11]. La vigilancia de las normas higiénicas institucionales y el control de la salud del personal docente y los alumnos fueron tareas de las que se ocupó el "sacerdote de la ciencia". Su poder dentro de la vida escolar alcanzó una notable dimensión ya sea entregando certificados de buena salud para los niños que ingresaran a las escuelas, para la admisión de alumnos maestros en las escuelas normales o para expedir el comprobante de las condiciones físicas para el personal docente. De hecho, el Cuerpo Médico escolar de la ciudad de Buenos Aires, consiguió una notoria influencia en el diseño de los contenidos curriculares de los programas de estudios en las escuelas de esta jurisdicción. Su asesoramiento influyó decididamente en el planteo de los maestros capitalinos cuando reclamaron al CNE por una jornada de cinco horas de clase, en las que se debía alternar con minutos de juego y recreo para distender y evitar la fatiga intelectual en los niños. La cotidiana vigilancia de las normas higiénicas dentro de los establecimientos, el aspecto de los niños en el cuidado de su persona y de sus ropas fueron algunas de las fórmulas repetidas que muchos de los maestros del país ensayaron, en la medida que lo permitiera el escenario escolar en el que actuaban. Así se refirieron entre otras cuestiones: a las formas de prevenir el *surmenage*, a corregir las posturas y contar con un adecuado mobiliario

---

11. La presencia de los médicos en las instituciones escolares estuvo estrechamente relacionada con la epidemia de cólera que se produjo en Buenos Aires en 1886, que llevó a un mayor control sanitario y a una campaña de vacunación que procuró ser más eficaz en las escuelas a pesar de los temores y resistencias de padres, e inclusive de docentes ante la ausencia y el rechazo de los propios escolares a la medida. Al respecto sobre esas campañas de vacunación compulsiva en épocas de epidemias y el carácter de inercia-pánico que mostraban las autoridades en materia de salud se puede consultar el clásico trabajo de: Leandro H. GUTIERREZ y Ricardo GONZALEZ, *Las condiciones de vida material de los sectores populares en Buenos Aires, 1880-1914*. Buenos Aires, Pehesa-Cisea, mimeo, mayo de 1983.

para evitar la *escoliosis,* a contar con una buena disposición de la luz natural para no poblar las aulas de alumnos *miopes.* En las conferencias pedagógicas de profesionales médicos o educadores informados sobre estos temas, se disertaba insistentemente sobre este tipo de cuestiones.

Tal como se indicaba, el cuidado del buen estado sanitario comenzaba con las condiciones propicias en las que se debían dictar las clases. Los edificios escolares debían cumplir los requisitos pertinentes para ofrecer un marco adecuado para la enseñanza y el aprendizaje. Este fue un tema de atención recurrente, teniendo en cuenta que muchos de los establecimientos no eran los "verdaderos templos" de la educación. El espacio, la luz, la ventilación, los sanitarios, el mobiliario, todo debía formar parte del escenario propicio para que el alumno tuviera garantizadas las condiciones higiénicas esenciales para el cuidado de su salud[12].

La escuela, ese "anfiteatro del ser infante", debía estar preparada para que los escolares adquirieran el germen prolífico de fuerza, salud y vida robusta. En caso contrario, sería un espacio de contagio y de engendro mortal de múltiples y distintas enfermedades. Los edificios debían construirse de manera que "favorezcan armónicamente su desarrollo físico como el moral; e impriman ideas y costumbres de orden, economía, estética y buena gobernación"[13]. Como se decía:

> "[…] el amplio edificio de elegantes formas y detalles a que asiste el niño pobre como el rico, no sólo tiene la ventaja de suavizar las diferencias de las clases sociales por el roce frecuente y la común educación, sino que es también una condición de nuestra democracia, que necesita del molde común de la escuela para formar la sociedad homogénea que, a la vez que haga posible el régimen representativo del gobierno, evite las catástrofes, que la diversa educación y condición social han engendrado en todos los tiempos y en todas partes del mundo. Es con mucha razón que Mr. Eaton ha hecho notar con orgullo para la democracia americana que, en los Estados Unidos todas las clases sociales se confunden y unen desde la puerta de la escuela pública, mientras que en Alemania y otras naciones europeas, las clases sociales se dividen en la escuela, para no encontrarse jamás"[14].

Claro está que la realidad escolar mostraba un claro contraste entre esos palacios educativos de dos plantas, con una arquitectura pura de estilo dórico, amplios, ventilados y con extensos patios para la recreación de los alumnos y la gran mayoría de los establecimientos del país[15]. A partir de esas cir-

---

12. *El Monitor,* Año IV, N° 125, 1885.

13. *Ibídem,* Año VI, N° 114, 1887.

14. *La Nación,* 1° enero de 1893.

15. Los inspectores en sus recorridos por los establecimientos, en función de ese precepto, describieron con atención las condiciones de los edificios que visitaban. A modo de ejemplo, en el informe del Inspector Nacional de Escuelas en Tucumán, se comentaba que la

cunstancias, opiniones como la de Leopoldo Lugones reclamaron sentido común a esa política de edificación de modo que se construyeran escuelas modestas, cómodas y funcionales, acordes con la realidad del país[16]. Por su parte, Pizzurno sostenía que los niños debían aprender en contacto con la naturaleza, dando a la educación un sentido práctico. Sólo se necesitarían disponer de construcciones sencillas, económicas y amplias para cubrir satisfactoriamente la enseñanza[17].

Lo más sugerente de ese discurso médico, que impregnó al educativo, fue la difusión de las nociones básicas de higiene. Para abordar las normas del cuidado de la salud se trataban, entre otros temas, el conocimiento del cuerpo humano y sus funciones, su conservación. La comparación del cuerpo humano, sus funciones y necesidades con los demás animales. El ejercicio corporal. El aseo del cuerpo, la higiene de la boca, del vestido y de la habitación. Alimentación, alimentos sencillos y nutritivos. Los paseos. La influencia de los agentes naturales en la conservación de la salud: el aire puro, el agua potable, la influencia del calor y del frío. El descanso, la vigilia y el sueño. La educación de las sensaciones y los sentidos. Los primeros auxilios en caso

---

escuela de la pequeña villa Quebrachos era "una casa que está reducida a dos pequeñas habitaciones que forman parte de una gran casa cuyo frente principal da a una plaza. Parece que la escuela ocupó antes las mejores piezas de ese edificio, hoy desalojadas; pero el propietario necesitó por algún tiempo para otros usos, y no obstante estarse pagando por ellas un alquiler de 5 pesos mensuales, la escuela fue reducida, sin conocimiento del Consejo, a las piezas en que hoy se halla instalada. La sala de clase tiene aproximadamente seis varas y media de largo por cinco de ancho y cuatro de altura, con una sola puerta a la calle donde recibe la luz, el aire, el agua, el polvo de los caminos, pues si se cerrase quedarían los alumnos y el maestro en la oscuridad". Inclusive, podía llegar a ser aún peor el estado del establecimiento, tal como lo comenta el mismo inspector al visitar la escuela de Salavina, donde el "local ocupa una pieza de una casa construida en barro, con frente a la plaza [...]. Es chica e inadecuada al objeto por estar en inmediato contacto con un billar". *El Monitor,* Año VI, 1887.

16.	*Ibídem,* Año XVIII, 1908.

17.	Pablo, PIZZURNO, *El educador... Op. Cit., Conferencia brindada en el Congreso Pedagógico de Córdoba de 1912,* p. 220. Continuaba comentando al respecto: "[...] la enseñanza se dará principalmente en las afueras de las ciudades, adonde irán diariamente los niños, gracias a especiales medios de transporte. [...] los niños tendrán con frecuencia por techo el cielo o la copas de los árboles. A los trabajos del campo y del taller, a las ocupaciones manuales y prácticas variables, según las regiones y épocas del año, irán asociadas, natural y provechosamente, las nociones útiles sobre fenómenos y cosas de la naturaleza, de química, de física, etc., la geometría y la aritmética, la geografía y los ejercicios de lenguaje, las nociones económicas, las prácticas morales, la cultura estética. No se necesitarán cuadros en las paredes, ni macetas con plantas raquíticas, por carencia del sol, en repisas arrinconadas; los paisajes naturales, las corrientes cristalinas, el cantar de los pájaros, las flores por todas partes, formarán el ambiente de belleza y felicidad, propicio a la formación de buenos sentimientos. Cantarán y harán dibujos, ejercicios físicos en ese medio favorable y volverán por las tardes a sus casas más fuertes de cuerpo y de espíritu, llenos de alegría de vivir. Las escuelas para niños débiles apenas tendrán razón de ser, porque no seguiremos fabricando niños débiles en nuestros malos edificios de las ciudades. Tengo la firme intuición de que esta aparente fantasía no tardará en convertirse en hermosa realidad. Y la idea empieza a cundir, pruébalo el hecho de haber sido discutida en una reciente asamblea de educadores reunida en los Estados Unidos".

de accidentes. Breves nociones de higiene física y moral. Ejercicios militares más sencillos (para varones). Y, finalmente, los efectos perniciosos de las bebidas alcohólicas, del tabaco, de algunos trajes y afeites. Para una adecuada transmisión de esas nociones de Higiene se deberían respetar las leyes de la pedagogía por lo cual, como escribió Berra en su reconocido tratado:

> "[…] Para que las nociones del organismo humano sean verdaderamente fecundas, es menester que quien las tiene adquiera la aptitud de relacionarlas con los hechos, las situaciones y las circunstancias que en todo momento han de rodearlo; y esta aptitud no se suministra exponiendo ni explicando reglas higiénicas, y sí ejercitando al alumno en buscar sus conocimientos de anatomía, de fisiología, de etiología, de química, de física, etc., el precepto higiénico que deberá cumplir en cada caso concurrente, mediante una enseñanza estrictamente ajustada a las leyes que da a conocer la pedagogía"[18].

Indudablemente que ese proyecto de socialización de hábitos de comportamiento que consagraran la salud física tuvo un alcance relativo en los sectores de la población urbana y rural que evidenciaban altas tasas de morbilidad y mortalidad y baja esperanza de vida. El problema era llevarlo a cabo con las condiciones materiales con que se contaba a finales del siglo XIX, ya que si se exceptúa la ciudad de Buenos Aires y parcialmente Rosario y Córdoba, se carecía de una red importante de agua potable y cloacas ni sistemas de energía modernos (electricidad y gas). Incluso en las primeras décadas del XX, la mayoría de las familias argentinas preparaban los alimentos, lavaba y limpiaba el hogar, las vestimentas y sus personas careciendo de baños y retretes higiénicos, cocinas apropiadas. Se vivía en pequeñas, sucias y mal ventiladas habitaciones de inquilinatos o rancheríos y sin posibilidades de acceder a las ventajas técnicas higiénicas profusamente publicitadas[19].

De todos modos, ese "evangelio higiénico" se divulgó afanosamente en los textos escolares puesto que, como podían leer las niñas y niños, "si el aseo y el amor al orden asientan tan bien a los niños de padres ricos, ¿cuánto más no brillarán en las de condición humilde?"[20]. Para que esos hábitos se generalizaran en todos los hogares se presentaban sencillas lecturas como las siguientes:

---

18. Francisco BERRA, *Nociones de Higiene*. Montevideo, Imprenta Artística de Domaleche y Reyes, 1889, pp. 10-11.

19. Sobre esta cuestión existen pocos estudios salvo aquellos que hacen referencia al caso de la ciudad de Buenos Aires y vinculados particularmente en los aspectos arquitectónicos Ver: Jorge LIERNUR *Arquitectura en la Argentina del siglo XX. La construcción de la modernidad*, Buenos Aires, Fondo Nacional de las Artes, 2001) y Anahí BALLENT, "La casa para todos: grandeza y miseria de la vivienda masiva", en F. DEVOTO y M. MADERO, *Historia de la vida privada en la Argentina*, T. III, Buenos Aires, Taurus, 2000, pp. 18-47.

20. José Bernardo SUAREZ, *El Tesoro de las niñas. Obra compuesta expresamente para la educación moral de las hijas de familia.* (versión corregida por Vicente García AGUILERA, Córdoba, Tipografía La Velocidad, 1894, p. 17.

"El baño:

La mamá llena la esponja de agua. En seguida la exprime sobre el cuerpo de Isolina. La chica se cubre la cabeza con el brazo y la mano.

—¡El agua está fría mamita! –exclama. Pero no llora y se baña siempre.

¡Qué buena costumbre esa! ¡Y qué bien se sienten las personas que se bañan todos los días, aún en invierno!" [21].

"Lección V.

Nuestro cuerpo niños, funciona por medio de órganos. Es necesario que nosotros atendamos a él, cumpliendo con los deberes que se refieren a él [...].

La limpieza y el aseo favorece el desarrollo del cuerpo; por el contrario el desaseo y la negligencia en el vestir inspiran disgusto. Nuestro cuerpo, la ropa interior y externa, las habitaciones en que vivimos, aquellas en que comemos, deben estar siempre limpias y ventiladas a fin de que el aire se renueve en ellas. El baño frío, tomado al levantarse, especialmente de lluvia (ducha fría), es muy sano. El aseo da vigor y fuerzas.

Gran parte de nuestras enfermedades provienen de exceso de comer, ya por la mala calidad, ya por la cantidad de lo que se come. Debemos tomar aquello que sea necesario para vivir, y nada más que eso.[...]

Entonces tenemos: que por medio del aseo conservamos la limpieza, por la sobriedad damos a nuestro cuerpo lo que necesita para vivir, y por medio de la gimnasia desarrollamos los órganos del cuerpo que necesitamos conservar. Es claro, pues, que siempre que faltamos a uno de esos deberes obramos mal [...] tenemos deberes que cumplir para con nuestra familia, para nuestros amigos y para la sociedad" [22].

Se suponía que, a partir de los textos escolares, se podía llegar a las familias de los escolares. Como se decía, fuera de las grandes ciudades el único tipo de libros que llegaban a los hogares eran aquellos que usaban los hijos como lectura obligatoria en la escuela. Por eso lo utilizaban como vehículo para introducir en el hogar ciertas nociones o sugestiones que los adultos, tal vez, nunca habían recibido[23]. Así se remarcaba, entre una serie de cuestiones, la obligación de los padres de vacunar a sus hijos, los aspectos referidos a la buena alimentación –como se debe comer, cuánto y cuándo se debe comer, el aporte alimenticio de los distintos tipos de alimentos– y las buenas condiciones de la vivienda. En este último punto se afirmaba que si las malas con-

---

21. Pablo PIZZURNO, *El libro del escolar.* 1º Libro... *Op. Cit.*

22. *La Escuela Moderna... Op. Cit.*

23. Nuestro conocido Pizzurno decía en el prólogo de uno de sus libros de la Serie de libros de lectura lo siguiente: "Insisto como nunca que la acción de la escuela debe responder ante todo a su indiscutible finalidad esencial: contribuir a formar el hombre sano, física y moralmente. Sólo así podrá ser feliz e influir en el bienestar de la colectividad. [...] Por eso dominan deliberadamente en este libro dos notas: la moral y la higiene. He subordinado a ello todo lo demás [...]". Pablo PIZZURNO, *El libro del escolar.* 3º Libro... Op. Cit, p. VII.

diciones de las habitaciones provocaban enfermedades, del mismo modo se afectaban el carácter, la moralidad y el amor al trabajo. Según se propugnaba, "las autoridades deben intervenir, ilustrando al pueblo y exigiendo que en las construcciones de las casas de los obreros, en las fábricas y talleres, en las escuelas y demás edificios públicos, se respeten las reglas de higiene"[24]. Pero no sólo los pobres se verían afectados por la ausencia de reglas de higiene en sus hogares, "también la gente acomodada y los ricos suelen acortar su vida o amargarla porque sacrifican el lujo o a la moda la construcción de sus casa, o por ignorancia prescinden de arreglos ventajosos"[25].

Una nota recurrente, en los textos escolares, era la referencia a los "peligros" que generaban las nuevas condiciones de vida en las zonas urbanas[26]. La ciudad, con la contaminación del aire, el hacinamiento, la suciedad, se la hacía contrastar con el campo como expresión de la "vida sana". La modificación del paisaje de la ciudad era percibida como la pérdida de la inocencia del mundo rural. Una nota de inspiración pastoral condicionaba esa impresión. El incremento de su población hacía, por otra parte, que se temiera a la muchedumbre, a esa masa de obreros "ociosos, libertinos y viciosos". Es que el contraste, entre riqueza y pobreza, se agudizaban frente a los observadores y se temía que fuera utilizada para la insurrección. Al mismo tiempo, la ciudad era una prueba fehaciente del triunfo de la productividad, del cambio y su experiencia transformadora como contundente expresión civilizadora. Una superposición de visiones de ese espacio urbano que iban desde destacar sus fuerzas unificadoras y liberadoras, generadas gracias al progreso, a señalar los temores y sobresaltos provocados por la pérdida de la identidad y el desorden social en el que se vivía[27].

A propósito de los males que afectaban tanto la salud física como la moral una especial preocupación existió, además de algunas referencias al tabaquismo que suicidaba lentamente, sobre la ingesta del alcohol al que se presentaba como "ese enemigo terrible de la humanidad"[28]. Así se les decía a los pequeños:

> "el alcohol es un veneno que va minando lentamente la existencia del bebedor, a la par que le resta el talento y las virtudes.

---

24. *Ibídem*, p. 198.

25. *Idem*.

26. Sobre el discurso médico higienista en la Argentina y su acción para incorporar a las masas urbanas a la vida urbana se puede consultar: Diego ARMUS y Susana BELMARTINO, "Enfermedades, médicos y cultura higiénica" en Alejandro CATTARUZZA (dir.), *Crisis económica, avance del Estado e incertidumbre política (1930-1943)*. Nueva Historia Argentina. Tomo 7. Buenos Aires, Editorial Sudamericana.

27. Al respecto un trabajo clásico sobre la ambigüedad de las percepciones sobre el mundo de la ciudad en Inglaterra en el tránsito del siglo XVIII al XIX es el de: Raymond WILLIAMS, *El campo y la ciudad*. Buenos Aires, Editorial Paidós, 2001.

28. Pablo PIZZURNO, *El libro del escolar*. 3º Libro, p. 141.

Se emborrachan los hombres sin carácter, los que, embuidos de ignorancia, desconocen sus efectos tóxicos; los locos que no son dueños de sus facultades, y cuántos criminales que no tienen suficiente valor para realizar sus crímenes.

[...] El alcohol favorece los gérmenes de las enfermedades más crueles, abre las puertas de la cárcel, tiende un lecho en el hospital, cava una vil fosa en el cementerio e inicia las ruinas más desastrosas en el hogar. El alcoholismo es un vicio que fustiga cruelmente a la humanidad" [29].

De modo que, en la Argentina de fines del siglo XIX, a los médicos higienistas le preocupó combatir las epidemias y los factores que llevaban a la degradación moral. Para algunos, había que sumar además el esfuerzo regenerador de la Eugenesia. Movilizados por ese principio de construir una "raza argentina", fuerte y sana, consideraron que las nociones de higiene básica debían acompañarse del conocimiento de la Puericultura. Frente a esas iniciativas, hubo quienes señalaron como improcedente agregar esos contenidos como materia específica, puesto que debía tratarse como un punto más de la asignatura de Higiene. Una de esas opiniones contrarias habló de esos excesos de información que proponían los "verdugos del cerebro infantil":

"Se ha tratado, en estos últimos días, de introducir en las escuelas primarias la enseñanza de la puericultura (higiene infantil). Varios especialistas conocidos y no conocidos han hecho, en tal sentido, indicaciones en la prensa diaria; algunos se han dirigido por nota al Consejo Nacional de Educación.

A primera vista la idea resulta aceptable. Ya sabemos todos, porque se ha machacado mucho sobre el tema, que hay que buscar en los errores cometidos en la alimentación de los niños de pecho, el gran factor de mortalidad infantil, y que estos errores son debidos a la ignorancia de las madres. Se han pensado, entonces, que es conveniente y necesario hacer todo lo posible para que haya menos madres ignorantes, lo que equivale hacer todo los posible para que haya menos niños muertos o para que haya más niños si se quiere. Y para esto, se ha dicho (aquí está la falla) que se debe enseñar, en las escuelas, a los niños como se cría a los ídem.

[...] la puericultura no podrá figurar nunca como una materia aislada de enseñanza en las escuelas comunes, porque sólo constituye un capítulo de la higiene, muy largo, muy útil, muy interesante, pero capítulo al fin. [...] si admitimos con Spencer que el hombre debe aprender, ante todo, a conservarse a sí mismo, ya que, lo quiera o no lo quiera y pese a su desinterés paternal tiene que empezar por ahí para poder conservar a sus hijos.

Y al medir la cantidad de higiene total que puede ser aprovechada y retenida por un personaje de escuela, hay que tener en cuenta, no sólo que los sesos del personaje son todavía demasiado blanditos, sino también que

---

29.   Juan Manuel COTTA, *Ejemplos. Lecturas morales para formar el carácter de los niños...* *Op. Cit.*, p. 91.

este debe aprender, además de la higiene, otras muchas cosas, porque las escuelas no han sido inventadas para incubar higienistas, por más respetable que sea el gremio. Es por eso que la enseñanza de esta materia en las ya abarrotadas escuelas comunes deberá reducirse forzosamente a las más elementales e indispensables nociones, y –puesto que es lógico mantener la relatividad de las distintas partes que la forman– la puericultura deberá figurar en dosis mínima, englobada en el programa general. [...]

La divulgación de los conocimientos sobre alimentación infantil es, más que útil, necesaria en nuestro medio y todo lo que se haga en este sentido será poco y digno de un aplauso caluroso; pero debe ser hecha en la prensa, en los colegios de enseñanza secundaria y normal, por medio de conferencias, de instrucciones impresas repartidas profusamente en todos los hogares, por la prédica diaria en los consultorios públicos de clínica infantil, por la creación de escuelas técnicas de madres y por otros mil medios que se le ocurrirán al lector por poco que piense.

Respecto a la escuela primaria, la enseñanza especial debe limitarse a lo poco, a lo muy poco que dada la resistencia intelectual y la estructura moral del niño es posible enseñar con provecho y sin peligro. El Cuerpo Médico Escolar que ha tenido el buen tino de rechazar la invasión de los puericultores, aduciendo razones razonables, ha presentado un programa-proyecto de higiene en el que la puericultura está prudentemente dosada y reducida a su discreto papel de parte de un todo [...]".[30]

La preocupación que pedagogos y médicos manifestaron sobre esta materia revela hasta qué punto el movimiento eugenésico[31] alcanzó a repercutir tempranamente en el sistema educativo. En la Argentina algunas entidades se identificaron plenamente con el programa eugenésico –como la Liga de Profilaxis Social– y quienes se encolumnaban en el Museo Social Argentino, además de las adhesiones de algunas cátedras de Medicina. Pero mientras esas posiciones abogaban por medidas "negativas" de control –solicitando a los poderes públicos impedimentos extremos como la esterilización de los afectados por las peligrosas enfermedades o con signos de malformación– hubieron otras que orientaron su posición hacia una campaña de prevención positiva llamando a la reflexión sobre la sexualidad dentro de una perspectiva de reforma médico-social[32]. En esto estriba su diferencia con los militantes

30. *El Monitor*, Año XXVI, N° 413, 1907. El autor de la nota es un maestro, José Bálsamo.

31. Un primer trabajo sobre el movimiento eugenésico en Argentina es el de: Nancy STEPAN, *The Hour of Eugenics. Race, Gender, and Nation in Latin American.* Cornell University Press, Nueva York, 1991.

32. Entre estas instituciones puede mencionarse el Club de Madres, fundada en 1912 por un grupo de mujeres de clase alta, que persiguió la difusión de actividades higiénicas para mejorar la salud infantil. Más trascendencia alcanzó la fundación de las mujeres feministas y socialistas de la Unión y Labor que se propuso trabajar para el progreso femenino y la protección de la niñez. La revista que publicó esta asociación, del mismo nombre, sirvió para difundir los preceptos y recaudar fondos para un centro de atención infantil: Casa de los Niños. Esto ha sido trabajado por: Asunción LAVRIN, *Women, Feminism &*

del "eugenismo" de corte individualista, que circunscribían el problema a los "responsables" inmediatos de las patologías, esto es, a las propias víctimas y reclamaban su esterilización[33].

Con la llegada al Consejo Nacional de Educación de José Ramos Mejía se planteó esa visión eugenésica de la herencia, el ambiente y la nacionalidad. Su mirada como profesional de la medicina se hizo presente en reformas como aquella que dispuso separar a los niños diagnosticados como débiles de las escuelas comunes para reubicarlos en las escuelas especiales. El Cuerpo Médico Escolar cumplió su rol central en esta tarea de dictaminar, amparados en el poder de su ciencia y su saber, quiénes respondían a los parámetros de normalidad y quiénes fueron tipificados como anormales.

Más allá de esta experiencia, y las evidentes arbitrariedades que se cometieron en nombre de ese nuevo conocimiento, comenzó a tener mayor repercusión aquella iniciativa de promover el cuidado científico del niño sano y la protección integral de la madre. De allí que, estimaron oportuna la enseñanza de la Puericultura[34] sumada a la cruzada eugénica[35]. Una de las que se pronunció a favor de introducir la enseñanza de la eugenesia en las escuelas fue Raquel Camaña. Según explicó, la "Eugenia" era una de las más importantes disciplinas de las ciencias biológicas del porvenir porque se concretaría, casi exclusivamente, a prevenir la debilidad y morbilidad; a curar permanentemente y no temporariamente[36]. Tal como lo estimaba, "a medida que los pueblos se instruyan en lo concerniente a la salud e higiene del individuo y

---

Social Change in Argentina, Chile & Uruguay 1890-1940. Lincoln and London, University of Nebraska Press, 1998. La actividad de esta asociación a través de su Revista publicada entre 1909 y 1915 ha sido trabajada por: Eugenia SCARZANELLA, *Ni gringos ni indios. Inmigración, criminalidad y racismo en Argentina, 1890-1940.* Bernal, Universidad Nacional de Quilmes Ediciones, 2002. Oro trabajo que analiza esta publicación y, a través de ella, la relación entre escritura femenina, participación política y ejercicio de la profesión médica es: Paula HALPERIN, "Mi mamá me mima. Mujeres, médicas y socialistas en Unión y Labor" en Omar ACHA y Paula HALPERIN (Comp.), *Cuerpos, géneros, identidades. Estudios de historia de género en Argentina.* Buenos Aires, Ediciones El Signo, 2000.

33. Cf. Dora BARRANCOS, "Socialismo, higiene y profilaxis social, 1900-1930", en Mirta Zaida LOBATO, *Política, médicos y enfermedades... Op. Cit.*

34. Concebida por A. Caron y difundida por el Dt. Adolphe Pinard como la ciencia que tenía por objeto la investigación de los conocimientos relativos a la reproducción, a la conservación y al mejoriento humano

35. Será recién en 1934 cuando en la ciudad de Buenos Aires los médicos, que trabajaban en la Dirección de Protección a la Primera Infancia, logran constituir la Sociedad de Puericultura. Al respecto consultar: María José BILLOUROU, "Esta Sociedad ha llegado en un momento oportuno: nació aunando pensamiento y ejecución. La creación de la Sociedad de Puericultura en Buenos Aires" en Adriana ALVAREZ, Irene MOLINARI, Daniel REYNOSO, *Historias de Enfermedades, Salud y Medicina en la Argentina de los siglos XIX-XX... Op. Cit.*

36. Raquel CAMAÑA, *Pedagogía Social.* Ediciones la "Cultura Argentina", Buenos Aires, 1915, p. 28.

de la raza, exigirán cada vez más que se les ponga en condiciones de prevenir la debilidad en ellos mismos y en su descendencia"[37].

Para ello, habría que valerse de todos los medios lo más pronto posible, para promover la "procreación consciente" o "ilustrada". Se debería abordar con valor, con energía, con amor, la dignificación del instinto sexual que aún subsistía en estado de barbarie. La naciente conciencia social se manifestaba en la mayor cantidad de poderes y deberes asumidos por el Estado y por el sentimiento de solidaridad social. Existía una posibilidad cierta de que el género humano lograra suprimir la descendencia en locos, alcoholistas, tuberculosos y sifilíticos. La mejor solución del problema eugénico era el surgimiento de una "democracia vital", más importante que la política o la industrial. Por ello, sin dejar de lado lo que llamaba la acción negativa, luchar contra la locura, la tuberculosis, la sífilis y el alcohol, proponía una acción positiva: la educación eugénica, para todos sin excepción y tanto más cuidada cuanto mayor sea la necesidad de ensayarla.

Para realizar prácticamente aquel ideal, el primer paso debía centrarse en la escuela. Una vez más reafirmaba el derecho y el deber del Estado como educador. La libertad de enseñanza lo obligaba a moldear las futuras generaciones de acuerdo con su ideal de progreso humano. Debía usar, sin abusar, de ese derecho para imponer la coeducación sexual y social obligatoria para todos, de dos horas diarias. Padres y educadores, extraños, y aun enemigos de aquel ideal social, dispondrían del resto de las horas del día para coadyuvar a él o combatirlo en la convicción de que, hasta los ataques, servirían para evidenciar su excelencia. Todo ello era posible puesto que, "la escuela única, la del Estado, laica, popular, basada en la coeducación, tenderá a hacer converger las ciencias, las letras, la moral, el arte y la religión humanas hacia la educación y la instrucción sexual engendrando la **escuela-hogar**, hogar de niños conociéndose, protegiéndose y amándose mutuamente"[38].

Si bien el provocativo avance de este tipo de contenidos no se implementó, finalmente, en las aulas lo sugerente es que se dieron las condiciones para que estas posturas se pronunciaran. Por otra parte, aunque el tono predominante del discurso higienista de fines del siglo XIX en Argentina fue defensivo con una intención evidente de combatir las epidemias, asociadas a la idea de la degeneración, la degradación moral y física, la suciedad y la enfermedad[39], se detectan en el discurso escolar anticipaciones de esa higiene

---

37. Cf. *Ibídem*, p. 28.

38. *Ibídem*, p. 32. Subrayado de la autora.

39. Según ha sido trabajado, y seguramente debe profundizarse cruzando con el aporte de la Escuela Nueva, para los años treinta se asistiría a una reorientación del tratamiento de estos contenidos apelando al alumno como principal actor en la elaboración de los conocimientos y a un sentido de la higiene moral de carácter más práctico. Al respecto ver: Silvia ZUPPA e Irene MOLINARI, "La transversalidad del discurso eugenésico en los saberes educativos y en el discurso político durante la década del treinta" en Adriana ALVAREZ, Irene MOLINARI, Daniel REYNOSO, *Historias de Enfermedades, Salud y Medicina en la Argentina de los siglos XIX-XX... Op. Cit.*

positiva que combinó la preocupación por la salud, la plenitud física y la perfección moral.

Educar para forjar la dignidad, virilidad y robustez física

Tal como se entendía, el conocimiento indispensable de las normas higiénicas, acompañadas con el adecuado ejercicio físico, harían posible contar con una sociedad de hombres y mujeres preparados en las mejores condiciones físicas para asumir con fortaleza, vigor y valor la rudeza de la vida en la sociedad. La buena salud estaba relacionada con la adecuada preparación del cuerpo, aunque no siempre habría sido tratado con la importancia que merecía, tal como se expone en este comentario:

> "La educación física tan indispensable como la educación moral, intelectual y cívica, se halla completamente descuidada en nuestras escuelas. [...] y este abandono de la enseñanza de la Gimnasia va perpetuando generaciones raquíticas, enfermizas y degeneradas que forman un contraste con las viriles y robustas que nos han precedido. [...]
>
> Un hombre que está acostumbrado a ejercitar diariamente su cuerpo en saludables movimientos, gozará de cabal salud; será robusto: se consagrará con ardor e inteligencia a sus tareas; disfrutará de las delicias del hogar, tendrá hijos sanos; vivirá feliz. [...]
>
> El temor y la cobardía son propios de organizaciones enfermizas; el valor y el heroísmo proceden siempre de la salud y de la robustez.[...]
>
> No olvidemos que esas generaciones encierran el tesoro que perpetuará nuestra especie al través de los siglos, y que es muy grande la responsabilidad que pesa sobre nosotros al dejarlas abandonadas a su suerte!. [...]
>
> Nosotros comprendemos en la educación física no solo la Gimnasia, sino también la Equitación, la Natación y la Esgrima. [...]
>
> No queremos que cada niño sea un atleta, un acróbata o un duelista consumado, no.
>
> Queremos que conozca todos los ejercicios gimnásticos con ciencia y conciencia; que tenga una figura gallarda; que no tiemble a la vista de una (sic) arma de fuego; que goce de una salud robusta; que sea digno y no se deje vejar de nadie.
>
> Así arrebataremos a la muerte, al manicomio, al suicidio, a las cárceles y al patíbulo cantidad de víctimas.
>
> Así formaremos los ciudadanos del porvenir, llenos de vida, de inteligencia y de esperanzas" [40].

Por su parte, José M. Aubín en su artículo "La Educación Física en nuestras escuelas" destacó la iniciativa del presidente del Consejo Nacional de

---

40. *El Monitor*, Año III N° 64, 1884.

Educación, Dr. Benjamín Zorrilla, y valoró el aporte de los particulares en la medida que:

> "Asociaciones como el Club de Gimnasia y Esgrima pueden contribuir a corregir en parte a detener, si se quiere, los progresos de nuestra decadencia física; pero si quieren conseguir resultados felices, si se quiere, como dijo el profesor Rosotti en una bellísima carta publicada en El Progreso de Belgrano, que nuestra generación sea fuerte y por consiguiente que sea brava, ya que, como dijo Mameli, La forza dá coraggio el il coraggio dá valor, hay que levantar edificios adecuados y acudir a la Gimnasia educativa como se practica en toda la Alemania, en Suecia, en el Norte de Italia, en Francia y en España, a esa Gimnasia racional y progresiva basada sobre el estudio prolijo y detenido del aparato muscular; de esa Gimnasia que analizando las notas desarmónicas de nuestra humanidad atrofiada, las afina insensiblemente, y por fin los deja en un estado de equilibrio nunca soñado.
>
> [...] Cuando esto sucede, la República Argentina podrá presentar a las naciones extranjeras generaciones inteligentes y robustas y podrá decir como la madre de los Gracos: 'He aquí mis joyas', a la par que el Dr. Zorrilla y sus dignos compañeros podrán exclamar con noble y legítimo orgullo: 'He aquí nuestra obra' "[41].

Sin embargo, ese entusiasmo cedía al constatar que poco se había avanzado en la practica escolar. Como se comentaba, la educación física y la educación política y moral, envolvían dos problemas serios a los que no se había dado solución en el Río de la Plata, a pesar de haberse escrito tantos artículos de propaganda sobre el particular y de haber sido una bandera enarbolada por los opositores a los sistemas y métodos de enseñanza que se habían puesto en práctica[42]. Inspirados en las corrientes favorables que promovían la educación física, tanto en los Estados Unidos y algunos países de Europa, se centraba el problema en que la escuela primaria sólo atendía al desenvolvimiento de la inteligencia, dejando en el más completo abandono la fuerza muscular que formaba generaciones enérgicas y vigorosas[43]. Una particular atención se mostró por "el glorioso ejemplo de Inglaterra", donde había arraigado el instinto del ejercicio corporal desde que Herbert Spencer publicó su tratado sobre La Educación en el que, entre otras expresiones, había señalado que:

> "mucho más vale la energía que la sabiduría [...] los hombres y mujeres más fuertes tienen probabilidades de ser dichosos en el mundo porque resistirán con mejor éxito las contrariedades. [...] Entre los fuertes, no hay pesimistas, ni escépticos porque la salud da alegría y confianza. [...]

---

41. *Ibídem*, Año III N° 66, 1884. Subrayado del texto.

42. Cf. *Ibídem*, Año IX, 1890, N° 184.

43. Cf. *Idem*.

una nación formada de hombres y mujeres fuertes será una nación feliz y victoriosa en la historia. Inglaterra es una prueba de ella. [...]" [44].

Se trataba, de ese modo, de conseguir el delicado equilibrio entre la formación intelectual y física. Pero si en ese punto se llegó a un acuerdo, se planteó un desencuentro de opiniones entre las distintas posturas en cuanto al tipo de orientación y el sentido que debía tener la gimnasia y el ejercicio corporal. Como explica Bertoni, el clima militarista, producto de los conflictos limítrofes con Chile que abrieron la década de 1890, privilegió el amplio campo de los preparativos bélicos, convertido en terreno propicio para la aparición de facetas nuevas en la construcción de la nacionalidad. Tanto la reorganización del ejército y la instrucción de los soldados, como la práctica de la gimnasia y la formación de una población saludable, fueron vistas en relación con la construcción de la nacionalidad y la afirmación de una nación-potencia[45]. En las escuelas públicas se receptaron las distintas opiniones y posturas al respecto. Las decisiones del CNE fueron producto de múltiples influencias. Junto a las medidas de las autoridades educativas estaban las presiones que ejercieron ciertas instituciones de peso en la sociedad y de algunas opiniones prestigiosas de especialistas locales y extranjeros que se hacían presente a través de artículos y libros de moda. Pero también participó con su opinión y su acción el propio magisterio a través de asociaciones profesionales y en ámbitos como las Conferencias Pedagógicas y asambleas de maestros.

Desde que se incluyó en los contenidos de la Ley 1420 la enseñanza obligatoria de los ejercicios físicos se contemplaba la práctica de ejercicios de orden, formaciones, marchas y evoluciones que eran denominadas como "ejercicios militares", dictada por docentes no diplomados como maestros y en ocasiones por ex instructores del ejército. La celebración de las fiestas patrias era una ocasión para demostrar la preparación de los niños de las escuelas primarias comunes que desfilaban en los llamados batallones escolares exhibiendo armas y vestidos con uniformes militares. Las autoridades educativas respaldaron la participación de los niños en los batallones, aunque su creación fue el producto de una iniciativa de oficiales del ejército y de aficionados que contaron con el respaldo del gobierno nacional y de la Municipalidad de Buenos Aires con la colaboración de asociaciones como el Club de Gimnasia y Esgrima (GEBA) y otros particulares que participaban de esta expresión militarista del patriotismo.

Si en un primer momento, los docentes participaron de esta iniciativa, ante sucesos como la muerte de un niño en una práctica, manifestaron temores por ese tipo de formación gimnástica. Por su parte, el CNE deslindó su responsabilidad en la formación de los batallones. Desde 1891, su órgano de

---

44. *La Nación*, 2 de julio de 1890.

45. Cf. Lilia Ana BERTONI, "Soldados, gimnastas y escolares. La escuela y la formación de la nacionalidad a fines del siglo XIX", en *Boletín del Instituto de Historia Argentina y Americana "Dr. Emilio Ravignani"*. Tercera serie, núm. 13, 1º semestre de 1996, p. 37.

difusión publicaba periódicamente "las críticas que las instituciones pedagógicas europeas y de los Estados Unidos realizaban a los batallones escolares y a la orientación militarista de la educación física, señalando que se trataba en realidad de dos enseñanzas y de dos objetivos claramente distintos"[46]. Sin embargo, esa concepción de los ejercicios físicos como una expresión militarista de la nacionalidad no dejó de estar presente en hombres de la política, las letras, las artes, de negocios y de empresas que estaban vinculados al Ejército, clubes y asociaciones como el GEBA y Tiro Federal y otras instituciones deportivas que asociaban la práctica gimnástica a los valores morales y patrióticos. Esa actitud patriótica y militarista de algunos de los hombres de la elite se vinculaba a la nueva mirada que se dirigían a la pujante y vigorosa Alemania con el desarrollo de sus instituciones educativas y su sistema de instrucción militar.

Un nuevo impulso de estos sectores se generó a partir del proyecto de celebrarse un Gran Torneo Gimnástico, organizado por el GEBA con el que se conmemoraría el Cuarto Centenario del Descubrimiento de América. Uno de sus gestores, el profesor Salustiano Porteau, miembro de la Comisión Directiva del Club, expuso sobre la estrecha vinculación que existía entre la gimnasia, la instrucción militar, el patriotismo y la nacionalidad. La esperada colaboración y autorización del CNE para que asistieran los alumnos de las escuelas primarias bajo su dependencia, no se consiguió. La decisión que hizo pública este órgano fue que la obligación escolar no podía extenderse fuera del recinto institucional y que, en su defecto, dejaba a los padres la decisión de que sus hijos participaran o no. Finalmente, el torneo se celebró en noviembre de ese año contando con la asistencia del Presidente de la República, los ministros de Guerra e Instrucción Pública, el Intendente Municipal y la Comisión Directiva del Club[47].

Se libró, de ese modo, otra batalla entre los partidarios de formar a los niños en la disciplina del deporte propia de un soldado de la patria y aquellos que apostaban por una enseñanza donde predominara los juegos y los ejercicios libres, tal como lo reclamaban los pedagogos. El prestigioso profesor Porteau continúo exponiendo en la prensa sobre los beneficios que reportaba la adecuada implementación de la "patriótica institución" mediante los torneos gimnásticos a través de los cuales, la nación podría contar con ciudadanos vigorosos que serían su legítimo orgullo[48]. Como vocero de la

---

46. *Ibídem*, p. 39.

47. *Ibídem*, p. 45.

48. En la prensa se precisaban estos laudatorios conceptos a favor de la gimnasia, en ocasión de publicar una nota de un convencido de los beneficios de esta práctica. En la misma, el ex-secretario S. Porteau del Club Gimnasia y esgrima comentaba: "[…] Dejo por sentado que la fiesta gimnástica debe repetirse este año […]. Supongo que el Club de Gimnasia y Esgrima no desmaya en la tarea que él juzga patriótica y creo, por otra parte, que si el club no la hiciera, el consejo nacional de educación tomará sobre sí la continuación de los concursos infantiles, pues se preocupa hoy del ejercicio físico hasta decretar que las escuelas se dediquen días enteros en trasladarse al terreno especial que el consejo posee

institución de la que participaba comunicaba que "se ha impuesto la misión de propagar entre nosotros los efectos saludables de ese poderoso modificador higiénico que se llama el ejercicio corporal". Exponía esta misión como muy oportuna en momentos que parecía existir una mayor preocupación por el cultivo de la actividad cerebral, y tan poco de la que correspondía a la actividad del resto del cuerpo que "es la más voluminosa, la más grande por su masa y de cuyo ejercicio regular, depende el vigor, la fuerza y la salud". Los nuevos torneos que se preparaban en el Club serían una demostración de la "revolución higiénica, pedagógica y social" que se lograría dando una mayor amplitud de los ejercicios físicos, para que no se continuara demandando a la inteligencia a los trabajos forzados más penosos, mientras "el cuerpo languidece en la más lamentable quietud". Esto traería como efecto un grave compromiso para el progreso social puesto que, "mientras en el orden físico la debilidad reemplaza a la fuerza, en el orden moral el egoísmo reemplaza a la abnegación; y el valor, ese bello atributo de la fuerza muscular, es sustituido por esa exageración despreciable e innoble del instinto de la conservación individual, que se llama cobardía"[49].

En su folleto sobre la enseñanza de la Educación Física, el Sr. Porteau explicaba cómo había conseguido una completa obediencia de sus alumnos en las prácticas de la gimnasia. Para ello había tenido en cuenta la edad de los niños y hasta el estado de la atmósfera o el día de la semana (el lunes no sería tan favorable como el miércoles) para ejecutar correctamente los ejercicios indicados. El resultado de su experiencia le indicaba que tenía en contra el horario y la recarga intelectual, que dejaban poco tiempo para la parte física. Su propuesta era la de solicitar una hora diaria de ejercicios físicos durante cinco días y una jornada dedicada al trabajo teórico. Cuestionaba severamente a las voces que proponían desterrar la llamada "gimnástica inteligente", para dejar que los niños quedaran librados a lo que "la soberbia madre naturaleza" les inculcaba: correr, saltar, gritar, revolcarse, en definitiva, jugar durante todo el período escolar. Se preguntaba para qué se querría hacer correr a los alumnos en la escuela, cuando se tenía al prototipo de corredor en un niño vendedor de diarios, lo mismo que se veía en las plazas llenos de infantes jugando. Eso no era lo que en la escuela se debía repetir. Pretender que sólo se ejecutara o se hiciera aquello que los niños naturalmente querían realizar, sería la negación de la pedagogía, y de la escuela. Si se hacían exclusivamente ejercicios libres, es decir sin aparatos pero ordenados, se daría de "narices en la calistenia" lo que significaba desarrollar meras posiciones

---

en Palermo y a otros que en breve adquirirá con el mismo objeto [...]. No vendrían mal, además de la indicación de ejercicios, posiciones, etc., algunas breves nociones acerca de la conveniencia del ejercicio, su higiene y modo como el niño debe practicar para obtener de él mayores beneficios. Los ejercicios que se fijen pueden ser parcialmente practicados en las escuelas, verificándose luego ensayos en conjunto en los terrenos de que dispone el consejo". *La Nación*, 24 de marzo de 1893.

49. *Ibídem*, 20 de julio de 1893.

coreográficas que podían tener utilidad en niñas que deseaban aprender a bailar, pero que eran sumamente fastidiosos en la edad infantil[50].

Según esta postura, la adecuada enseñanza de la educación física prepararía a los niños para la ruda lucha por la existencia. El adecuado equilibrio entre la "nutrición intelectual" y la "nutrición física" permitiría que el niño creciera lozano, vigoroso y alegre. Perdido ese equilibrio el niño se debilitaba y enfermaba. De allí que consideraran como un grave error exponer al niño en edad de expansión y libertad al rigor de un estudio recargado. Se lo acostumbraba de temprano a una seriedad y compostura que era perniciosa en su edad de púber y adolescente, impulsándolo a buscar la distracción y entregarse a la vida ociosa a la que se habría entregado gran parte de esa juventud. Así se veían las funestas consecuencias que eran nocivas a la salud y las buenas costumbres. La concurrencia a "los casinos, cafés, clubs, casas de sport o de juego, son hoy puntos obligados de reunión y no creo haya quien sostenga que el aire allí respirado sea puro a las costumbres y corrientes moralizadoras para el jóven". Por eso el ejercicio practicado metódicamente y hasta el cansancio, sobre todo en el niño, era un factor de salud. La fatiga tenía que ser generalizada, no circunscripta a un grupo de músculos. Esa fatiga impulsaría al niño a buscar el sueño reparador en compensación a la agitación del día. Había que estimularlo para que jugara, corriera, saltara mucho durante el día. Graduando la dificultad de los mismos, ordenándolos y agregando siempre algo nuevo. Era el único medio para proporcionar mujeres sanas y vigorosas, ciudadanos ágiles, sanos y robustos. De modo que,

> "[…] si ser inteligentes es ser fuertes, ser inteligentes y fuertes es fortísimo. La misión educadora para el celoso educacionista, no se limita a cumplir al pie de la letra y como una consigna por el superior impuesta, lo que el plan de estudios contiene. Debe ingeniarse para que su benéfica influencia en el niño iniciada continúe ejerciéndose en la mujer y en el hombre"[51].

Quienes pretendían conseguir de esta asignatura otros logros, más allá de la rígida disciplina y obediencia, consiguieron imponerse a la iniciativa del reconocido maestro y director de la Escuela Normal de Profesores de la Capital y miembro del GEBA con su intención de crear un gimnasio al que denominó Sthenójeno Patriótico Argentino. En la asamblea del personal de las escuelas normales y comunes de la Capital si bien aprobó la creación del Sthenójeno, nombró a una comisión integrada por José María Aubín, Ursula Lapuente y Juan Tufró para estudiar este proyecto. La decisión que

---

50. Cf. *Ibídem*, 9 de octubre de 1893.

51. *Ibídem*, 16 de febrero de 1894. Por su parte la familia, tal como lo estimaba el autor de la nota, también tenía que contribuir en este movimiento. Debía procurar que sus hijos no concurrieran con trajes lujosos a la escuela, pues los ataba en sus movimientos. Un traje sencillo con el cual el niño se sintiera libre y suelto era lo conveniente, además colaboraría a forjar su "parte moral para que evitara la natural tendencia a la vanidad, a la supremacía de l'enveloppe".

tomaron estos reconocidos maestros alteró puntos sustanciales de la propuesta originaria. Se continuaba con el espíritu de la ley 1420 al dictar la materia regularmente y con métodos adecuados. Como se estableció, "en los primeros grados [...] deben predominar los juegos y los ejercicios libres", pero también se sugería que la ciudad contara con Plazas de Juegos, jardines públicos y parques en los que jugaran y esparcieran los niños fuera de las horas escolares"[52].

En momentos que el Poder Ejecutivo nacional había nombrado una comisión de estudio para que se considerara la introducción de la instrucción militar en colegios nacionales, normales y comerciales, el magisterio generó su propia respuesta ante la posibilidad que se introdujera en las escuelas primarias. El por entonces inspector nacional y prestigioso maestro, Antonio Ferreyra, no hizo esperar una respuesta. En su disertación en la Conferencia Doctrinal expuso su oposición a la instrucción militar. Ese tipo de formación estaba alejada de los principios pedagógicos que regían la escuela primaria, puesto que se limitaba a la exigencia de aptitud física y excluía a las niñas, no se contemplaba la gradualidad y no se tenía en cuenta la edad. Como continuó argumentando, tampoco era beneficiosa para la salud puesto que era "contraria a las leyes del desarrollo armónico del cuerpo". Lo más perjudicial estaba en el tipo de hábitos que generaba aquella instrucción donde se convertía al niño en "autómata de la voz de mando". El pedagogo debía respetar la ley del equilibrio psicofísico alternando el trabajo corporal con el reposo y el trabajo intelectual. En tanto, "las repeticiones frecuentes, la subordinación y la obediencia pasivas a que debe sujetarse el alumno, hacen fastidiosos los ejercicios y traen pronto el aburrimiento". Por eso el batallón escolar en las escuelas lejos de conservar la disciplina, a menudo, causaba barullo y desorden.

Como explica Bertoni, en esa argumentación claramente había una oposición a la disciplina entendida como una obediencia ciega y la concepción que esgrimía la educación moderna. Ese enfoque pedagógico esperaba que la preparación física no fuera en detrimento de las facultades intelectuales como la capacidad para razonar y crear. El objetivo de la escuela era el de concretar el gobierno intelectual de sí mismo y la autodisciplina. Por otra parte, era esa instrucción militar con su férrea obediencia la que fomentaba un patriotismo artificial y exacerbado, siendo que "el amor a la patria es indispensable a la sociabilidad actual, pero el amor a la humanidad es más general y lo comprende, y sólo partiendo de él puede tenerse una noción

---

52. *El Monitor,* Año XII, 1893, pp. 127. Estas recomendaciones fueron tenidas en cuenta por las autoridades de la ciudad a la hora de modernizar el trazado urbano. Sobre la previsión de la disponibilidad de espacios libres en el trazado de la ciudad se puede consultar, Adrián GORELIK, *La grilla y el parque. Espacio público y cultura urbana en Buenos Aires, 1886-1936".* Buenos Aires, Editorial de la Universidad de Quilmes, 1998.

clara del patriotismo en sus aplicaciones a la defensa de los derechos internacionales, como un derivado de los dictados de la justicia internacional"[53].

Tal como había sucedido con otros puntos vinculados a la educación, la opinión del magisterio de la Capital tuvo mucho que ver con el rumbo de la política educativa de las autoridades nacionales. A partir de allí, las directivas apuntaron a pautar toda la actividad física de los escolares, inclusive, en los recreos mediante la práctica de juegos apropiados[54].

Las escuelas primarias del CNE consiguieron mantenerse relativamente al margen de los reiterados movimientos militarizantes que vinculaban el fortalecimiento del sentimiento patriótico con la gimnasia[55]. La presión del magisterio capitalino fue decisiva para que, en la reforma del plan de estudios de 1902 de las escuelas primarias de la Capital Federal, aquellos ejercicios militares se ejecutaran sin carácter bélico, sin la portación de armas, equipos o bagajes, ni aun simulados. En cierto sentido, los docentes lograron imponer su criterio de formar a la infancia no en la disciplina de la obediencia sino en la disciplina del carácter. Inspirados en las nuevas corrientes de la "gimnasia moderna" consiguieron frenar el avance de la concepción de una "escuela del soldado". Sin embargo, aquella impronta de lo militar como modelo de organización en la configuración de la Educación Física que se practicó en la escuela dejaría sus huellas y recurrentemente aparecía el intento de ponerlo en práctica. Los maestros, inspirados en las corrientes pedagógicas modernas,

---

53. *Ibídem*, Año XIII, núm. 252, 1894. Citado por Lilia Ana Bertoni, *Patriotas, cosmopolitas y nacionalistas... Op. Cit.*, p. 231. Como comenta la citada autora, la opinión de Ferreira no fue compartida por la totalidad del magisterio. En la provincia de Entre Ríos, el presidente del Consejo General de Educación, Ernesto Bavio, sostuvo que los ejercicios escolares deberían comenzar "hacer cuadrar y alinear a los niños y no pasar adelante hasta que esto se consiga a la perfección, porque es la base de todo. Cuando se pasa al manejo de armas no se enseñará un nuevo movimiento hasta que el anterior está bien hecho", p. 232.

54. Juegos en los que debería intervenir la maestra/o para dirigirlos, sobre todo para observar su conducta. Entre los juegos para ambos sexos menciona: las rondas, las esquinas o estaciones: el carretón; los ratones perchados; el señor o la señora del castillo; el caballo y los caballos; las escondidas; la corrida alrededor de un círculo con el pañuelo; la gallina ciega; el gato y el ratón; los prisioneros; la persecución; la golondrina; la pasada; tocar el tercero; el paisano o la madre Garuche; el lobo o la fila; los caballos de circo; las barras; la imitación, el transporte de cargas (niños, enfermos, heridos). Para los varones: los vigilantes y ladrones; el pañuelo volante; lo osos; el salta carnero en sus varias formas. Juegos con juguetes: para ambos sexos: El disco atado, las rayuelas; varios juegos con pelota; danza y salto con soga larga. Para varones: los trompos; los cantillos; el tamboril (con pelota); la bandera; el tiro de piedras; palos y discos; la pelota en varias formas; el *football*; el palito o huso volante. Para las niñas: los huesos; el salto con soga larga o pequeña; la raqueta con volante. Justas: concursos de saltos; carreras de velocidad; carreras de carro.

55. Sobre esta cuestión de la relación entre la gimnasia, la instrucción militar, y el fortalecimiento del sentimiento patriótico se puede consultar: Pierre ARNAUD, *Le militaire, l'ecolier, le gymnaste. Naissance de l'education physique en Frande (1869-1889)*, Lyon Pul, 1991. Philippe CONTAMINE, "Mourir pour la patrie" y Gérard de PUYMÈGE, "Le soldat Chauvin" en Pierre NORA, *Les lieux de mémoire II, La Nation*, París, Gallimard, 1986.

promovieron una formación integral de los niños y niñas, de allí que fueron coherentes en oponerse a una formación de tipo militaristas.

Como ya lo he comentado en otro capítulo, las voces de los maestros se pronunciaron a favor de educar para forjar el temple de los soldados en los tiempo de la paz. Esa intención de una escuela que formara para la paz exigía desarrollar conductas tendientes a la autodisciplina. La predisposición al trabajo, a la lealtad a la patria, a la demostración de honor, valor y voluntad sólo se podría alcanzar si se educaba en el control de las pasiones, impulsos y emociones. Con la llamada gimnasia moderna esperaban robustecer física y psíquicamente a los alumnos, tal como se comentó en la traducción del artículo: "Gimnasia Escolar: sin aparatos" de J. H. Bancroft (profesor de Brooklyn),

> "Hay entonces tres fines a los cuales debe atenderse al tratar del ejercicio físico en la escuela; la estimación de las funciones nutritivas, la corrección de la postura y la educación fundamental y general de algunas de las facultades, principalmente las que se refieren a la voluntad.
>
> Podemos notar que todo esto es más bien una batalla definitiva, es decir, un combate contra influencias opuestas. La condición de la civilización actual es tal que bajo cualquier circunstancia hacen precisamente de la educación física una lucha tanto más reñida aun fuera de la escuela. […]
>
> En una discusión que se tuvo no hace mucho, sobre cuál de los sistemas era el más adecuado a los colegios americanos, el barón de Posde de Bostone –uno de los primeros instructores de gimnasia sueca en los Estados Unidos– dijo que 'la gimnasia sueca era buena en Suecia, la gimnasia alemana en Alemania; pero, que en América donde hay una población aglomerada bajo su clima y condiciones de vida diferentes, lo que se necesita no es seguir un sistema particular, sino preocuparse del desarrollo del cuerpo. Todo maestro deberá conocer los diferentes sistemas suficientemente como para poder aplicarlos en el momento oportuno'. […] lo que se pide es que este programa llene esas necesidades, no bajo principios teóricos, sino como resultados prácticos derivados de la experiencia actual. Estos resultados, de acuerdo con los tres fines que se propone la educación física, pueden ser obtenidos simultáneamente con el empleo del método que indicamos. Por un ejercicio directo de 15 minutos diarios pueden estimularse las funciones fisiológicas, cultivarse la actitud y desarrollarse la disciplina de la voluntad" [56].

En esta concepción sobre las ventajas los ejercicios libres (que podía ser con o sin aparatos manuales), la gimnasia y el juego mantenían una estrecha relación. El juego fue reconocido como la forma más natural de la educación

---

56. *El Monitor*, Año XXIII, N° 57, 1904. En otros apartados se dan a los maestros las indicaciones con escritos y figuras demostrativas de los distintos tipos de ejercicios con manos libres que pueden desarrollar los niños de acuerdo a su edad.

física para la formación del carácter del niño[57]. Por eso se sostenía que la gimnasia y el juego se complementaban en tanto que la primera,

> "[…] enseña al niño a obedecer instantáneamente la orden y a someter su voluntad a la del profesor. Los juegos, y principalmente los de pelota y del balón, aumentan, tanto para el niño como para el adulto, la iniciativa personal. Los juegos forman y desarrollan, pues, el carácter de ejercitar la voluntad, la independencia y la fuerza de acción. Los juegos mantienen también los sentimientos de solidaridad haciendo comprender a los niños, de una manera práctica, el respeto de las leyes y de las nociones de verdad y de justicia. La juventud nunca es más severa en su juicio que en los casos de la no observación de las leyes de juego. Si el juego enseña a dominarse y a conservar su sangre fría, hace también desaparecer la molicie y la pereza innata. Y lo que es mucho más importante: el juego llama y crea la alegría. La alegría es la mejor medicina del alma como del cuerpo. La alegría es la amiga de la juventud y de la salud; un temperamento alegre y sano está asegurado contra las malas tentaciones de la vida. El placer de la juventud no consiste únicamente, en frecuentar el aire viciado de los cafés y de los music-halls para oír allí las canciones más o menos equívocas"[58].

Fue el Dr. Enrique Romero Brest, nombrado Inspector de la Rama en Capital Federal en 1904 –cargo que ocupó hasta 1909–, quien estableció los principios de la Educación Física, sustentados en las ciencias positivas, la anatomía y la fisiología, dando lugar a lo que posteriormente fue llamado

---

57. Era común que aparecieran en los libros de lectura pequeños textos donde se comentaban los tipos de juegos convenientes y el respeto a sus reglas. Así a modo de ejemplo encontramos, una lectura cuyo título es La Gallina ciega en el que se comentaba: "Estos chicos están jugando a la gallina ciega. Uno se venda los ojos y tiene que correr a los demás que giran a su alrededor gritando: ¡Ja ja! ¡Aquí, aquí! ¡gallina ciega!. Si alcanza a tocar a uno de ellos, debe en seguida admirar quien es el tocado. Este se pone entonces la venda y el juego continúa. Pero me parece que el que hace en este momento de gallina ciega, no procede lealmente. Se ha levantado el pañuelo. ¡Esto no está bien amiguito!. En el juego como en todos los actos de la vida, se debe ser honrado y cumplir las reglas establecidas", Pablo PIZZURNO, *El Libro del Escolar... Op. Cit.*

58. *El Monitor*, Año XXVI, Nº 45, 1907. Estas consideraciones estaban en el mismo tono de lo que había sido difundido en un libro que fuera recomendado para lectura de los maestros donde se afirmaba: "El juego es una incesante actividad cuyo fin inmediato es el placer […]. Es mejor que los niños hagan ejercicios que requieran esfuerzos, porque después de estar sentados en la clase, el cuerpo tiene necesidad de ejercicio. Los juego deben ser de modo que no molesten a los vecinos […]. Deben prohibirse los juegos que pongan en peligro la moralidad de los alumnos o que hagan contraer malos hábitos. […] Lo que falta en la disciplina de la clase puede sustituirse en él. Allí hay una sociedad en miniatura. Los juegos se dirigen de modo que haga alumnos enérgicos, varoniles, bien criados, generosos, honrados y amantes de la verdad. Cierto es que la mala yerba nacida en el corazón infantil, puede arrancarse y echar en su lugar la buena semilla; pero no lo es menos que las malas compañías, que los enemigos están siempre listos para sembrar la zizaña". En James Payle WICKERSHAM, *Economía de las escuelas... Op. Cit.*, p. 127.

Sistema Argentino[59]. En oportunidad de escribir una monografía sobre el tema anexada en el Censo educativo de 1909, comentó:

> "La educación física racional puede contribuir en una formación social cosmopolita como la nuestra, cultivando, como lo hace ya en los campos de sport y en los gimnasios de la escuela por el origen de los alumnos, los actos sociales matrices, como son la solidaridad, el respeto de las leyes y al esfuerzo ajeno, etc. [...] La alternación constante de las diversas clases sociales y de diversos orígenes étnicos, en la lucha en común, en el gobierno propio, y en el trabajo, a que obliga la cultura física racional, tiene forzosamente que contribuir a acercar las clases sociales y a uniformar los sentimientos y las ideas en el ambiente común argentino en que se desarrollan. [...]
>
> Y ha de ser el complemento total de la obra, el acuerdo completo, la correlación racional entre todos los agentes que concurren en la escuela y fuera de ella, a la formación del hombre completo, preparado eficazmente para luchar y triunfar en la vida fisiológica y social" [60].

Ese sistema fue caracterizado como metódico, continuo y racional, siendo capaz de lograr el triunfo de la higiene, la estética, el trabajo y la moral. El peso de su opinión se hizo sentir en la orientación que se debía dar a la materia dentro de la escuela primaria.

De todos modos, el sentido militarista de la gimnasia volvía a reflotar cada vez que se exacerba la sensibilidad y la percepción de una agresión a la integridad de nacional. Eso aconteció durante la gestión de Ramos Mejía cuando se dio un nuevo sentido a la "escuela del soldado". Durante los festejos del Centenario volvieron a las calles de la ciudad los batallones escolares. La iniciativa fue propiciada por la llamada Sociedad Sportiva que lo presentó como un proyecto de "educación nacional", a tono con la impronta ideológica que marcó por esos años la gestión del Consejo. Aquella Sociedad que nucleaba a seguidores del deporte y la gimnástica militar consiguió el apoyo político para recuperar esa práctica impulsada en los años noventa[61]. Tiempo

---

59. *Censo de Educación General*, 1909. *Op. Cit.*, pp. 385-416. Sobre la influencia de este médico argentino en la instrumentación de una política corporal, para el varón y la mujer, a partir de la educación física resulta muy sugerente el trabajo de Pablo SCHARAGRODSKY, "El padre de la educación física argentina fabricando una política corporal generalizada (1901-1938)" en www.historiapolítica.com. Cabe destacar, por otra parte, que como se explica en ese trabajo su influencia fue decisiva en educadores como Pablo Pizzurno para favorecer el sentido moderno y racional de los ejercicios físicos y promover la reorganización completa de la Educación Física "suprimiendo la práctica de ejercicios militares por un programa de ejercitación física racional con tendencias científicas modernas". Además, fue gracias a su iniciativa que se cambió en la Capital Federal la designación de Ejercicios Físicos por Educación Física.

60. *Ibídem*, p. 412.

61. Interesante es resaltar que a pesar de la oposición a las ideas sobre la educación física moderna que se manifestara en la gestión de Ramos Mejía, la voz de Romero Brest pudo pronunciarse nuevamente a favor, y a modo de disenso sobre la recuperación de

después el propio Romero Brest comentará la incomodidad que tuvieron algunos funcionarios, como el inspector Pablo Pizzurno, para explicar a los educadores extranjeros la razón de esas demostraciones militares de los escolares. Según explicó el reconocido educador, aquella "exhibición estaba destinada a recordar lo que no se hace en las escuelas públicas argentinas [...] los batallones escolares fueron desterrados hace más de veinte años de las escuelas argentinas [...] en el desfile no han intervenido [...] ni el Ministerio de Instrucción Pública ni el Consejo Nacional de Educación"[62].

Nuevamente en oportunidad de celebrarse el Primer Congreso Nacional del Niño el 12 de octubre de 1913 las dos posturas emergieron y libraron su duelo verbal. En aquella ocasión sería la respuesta contundente de Romero Brest la que consiguió rebatir el documento de trabajo presentado por José Moreno. Con su solvencia habitual pudo explicar que el estudio científico de una educación física moderna demostraba de qué modo se desarrollaban las facultades racionales y la formación en los niños de una autodisciplina. En definitiva, esas dos posturas que tempranamente aparecieron en la práctica y el discurso educativo convivieron y alcanzaron mayor preponderancia conforme a los climas ideológicos y las circunstancias políticas del país[63].

La destreza manual y la cultura del trabajo

En su momento, el Inspector Técnico, Don Juan. M. Vedia, recordó que en el mundo se contaba con hombres que no sabían leer pero que ejercitados largos años en rudos trabajos, adquirieron una educación y un conocimiento práctico de las cosas y de una misión sobre la tierra, cumpliendo bastante bien con sus deberes y dirigiendo con acierto sus asuntos. Aquellos hechos y la necesidad de otorgar cuanto antes al niño los medios de encaminarse

---

esa gimnasia militar, de lo que llamaba la cultura física racional. Según lo expresó, esa modalidad de educación física "desarrolla e intensifica las aptitudes mentales de energía, de valor, de voluntad, de carácter, de moralidad, de propiedad con la realidad de las cosas y con una fuente de cultura y desarrollo cerebral. La cultura física ha respondido sucesivamente a las ideas anatómicas y fisiológicas, y responderá más tarde a las ideas psicológicas que acabamos de expresar" en *Boletín de Instrucción Pública*. Taller de la Penitenciaría Nacional, Buenos Aires, mayo y junio de 1910, Tomo V.

62. Enrique ROMERO BREST, *Los batallones escolares. Su origen. Sus condiciones científicas. Sus defectos*. T. G. de la Penitenciaria Nacional, Buenos Aires, 1914, p. 60. Es interesante notar que, la prensa resaltó con admiración las demostraciones de ejercicios libres que realizaron los batallones escolares con motivo de los festejos del Centenario. Como se comentara, "una nota de sorpresa y emoción para los asistentes fue el desempeño de los jóvenes integrantes de los batallones infantiles ante sus demostraciones de ejercicios calisténicos perfectamente coordinados". *La Nación*, 28 de mayo de 1910.

63. También en esos años se discutió sobre la conveniencia de introducir a los varones en la práctica del scautismo con la intención de formar a los "verdaderos hombres". Un trabajo que analiza esta cuestión es el de: Pablo SCHARAGRODSKY, "El Scautismo en la Educación Física Bonaerense Argentina o acerca del buen encauzamiento varonil" en *Revista Mora*. FFyL, UBA, N° 9/10, Diciembre 2004.

en la vida y de llenar sus altos deberes, iban a contribuir al descrédito de las instituciones de enseñanza en toda Europa y América, si no se remediaba con la conveniente introducción en ellas de la enseñanza de los trabajos manuales. Por eso destacaba la oportuna reforma que se había implementado en los programas de las escuelas públicas de la Capital, en los que se daba un nuevo impulso a esta actividad. Llegando a una extrema valoración de sus beneficios reconocía que la enseñanza debería ser manual; el niño al ser puesto en contacto con todas las materias y materiales de estudios, ejercitaría sus sentidos, sus fuerzas físicas y sus facultades morales de manera que al dejar la escuela, podrían llevar un caudal de experiencia y ciertos hábitos formados y robustecidos en la práctica del trabajo[64].

La preocupación central de quienes propiciaron la enseñanza de esta materia era la posibilidad de generar con su preciso tratamiento una verdadera cultura del trabajo. Para estos maestros y pedagogos, era central comprender que,

> "El trabajo, es un deber que tenemos para el cuerpo y para el alma. El trabajo es una ley que todos debemos acatar, y a la cual no podemos substraernos. Es, además, una necesidad imprescindible, y el cumplimiento de ciertos deberes morales depende de él. [...] El trabajo revela el progreso moral, intelectual y material de los hombres. [...]
>
> La ociosidad es vergonzosa; los niños holgazanes son siempre desgraciados, ignorantes, malos y raquíticos, porque la pereza no hace desenvolver su inteligencia, ni sus sentimientos [...]. El trabajo trae la honradez, cuando lo ejercemos lícitamente, es decir, cuando trabajamos conforme al bien, [...] cuando se trabaja sin tomar lo ajeno, sin engañar al prójimo: ningún trabajo rebaja a un hombre si lo hace con honradez"[65].

Carlos Molström, director de una escuela elemental, sostuvo que era preciso hallar en los hábitos y costumbres del pueblo argentino un género de ocupaciones manuales de carácter nacional. En su recorrido por las provincias había visto que, los trabajos manuales usuales de los hombres eran el tejido de la lana, trabajos en cuero y la primitiva producción en la industria cerámica. Enseñar a trabajar con esos materiales a los niños de las provincias sería lo que más convenía, tal como se hacía en Suecia que trabajaban la madera en las escuelas, porque abundaban en ella los bosques y preconizaba para los hijos de ese país un trabajo en armonía con la naturaleza y la riqueza del suelo. En esa misma conferencia, el inspector Esteban Lamadrid, también se mostró partidario del trabajo manual educativo, pero sostenía que los mejores elementos para tratar eran la madera, el cartón y la paja. Pablo Pizzurno, el más informado por el tema por haber sido comisionado especialmente a Suecia para ver su aplicación en las escuelas, estimaba la

---

64. *El Monitor,* Año III, N° 63, 1884.
65. *La Escuela Moderna... Op. Cit.,* p. 21.

conveniencia de introducir ese sistema en Argentina. Fue de tal contundencia su alegato que la asamblea de docentes votó a favor de que su enseñanza se generalizara en todas las escuelas del país.

Apuesta a favor de una educación general, tal como había sido declarado en el congreso internacional sobre enseñanza en Havre en 1893, donde se estableció que el trabajo manual contribuiría a desarrollar la actividad, la observación, la percepción y la intuición. Seguir los pasos de Bélgica, Francia, Suiza y Alemania que implementaron decididamente ese formación convencidos de que ejercerían el progreso y bienestar de los pueblos. Por eso, en el Congreso Pedagógico celebrado en abril de 1894 en Buenos Aires, se proclamó la conveniencia de desarrollar en la juventud el hábito del trabajo que, supuestamente, no era "el rasgo más saliente de nuestro modo de ser". La laboriosidad de los habitantes de un país sería la base segura de su grandeza y bienestar. Así lo observó Smiles quien afirmó que ese espíritu de laboriosidad activa había sido el principio vital de la nación inglesa que salvó y reparó los efectos de los errores de sus leyes y las imperfecciones de su constitución. El trabajo manual impedía que el hombre extravié el camino del bien y le inspiraba confianza en sus propias fuerzas, que era la condición fundamental de la independencia personal. Por medio de los trabajos manuales, el niño adquiría los hábitos de laboriosidad como las mejores armas en la dura lucha por la vida. Como se agregaba, "la atención, la perseverancia, la energía, el orden, la precisión y una noble emulación son otras tantas cualidades morales que tienen la propiedad de desarrollar admirablemente en la juventud"[66].

Si su influencia se haría sentir durante toda la vida del hombre en cualquier rama de la actividad social a que se dedicara, no se lo debía tomar como simple ejercicio de artes manuales. Como declaraban sus difusores, no se lo podía considerar bajo un punto de vista secundario y de escasa importancia. No se debían desestimar la formación de una voluntad enérgica, de los hábitos del orden como cualidades que sólo resultaban útiles a los artesanos. Según decían, esa voluntad fue la que contribuyó a "afianzar la gloria de Welligton, San Martín, Washington, Richelieu, Napoleón, Newton, Fulton, Franklin y de tantos otros servidores de la humanidad"[67]. Por allí pasaba la diferencia entre ese tipo de enseñanza en la cultura del trabajo y escuelas de artes y oficios. Por eso, su enseñanza requería de conocimientos especiales en tanto que era un procedimiento pedagógico que se empleaba para desarrollar aptitudes múltiples útiles al artesano, al médico, al abogado, al periodista y a todo hombre en cualquier circunstancia de su vida. La materia llegó a ser estimada de "importancia capital para los destinos de la nacionalidad, que depende de la manera como se eduque a la juventud"[68].

---

66. *La Nación*, 1 de abril de 1894.

67. *Idem.*

68. *Idem.*

Impulsados por esas nuevas corrientes, algunos de los maestros y pedagogos más reconocidos tomaron la iniciativa en las escuelas que dirigían. Así se hizo por ejemplo, en el Colegio Nacional de Corrientes dirigido por el reconocido educacionista Fitz Simón. También se puso en práctica en la escuela elemental de Esquina dirigida por el doctor Antonio Ferreyra; en el Colegio Nacional de Uruguay dirigido por el doctor José Zubiaur; en el Instituto Nacional de Buenos Aires, así como en todas las escuelas de la provincia de San Juan después de la experiencia que aplicaron los directores Antequeda y el joven regente Víctor Mercante.

En 1895, por decreto del presidente Uriburu, se dictaminó que se preparara a los maestros para capacitarlos en esta enseñanza instalando un taller en la Escuela Normal de Profesores de la Capital, nombrándose como profesor al Señor Andrés Danielsen, diplomado en la Escuela Normal de Nääs (Suecia). Según se consideraba los niños entre 9 a 16 debían trabajar con la madera y como paso previo el trabajo en papel y cartón comenzando en el Kindergarten y continuando en el ciclo de los 6 a 9 años.

La premisa era "educar la mano con el trabajo"[69]. Apelando a este precepto es que desde los primeros tiempos, se inspiraron en el sistema sueco denominado Slojd que se había aceptado en gran parte de Europa y los Estados Unidos. Siguiendo estos preceptos se declaraba que la "escuela primaria no debe tener carácter industrial", porque era un error desde el punto de vista pedagógico y práctico. En principio, porque ello implicaba desvirtuar el fin de la escuela común que era el de dar "una educación general, amplia para la vida, sea el niño rico o pobre, católico o protestante, hijo del país o extranjero". Y después, porque el trabajo manual o pedagógico, tal como había sido estudiado por esa escuela europea, recuperó la obra de filósofos y pedagogos como Gerardo Victorin, Comenius, Rousseau, Salzmann, Pestalozzi, Heusinger, Fröebel y del finlandés Uno Cygnoeus. De allí que en la Escuela Normal de Nääs se precisaran, entre otros propósitos a lograr,

"I. Despertar gusto y amor por el trabajo en general.

II. Inspirar respeto por el trabajo corporal honrado por grosero que sea.

III. Desarrollar la independencia y la confianza del niño en si mismo.

---

69. En las lecturas dirigidas a los niños Pablo Pizzurno, quien fuera enviado a conocer el sistema sueco de Trabajo Manual y uno de los que más trabajó para que la escuela argentina modernizara su enseñanza, lo explica claramente: "El carpintero. Gustavo tiene 9 años. Se ha roto su carrito de madera. En vez de ir a otros para que se lo compongan lo compone él mismo. ¡Con cuánta destreza maneja el cuchillo para trabajar!. Su padre no es carpintero, pero aprendió a manejar muchas herramientas. Quiere que su hijo haga lo mismo, y lo conseguirá. ¡Qué útil es educar la mano con el trabajo!. *El que sabe trabajar puede vivir feliz*". Pablo PIZZURNO, *El libro del Escolar... Op. Cit.* (cursiva del autor). El mismo sentido se encuentra en un artículo en la prensa de Zubiaur en el que comenta esta enseñanza en Francia (país de quien reconoce que se ha inspirado los planes de estudio de la escuela primaria). Entre los tópicos que abordó destacó: "el trabajo manual además de adiestrar la mano y la vista, ejercita todo el cuerpo, desarrolla el amor al trabajo y el gusto estético, crea hábitos de economía y origina a perfeccionar la reflexión y la atención". *La Nación,* 22 de noviembre de 1889.

IV. Acostumbrar al orden, la exactitud, el aseo y la corrección.

V. Promover la atención, interés, aplicación, perseverancia y paciencia.

VI. Perfeccionar la vista y el sentido de la forma.

VII. Dar una habilidad manual general.

VIII. Desarrollar las fuerzas del punto de vista físico" [70].

Enfocada como una parte de la enseñanza integral, al recibir estas nociones se lograría que el niño amara las ocupaciones manuales desarrollando en ellos el gusto estético a la vez que proporcionaran un descanso a las tareas sedentarias de la escuela. Por eso su tratamiento debía ser eminentemente práctico para generar hábitos valiosos en la mayoría de edad:

"[…] El principal valor de la forma del trabajo manual que aquí voy a presentar, no es solamente el que ayudará a los niños que se ganen la vida, preparándolos para un oficio, o el darles ocasión a que descubran su inclinación profesional; todos estos son motivos buenos, fines que debieran ser considerados, pero el propósito principal de la educación general no es solamente preparar para los oficios.

¿Cuál es el propósito de la educación? […] ¿No es acaso el de hacer la vida más feliz y saludable; el de formar buenos hábitos, y el reforzar la actividad? […]

Si se cree que la habilidad y perfección en un trabajo mejorará el carácter de los niños, considérese la habilidad de aquellos que construyen máquinas infernales, y de aquellos malhechores que llenan nuestras prisiones y reformatorios. No se puede negar que algunos de ellos poseen grande habilidad, adquirida probablemente por medio de una práctica continua, sin otro motivo que ser práctico para el mal. […]

Confío en que no se deduzca […] la idea de que no pongo valor alguno en la habilidad ya sea del maestro o del discípulo; no, lo que he tratado de demostrar es que la perfección es un incidente, y no la primera consideración y que es superviviente el más alto interés de la educación *la nobleza del hombre y de la mujer*. Con estos móviles la habilidad mecánica obtenida por el niño resultará mucho mayor que cuando se trata de obtener simplemente por métodos comunes al artesano" [71].

Cuando estos maestros y profesores normales hablaron de la importancia de esta enseñanza en las escuelas, pensaron en un ciudadano responsable ante

---

70.   Pablo PIZZURNO, *El Educador… Op. Cit.*, Conferencia dictada por este profesor normal e inspector sobre "El trabajo manual educativo" en la Escuela Normal de Profesores, en febrero de 1896, p. 126. En esa misma ocasión sentenció: "El niño es el padre del hombre, y si queremos evitarle a la sociedad seres inútiles y parásitos, debemos enseñar a los niños no sólo a trabajar, sino amar el trabajo, y amarlo por sí mismo, por las legítimas satisfacciones que proporciona y no por medio de incentivos artificiales, medallas, premios materiales, cuadros de honor, castigos o tareas extraordinarias. Llegar a obtener que la prohibición del trabajo importe un castigo, sería la realización de un hermoso desiderátum". *Idem.*

71.   *El Monitor,* Año XVI, N° 287, 1897. Subrayado del texto.

la sociedad por cuanto se lo formaría con una actitud favorable al trabajo. Poco tuvieron que ver con aquellas iniciativas de formar en la escuela a los futuros obreros de las fábricas y los trabajadores agrícolas. Fue la "Sociedad promotora de escuelas técnicas y profesionales y de museo de arte industrial", la que dejó claramente establecida su intención única de capacitar a la mano de obra para el mercado laboral, acordando:

> "Instituir escuelas y talleres de enseñanza práctica, técnica y profesional, en los centros urbanos y fabriles.
>
> Establecer escuelas de enseñanza agrícola y agropecuaria en la campaña.
>
> Establecer escuelas técnicas de trabajo manual para adultos.
>
> Crear museos industriales para fomentar la enseñanza industrial y de artes aplicadas a las industrias.
>
> La enseñanza que se ofrezca en los establecimientos de la sociedad tendrá carácter práctico y se tratará de dar a los individuos que la reciban las aptitudes profesionales requeridas por el medio y por las industrias que en él existan.
>
> Los profesores se buscarán en los países que con más acierto y mayor fruto han establecido la enseñanza industrial, siendo así que en Alemania, Inglaterra y Estados Unidos, podrá el directorio reclutar principalmente su personal docente en condiciones ventajosas.
>
> Una facilidad aun mayor presentará la institución de establecimientos de enseñanza agrícola y agropecuaria, pues la índole del país y el modo como se explotan entre nosotros la agricultura y ganadería, cooperan grandemente para ello"[72].

Aquella iniciativa se dio en un contexto particular. Fue en ese entonces cuando se reclamó por la presencia de una mano de obra del país que estuviera capacitada en la nueva organización del trabajo urbano y rural. Eran los tiempos de la ya mencionada iniciativa del Ministro Osvaldo Magnasco que intentó cambiar el rumbo de un sistema educativo que solo generaría expectativas en los jóvenes de prepararse para conseguir un puesto como funcionarios del Estado. Inspirándose en el modelo educativo de la pujante Alemania se pronunció a favor de una educación que formara cuadros técnicos:

> "[...] He nombrado un millón de veces que los jóvenes alemanes son educados hoy mucho más que nuestros jóvenes franceses para el trabajo, para la vida activa, para el esfuerzo de todos los instantes. Durante mi permanencia en Alemania penetré en la intimidad de un cierto número de familias de la burguesía, y hablando de la educación de los niños, he debido reconocer que los padres estaban más preocupados de armar a sus hijos para la lucha de la vida que de ponerlos al abrigo de esa lucha. [...] no se hacen allí incapaces bien provistos; se trata de hacer de ellos

---

72. *La Nación*, 27 de agosto de 1900.

individuos capaces de proveer ellos mismos a sus necesidades, a todas las exigencias de la vida.

[…] Los pueblos deben recibir su educación según sus necesidades, y si no lo hacen tal como lo hemos hecho nosotros, perfectamente mal. Los pueblos deben comenzar por darse a las tareas que les imponen las primordiales condiciones de su vida nacional, sin dejarse alucinar por los esplendores de las instituciones pertenecientes a sociedades más adelantadas en el proceso de la civilización. Eso es lo que quería Alberdi y Sarmiento. Sarmiento, no sólo la escuela pura, como decía la comisión, sino la escuela práctica. Alberdi, la escuela técnica y la ocupación práctica del banco, del taller, de la industria.[…] La Inglaterra aristocrática, continúa este hombre público (Sarmiento), la Francia monárquica, la Prusia despótica, los Estados Unidos democráticos, los estados modernos, todos tienen el concepto de la instrucción como medio nada más que de acrecentar la producción de la riqueza, si no quieren exponerse a quedar atrás, a ver disminuida la exportación de sus productos, rechazados de todos los mercados por su inferioridad. La industria moderna nos pregunta si sabemos construir máquinas, si tenemos quien las maneje, si producimos cereales a precios baratos. Con la falta de estas escuelas todo lo tenemos que esperar del extranjero que las tiene"[73].

Como se ha explicado la iniciativa fracasó y si no se pudo modificar el rumbo de la educación secundaria menos se vio afectada la educación primaria. Aquella escuela primaria que se proclamaba formadora de los niños en la "virtud ciudadana" continuó transmitiendo en sus aulas una enseñanza en la "cultura del trabajo".

Una educación que sería valiosa para todos, pobres y ricos, en la medida que deberían demostrar su propensión a la actividad y su dignidad. Pero, si bien esta era una consigna repetida, en el pensamiento de la mayoría estaba presente la posibilidad de garantizar en los más humildes,

"[…] el trabajo moralizador y fecundo […] asegurar la felicidad del hogar constituido mañana por cada uno de los niños de hoy y los cuales volverán a sus casas, a compartir con sus hijos el pan abundante ganado con el trabajo del día […]. Cantarán contentos junto con sus hijos, como canta el trabajador cuya conciencia está tranquila, como no canta el perezoso que no conoce la fruición que se experimenta al contemplar el fruto del trabajo perseverante"[74].

Esa fuerte y esperanzadora expectativa con el tiempo no mantuvo su carga de optimismo, sobre todo porque no se habría favorecido una mejor capacitación para su enseñanza. Lo que era una promesa de éxito se convirtió, para algunos, en una desalentadora realidad, en tanto, su dictado era rutinario y

---

73. *Ibídem*, 22 de setiembre 1900.
74. Pablo PIZZURNO, *El Educador… Op. Cit.*, p. 124.

no generaba en los niños las actitudes y los estímulos que se habían pensado. Quien fue el más entusiasta divulgador de esta enseñanza años después, en una conferencia, se preguntaba: por qué si se demostró la conveniencia de incorporarla había caído en el olvido o se desvirtuó su sentido en la mayoría de las escuelas. La respuesta que encontró el crítico Pizzurno fue que aquello que andaba bien fue sacrificado o descuidado "para concentrar la atención casi exclusivamente en extremar el carácter llamado 'nacionalista' de la enseñanza, con manifestaciones externas exageradas, y por lo mismo contraproducentes, de un 'patriotismo' anacrónico"[75].

El fracaso en la enseñanza del trabajo manual fue otros de los argumentos que se utilizaron para dar crédito al necesario cambio de rumbo de la educación pública. Si la escuela no retenía a sus alumnos, sobre todo a los varones, era por la falta de orientación práctica. Además las familias humildes reclamarían por una formación para sus hijos que los capacitara para el trabajo. Se habría fracasado y era tiempo de rectificar. Esa oligarquía inquieta se excusó en esos argumentos y proclamó su voluntad de modernizar la educación. La Pedagogía, y en este caso el pedagogo Mercante, con sus esfuerzos científicos hizo lo suyo. La reforma de Saavedra Lamas con la creación de la Escuela Intermedia vendría a saldar ese déficit de la educación pública con la sociedad. Se suponía que en ellas continuarían los varones para prepararse en una formación técnico-profesional para remediar la inutilidad de la escuela secundaria que preparaba a "un pequeño número de privilegiados de la fortuna [...] pequeños burgueses llenos de prejuicios y de pretensiones aristocráticas"[76]. Su orientación práctica, acorde a las necesidades de los púberes, haría posible retener a los varones y formarlos para insertarse en el mercado laboral. Como se ha explicado con anterioridad, fueron notorios los límites de esa reforma que se propuso promover la "educación social de los obreros"[77]. De todos modos, en otros momentos históricos y, a partir de otras realidades sociales, esa intención de preparar a los niños como futuros obreros se hizo presente. Claro que esto es materia de otra investigación que profundice sobre una cuestión poco estudiada.

Ahora bien, hasta aquí todo parece indicar que el centro de las preocupaciones de esas políticas educativas se orientaron a la formación de los niños por su condición de ser los futuros ciudadanos de la República. Resulta más que evidente, un interrogante ineluctable se impone: ¿se ideó un tipo de formación especial para las niñas en el marco de esa escuela que se proclamó igualitaria? De esta cuestión me ocuparé en el próximo capítulo.

---

75. *Ibídem*, Conferencia: "La escuela normal, el maestro y la educación popular", octubre de 1916, p. 71.
76. Carlos SAAVEDRA LAMAS, *Reformas orgánicas de la Enseñanza Pública: antecedentes y fundamentos... Op. Cit.*, Tomo 1, p. 318.
77. *Ibídem*, p. 345.

Capítulo X

"Tened buenas madres y seréis un pueblo de grandes ciudadanos" [1]

> *"La niña de hoy, es la mujer de mañana, aquella que compartía con su esposo e hijos los dolores y placeres de la vida, la que los educará para satisfacción suya, para que sean útiles a la sociedad y honren a la nación".*
>
> (*La escuela moderna. Serie Elemental. Economía Doméstica al alcance de las niñas.* Buenos Aires, Cabaut Editores, 1914, p. 2).

En su relato, *"Un hogar"*, el maestro Juan Manuel Aubín presentaba la siguiente escena familiar:

"La mamá tiene en sus brazos al más chiquitín de sus hijos. Junto a ella están los mayores que ríen, de buena ganas, las gracias del pequeñuelo [...] La luz del día se extingue y las sombras de la noche se acercan calladas. Suenan los pasos fuertes y enérgicos, y un hombre aparece en la puerta de la habitación.

—¡Papá! –¡Mamá ya vino Papá!

El padre y la madre se miran sonriendo; el primero toma en sus brazos al menorcito y, después de sentarse, pues viene fatigado del trabajo, duro y pesado, atrae a los mayorcitos y a la esposa junto a sí, y para todos tiene una palabra de cariño y de amor. Todos se muestran satisfechos y se sienten felices, porque se quieren mucho y bien.

Es un hogar feliz que Dios Bendice y protege.

Nunca serán desgraciados, porque en la tierra sólo son víctimas de la desdicha aquellos que no tienen quien les ame, o no saben a quien amar" [2].

La narración, similar a cualquiera de las que habitualmente se encuentra en los textos de lectura de la época, reproducía la imagen de un tipo de familia

---

1. Juan BELTRAN, *Educación Cívica Primaria... Op. Cit.*, p. 11.
2. Juan Manuel AUBIN, *Cosas de niños. Libro Primero de Lecturas.* Buenos Aires, Angel Estrada, XIII edición, pp. 35-36.

ideal[3]. Un modelo de vida doméstica en la que se atribuyeron roles y espacios a cada uno de sus miembros, se remarcaron vínculos afectivos, sentimientos y sensibilidades. Como ha explicado, Sennett ese modelo de familia nuclear, adoptado por la burguesía(s), simplificó el problema del orden por medio de la reducción del número de actores y de roles. La forma nuclear permite que las ordenadas apariencias humanas se transformen en una cuestión de relaciones humanas simplificadas. Aquello que es menos complejo es más estable; cuanto menos se complique uno, más se puede desarrollar la propia personalidad.

Esa configuración histórica del refugio de la intimidad significó la consagración de la mujer bajo la figura de "reina del hogar". A partir de esa construcción se proyectó un modelo de ciudadanía para la mujer y para el varón. El hombre como jefe de familia y laboralmente activo, debería ser responsable por el ejercicio de sus deberes cívicos, entre los que se contaba, el de sufragar y defender con las armas en caso de guerra a su patria. La mujer no sería una ciudadana de plenos derechos. Como explica Masiello, bajo la figura de "custodia de la raza y la república", los cuerpos de las mujeres de origen europeo, en la medida que se pretendía poblar la nación con individuos racialmente incontaminados, se inscribieron en los textos nacionalistas como amortiguadores entre los grupos racialmente minoritarios, que eran objeto de la represión, y como un modelo de ciudadanía que dependía de la población femenina para su continuidad en la historia[4]. El arquetipo de mujer como buena hija, esposa, y madre volvía a reproducirse para adquirir nuevos sentidos. Respetar y cuidar a sus padres, educar a sus hijos, mantener el honor de su esposo fueron los comportamientos esperados y factibles de sanción moral toda vez que no se cumplieran.

En ese contexto social se enunciaron, representaron y reprodujeron, como "naturales", las asignaciones de roles y funciones para ambos sexos[5]. Así se

---

3.   Existen numerosos aportes sobre la historia de la familia, que para el caso de Europa, han sido recuperados en: Tamara HAREVEN, "Recent Research on the History of the Family", en Michael DRAKE, *Time, Family and Community. Perspectives on Family and Community History*, Cambridge, Blackwell Publishers, 1994, pp. 13-43. Una obra reciente sobre la historia de la familia es la de: David KERTZER y Marzio BARBAGLI (comp.), *La vida familiar desde la Revolución Francesa hasta la 1era Guerra Mundial (1789-1913)*, *Historia de la Familia Europea, Vol. II*, Barcelona, Paidós, 2003. En Argentina podemos mencionar como últimos trabajos los de Susana TORRADO, *Historia de la familia en la Argentina moderna, 1870-2000*, Buenos Aires, Ediciones La Flor, 2003 y José Luis MORENO, *Historia de la familia en el Río de la Plata*, Buenos Aires, Sudamericana, 2004. Un trabajo que aborda la cuestión de la familia desde las distintas perspectivas analíticas es el de: María BJERG-Roxana BOXAIDOS, *Familia campo de investigación interdisciplinario*. UNQUI, Buenos Aires, 2006.

4.   Francine MASIELLO, *Entre civilización y barbarie. Mujeres, Nación y Cultura literaria en la Argentina Moderna... Op. Cit.*, p. 14.

5.   Roger CHARTIER, "La Historia hoy en día: dudas, desafíos, propuestas" en Ignacio OLABARRI, y Francisco Javier CAPISTEGUI, *La "nueva" historia cultural: la influencia del postestructuralismo y el auge de la interdisciplinaridad"*. Madrid, Editorial Complutense, 1996, p. 31.

transmitió la idea de la inferioridad jurídica de las mujeres, de la división del trabajo y del espacio y de su exclusión de la esfera pública. Al tiempo que se revalorizó su función en el espacio doméstico, se la alejo de su proyección en la esfera pública. Bajo la figura de "madre y esposa de ciudadanos", se habló de su capacidad de entrega y sacrificio en el cuidado de sus hijos, de respeto a su esposo, de devoción a sus padres, en definitiva, de su labor para preservar la honra de su hogar. Como se dijo, las "hijas del pueblo" debían convertirse en "guardianas de la república".

Ahora bien, a pesar de contar con valiosos trabajos que han indagado la situación de la mujer en la Argentina de fines de siglo y principios del veinte, poco ha sido estudiado el tipo de formación que recibieron las niñas en el marco de ese modelo de educación pública. Precisamente en este último capítulo se analiza este aspecto partiendo del presupuesto que, la institución escolar consiguió un mayor alcance y efectividad a la hora de transmitir ese el modelo de masculinidad y de feminidad. Bajo el amparo de ese discurso educativo, que convocó a todos los niños y niñas de la república, se desplegaron una serie de contenidos, estrategias y dispositivos ideados para garantizar que las mujeres y, obviamente, los hombres internalizaran esas representaciones dominantes que determinaron la diferencia entre los sexos. Al plantear esta cuestión, no se deja de reconocer los límites, las desviaciones y, por cierto, las posibles manipulaciones de esas representaciones, incansablemente repetidas, de modo que se hayan transformado en un instrumento de resistencia sutil y de afirmación de identidad.

El largo camino hacia la educación de la mujer

Al abordar esta cuestión no se puede desconocer que a lo largo del siglo XIX hubo una intención, a pesar de los resultados dispares, de avanzar en políticas educativas a favor de la mujer. Desde el siglo XVIII[6] se venía asistiendo a un movimiento particularmente favorable a la formación de las

---

6.   Una mención especial debe hacerse a la influencia de la ilustración española en el Río de la Plata. En lo que respecta a la figura de la mujer tempranamente el clérigo Benito Feijoo, durante el siglo XVII, reconoció que la inferioridad de la mujer no era una cuestión biológica sino social y cultural. Al respecto consultar: Benito Jerónimo FEIJOO, *Defensa de la mujer*. Barcelona, Icaria editorial, 1997. En el siglo XVIII, figuras como Condorcet para Francia, Campomanes, Jovellanos, Olavide, entre otros, para el caso de España retomaron la idea de educar a las niñas. Fueron muy sugerentes los aportes de una mujer de la época, Josefa AMOR, *Discurso en defensa del talento de las mujeres y de su aptitud para el gobierno y otros cargos en que se emplean los hombres*. Madrid, 1786 y *Discurso sobre la educación física y moral de las mujeres*. Madrid, 1790. Existen valiosos aportes sobre este tema que se mencionan en la bibliografía general pero un trabajo que destacamos especialmente es el de: Pilar PEREZ CANTO y Esperanza MO ROMERO, "Ilustración, Género y Ciudadanía" en Pilar PEREZ CANTO (edit.), *También somos ciudadanas*. Madrid, IUEM-UAM, 2000.

niñas y que repercutieron en el ámbito rioplantense de modo dispar[7]. Esas políticas de gobierno se caracterizaron por sus evanescentes logros, producto del confuso panorama político de la primera mitad del siglo XIX. Tempranamente un personaje como Manuel Belgrano, inspirado en lecturas de Campomanes y Jovellanos, se refirió a la necesidad de extender los beneficios de la educación a las niñas. Como sostuvo, "el bello sexo no tiene más escuela pública en esta capital que la que se llama de San Miguel y que corresponde al Colegio de Huérfanas […]. Todas las demás que hay subsisten a merced de lo que pagan las niñas a las maestras que se dedican a enseñar sin que nadie averigüe quiénes son y qué es lo que saben"[8].

Lo cierto es que para 1820, en Buenos Aires, las mujeres tenían como único centro de educación el propio hogar o los conventos de monjas. Durante el gobierno de Martín Rodríguez, y su ministro Bernardino Rivadavia, se crea la Sociedad de Beneficencia en 1823 con el propósito de que esta institución de bien público quedara completamente separada de la religión o de las instituciones inspiradas en ella, como era la Hermandad de la Santa Caridad[9]. Conformada por un grupo de damas patricias, se ocuparon de las cuestiones educativas y asistenciales que les permitió conseguir una proyección social a partir de su actividad misional. Tuvieron a su cargo la dirección e inspección de las escuelas de niñas; la dirección e inspección de la Casa de Expósitos, de la casa de partos públicos y ocultos, Hospital de Mujeres y el Colegio de Huérfanas. Según se afirmó, lo que se buscó fue promover la educación y el porvenir de la mujer en su "más alto carácter de dama, de madre y de servidora de la patria"[10]. La figura central de esta sociedad fue la reconocida Mariquita Sánchez de Thompson, vinculada a la sociabilidad revolucionaria de mayo de 1810[11]. Se ocupó de la inspección de hospitales de mujeres, de las casa de los expósitos y dementes y también fue fundadora de lazaretos y de

---

7. Un trabajo reciente que recupera esa influencia del movimiento ilustrado español en lo referente a la educación de la mujer es el de: Pilar PEREZ CANTO y Susana BANDIERI (Comp.), *Género, educación y ciudadanía en Argentina, siglos XVIII al XX*. Buenos Aires, Editorial Miño y Dávila, 2005.

8. *Correo de Comercio*, 21 de julio de 1810.

9. Cfr. José Luis MORENO, "La Casa de Niños Expósitos en Buenos Aires, conflictos institucionales, condiciones de vida y mortalidad de los infantes 1779-1823" en José Luis Moreno, *La Política Social antes de la Política Social (Caridad, beneficencia y política social en Buenos Aires, siglos XVIII a XX)*. Buenos Aires, Ediciones Prometeo Libros, 2000, p. 111. Existe una generosa producción sobre la cuestión de la participación de las mujeres en la beneficencia para el caso de Argentina. Entre ellos podemos mencionar para el caso de Buenos Aires el clásico trabajo de Eduardo CIAFARDO, "Las Damas de Beneficencia y la participación social de la mujer en Buenos Aires, 1880-1920" en *Anuario IEHS* N° 5, Tandil, 1990.

10. Antonio PORTNOY, *La instrucción primaria desde 1810 hasta la sanción de la Ley 1420"*. Buenos Aires, Talleres Gráficos del Consejo Nacional de Educación, 1937, p. 73.

11. Cabe señalar que la cuestión de la sociabilidad desde los años veinte a mediados del siglo XIX ha sido estudiada por Pilar GONZALEZ BERNALDO, *Civilidad y política en los orígenes de la Nación Argentina. La sociabilidad en Buenos Aires, 1829-1862*. Buenos Aires, Fondo de Cultura Económica, 2001 (orig. Francés 1999).

la primera escuela normal de niñas en la campaña bonaerense. El Estado dio una forma adecuada al tratamiento de la caridad depositando, en las mujeres virtuosas de la elite, la responsabilidad por la vida de los niños abandonados. De ese modo, financió la institución pero no la administró directamente.

Tiempo después, la reconocida educadora Juana Manso al comentar sobre la insuficiente educación que recibía en esos establecimientos comento: "Aprendí a leer por mí misma preguntando una letra y otra, combinando los sonidos, a los seis años de edad; con todo, en la escuela sujeta al aprendizaje del alfabeto, no pasaba del Cristo porque no podía comprender su valor alfabético; y como empacaba allí, no iba adelante...". En sus palabras se detectan una crítica contundente contra la supervivencia de una educación básica preñada de confesionalidad en su hacer[12]. El impulso que había dado el gobierno a favor de una educación a cargo de una institución de bien público no consiguió eliminar la pervivencia de los resabios educativos teológicos-coloniales.

Esa política de gobierno en materia educativa no sufrió cambios significativos en los años subsiguientes. Expuesta a los vaivenes y tiempos políticos extremos, como durante el segundo gobierno de Rosas (1835-1852) en el que se implementaron, según la mirada de sus críticos contemporáneos, medidas de corte dictatoriales. En 1835 se decretó las características de la indumentaria que debían usar las niñas huérfanas de las escuelas, a saber: esclavina punzó, pañuelo de una tercia y vara, en el invierno, de lanilla punzó y, en el verano, espumilla del mismo color, llevando un moño también punzó al lado izquierdo de la cabeza. Poco después se ordenó que todos los preceptores, empleados y niñas de las escuelas, así como particulares en esta provincia, usaran la divisa federal. El reglamento al uso federal llegó al extremo de ordenar que "La enseñanza de las colegiales (huérfanas) se circunscribirá a la sana moral, doctrina cristiana, lectura, escritura, las cuatro primeras reglas de sumar, restar, multiplicar y partir; y costura, aquella que pertenezca saber a una joven pobre para ayudarse en las necesidades de la vida. La Rectora preguntará a la candidata: ¿Prometéis ser fielmente adicta a la causa nacional de la Federación que han jurado sostener todos los pueblos de la República Argentina y comportaros en el Colegio de tal modo que algún día seáis el honor de nuestra Patria?, y la candidata responderá: Sí prometo"[13].

Después de la caída de Rosas, la Sociedad de Beneficencia de Buenos Aires se dedicó a reinstalar las escuelas de niñas y su obra fue adquiriendo proyecciones cada vez más amplias. Con el regreso de la culta y emprendedora educacionista Juana Manso se libró una dura batalla entre ella y la recono-

---

12. Cabe destacar que esa denuncia sobre la ausencia de innovación pedagógica se dio en un contexto en el que se habían puesto en práctica las primeras experiencias del método lancasteriano. En 1820 llegó a Buenos Aires, Diego Thompson quien introdujo este sistema. En una de las escuelas que fundó llegó a tener 250 niñas y su primer director fue el español José Catalá siendo reemplazado posteriormente la educacionista inglesa Juana Hyne.

13. Antonio PORTNOY, *La instrucción primaria desde 1810 hasta la sanción de la Ley 1420. Op. Cit...*, pp. 92-93.

cida Mariquita Sánchez de Thompson. A través de su periódico *Album de Señoritas*[14] fundado en 1854, Juana Manso planteó la necesidad de promover la educación integral para la mujer. Además de publicarse notas sobre literatura, modas, arte y teatro, desde sus páginas, se remarcó la importancia de la inteligencia de la mujer por sobre los atributos físicos, considerando que su falta de educación generaba su opresión en el hogar perjudicando a la nación toda[15].

Extinguida al poco tiempo esa publicación, colaboró en los *Anales de Educación Común*, primer órgano pedagógico de Argentina, fundado el 1° de noviembre en 1858 por Sarmiento a quien sucedió en la dirección. Precisamente Sarmiento, en su cargo de Director General de Escuelas de la Provincia de Buenos Aires en 1860, promovió la reimplantación de la coeducación de los sexos en las escuelas de Buenos Aires nombrando a Manso como directora de la Escuela Primaria N° 1 de ambos sexos. La educadora dirigió a la institución durante seis años, pero con el cambio de las autoridades escolares que ordenaron la separación de varones y niñas, sintió la necesidad de alejarse.

Continuó sus actividades movilizando a sectores de las comunidades vecinales con el propósito de crear bibliotecas públicas no dejando de tener fuerte resistencias, tal como lo comentara con cierta amargura y resignación:

> "He sabido después que unos han dicho, [...] 'Por veinte o treinta vecinos del pueblo, hemos de costear biblioteca para 100 o 200 vecinos?'. Realmente si así hubiesen pensado los Padres peregrinos que fundaron la Nueva Inglaterra, la gran República del Norte no existiría hoy. Otros dicen que predico en mis lecturas la inmoralidad. No hay pues la posibilidad de hacer el bien. Si yo tuviese un pedestal de oro, pero pobre como soy y sola es fácil echarme asafétida en la ropa y hacerme una oración a cascotazos. Para explorar la opinión creo suficiente lo hecho hasta aquí, es necesario otros tiempos"[16].

---

14. Cabe destacar que en el marco del florecimiento de la prensa y la literatura, tanto masculina como femenina, de la etapa postrosista, había aparecido con anterioridad el periódico de mujeres *La Camelia*, en el que también se reclamó la necesidad de cuidar la educación de los hijos para ofrecer ciudadanos útiles a la patria, de allí que se expresara que la madre instruida era la necesidad que todas creían más importante de desarrollar a la hora de reclamar por la educación.

15. Según Frederick, la importancia de este periódico de mujeres radica en que fue el primero que integró la literatura con las demandas políticas, más allá de que en sus páginas no se cuestionó ni la institución matrimonial ni el deber madre de la mujer. No era la domesticidad en sí lo que rechazaba, sino las limitaciones que querían imponerles en nombre de ésta. Bonnie FREDERICK, *Wily Modesty. Argentine Women Writers, 1860-1910*. Center for Latin American Studies Press, Arizona State University, 1999. Un trabajo que recupera este universo de las mujeres lectoras y escritoras, influenciadas por el romanticismo es el de: Graciela BATTICUORE, *La mujer romántica. Lectoras, autoras y escritores en Argentina: 1830-1870*. Buenos Aires, Edhasa, 2005. Otro trabajo de la misma autora que se centra sobre una figura en particular y a fines del siglo XIX es: *El taller de la escritora. Veladas Literarias de Juana Manuela Gorriti, 1876/7-1890*. Rosario, Beatriz Viterbo ed. 1999.

16. *Anales de Educación Común*, 2 de mayo de 1867.

En cuanto a su ciclo de conferencias promocionadas por las autoridades educativas, fueron muchas veces cuestionadas a punto de llegar a plantearse reacciones de algunas educadoras que llegaron a movilizarse solicitando firmas contra la señora Manso y sus disertaciones. Según lo entendía la propia Juana, aquella actitud era el resultado de las limitaciones que tenía gran parte del magisterio en la ciudad de Buenos Aires. Como señaló: "Las maestras de escuelas públicas [...] descubiertas en su ignorancia, no se resolvieron a aprender sino que se rebelaron contra las verdades evidentes, que se patentizaban a su vista, olvidando que nadie nace sabiendo y que cuesta mucho adquirir algunos conocimientos. [...] Las maestras que aún frecuentan las Conferencias, fueron amenazadas con la destitución y aun hoy, antiguas relaciones se conservan alejadas por el terror que se les ha inspirado [...]. Hay necesidad de hacer efectiva la escuela de maestras y de ir renovando el personal con gente más idónea, pero no se quién será el valiente que vuelve a ponerse al frente de tal empresa"[17].

A pesar de las controversias que generó su figura y sus acciones, en 1871, se la designó vicedirectora interina de la Escuela Graduada N° 1 y, al año siguiente, Nicolás Avellaneda, Ministro de Instrucción Pública en la presidencia de Sarmiento, la nombró miembro de la Comisión Nacional de Escuelas. Desde el ejercicio de su cargo, Sarmiento reconoció públicamente las condiciones de educadora de su dilecta amiga confiándole la traducción de la obra de Horacio Mann y Norman Calkins, *Lecciones sobre objetos para los maestros y los padres.* El entusiasmo por favorecer el cambio de mentalidad con respecto a la educación la llevó fundar, al año siguiente, la Sociedad Pestalozzi, originalmente conocida con el nombre de Sociedad de Educación y en el mismo año, un periódico dedicado a la discusión y difusión de las materias relacionadas con la educación, el cual apareció con el nombre de *Educación Moderna.* Sin embargo, los permanentes obstáculos a su obra como miembro del Departamento de Escuelas lo mismo que la crítica a sus pronunciamientos en la prensa, la impulsaron a tomar la decisión de dejar fuera de circulación por cinco meses la revista los *Anales.*

Una luchadora infatigable que tampoco cedió a las enfermedades, como su larga dolencia de hidropesía que finalmente la condujo a la muerte. Una agonía que no le impidió retomar desde su lecho de enferma la dirección de los *Anales,* como una clara demostración de su tenacidad y de su convicción por lo que había sido la lucha de toda su vida. Una figura que formará parte de ese "panteón de los educadores de la patria" recordada con admiración tal como lo revelan quienes al escribir sobre su vida y obra quedaron atrapados por su personalidad y la proclamaron la "santa cristiana"[18].

---

17. *Ibídem,* enero 1870, Vol. IX.
18. Así fue presentada en el periódico *La Ondina del Plata,* 2 de mayo de 1875.

Las ideas básicas de su proyecto educativo, en particular para formar a las niñas[19], alcanzaron insospechada difusión y presencia en momentos previos a la sanción de la Ley 1420. Desde lugares distantes sus ideas fueron recuperadas, tal como lo hiciera la maestra Josefa M. de Vanegas al comentar:

> "[…] ¿de todas las ventajas que se obtienen de la educación en las escuelas, quién más que la niña llamada un día a formar el corazón de sus hijos, y a dirigir una familia necesita de ella?. La misión de la mujer sobre la tierra es tan grande, que todo el esmero que se ponga en su educación será poco; y para que llegue a ser tan sólida como se necesita, es necesario procurarla desde los primeros años, a fin de conseguir que las niñas lleguen a formarse siendo sencillas, bondadosas, modestas; en una palabra, que posean todas las virtudes; pero que al mismo tiempo sean inteligentes, para que no las posean por costumbre o por rutina; sino por el conocimiento exacto de que deben poseerlas, porque en ellas pueden llevar a cabo, con el tiempo, la gran obra de la regeneración social"[20].

Efectivamente, aunque Juana Manso no pudo ver concretado su esfuerzo a favor de una coeducación de los sexos, obligatoria, laica y gratuita, en el contexto del clima liberal de fines del siglo XIX sus ideas fueron citadas para defender un modelo de educación para la mujer.

Una escuela que reúna a niñas y niños

Como ya se ha dicho el propósito de ese discurso educativo democratizante fue el de garantizar la estabilidad y un orden social. En ese sentido, los niños y niñas debían diferenciar los roles que a cada uno les tocaba y las virtudes que, en tanto hombres y mujeres, debían internalizar. Nadie ponía en discusión la conveniencia de educar a la mujer[21]. Las congéneres de *Sophie* tuvieron, en aquellos tiempos, mayores oportunidades de las que Rousseau le había reservado a la compañera de *Emilio*[22]. En el marco del Congreso Pedagógico, estaban presentes las voces de las maestras para expresar su

---

19. En toda oportunidad había defendido la educación gratuita, laica y obligatoria, tal como se revela en uno de sus comentarios: "La educación del pueblo no puede hacerse por varios caminos, la educación del pueblo sólo puede hacerse por la escuela común, no costeada por las rentas del erario, sino por todos y para todos, bases de la igualdad y la fraternidad que alcanzan la libertad por la educación. La escuela es el germen, de allí deriva la prensa que enseña y la asociación que obra en la esfera de la ley". *La Tribuna*, 20 de febrero de 1867.

20. *El Eco del Tandil*, 25 de febrero de 1883.

21. Un primer avance sobre este tema se presentó en: Lucía LIONETTI, "Ciudadanas útiles para la Patria. La educación de las 'hijas del pueblo' en Argentina (1884-1916)". *The Americas*, Franciscan History, Washington, Octubre 2001, pp. 221-260.

22. Jean Jacques ROUSSEAU, *Emile o de la Educación… Op. Cit.*

defensa de la educación de las niñas. Allí estuvo la reconocida Clementina Alió que preguntó a los congresistas:

> "¿Y quién necesita tanto de la educación como la mujer?. [...] probemos porqué (sic) necesita la mujer de la educación, y demostremos que ella debe recibir sus beneficios desde niña para que, cuando llegue a una edad en que tenga que trabajar pueda hacerlo sin dificultad, pues si el trabajo es la salvaguardia de las buenas costumbres, no protegen éstas menos el trabajo: si ella no tiene otros recursos que sus brazos, la educación es la única que puede liberarla del vicio o de la pobreza, acostumbrándola a aceptar sin quejarse las privaciones a que se vea expuesta; dándola (sic) valor para los grandes y perseverantes esfuerzos que tendrá que hacer; defendiéndola de las muchas y graves tentaciones que la acometerán [...], haciéndola fácil y llevadera por medio de la templanza y de hábitos de orden, la rigurosa economía a la que tendrá que sujetarse, y favorecidas por la fortuna, y a buscar los medios legítimos de mejorarla. [...]
>
> Así, la educación en las niñas, no ha de ser tan rigurosa y los objetos de su instrucción no tantos ni tan elevados como en los niños, sino acomodados a los particulares destinos de las niñas. Por eso el trabajo a que se ha dedicar a las niñas y especialmente a las que concurren a nuestras escuelas –aun cuando se quieran dedicar a la carrera del magisterio– es el de la costura pues solo así se conseguirá que la mujer sea buena esposa y buena madre"[23].

Fueron estas palabras las que provocaron un revelador debate sobre qué tipo de educación se debía dictar en las escuelas a las jóvenes[24]. Otra maestra hizo uso de la palabra pero para avanzar provocadoramente en sus argumentos y dejando en claro que aquella formación debía tener un carácter integral. Se expresó a favor de una preparación que ofreciera otras oportunidades, además del trabajo estrechamente vinculado al ámbito doméstico. Fue precisamente la hija de Juana Manso la que defendió este tipo de educación para las jóvenes señalando:

> "No haré más que una pequeña salvedad. En los anales de la educación argentina figura el nombre de una mujer, esa mujer se llamó Juana Manso.
>
> Ella supo cultivar su inteligencia: aprendió a coser y a cocinar; también supo inglés, alemán y otros idiomas.
>
> Esa mujer se preparó para todos los cargos que tuviera que desempeñar en su vida de mujer; para esposa, para madre, para educacionista, para literata, para poetisa.

---

23. *El Monitor,* Año I, N° 46, 1882.

24. Sobre el debate de las mujeres en torno al tipo de educación consultar: Francine MA-SIELLO, "Angeles en el hogar argentino. El debate femenino sobre la vida doméstica, la educación y la literatura en el siglo XIX", en *Anuario IEHS,* 1989, pp. 265-291.

> Si la mujer tiene la tendencia de cultivar su espíritu, ¿por qué la hemos de cerrar el paso para que no se ilustre?
>
> Se tergiversa la misión de la mujer y protesto contra ello. Su misión es cultivar la inteligencia, vigorizar en su corazón los buenos sentimientos y aprender a llenar todos los fines para que hemos nacido.
>
> Ser madre no le impidió ser una mujer instruida, no le impidió ser una educacionista famosa, aquella que dejó a sus hijos un nombre respetado y noble que todos tenemos que recordar en la república, Juana Manso".[25]

Los asistentes al Congreso Pedagógico de 1882, sin lugar a dudas, fueron progresistas en lo referente a la educación de las niñas y superaron viejos prejuicios para manifestarse, en una gran mayoría a favor de la coeducación. Como lo expusieron, eran favorables a la enseñanza mixta como promovían las corrientes mas modernas de la pedagogía. Según argumentaron, la escuela mixta acercaba al "mundo real", a ese mundo en el que hombres y mujeres se encontraban para cumplir distintas misiones. En ese sentido, la escuela mixta era un escenario para el aprendizaje de niños y niñas de las relaciones en la sociedad. Lejos estaba la pretensión de buscar una mayor igualdad en la relación entre sexos, sólo se trataba de armonizar y crear mayor complementariedad en ese encuentro[26]. Así lo resumió uno de los oradores:

> "[...] no se comprende a la mujer como simple aparato para la conservación de la especie, en cuyo caso no tendría significado la constitución de la familia moderna. Apenas si algunos pueblos notoriamente decadentes encierran a sus mujeres en el ocio y en la inconsciencia de los harenes. En las demás nada aventuro al establecer que la mujer y el hombre nacen, viven, se desarrollan y completan su evolución orgánica y social eternamente: juntos y confundidos, multiplicándose al infinito sus relaciones intrincada filigrana de la actividad civilizada. [...]
>
> En la familia es lícito educar a los sexos todos juntos: en el paseo, en la visita, en la mesa, en el baile, es lícito que se confundan, que se comprendan, que se relacionen, que se estimen, que no se miren como a enemigos; y en la escuela, donde se manda el niño precisamente para que se adquiera las aptitudes para esas relaciones que constituyen la vida, "¿es lógico que se levanten murallas de absoluta separación y que se enseñe con el ejemplo, de la manera más contundente para el cerebro embrionario del niño, la repulsabilidad de los sexos?".[27]

Después de ese certamen de ideas y posiciones se llegó a un acuerdo básico de tres puntos. En primer lugar, se acordó que, dentro de los límites

---

25. *Idem.*
26. Pilar BALLARIN DOMINGO, "Estrategias femeninas: resistencias y creación de identidades" en Pilar Ballarin DOMINGO-Cándida MARTINEZ LOPEZ, *Del patio a la plaza: las mujeres en la sociedades mediterráneas.* Granada, Universidad de Granada, 1995.
27. *El Monitor*, Año I, N° 17, 1882.

que se le asignaba a la educación primaria, no existían motivos para establecer diferencias de extensión, aplicables a cada sexo en los programas y procedimientos escolares a no ser aquellas notorias que exigían la habilidad manual en la mujer para el cumplimiento inmediato de ciertos deberes usuales del hogar. El segundo punto fue sostener la educación mixta como aquella en la que los sexos se coeducaban. Esa formación, según lo aclararon, no ofrecía en la práctica peligro alguno y era la que mejor preparaba las aptitudes morales e intelectuales para la vida social de las democracias modernas[28]. Y el tercer punto, se declaró que las Repúblicas sudamericanas se comprometían a que las leyes y reglamentos escolares estimularan y favorecieran la especialización y el predominio de la mujer como educadora en la escolarización primaria.

Existió pleno consenso a la hora de precisar el objetivo por el cual se contemplaba la educación de las niñas. Tal como se dijo, la escuela debía "educar a la hija del pueblo para que sea un día miembro útil de la sociedad". De ese modo, la educación escolar se la entendía como:

> "[…] la continuación de la recibida en su casa, debemos desterrar todo medio que esté en pugna con ésta y nos conduzca a enaltecer demasiado la fantasía de la mujer, postergando el desenvolvimiento de las facultades que duermen aún el sueño de la nada; debemos no perder de vista el porvenir de la joven, ya arreglar nuestros programas a lo que exige su felicidad futura.
>
> Bueno es saber bordar, pero mejor es coser, bueno es confeccionar un sombrero, pero mejor es conocer el corte de vestidos y otras ropas necesarias a los dos sexos; bueno es declamar, pero mejor es manejar bien el idioma nacional; bueno es cantar, bailar, tocar el piano, pero mejor, mucho mejor es estudiar la dirección de una familia pobre, y el modo de sobrellevar las miserias de la vida.
>
> No se crea señores, que desdeño enteramente la enseñanza que suelen llamar de adorno, no, la pido para otra clase de establecimientos de educación; más no la quiero para nuestras escuelas comunes" [29].

"La dicha de la familia está en las manos de la madre"[30]

---

28.   Más allá de que la Ley 1.420 garantizó la enseñanza en escuelas mixtas, continuaron existiendo escuelas públicas para varones y para niñas exclusivamente.

29.   *El Monitor*, Año I, Nº 7, 1882. Si se insistió a lo largo de estos años en el sentido de la educación de la niña, para el caso de los niños no se dejó de repetir que "El ideal a inculcar a todo joven, es el de llegar a ser un hombre viril. […] Perseverar, no dejarse desalentar ni aún por los desaciertos. […] El trabajo es el que produce todas las riquezas y que da los verdaderos títulos de nobleza […]. Entre el trabajo, aun el más grosero y el trabajo intelectual, no hay bajo ese punto de vista ninguna diferencia. El hacha y el martillo son también instrumentos de civilización y progreso. […]". *Ibídem*, Año XXIII, Nº 365, 1903.

30.   Juan Manuel COTTA, *Ejemplos. Lecturas morales para formar el carácter de los niños...* *Op. Cit.* p. 130.

La frase que oportunamente dejara registrada Michelet, "la casa es la mujer"[31], fue recuperada para resumir los propósitos y los fines que deberían primar en la escolarización de las pequeñas. De allí que esa educación igualitaria en cuanto a la extensión, obligatoria y laica, diseñó asignaturas especiales para las niñas como Labores manuales y Economía doméstica[32]. En la primera se trataba, según se desagrega en la reforma de planes de estudio para escuelas primarias, los siguientes puntos:

Primer Grado: serie típica de ejercicios –ocupaciones froebelianas, trenzado, tejido, picado, corte, calado, y plegado. Puntos de costura: bastilla y punto cruzado en cañamazo. Invención y aplicación: aplicaciones de ornato de objetos. Forro de libros y cuadernos envolturas. Aplicación del plegado al dibujo. Dobladillo de pañuelos de manos y servilletas. Bordados en cartulinas con hilo, lana o seda. Conversaciones con la prolijidad, aseo y exactitud de la obra. Análisis de objetos comunes para hacer distinguir la forma y el color que reclaman estos objetos por su uso y la forma y el color decorativo.

Segundo Grado: [...] Punto de costura [...]. Puntos de adorno [...]. Invención y aplicación: aplicaciones al ornato. Confecciones de sobres y envolturas. Aplicación del plegado al dibujo. Fundas. Marcas sencillas de ropa blanca. Guardas de servilletas y toallas. Síntesis: conversaciones sobre los materiales empleados en este grado. Aplicación del plegado a ejercicios de aritmética y geometría. Idea y ejemplos de belleza, simetría y armonía de colores.

Tercer Grado: Plegado y cartonado. Ejercicios con mosaicos. Construcción de sólidos geométricos e imitación de esculturas en papel. Corte de polígonos y formas planas artísticas en cartulina. Confección de objetos útiles en cartón. Puntos de costura: punto de guante, punto de ojal. Puntos de adorno: vainillas. Crochet en hilo y lana. Diferentes puntos sobre cañamazo. Invención y aplicación: Confección de cuadernos revestidos de cartulina. Compostura de libros. Aplicación del plegado al dibujo. Delantales. Camisas. Mangas y batas tejidas de lana. Almohadillas. Papeleras. Porta-diarios. Síntesis: Aplicación del plegado a demostraciones geométricas y aritméticas. Conversaciones sobre las labores domésticas. Distinción de las telas que se

---

31. Con esta cita comenzaba el libro de, José Bernardo SUAREZ, *El tesoro de las niñas.* (Versión corregida y ampliada por Vicente GARCIA AGUILERA), Buenos Aires, 1894, p. 1 (no consta editorial).

32. En los programas que se implementaron con la reforma de 1887, estas materias se daban en las escuelas mixtas, exclusivamente para las niñas reduciendo la carga horaria de otras asignaturas. Así Labores manuales tenía una carga horaria diaria de 1 hora y 30 minutos y Economía doméstica 1 hora en cuarto grado, dentro de una carga horaria de 30 hs. semanales. En los primeros grados del ciclo de la Escuela Infantil (1º y 2º grado), los varones tenían 30 minutos más de Aritmética y una hora más de Ejercicios intuitivos. En 3º y en 4º grado (del Ciclo Elemental) los varones cursaban 1 hora y 30 minutos más de dictado de Aritmética y 1 hora y 30 minutos de Instrucción Cívica respectivamente. En la Escuela Superior del ciclo primario, los niños cursaban en 5º y 6º grado 30 minutos más de Aritmética, Geometría y Dibujo de mapas.

emplean en la confección de ropa blanca. Distinción y enumeración de objetos y útiles puramente artísticos. La exactitud, la proporción y la corrección.

Cuarto Grado: [...] Corte y confección de sólidos geométricos en cartulina. Confección de objetos útiles en cartón. Puntos de costura [...]. Puntos de adorno. Deshilados, festones, bordados con trencil y cordón. Invención y aplicación: Nuevas combinaciones de color y forma para el ornato. Compostura de útiles domésticos y escolares. Reparación de ropa, colocando piezas sencillas. Corte de moldes. Corte y confección de toda clase de ropa interior. Aplicación de los puntos de adorno a la confección de ropa blanca y de objetos útiles. Síntesis: [...] Idea de las artes manuales en general. Estudio de las telas empleadas en la confección de ropa blanca y sus precios. Idea sobre las bellas artes. Conversaciones y lecturas sobre las obras artísticas más notables.

Quinto Grado: Modelado. Formas geométricas y naturales. Punto de costura: Zurcidos sencillos en ropa blanca. Puntos de adorno. Bordado de realce. Mallas. Invención y aplicación: Creación y ejecución de formas artísticas en modelado. Diagramas relativos a la armonía de los colores. Remiendos y zurcidos de ropa blanca. Moldes. Corte y confección de vestidos y batas sencillas. Aplicación del bordado al adorno de ropa y muebles. Síntesis: Conversaciones familiares sobre la armonía y la belleza de las formas naturales. Distinguir y apropiar las diversas clases de tela, que se usan en las confecciones. Diferencia entre el lujo y la belleza artística pura. [...]

Sexto grado: Modelado. Combinación de formas geométricas y naturales. Punto de costura. Zurcidos cruzados y con diferentes dibujos. Puntos de adorno. Encaje. Bordado de realce con seda, felpilla y canutillo. [...] Síntesis: Nociones generales sobre las materias empleadas, los útiles de labor, las operaciones y el criterio artístico que debe presidir en esta enseñanza. Consideraciones relativas a la importancia de las labores femeniles y su influencia para la felicidad doméstica. Lectura sobre las fuentes de producción nacional y su porvenir. Conversaciones y lecturas sobre obras artísticas[33]".

En Economía Doméstica, las "niñas del pueblo" deberían aprender los conocimientos y destrezas considerados imprescindibles para que cumplieran con eficiencia la tarea que el futuro les tenía reservada. En ella se trataban: 1.a. Bolilla: Papel de la mujer en la familia, en la administración de la casa, necesidad de orden y economía. 2.a. Bolilla: Buen empleo del tiempo. Distribución semanal del trabajo. Del buen gusto en la casa. Dignidad del hogar. 3.a. Bolilla: Del hogar. Elección de la casa. Mobiliario de una casa modesta [...]. 4.a. Bolilla: Limpieza de pisos [...] vidrios, puertas, ventanas, celosías, techos, paredes. Precauciones contra la polilla, cucarachas, ratones, moscas y otros insectos. 5.a. Bolilla: Administración. [...] Gastos indispensables, gastos inútiles [...]. 6.a. Bolilla: Libros que deben llevarse. Ahorro. Seguros. Lujo y sus peligros. 7.a. Bolilla: Compras [...] Elección de comestibles, bebidas, ropas. [...] 8.a. Bolilla: Quehaceres domésticos. Lavado de ropa blancas y

---

33. *El Monitor*, Año XVI, N° 283, 1897.

de color, de tela de algodón, lana y seda. Uso del azul almidón, goma. 9.a. Bolilla: Planchado liso y de almidón y de engomado. Planchado de camisas de hombre. Ropa de paño, planchado de pantalones, etc. 10.a. Bolilla: Cuidado de ropas. Modo de cepillar, doblar y colocar en su sitio la ropa. Modo de preservar las distintas clases de ropa de la polilla. Remiendos, zurcidos. 11.a. Bolilla: Máquinas. Utilidad y uso [...] Máquinas de coser, tejidos de punto, picar carne, rallar, lavar, planchar, dibujar, etc. 12.a. Bolilla: Cocina. Orden y composición de las comidas. Platos más sencillos y baratos. Arte de utilizar los sobrantes. 13.a. Bolilla: Modo de conservar substancias alimenticias [...]. 14.a. Bolilla: Comida para enfermos. 15.a. Bolilla: Servicio. Elección y vigilancia de los sirvientes. 16.a. Bolilla: Despensa. Ventajas de las compras al por mayor, envase y cuidado de los artículos, manejo de la despensa. 17.a. Bolilla: Plantas. Cuidado de plantas de adorno, cultivo en cajones de tomates, ajíes, lechuga, perejil, albahaca, etc. 18.a. Bolilla: Juegos y juguetes para niños. Juegos de sociedad para jóvenes"[34].

Ese aprendizaje que tenía como principales destinatarias a las niñas pobres, para que aprendieran el criterio de "productividad" con el que debían manejar su futuro hogar, presentaba puntos contradictorios al referirse a cuestiones como "la elección y vigilancia de sirvientes". Como se sabe, en los años noventa circularon con profusión los manuales sobre economía doméstica dirigidos a las jóvenes de la elite. Esos textos tenían el propósito de *regenerar* el comportamiento de quienes se habían entregado al lujo "habiendo dejado el manejo de la máquina de habitar en manos de empleadas y de nodrizas y amas la crianza de los niños"[35]. Esa forma de comportamiento familiar y, en particular de las mujeres, se convirtió en un modelo de orden social para el resto de la sociedad[36]. Lo que se pretendía era que las jóvenes de los sectores populares incorporaran esos hábitos que se inculcaban a las mujeres "decentes" de la sociedad. Claro que eso requería una adaptación en la que se contemplara la procedencia social de la mayoría de las niñas que cursaban en las escuelas públicas del país. De todos modos, no dejan de advertirse ciertos puntos confusos como el tema que hacía referencia al manejo de los sirvientes en la casa. En ese sentido, es posible especular con

34. *Ibídem*, Año XXIII, N° 493, 1914. Con la reforma de los planes de estudio en 1902, las asignaturas se agruparon como materias afines. De ese modo, se agruparon: Higiene, Gimnástica, Música, Educación Física para varones y calisténicos para mujeres, Trabajo manual (para varones) y Economía doméstica, labores y trabajo manual, para las niñas dictadas en los seis grados. Los contenidos de estas materias dedicadas para la formación de la futura ama de casa no variaron.

35. Jorge F. LIERNUR, "El nido de la tempestad. La formación de la casa moderna en la Argentina a través de manuales y artículos sobre economía doméstica (1870-1910)", *Entrepasados*. Buenos Aires; N° 13, 1997.

36. Ver al respecto Mark SZUCHMAN, *Orden, Family and Community in Buenos Aires, 1810-1860, California*, Stanford University Press, 1988 y Jorge MYERS, "Una revolución en las costumbres: las nuevas formas de sociabilidad de la élite porteña, 1800-1860", en F. DEVOTO y M. MADERO (dir.), *Historia de la vida privada, País antiguo y colonia en 1870*, Buenos Aires, Altea-Aguilar, 1999.

la posibilidad de que, si bien en el espíritu de aquella formación primaba una preparación distinta para quienes tendrían que ser eficientes amas de casa en sus humildes hogares o, en muchos casos, empleadas domésticas, la escuela pública no dejaba de estimular la promesa de ascenso social para aquellas niñas. Si la educación abría puertas a otras oportunidades, las "hijas del pueblo" también tendrían que contar con estas nociones que podían ser de utilidad en su momento.

El tratamiento de estos contenidos, según se suponía, permitía que se aprendiera "el arte de manejar, dirigir o gobernar la casa y la familia sin perder o malgastar tiempo, trabajo ni dinero"[37]. En ese sentido, la casa se le presentaba con una doble función reguladora, de los sentimientos y de los recursos. La mujer, en su morada, encontraría el ámbito apropiado para demostrar la dulzura, la paciencia, la bondad y la comprensión, en definitiva, esas virtudes femeninas que supuestamente atemperaban el "exceso" de sentimientos y desactivaban las pasiones procedentes del exterior. El imperativo del orden y la higiene dentro del espacio doméstico presuponía una forma de defensa frente a la enfermedad física y moral que provenía como amenaza de afuera. La regularidad y disciplina en el trabajo estaba estrechamente ligado al orden del tiempo liberando a la ama de casa del riesgo de la improvisación. La economía de sus movimientos se acompañaba con la economía del ahorro. La adecuada administración del presupuesto con el que contaba la familia propiciaría la austeridad y control de los gastos[38]. Las pequeñas escolares debían saber qué hacer en su hogar, tal como lo hacía *La madrecita*:

> "Por la mañana, después de lavar y vestir los chicos, preparo el desayuno.
> —Niños a tomar la leche, pónganse su servilleta [...]
> Ahora arreglaré la casa. Los dormitorios han permanecido unas horas abiertos y las ropas han estado ventilándose afuera.
> Para barrer mojo un poco la escoba, no conviene levantar polvo, porque hace daño el aspirarlo. Barro bien los rincones y paso la escoba debajo de los muebles.
> Después de un rato limpio las paredes con un lienzo, para que no se críen arañas u otros insectos; repaso los muebles y hago las camas. Es preciso remover los colchones y cambiar las sábanas y fundas con frecuencia.
> Arregladas las piezas preparo el almuerzo.

---

37. APLETON, *Economía e higiene doméstica*. New York, 1888. Traducción española, 6º Edición, 1912.

38. Así se comentaba que en la tarea del ama de casa a lo largo del día: "el reloj tiene que ser el confesor de la ama casa: 1º Levantarse temprano. 2º Limpieza y ventilación de la casa, ropas, persona. 3º Preparación y toma del desayuno. 4º Compra diaria de comestibles y su inspección. 5º Preparación y toma del almuerzo. Descanso. 6º Quehaceres de compostura, remiendos, etc. 7º Atenciones domésticas y sociales. 8º Preparación y toma de la cena. 9º Descanso. 10º Lecturas y conversaciones útiles y recreativas. 11º Arreglos de cuentas, de los gastos hechos durante el día. 12º Revisión de las habitaciones. Reposo", en: *La Escuela Moderna. Serie Elemental... Op. Cit.*, p. 22.

> [...] no conviene comer solamente carne [...] El médico recomienda a las personas delicadas comer carnes blancas, verduras, leche y huevos, por ser alimentos livianos.
>
> Concluida la comida lavo la taza. Para esto, uso agua caliente y jabón; enjuago los trapos y repaso con un trapo seco. Como los cubiertos son de metal se manchan fácilmente; por eso los friego con polvo de ladrillo. Nunca pongo las copas dentro del agua caliente porque se quiebran.
> Por la tarde, lavo la ropa. Primero jabono las piezas y las refriego sobre las tablas; luego las pongo al sol; en seguida las enjuago varias veces, las azulo y por fin las tiendo, prendiéndolas en broches de madera.
> Después de cenar y jugar un rato con mis nenes; los acuesto.
>
> [...] ¿Qué tal? ¿Soy una buena madrecita?
> Quisiera saber qué hacen ustedes cuando juegan como yo" [39].

Tal como se afirmaba, si las jóvenes respetaban ese modelo de comportamiento alcanzarían la respetabilidad y salvaguardarían su honra, por eso se les recomendaba *"no desafiar la moral y las buenas costumbres"*[40]. La moderación al mostrar sus conocimientos, el cuidado de su aseo personal, de sus vestimentas y de sus gestos hacían a su presentación en la sociedad y no generaría confusiones ante quienes las observaban. Tal como se decía:

> "[...]¡El silencio es el adorno de las mujeres!. [...]
>
> Si a un hombre le dieran para escoger entre dos jóvenes, la una instruida en el canto, en el baile y hasta en las bellas letras, pero desaseada y poco cuidadosa, y la otra que, no teniendo más conocimiento que el de sus deberes que se presentase siempre con aseo y esmerada en el arreglo de su casa, no vacilaría un momento, a menos de ser un fatuo, en inclinarse a favor de la última. [...]
>
> No debéis, sin embargo, entender por compostura y aseo el pintarse los carrillos, como generalmente lo hacen las mujeres de vida relajada; ni tampoco el ensalimanarse o ponerse en el rostro otras aguas que tan mal os sientan a las morenas como a las blancas". [...] Esta ridícula costumbre mujeril, nacida en los tiempos de la ignorancia del bello sexo, va ya desapareciendo mediante la educación e instrucción que recibe hoy la mujer, la cual comprende muy bien que con tales aliños, muy lejos de agradar se atrae el ridículo y el desprecio de los hombres sensatos del mundo [...][41].

Ahora bien, ese modelo de comportamiento y, particularmente, ese categórico mandato que colocaba a la mujer como la artífice de la regulación del espacio familiar se inspiró claramente en el movimiento iniciado en torno al siglo XVIII europeo. Como se ha mostrado, la característica más acusada de

---

39. Juan Manuel COTTA, *Ejemplos. Lecturas morales para formar el carácter de los niños... Op. Cit.* p. 130.

40. *La Escuela Moderna... Op. Cit.*, pp. 20 a 26. Subrayado del autor.

41. José Bernardo SUAREZ, *El Tesoro de las niñas.... Op. Cit.*, pp. 15 a 17.

la educación moderna contemporánea fue la de haberse constituido en un cambio de mentalidad que se expresó a través de un mensaje, el del progreso moral de la Humanidad por medio de la educación. Según Foucault, a lo largo de ese proceso se pusieron en práctica una serie de dispositivos a los que denominó la bio-política, entendida como la proliferación de las tecnologías políticas que actuaron sobre el cuerpo, la salud, las formas de alimentarse y de alojarse, las condiciones de vida. Estas técnicas encontraron su polo de unificación en lo que se llamaba entonces la *policía*[42], implantando una reorganización de los comportamientos educativos en torno a dos polos bien distintos y con dos estrategias bien diferentes. El primero, orientado hacia la difusión de la medicina doméstica, es decir, un conjunto de conocimientos y de técnicas que debían permitir a las clases burguesas sustraer a sus hijos de las influencias negativa de los domésticos, poner a éstos bajo la vigilancia de los padres. El segundo, se podría reagrupar bajo la etiqueta de "economía social", a través de la cual se pretendió regular la vida de los pobres con vistas a disminuir el coste social de su reproducción, a obtener un número deseable de trabajadores con un mínimo de gasto público, en resumen, lo que se ha convenido en llamar la filantropía.

Hasta mediados del siglo XVIII la medicina se desinteresó de los niños y de las mujeres. Pero a partir de aquel contexto, el médico necesitó de un aliado en la casa, la madre, la única capaz de frenar cotidianamente el oscurantismo de los domésticos e imponerse al niño. Alianza provechosa para ambas partes. El médico triunfó gracias a ella contra la hegemonía tenaz de esa medicina popular de las viejas y, en contrapartida, concedió a la mujer burguesa, por la importancia creciente de las funciones maternas, un nuevo poder en la esfera doméstica. Aumentando su autoridad civil, el médico le proporcionó un estatuto social. Esta promoción de la mujer como madre, como educadora, como auxiliar del médico, sirvió de punto de apoyo a las principales corrientes feministas del siglo XIX. Al mismo tiempo, se decidió brindarle una asistencia financiera y médica a las mujeres más pobres. Como ha sido estudiado no quedó sólo en el plano discursivo, de hecho se concretó en alianzas efectivas y en operaciones eficaces.

En la segunda mitad del siglo XIX, se asistió a una alianza decisiva entre el feminismo emancipador y la filantropía moralizadora, cuyo objetivo fue una doble lucha: primero, contra los prostíbulos, la prostitución y la policía de costumbres y, a continuación, contra los conventos y la enseñanza retrógrada de las mujeres. El Estado persiguió la estrategia de familiarización de las capas populares a través de la acción de la mujer. Así le proporcionó un cierto número de herramientas y de aliados: la instrucción primaria, la enseñanza de la higiene doméstica, la creación de guarderías para hijos de obreros, la instauración del reposo dominical.

---

42. Jacques DONZELOT, *Policía de las familia*. España, Pre-textos, 1990.

La alianza con el discurso médico y el educativo refuerza el poder interno de la mujer y mediatiza el poder externo de la familia. Sus nuevas tareas educativas las realizó a costa de una pérdida de proyección en el campo social, de apartarse de todo lo que la situaba en un campo de fuerzas exteriores. Aislada, en adelante, se expuso a que vigilaran sus desvíos.

La diferencia entre las posiciones tácticas de la mujer burguesa y las de la mujer popular, llevaron a que la primera consiguiera el dominio del misionariado abriendo un nuevo campo profesional en la propagación de las nuevas normas asistenciales y educativas. La mujer popular tuvo como misión velar por la *retracción social de su marido y de sus hijos*. De la regularidad que impusiera, dependía la transmisión de un patrimonio que permanecía casi siempre exterior a la familia, el "patrimonio social" según los juristas.

Ese discurso regulador le otorgó, al mismo tiempo, una función social a la escuela. A través de esta institución se podría limitar la imprevisión en la reproducción y a la vez, aumentar la previsión en la organización de la vida Ahora bien, si la escuela era la solución a ese cúmulo de problemas que amenazaban el orden político, ¿a través de qué medios se la impondría? En su momento, Condorcet encontró una fórmula: "la instrucción universal es inseparable del sufragio universal". La libertad de enseñanza, la gratuidad, la obligatoriedad, la universalización y la laicidad garantizarían la divulgación de las Luces.

En los últimos años del siglo XIX y los primeros del siglo XX las determinaciones fundamentales para su adecuado funcionamiento provienen del ámbito del higienismo, que focalizó primordialmente sus recomendaciones en los hogares populares[43]. El orden y la correcta limpieza de los ambientes debía acompañarse con el cuidado de la higiene personal. De allí, que este modelo de educación se trasladara al caso argentino, con sus lógicas adaptaciones. Desde esa perspectiva, se consideró oportuno que las niñas aprendieran las sencillas nociones de "Higiene, Fisiología y Medicina", puesto que como se afirmaba:

> "[…] ¿son los hombres o las mujeres los que presiden a la crianza hasta los cinco años de edad en que desaparece la tercera parte de los que nacen? Merece la pena enseñar en las escuelas la fisiología y la higiene a las mujeres, si preferencia cabe. Así opina el pedagogo español Alcántara García en su reciente obra: 'Desde un principio, dice, debe la educación de las niñas mirar a la formación de las mujeres de casa, es decir, de buenas esposas y buenas madres de familia a cuyo efecto y sin perjuicio de la cultura que en correspondencia reciben los niños se les suministre, deben figurar en

---

43. Para el caso argentino ver: Marcela NARI, "La educación de la mujer (o acerca de cómo cocinar y cambiar los pañales a su bebé de manera científica), en *Mora. Revista del Area Interdisciplinaria de Estudios de la Mujer* Nº 1, 1995. Marcela NARI, Las prácticas anticonceptivas, la disminución de la natalidad y el debate médico, 1890-1940", en M. Z. LOBATO (ed.), *Política, médicos y enfermedades. Lecturas de Historia de la salud en la Argentina*, Buenos Aires, Biblos, 1996, pp 151-189.

el programa de la primera enseñanza para las niñas sencillas nociones de
Economía y Medicina domésticas, de Higiene, de Fisiología, de Psicología
y de Educación, con los deberes morales, principalmente por lo que a la
mujer concierne […].

La mujer del pueblo, conociendo la fisiología y la higiene no se echará
en brazos, como sucede, de todos los curanderos y empiristas […].

Se dice y se repite que el estudio de la anatomía en la escuela ofende
el pudor de la niña […]. Yo respeto esa pureza diáfana, puede deleitarnos
a veces saborear el perfume delicado de esa flor de invernáculo, pero los
pueblos civilizados que veo caminar y crecer con otros elementos del
progreso, me obligan a constatar que no es ese el pudor que pasea por
las calles y lleva a la familia a la felicidad con los sonrosados colores de la
salud. […]

No, el pudor de la mujer que llena de encantos la sociedad y la familia,
el pudor centuplica el agrado de su belleza física y de sus gracias naturales,
no se lastima en lo más mínimo con la enseñanza racional de fisiología
y la higiene en la escuela primaria, se salva ileso y virginal, como se salva
ejecutando todos los días los actos impuestos por la naturaleza a la vida
material; como se salva ileso en la madre que ha llenado de hijos el hogar,
tan pudorosa, a menudo, para gloria de la humanidad, como la niña
que se enrojece cuando siente el galvanismo de la primera mirada que le
anuncia que es mujer"[44].

Para quien debía ser preparada como esposa, madre y señora de la casa,
el pudor era una virtud que evitaba su extravío y, de modo concurrente, la
pérdida del honor de la familia. El control sobre sí misma moderaba la sobre-
exicitación sexual y se podía salvar su pureza, aún después del matrimonio.
Esa formación la liberaría de sus impulsos y su inclinación al lujo, al placer
y al desenfreno de su sexualidad. Había que educarla para que salvaguardara
su recato y resguardara su intimidad.

Según la mayoría de los que promovieron la enseñanza de la Higiene para
las niñas, no era conveniente abordar la cuestión de la sexualidad puesto que,
en ese caso, sí podía ofender y poner en riesgo su pudor. De todos modos,
unos pocos se atrevieron a sostener su defensa de preparar a la mujer para
el "jardín del matrimonio"[45]. En este caso nuevamente retomamos los dichos

---

44. *El Monitor,* Año I, N° 17, 1882.

45. Sobre debates médicos en torno a la educación sexual de la mujer y la práctica anticon-
     ceptiva ver: Marcela NARI, Las prácticas anticonceptivas, la disminución de la natalidad
     y el debate médico, 1890-1940", en M. Z. LOBATO (ed.), *Política, médicos y enfermeda-
     des. Lecturas de Historia de la salud en la Argentina,* Buenos Aires, Biblos, 1996. Sobre
     el tratamiento del cuerpo femenino por parte del discurso médico se puede consultar:
     Gabriela NOUZEILLES, "An Imaginary Plague in Turn-of-the-Century Buenos Aires:
     Hysteria, Discipline, and Languages of the Body", en D. ARMUS (ed.), *Disease in The
     History of Modern Latin America. From Malaria to Aids,* Durham, Duke University Press,
     2003, Gabriela NOUZEILLES, *Ficciones somáticas. Naturalismo, nacionalismo y políticas
     médicas del cuerpo (Argentina, 1880-1910),* Rosario-Santa Fe, Beatriz Viterbo, 2000.

de Raquel Camaña. Como dijo, había que educar a la mujer para que "sepa amar", único modo de garantizar una maternidad responsable. Consideraba que el instinto procreador debía ser gobernado por "la moral científica por medio de una educación apropiada"[46]. De allí que atacó el mensaje de la Iglesia por no educar a favor de la afinidad sexual de la pareja, que sería el modo de evitar el auxilio de la sociedad con casas cunas, los hospicios, las cárceles, los abortos o el comercio lucrativo con los "angelitos"[47].

En su argumentación, nuevamente responsabilizó centralmente a la madre para que estuviera atenta a los riesgos que se exponían las alcohólicas, las sifilíticas o las tuberculosas que "cometen el crimen de procrear". Pero también debían darse a conocer las medidas preventivas para evitar que se envenenara la sangre materna bajo la influencia del trabajo exagerado y violento en un medio atmosférico malsano. Esa habría sido la novedad de la organización del trabajo imperante: "la alteración de la sangre de la mujer madre, desde el punto de vista de la salud pública, con lo que el progreso industrial ha contribuido a la degeneración de la raza humana"[48].

Según creía, la vulgarización de la higiene integral, incluyendo la puericultura, la educación y la instrucción sexual, permitiría ver a los niños y niñas que el problema de los sexos, no era una cuestión de antagonismo ni de preponderancia unilateral, sino el problema de la persona humana, considerada bajo su doble aspecto "masculino" y "femenino". Dos seres diferentes, inversos, complementarios, equivalentes que demostrarían que hay progreso sexual cuando más se ahondaran los caracteres específicos comprendiendo que lo determinante en la mujer pasaría por la maternidad. Por allí pasaba la marcha extraviada del feminismo, "verdadero masculinismo", que convertía a la mujer en la caricatura del hombre[49].

Recomendaba que en la escuela primaria esa enseñanza se valiera de la contribución de las Ciencias Naturales. El maestro habituaría al niño a estudiar la ley de la vida, de la fecundación, del desarrollo, del amor en la reproducción de las plantas, en las clasificaciones científicas que casi todas se basan en los órganos de reproducción; en la metamorfosis de los insectos, en las costumbres de las abejas, de las hormigas. Los niños asistirían a la fecundación del óvulo por el polen imaginando que ese grano de polen era un ser, una vida, algo por cuyo destino se interesarían preguntando por saber qué suerte le esperaba a ese ser minúsculo. Se podría hablar, entonces, de la transformación del óvulo en semilla, del ovario en fruto. A partir de

---

46. Raquel CAMAÑA, *Pedagogía Social*. Buenos Aires, La Cultura Argentina, 1916, p. 17.

47. Un tratamiento original sobre el abandono de niños en los hospicios y las "señales" que dejaban sus madres para recuperarlos cuando su situación mejorara ver: Gabriela DALLA CORTE, "Un archivo de Señales en la exposición infantil: Derecho consuetudinario e imaginario popular", *Revista Mora*, nº 4, Instituto Interdisciplinario de Estudios de Género, Facultad de Filosofía y Letras, Universidad de Buenos Aires, 1998, pp. 83-93.

48. Raquel CAMAÑA, *Pedagogía Social... Op. Cit.*, p. 19.

49. *Ibídem*, p. 27.

allí, estaría el camino abierto para explicar la reproducción del reino animal, insistiendo en la ley del amor, del sacrificio, de la belleza, de expansión que encierra en sí el procrear. Con los niños de 5º y 6º grado se hablaría de la especie humana, del género hombre y se estudiará la ley universal de la procreación.

La autora concluía con una nueva mirada sobre el ideal de pureza que habitualmente aparece en las fuentes educativas. La pureza no radicaba en la ignorancia sino en la verdad de las relaciones con la naturaleza. En esa "verdad natural" estaba reservado el reino de la libertad de acción. La naturaleza, científicamente interpretada, conduciría al adolescente a amar la ley de la vida, de la fecundación, del desarrollo y a medir la responsabilidad de la transmisión consciente de la energía que diviniza al hombre. Como expresó: "Hay más pudor en dar, con serenidad y conciencia, su significación e importancia a los fenómenos esenciales de la vida, que en ignorarlos esultatemente (sic) o en rodearlos de una fantasía misteriosa y malsana"[50]. Lo concreto es que la pedagoga, no dejó de considerar que la esencia de la condición femenina estaba en la maternidad, pero la asoció a la idea de una mujer inteligente y responsable del acto creador y de la educación de su hijo. En ese sentido, tanto la mujer como el varón compartían un mismo deber: ser padres responsables[51].

La iniciativa de Camaña no llegó a las aulas de aquel tiempo. Los tabúes sobre la sexualidad[52], asociados al temor y las figuraciones sobre el cuerpo femenino, convirtieron al tema en escabroso para ser tratado en la escuela. La sexualidad, tan necesaria de controlar por parte del discurso médico y el religioso, no fue tratada en toda su amplitud y complejidad en aquella educación que se proclamó laica[53]. Lo que obviamente interesó transmitir,

---

50. *Ibídem*, pp. 52-89.

51. Como explica Sapriza, "En los países del sur de América, la eugenesia tuvo una incidencia concreta en el trazado de políticas sanitarias, de inmigración, y fundamentalmente en las de protección a la maternidad y la infancia. La "traducción" de esta propuesta [...] otorgó importancia por igual a la herencia genética y al ambiente. [...] Con diferentes matices, la eugenesia estructuró los discursos destinados a lograr identidades sexuadas "normales" que garantizaran la "natural" integración de estas sociedades. Esta "utopía" se desplegó en la búsqueda de un ideal de nación semejante a un cuerpo armónico, fuerte, sano y sabio", en Graciela SAPRIZA, "Mujer. Familia y población en la visión de los eugenistas platenses", ponencia presentada en el *Coloquio Internacional, "Las formas del poder social en perspectiva comparada, Europa y América Latina, siglos XVIII al XX*. IEHS, Tandil, agosto de 2004.

52. Sobre la cuestión del sexo y la sexualidad existe una variada y generosa producción, dentro de ella podemos citar como trabajos de consulta indispensable: Marysa NAVARRO y Catharine STIMPSON (comp.), *Sexualidad, género y roles sexuales*. Buenos Aires, FCE, 1999. Daniel BALDERSTON y Donna GUY, *Sexo, sexualidades en América Latina*. Paidós, Buenos Aires, 1998.

53. Un trabajo interesante para el caso de la educación sexual en Uruguay con sus evidentes diferencias para el caso argentino es el de: Silvana DARRE, *Políticas de género y discurso pedagógico. La educación sexual en el Uruguay del siglo XX*. Montevideo, Ediciones Trilce, Montevideo, 2005.

en ese contexto, fue un criterio de verdad sobre el sexo y la sexualidad. Y tal vez aquí sea válido traer a colación lo que de modo sugerente sostiene Butler al señalar que, las prácticas reguladoras producen a los sujetos que someten sobre la base de un binarismo que intenta suprimir cualquier trastorno de las hegemonías: heterosexualidad, reproductiva y médico-jurídica[54]. Las iniciativas de promover la enseñanza sexual o biológica eugenésica en las escuelas quedaron ineludiblemente coligadas a la higiene, a la prevención de enfermedades venéreas, al dominio del cuerpo, a la formación de hábitos, al fortalecimiento de la voluntad, a la defensa de la familia, a los valores morales, y a otra infinidad de cuestiones como el reforzamiento de la castidad y la abstinencia.

El lugar de la mujer en la *civitas*

De modo que, ese discurso educativo se encargó de reproducir aquel precepto de que la mujer debía cuidar de "su" lugar para beneficio propio, de la familia y, por extensión, de la sociedad. Junto con ello, se transmitió la idea de que lo doméstico y lo público conformaban los espacios por excelencia para definir lo femenino y lo masculino respectivamente[55]. En tanto estuviera protegida en el espacio doméstico, resguardada en el estrecho ámbito del mundo privado, conseguiría cumplir con eficacia su auténtica y fundamental función pública: ser madre de los hijos de la república[56]. El hombre estaba preparado para moverse en la calle, con sus riesgos. Aquella "esencia" masculina lo dotaba de las condiciones de fortaleza, robustez e independencia, como para procurar con su trabajo el bienestar de su familia. De allí que las niñas y niños tenían que aprender tempranamente en qué ámbito se movía cada quien:

> "Esperando a papá.
> Están a la sombra de los árboles. Ella, la madre, cose, pero interrumpe de tiempo en tiempo su labor para mirar a Eduardo y a Anotilde. Son sus

---

54. Judith BUTLER, *Gender Trouble. Feminism and the subversion of Identity*. Nueva York, Routledge, 1999.

55. Sennet comenta al referirse al clima cultural de mediados del siglo XIX, que lo público tenía un significado diferente para el hombre y la mujer. Para la mujer representaba un riesgo de perder la virtud. Para el hombre cuando se "perdía en el público", era el momento de despojarse de los represivos y autoritarios caracteres de respetabilidad. "[…] para los hombres, la inmoralidad de la vida pública estaba unida a una tendencia a concebir la inmoralidad como una región de libertad más que de simple desgracia, como ocurría con las mujeres". Richard SENNET, *El declive del hombre público*. Barcelona, Ediciones Península, 1987, p. 34.

56. De hecho circularon una diversidad de significados en torno a la maternidad a partir de aquellos años. Al respecto ver: Donna GUY, "Madres vivas y muertas. Los múltiples conceptos de maternidad en Buenos Aires" en Daniel BALDERSTONE y Donna GUY, *Sexo, sexualidades en América Latina… Op. Cit.*

hijos y los quiere mucho. Anotilde, que es ya grandecita, entretiene a su hermano, y lo cuida con cariño.

Más tarde vendrá el padre, que está trabajando afuera, y todos se alegrarán".[57]

Desde ese espacio protegido, el apropiado para su condición natural, la mujer podía desplegar las conductas y los gestos que demostraran el amor, la abnegación, la dedicación y entrega hacia el resto de los componentes de su familia como buenas hijas, madres y esposas. Las niñas que cuidaban de sus padres y de los mayores que la rodeaban con esmero eran esas buenas hijas que "Dios las bendice y la sociedad las admira"[58]. Ese amor filial de la niña se continuaba en su amor maternal al velar por su hijo[59].

Como guardiana de su hogar era responsable de entregar hijos virtuosos para la patria[60]. En ese contexto donde el modelo de sociedad civil se fundaba en el ejercicio de los deberes y derechos políticos del varón, la mujer se convirtió en la garantía de que la comunidad de ciudadanos se continuara. El orden de su casa garantizaba el orden de la república. De la virtud con la

---

57. Pablo PIZZURNO, *El libro del Escolar. 1° Libro*. Buenos Aires, Cabaut Editores, p. 10.

58. Así era el caso de la jovencita: "Teresita, hija de una familia muy pobre. Ni siquiera iba a la escuela. Sólo se ocupaba del cuidado de la casa de su papá y de su abuelita. Su madre había muerto, dejándola muy pequeña. El padre ganaba muy poco dinero, pues ya era muy achacoso; la abuela había perdido la vista, pero la buena hija economizaba mucho. Cocinaba, lavaba, iba a la calle, cuidaba de todo y aún iba a ayudar, llevándole de comer a una viejecita vecina. Era la delicia de la casa y vivió dichosa toda la vida. Así sucede a las buenas hijas. Dios la bendice y la sociedad las admira". *Ibídem*, pp. 1 a 5.

59. Una de las tantas lecturas relata: "El nene duerme tranquilamente. La madre vela su sueño. Teme despertarlo, pero no puede estar sin hacerle alguna caricia. Lo cubre con cuidado. De vez en cuando se inclina le da un beso en la frente. Si llegara a enfermarse, no se apartaría un momento de su cuna. Sólo llegaría a tranquilizarse al verlo restablecido". *Ibídem*, p. 25.

60. Esa enseñanza que remarcaba los deberes y obligaciones que les correspondían a la mujer en su edad adulta, aparece claramente destacado en los relatos de los niños y niñas en los exámenes donde escribían, por ejemplo: " 'El ama de casa tiene muchos deberes que cumplir; entre ellos podemos tomar como más importantes, los que tiene para con sus hijos y esposo. Los que tiene para con sus hijos son los de: amarlos, cuidar de su salud y educarlos moral e intelectualmente. Entre los que tiene para con su esposo: los principales son de amarlo, obedecer sus órdenes, mientras estén de acuerdo con la razón, respetarlo y cuidar de la conservación de su salud. Otro muy importante que tiene también es el del aseo de la casa o habitación, llamándose así al punto donde se refugian todas las personas que constituyen la familia. [...] También tiene deberes para las personas que están a su servicio; estos son: de no tratarlos bruscamente, sino al contrario ser amable con ellos hasta cierto punto, al mismo tiempo debe hacerse respetar por ellos. Debe ocuparse también de la distribución del dinero, tratar de no derrochar ni hacer gastos superfluos'. (Carmen Hardoy, del 6° grado). 'Obligaciones del ama de casa: el ama de casa tiene deberes que cumplir para desempeñar debidamente su misión. [...] El ama de casa que pasa todo el día paseando o sentada y no cuida de sus hijos, no atiende a sus sirvientes ni se cuida del arreglo de la casa, no es capaz de gobernarla, por eso es necesario acostumbrarse desde joven y aprender de todo un poco'. (Juan Goicochea, del 6° grado)". *El Monitor*, Año VIII, N° 147, 1889.

que manejara su hogar se desprendía la presencia de una raza de hombres preparados para formar la *civitas* que se proyectaba.

Ese margen de expectativas, puestas a favor de la mujer como "custodia de la raza y de la república", hizo posible que algunas voces se pronunciaran a favor de dictar nociones de civismo a las niñas en la escuela. Eran esas voluntades las que estimaban que las leyes decretaban en balde la anulación de la influencia de la mujer en los sucesos políticos en tanto, ella tomaba siempre una parte activísima aconsejando al niño desde los primeros pasos. Así suponían al ciudadano de las democracias, compartiendo todas sus impresiones civilizadas con su madre, con su mujer y con sus hijos; era ciudadano en la calle y ciudadano en la mesa de su hogar. Es que no se lograría "una democracia estable y próspera, cuando el hombre deja en la puerta, al entrar a su casa, como el abrigo en la percha, sus faltas o sus virtudes cívicas"[61].

En ese juego armónico y regular en el que se concebían a las instituciones libres se llegaba a aceptar que no cristalizarían "en tanto la mitad del mecanismo social no tuviera aceite para suavizar a los razonamientos, para dar unidad y regularidad a las fuerzas en ejercicio"[62]. Sin embargo, fueron más reticentes para pronunciarse en favor de su participación política. La modernización económica y social hizo posible el ingreso de las mujeres a la sociedad civil como trabajadoras e, incluso, algunas llegaron a ser reconocidas figuras públicas[63]. Efectivamente a fines del siglo XIX y, particularmente, a principios del siglo XX se asistió a una presencia distinta de la mujer. Un protagonismo público que trajo como novedad el reclamo por sus derechos jurídicos y políticos[64]. Pero aquella sociedad puso sus límites. Si bien asumió el derecho a la educación de las mujeres, al mismo tiempo remarcó su condición de sujetos política y cívicamente inferiores. Esos fueron tiempos en los que se asistió a una difícil convivencia entre los extensos tratados y revistas femeninas que se referían a su condición legal y un contradiscurso que circuló destinado a frenar los excesos femeninos[65] y a promover la subordinación de

---

61.   *Ibídem*, Año I, N° 17, 1882. En los primeros años de la implementación de la educación común, las niñas no recibieron nociones de Instrucción Cívica, fue recién con la reforma de planes de estudio en 1887, cuando se consideró que a partir del 5°, las niñas recibieran aquella instrucción, mientras los niños eran formados a partir del 4° grado.

62.   *Ibídem*.

63.   Para conocer los nuevos espacios que se le ofrecieron a la mujer en algunos casos particulares de América Latina consultar Asunción LAVRIN, *Women, Feminism and Social Change... Op. Cit.* Cap. II.

64.   Más allá de los reclamos por sus derechos ciudadanos lo interesante es destacar la participación en las redes clientelares políticas de las mujeres. Sobre la participación de las mujeres en la sociabilidad política de fines del siglo XIX en América Latina ver: Pilar GARCIA JORDAN y Gabriela DALLA CORTE, "Mujeres y sociabilidad política en la construcción de los estados nacionales (1870-1900)", en Isabel MORANT (dir.), Asunción LAVRIN, Gabriela CANO y Dora, BARRANCOS (coords.), *Historia de las Mujeres en España e Hispanoamérica*, Siglo XIX, T. III, Madrid, Cátedra, 2006.

65.   Como uno de esos excesos por estar "contra la naturaleza" fue presentada la corriente de pensamiento feminista. Sobre el feminismo en Argentina se puede consultar, Ma.

las mujeres. En ese sentido, no debían desafiar lo que el propio Código Civil argentino (1869) les había marcado en cuanto a considerarlas como menores de edad legal, bajo tutela del padre o del marido. Manuales y obras literarias reforzaron la imagen de la "reina prisionera" protegida por los muros de su hogar como la mejor defensa frente a ese "mundo trastornado" que procedía del exterior. Ese contradiscurso tuvo como destinatarias las mujeres de los sectores populares pero también a aquellas que pertenecían a la elite. Las voces angustiadas, que proclamaron la defensa de su estirpe frente al avance de la "inmigración ácrata", responsabilizaron a las damas patricias por haberse relajado en sus costumbres y olvidar sus deberes. Esas mujeres que mostraron su debilidad debía ser defendidas para salvar el honor de una estirpe. El atribulado Miguel Cané le reclamó a los varones de su condición "el deber sagrado de defender nuestras mujeres contra la invasión tosca del mundo heterogéneo, cosmopolita, híbrido que es hoy la base de nuestro país"[66].

De allí que sin disimulos se reconocían las nuevas posiciones y logros de las mujeres, como signo del triunfo de la civilización. Sin embargo, otra cuestión era abogar por sus derechos políticos. Así lo afirmó el orador de uno esos actos patrióticos en los que se celebró un nuevo aniversario del 9 de Julio, al señalar:

> "[…] Puesto que debo hablar y tengo que hacerlo en presencia de tan inmensa mayoría del sexo bello; de aquel que ha sido más especialmente favorecido por los propios proclamados, ya afianzados con nuestra emancipación del sistema colonial, paréceme natural que el tema de estas breves palabras, sea la condición de la mujer política y socialmente considerada, como consecuencia de estos principios y de los elementos, con que la educación y las costumbres la preparan para la lucha para la existencia.
>
> [...] Reconocemos en la mujer una inteligencia y una voluntad si no igual a la de los hombres fuertes y bien dotados, igual por lo menos y superior a la del término medio de los hombres, y si algo pierde en la facultad de generalización que parece ser don especial de la estructura

---

del Carmen FEIJOO, "Las luchas feministas", en *Todo es Historia*. Buenos Aires, núm. 128,1978. C. LITTLE, "Educación, filantropía y feminismo: partes integrantes de la feminidad argentina 1860-1926" en A. LAVRIN, (comp.), *Las mujeres latinoamericanas. Perspectivas históricas.* México, Fondo de Cultura Económica, 1985. M. MOLINEAUX, "No God, no Boss, No Husband. Anarchist feminism in the 19th century Argentina" en *Latin American Perspectives*, nro. 48, vol. 3, 1, 1986. Asunción LAVRIN, *The Ideology of Feminism in the Southern Cone, 1900-1940.* Washington, D.C., Wilson Center, 1986. Néstor AUZA, *Periodismo y feminismo en la Argentina 1830-1930.* Buenos Aires, Emecé, Buenos Aires, 1988. Marifran CARLSON, *Feminismo. The woman's movement in Argentina from its beginnings to Eva Perón.* Chicago, Academy Chicago Publishers, 1988.

66. Miguel CANE, *De cepa criolla.* Buenos Aires, 1921. No se puede dejar de resaltar que esa elite "amenazada" utilizó la literatura no sólo para reafirmar el sitio de la mujer sino para presentar, a través de ella, la imagen de una sociedad patricia y de la patria trastocada frente al inmigrante que las corrompía. Es el caso de *En la sangre* de Eugenio Cambaceres donde la señorita patricia Máxima es seducida por el inescrupuloso hijo de inmigrantes italianos, Genaro.

intelectual del sexo y penetración, equilibrando con su firmeza y abnegación la deficiencia de sus fuerzas físicas. Sin embargo, ni las leyes que le desconocen en muchos casos, la plenitud de su capacidad civil ni las costumbres, la colocan bajo el mismo pie de igualdad [...]

No seré ciertamente quien abogue por los derechos políticos de la mujer. Parécenme incompatibles la delicadeza de sentimientos, la dulzura y la pureza de sus ideales, que son dones propio de la mujer y le forman esa especie de atmósfera moral y perfumada [...] con la atmósfera caliente y vaporosa de los comités políticos y de las asambleas de partidos. Su estructura física y hasta su traje la alejarán siempre de las urnas a menudo tumultuosas de las democracias americanas; más no por eso debe dejar de tener la participación que le asignen sus altas cualidades, su patriotismo y esa misma pureza de ideales en los destinos de nuestro país, como lo han tenido tantas heroínas, como registra la historia nacional, madres y hermanas de los próceres de la independencia en aquella memorable epopeya" [67].

Un argumento que fue respondido por algunas feministas reafirmando la responsabilidad que como madres tenían ante la sociedad.[68] Años después, la propia Alicia Moreau bajo ese fundamento de la *maternidad social*[69], exponía que la mujer como buena administradora del hogar estaba preparada para regir las cuestiones municipales. El entrenamiento del trabajo en la casa inevitablemente llevaba aparejado a la preparación para el ejercicio de la política[70].

En la escuela se transmitieron los límites a su participación en el mundo de la política, un ámbito impropio para el *bello sexo*, precisando los derechos y deberes de los ciudadanos y las ciudadanas. Así, al referirse al derecho y al deber cívico de sufragar se decía que debía reunir como condiciones indispensables el "ser libre, desinteresado e ilustrado.[71] Según parece, las mujeres

---

67. *La Nación*, 9 de julio de 1890. Estas fueron las palabras del orador Virgilio M. Tedín en ocasión de celebrarse el día de la Independencia en un acto organizado por el Consejo escolar.

68. La importancia de la vertiente maternalista en las primeras etapas del feminismo latinoamericano ha sido tratada entre otros trabajos por: Francesca MILLER, *Latin American Women and the Search for Social Justice*. Hannover, University Press of England, 1991. Asunción LAVRIN, *Women, Feminis... Op. Cit.*, Marcela NARI, "Feminismo y diferencia sexual. Análisis de la 'Encuesta Feminista Argentina', en *Boletín del Instituto de Historia Argentina y Americana "Dr. Emilio Ravignani*. Buenos Aires, Tercera serie, núm. 12, II semestre, 1995. Silvana PALERMO, "El sufragio femenino en el Congreso Nacional: Ideologías de género y ciudadanía en la Argentina (1916-1955)", en *Boletín del Instituto de Historia Argentina y Americana "Dr. Emilio Ravignani*. Buenos Aires, Tercera serie, núms. 16 y 17, 2º semestre de 1997 y 1º de 1998.

69. Un análisis sugerente sobre ese objetivo de maternizar a la política es el de: Marcela María Alejandra NARI, "Maternidad, política y feminismo" en Fernanda GIL LOZANO, Valeria Silvina PITA y María Gabriela INI, *Historia de las Mujeres en la Argentina. Siglo XX*, Buenos Aires, Ediciones Tauro, 2000.

70. Alicia MOREAU, *La mujer en la democracia*. Buenos Aires, 1945.

71. *La Escuela Moderna* (1915), *Serie elemental de Instrucción Primaria. Lecciones cortas sobre Moral.* 5ª Edición, Buenos Aires, Cabaut y Cía. Editores, pp. 50-57. (Subrayado nuestro).

no alcanzaban a reunir esos requisitos indispensables. De modo que, un siglo después la línea de pensamiento rousseauniana, se recuperaba proclamando el deber de la mujer de ocuparse de la "reproducción de las condiciones de existencia del ciudadano" antes que ser ella misma "ciudadana"[72]. Un sitio superior e inmaculado le correspondía a la mujer y, por eso, no se dudaba en atribuirle una misión patriótica en tanto "madre de los hijos que habitan el mismo suelo",

> "La patria es, pequeños argentinos, esa hermosa mujer que lleva el oscuro cabello suelto, de negros ojos, vigorosa y fuerte, vestida de celeste y blanco, orlada su frente de lauros, que rodean el gorro frigio de la **Libertad,** que sostiene en una mano la Bandera Nacional, que ondea gloriosa, con sus dos fajas azules y un sol en el centro, mientras tiene en la otra el escudo de nuestra nación [...]. La patria une en dulce intimidad a los hijos de un mismo suelo, y suena con vuestros oídos su nombre cuando leéis o sentís pronunciar los nombres de San Martín, Belgrano, Moreno, Rivadavia, Sarmiento, etc. La patria forma, pues, una gran familia, de la cual ella es la madre, y hermanos los ciudadanos, los compatriotas"[73].

Aquel era el lugar de las "no ciudadanas"[74]. El imaginario republicano había erigido el altar de la Patria como figura emblemática que protege y reúne a sus hijos en una gran familia. Su fecundidad, su honor y virtud, eran los auténticos valores para el ejercicio de la ciudadanía. Cabe destacar que la impronta del imaginario republicano francés, tempranamente llegó al Río de la Plata. La alegoría femenina dominó la simbología cívica, representando la república, la libertad y la patria[75].

Una mujer dedicada a sus padres, a sus hijos, a su esposo, capaz de los más extremos sacrificios[76], eran las conductas apropiadas para cumplir con

---

72. Celia AMOROS, *Hacia una crítica de la razón patriarcal.* Barcelona Anthropos, 1991. p. 128.

73. *La Escuela Moderna... Op. Cit.*, pp. 49-52.

74. Sobre esta cuestión para el caso de América Latina puede consultarse una obra de tratamiento general: Bárbara POTTHAST y Eugenia SCARZANELLA (eds.) *Mujeres y Naciones en América Latina, Problemas de inclusión y* exclusión, Madrid, Biblioteca Iberoamericana, 2001.

75. En esta cuestión siguen siendo inspiradores los trabajos de Maurice AGHULON, *Marianne au combat. L'imagerie et la symbolique républicaines de 1789 a 1880.* París, Flamarion, 1979. Maurice AGHULON, "Esquisse pour une archéologie de la République: l'allégorie civique féminine", *Annales ESC,* 28 (1973), pp. 5-34. Un trabajo sugerente para el caso de Brasil es el de: José MURILO de CARVALHO, *La formación de la Almas. El imaginario de la República en el Brasil.* Buenos Aires, Universidad de Quilmes, 1997.

76. En las lecturas donde el fin era demostrar el beneficio de la caridad entre los pobres, se narraba el ofrecimiento de las madres que llegaban a pedir limosna para sus hijos. El varón, fuerte, resistente, que debía ganar con su trabajo el sustento de su familia, no podía aparecer con una imagen poco digna para su condición viril. En todo caso si una mujer buscaba la piedad y la ayuda, era porque no contaba con la protección de su esposo. Así en una de aquellas lecturas se contaba cómo una viuda pedía "¡Una limosna, por amor de Dios!. También nosotros somos pobres buena mujer, sólo podemos ofrecerles una parte

tal alto servicio a la nación y su pueblo. Función tan inmaculada que no podía enlodarse con acciones y actitudes mundanas, en ese sentido había que educarlas. Ellas también podían ser patriotas y cultivar el sentimiento de patriotismo pero:

> "Por su debilidad física y por las condiciones especiales de su sexo, la mujer tiene para con la patria deberes muy distintos de los de su compañero el hombre. Ella tiene, principalmente, la alta misión de formar en el hogar el corazón de los futuros ciudadanos, inculcándoles el amor a la patria y a la libertad, el culto de sus glorias y el ejercicio de las virtudes cívicas; preparando, a la vez, en sus hijas a las futuras matronas que han de continuar su obra patriótica.
>
> Puede, también, contribuir al engrandecimiento de la patria por medio de su perfeccionamiento intelectual y en la honrosa profesión de maestra de instrucción primaria [...]
>
> Puede, asimismo, contribuir al adelanto del país participando en una forma o en otra en las obras de beneficencia o en las empresas de índole filantrópica-industrial, como talleres para niñas o mujeres pobres, etc. Pero hay casos extraordinarios en el que el patriotismo se exalta y en que la mujer llega a manifestarse capaz de compartir con el hombre las más rudas fatigas y los más tremendos peligros.
>
> [...] Entonces, hasta las mujeres y niños, los enfermos y los imposibilitados, pueden ser útiles si la guerra hace sentir sus desastres en el suelo patrio. Es la patria una madre: cuando su existencia peligra, todos sus hijos deben estrecharse en torno suyo y levantarle con sus cuerpos una muralla [...]" [77].

Evidentemente la mujer, tan débil como los niños, los enfermos o imposibilitados, podía hacer gala de su exaltado y ardiente patriotismo, al que estaban habilitados los varones, ante situaciones límites como la guerra. De ello daban testimonio los anales de la historia patria cuando se recordaban los "rasgos heroicos" de las mujeres que defendieron a Buenos Aires de las invasiones inglesas. Un episodio que llevó a que "algunas hasta tomaran en sus manos el fusil y pelearan al lado de su esposo, como aquella Manuela *la tucumana*, a quien Liniers premió con el grado de alférez" [78].

Pero como se relataba en esa historia nacional, cuando se habría manifestado con "más brillo el espíritu de abnegación patriótica de las mujeres argentinas, fué (sic) durante la larga y sangrienta guerra por la independencia [...] Principalmente en las provincias del norte [...] adonde la guerra fué (sic) más terrible y devastadora, las mujeres, inflamadas de un espíritu varonil, ocuparon puestos de combate en las filas, alentando a los soldados

---

de nuestro pan –dice el hombre–. Eso me basta. Denme sólo un pedazo para mi hija. Si no alcanza para mi, no importa. [...]" en *La Escuela Moderna*, p. 52.

77. Enrique M. ANTUÑA, *Moral Cívica... Op. Cit.*, pp. 29-30.

78. *Ibídem*, p. 33.

con la palabra y con el ejemplo, y cuando el caso llegó también supieron pelear y morir por su causa"[79]. Así se destacaba que en los campos de batalla de Ayohuma habían estado presente María, llamada la "Madre de la Patria", acompañada por sus dos hijas para curar y dar de beber a los soldados. La "gallarda presencia" en la defensa del pueblo del Villar de doña Juana Azurduy de Padilla que "acompañó en todas sus correrías a su esposo [...] vistiendo en los combates una túnica escarlata con franjas y alamares de oro y un ligero birrete con adornos de plata y plumas blancas y celestes"[80]. Mujeres valientes como la señora Elena Alurralde de Garmendia casada con el español José I. de Garmendia, a quien acompañó en su causa a favor de la revolución y se convirtieron en rivales de su antiguo amigo el general Tristán. Doña Gertrudis Medeiros, de familia pudiente de Salta, que se plegó a favor de la revolución de Mayo y quien fue "acreedora al puesto más culminante entre las argentinas ilustres [...] agotando su fortuna y comprometiendo, mil veces y de mil maneras su existencia en obsequio de la patria naciente [...]"[81].

Esos ejemplos de las "ilustres patricias", que habían entregado valiosos donativos para la causa, eran la demostración de cómo se podía servir, en una misión sagrada, a la patria. Ese relato histórico, que destacó los hechos y a los personajes que dieron gloria a la patria, recordó a las "grandes mujeres". Mujeres ejemplares, por sus virtudes cívicas, como la señora Gregoria Pérez que le habría dicho a Belgrano, cuando organizaba su ejército para la expedición al Paraguay, "Pongo a la orden y disposición de V.E. mis haciendas, casas y criados [...] para que con ellos pueda auxiliar al ejército de su mando, sin interés alguno"[82]. Del igual modo, se habrían destacado esas "damas argentinas" que costearon fusiles para el gobierno y que podían decir: "Yo armé el brazo de ese valiente que aseguró su gloria y nuestra libertad"[83]. Patricias argentinas como la conocida María Sánchez de Thompson, destacada por su "proverbial lucidez, su cultura, el buen tono que se respiraba en sus salones, en que hablaba de la patria con la voz entusiasta de los tiempos pasados, de los días magnos en que el corazón de los hombres no abrigaba otra aspiración que la libertad de la República"[84]. Del mismo modo se recordaba la figura de Remedios de Escalada de San Martín, "digna matrona que con su enlace contribuyó a los hechos y al lustre del general de los Andes"[85].

---

79. *Ibídem*, pp. 33-34.

80. *Idem.*

81. *Ibídem*, p. 38.

82. Francisco GUERRINI, *Nociones de Instrucción Cívica... Op. Cit.*, p. 30.

83. *Ibídem*, p. 32.

84. José BERRUTTI, *Lecturas Morales e Instructivas... Op. Cit.*, p. 141.

85. *Ibídem*, p. 142. Como dice simpáticamente el autor: "El viejo Escalada quizá entrevió en aquel soldado, la pasta de un gran general, y no tuvo inconveniente en aceptar los galanteos a su hija, a pesar de la diferencia de edad entre ambos, de casi veinte años. Ella, niña, no muy alta, delgada y de poca salud; él, de edad proyecta, estatura atlética, robusto y fuerte como un roble. Los Escalada necesitaban un militar en su círculo, y ninguno mejor para ser incorporado que este veterano valiente y pundonoroso.

Pero si estas mujeres, de un modo u otro, aparecían en los textos de Historia Nacional y de Instrucción Cívica, en los que generalmente se destacaban a esas damas patricias que se sumaron a la causa patriótica, otras menos conocidas fueron citadas en textos no oficiales. Así el profesor Aubín publicó una serie de anécdotas sobre la historia argentina en la que aparecían personajes femeninos como: Doña Loreto Sánchez que se habría disfrazado de vivandera para vender bollos y pan a los soldados españoles y así "transmitirle a Güemes el número exacto de los soldados españoles que había en Jujuy".[86] O figuras más llamativas, y por cierto absolutamente desconocida, como Juana "la Dragonera" que en los tiempos de la guerra civil acompañó a su esposo, soldado del regimiento de dragones. La tal Juana, según el autor, cargaba un enorme sable con el que defendió a toda la tropa al ser atacada por el ejército artiguista. La amazona que "con varonil arresto lucía" el sable, fue reconocida por el Director Supremo, Juan Martín de Pueyrredón, mandando que "revistase como plaza en el regimiento de dragones [...] y que se dieran las gracias por su valeroso comportamiento"[87].

Se puede decir, entonces, que fueron ocasionales, y en algunos casos a modo de anécdotas, las referencias el papel de las mujeres en la historia[88]. Y cuando se trajo a conocimiento de los escolares aquellos ejemplos de virtud ciudadana fue precisamente en los episodios en los que el país estaba en guerra. Allí la mujer era una más, aunque siempre desde un segundo plano, para defender hasta portando armas la seguridad de la patria. En tiempos de paz, en aquellos donde reinaba el orden y la tranquilidad, ella era convocada para servir a la patria para proveer, como madre, de buenos ciudadanos a la república.

A partir de lo dicho, es posible una reflexión sobre las razones que llevaron a esa persistente reproducción del discurso escolar sobre el lugar, los deberes y obligaciones que se le reservaba a la mujer en aquella sociedad. Una primer acercamiento a esos comentarios sugieren la reafirmación de las conductas que las unas y los otros debían internalizar para reproducir el

---

San Martín, vinculándose a esa familia, conquistaba posición y atraía a sus filas un cuadro de oficiales [...] que daban brillo y harían honor al regimiento que empezaba a formar". *Ibidem*, p. 143.

86.   José María AUBIN, *Anecdotario Argentino*. Octava Edición, Buenos Aires, Angel Estrada y Cía. 1910, p. 93.

87.   *Ibídem*, p. 105.

88.   Sin embargo, a pesar de estas referencias ocasionales se ha demostrado que las mujeres en aquellos años –como se dijo en algún momento– tuvieron mayores libertades de movimiento y opinión que a fines del siglo XIX. Al respecto, ver el conocido trabajo de Lucía GALVEZ, *Las mujeres y la patria*. Buenos Aires, Editorial Punto de Lectura. Un trabajo reciente que muestra la iniciativa que han tomado diversas investigadoras en rescatar del olvido el nombre de muchas de esas mujeres que condujeron y participaron en las acciones de guerra, discutieron estrategias y asumieron consecuencias como la tortura y la muerte es el de: Berta WEXLER, *Juana Azurduy y las mujeres en la revolución Altoperuana*. Rosario, Centro de Estudios Interdisciplinarios sobre Estudios de Mujeres.

modelo de la sociedad patriarcal. En una segunda lectura, se revelan otros aspectos que pueden iluminar las razones de esta recurrencia y la obsesión por volver a estos lugares comunes una y otra vez. En una sociedad aluvional como aquella, las expectativas volcadas a favor de la inmigración y el papel particular que le habían adjudicado a las mujeres de otras latitudes era el de contribuir al basamento de la civilización. El presente de aquel tiempo revelaba otra realidad. La mujer inmigrante de clase baja de la Europa del sur llegó a convertirse en el símbolo del fracaso de aquel ideal civilizador. A ella se le adjudicaba la responsabilidad de los males sociales. Según lo denunciaban algunas voces de la elite, la prostitución[89], la inclinación por la búsqueda de placeres y dinero y la actividad anarcosindical de algunas atrevidas que desafiaban las buenas costumbres eran signos evidentes de la degradación. Se transformaron en una amenaza que había que erradicar y contrarrestar con toda contundencia. En ese sentido, utilizaron a la institución escolar para reafirmar lo que nunca debió haber sido cuestionado: mujer sinónimo de madre y esposa dedicada, dócil y amorosa con su familia. En todo caso, como ya ha sido dicho, si había un lugar público para ella no era más que la prolongación de su actividad doméstica al ámbito del aula.

Esa inédita presencia de la mujer, ante ese contexto de sobresalto y temor, fue diagnosticada como uno de los síntomas más del desorden social. Claro está que allí nuevamente fue señalada la escuela como una de las responsables de esa preocupante realidad. Esa educación de las niñas, que otrora fuera declamada y defendida como uno de sus logros más sobresalientes, a las puertas del siglo XX provocó inquietud ante su significativa presencia en las aulas. Para muchos, ese era un primer escalón para esa ascendente proyección social de la mujer. Nuevamente se habló de la inestabilidad social ante ese desafiante universo femenino que ponía en riesgo la virilidad de las costumbres y el cuerpo de la nación. Esa fue una de las cuestiones expuestas por el Ministro Saavedra Lamas para avivar la angustia de más de un temeroso. Cuando presentó su reforma educativa la defendió diciendo que era un modo de garantizar que los niños volvieran a la escuela, gracias a una educación más práctica y "viril". Ese ciclo no obligatorio de las Escuelas Intermedias, orientado a los varones, era la forma de "restablecer un necesario equilibrio social". Como dijo en el recinto legislativo:

> "La civilización que queremos arraigar en nuestro suelo requiere ante todo acción de manos viriles y el acrecentamiento de nuestras riquezas, la expansión de nuestra producción, el mayor desarrollo de la energía argentina, debe ser esfuerzo masculino en su necesaria obstinación, en

---

89. Un trabajo que trata la prostitución en una sociedad que era percibida con mayores índices de violencia y de desviaciones en el comportamiento sexual de la mujeres es el de: Donna GUY, *Sex and Danger in Buenos Aires: Prostitution, Family, and nation in Argentina*. University of Nebraska Press, Lincoln, 1990. Un aporte reciente sobre el tema en un espacio de frontera es el de: Karina CARREÑO, *Noches alegres... muchachas tristes. La prostitución legal en Tandil (1870-1910)*. Tandil, Dirección de Cultura, 2005.

su vigor y en su potencia. Se bien que se relaciona con este concepto la ausencia anticipada, en los bancos de nuestras escuelas primarias, de un número excesivo de niños, en razón precisamente de las necesidades de las familias, que los destinan a la absorción de los talleres o a los oficios callejeros para el aprovechamiento de sus salarios mínimos, y por eso la obligatoriedad de la enseñanza se cumple mejor con el sexo débil; pero no habreis de suponer que no tribute mi preocupación al grave problema social que comporta la situación de la mujer en nuestro medio, y al deber que significa para el Estado la mayor difusión de la cultura femenina.

Es necesario, sin embargo, contemplar el problema reconociendo la existencia de una desproporción cada día más alarmante. Es sobre todo en las ciudades, ha dicho uno de nuestros educadores, donde los niños varones requieren una instrucción más viril.

Las comodidades fáciles y complicadas; la desvinculación casi completa con la naturaleza; las diversiones abundantes; el papel amplísimo y descollante de la mujer en la vida urbana, son causas de afeminación bien conocidas. [...]

No se trata de combatir de una orientación ni de destruir una noble tendencia; se trata simplemente de restablecer un necesario equilibrio social" [90].

La subjetividad de las palabras que denunciaban el "afeminamiento de la sociedad", no dejan de mostrar esa nueva escena social que se instaló en la Argentina de principios del siglo XX. Algunas mujeres tuvieron otras oportunidades en el marco de ese escenario y, la escuela pública, habría tenido su cuota de responsabilidad en ese cambio. El ámbito en el cual se reproducía el modelo de una sociedad tradicional con su clara diferenciación de roles para ellos y ellas, habría llegado a mostrar, según el preocupado ministro, "la notable desproporción, a favor de las mujeres, con que he observado la diferencia de los sexos en nuestros desfiles escolares"[91].

Esa educación que reproducía un modelo de sociedad que limitaba a la mujer en su ejercicio de la ciudadanía, al mismo tiempo, le dio indiscutiblemente nuevas herramientas para proyectarse en la sociedad. En todo caso lo que se denunciaba, era que esa escuela brindó un tipo de educación que retenía más a las niñas que a los varones, lo cual hace posible otra reflexión. Si bien es cierto que se pensó en una escuela que reprodujera y diera sustento a la división de roles en función del sexo, lo interesante es que no se las privó de una instrucción de carácter general, en tanto debían poseer una información adecuada y pertinente que las liberara de las tinieblas de la ignorancia.

Ahora bien, más allá de si la escolarización brindó más oportunidades que antes a las mujeres para ingresar a la plaza pública y reclamar por su condición de ciudadanas, esta cuestión merece algunas reflexiones finales

---

90.   SAAVEDRA LAMAS, *Reforma de la enseñanza pública, 1916... Op. Cit.*, pp. 122-123.
91.   *Idem.*

que compartimos con las lectoras y lectores y sobre las que hay que seguir trabajando. En primer lugar, sin lugar a dudas es que ese discurso educativo, tuvo un mayor alcance que otros discursos, como el médico, jurídico y también el religioso, en esa intención de transmitir un modelo de familia y de domesticidad deseable. Como ha sido estudiado, al cabo del tiempo ha logrado imponerse más allá de las transgresiones y desbordes en las prácticas sociales. Pero en ese recorrido histórico al mismo tiempo que no se pueden desconocer las otras formas de vivir la intimidad que convivieron y, de hecho conviven, en la realidad social, resultan más que sugerentes las estrategias y reclamos de los propios sujetos sociales por concretar ese horizonte deseable de convivencia en el espacio doméstico[92].

En segundo lugar, se ha dicho incansablemente, y se continuará explorando en las producciones de los distintos campos disciplinares de las ciencias sociales, que ese modelo de convivencia íntima sometió a la mujer a la dominación de la autoridad del varón. Y esta cuestión no merece ningún tipo de discusión. Pero también es cierto que, detrás de esa sujeción de la mujer se delinearon sutiles estrategias para lidiar con esa dominación. Aún más, en toda sociedad y, particularmente en esa, pudo construir su *más* femenino. Es decir, su autoridad como un producto relacional y a partir de esa condición singular de lo femenino[93]. En tanto madre y maestra, la mujer fue la figura más próxima a la primera infancia. La "reina del hogar" encontró, dentro del espacio doméstico, un ámbito para desplegar el control de los afectos, las emociones y sentimientos que postergó a un inevitable segundo plano al varón en su rol tradicional de educador[94]. El hogar recreado como modelo de

---

92. Efectivamente ese modelo de familiar, consagrado por la ley y las "buenas costumbres", presentó claras distancias con las prácticas al interior del ámbito privado. Esas múltiples formas de vivir esa intimidad ha sido estudiada, en tiempos precedentes al que trabajamos, entre otros, por: Ricardo CICERCHIA: "Vida familiar y practicas conyugales. Clases populares en una ciudad colonial, Bs. As., 1800-1810" en *Boletín Emilio Ravignani*, 1° semestre de 1990. Ricardo CICERCHIA, "Familia: la historia de una idea. Los desórdenes domésticos de la plebe urbana porteña, Bs. As. 1776-1850", en Catalina WAINERMAN (Comp.) *Vivir en Familia*, UNICEF/Losada, 199. María Alejandra FERNÁNDEZ, "Familia en conflicto: entre el honor y la deshonra" en *Boletín Emilio Ravignani* N° 20, 1990. Para el caso de la comunidad de Lobos, José MATEO, "Bastardos y concubinas. La ilegitimidad conyugal y filial en la frontera pampeana bonaerense (Lobos, 1810-1869) en *Boletín Emilio Ravignani N° 13*, 1996. Un trabajo reciente en el que se analiza el reclamo de los sectores populares, ante los estrados judiciales, por el reconocimiento de los derechos de los hijos desheredados y excluidos –signados por su condición de ilegítimos– para acceder a ese modelo familiar considerado deseable y, al mismo tiempo la respuesta que el peronismo dio a esos reclamos de inclusión en 1954 con la figura legal de "hijos extramatrimoniales" es el de: Isabella COSSE, *Estigmas de nacimiento. Peronismo y orden familiar 1946-1944*. Buenos Aires, Universidad de San Andrés-FCE, 2005.

93. Esta noción del más femenino como autoridad, producto de la cualidad simbólica de lo femenino y, por cierto, distinta a la noción de poder ha sido trabajada por: Lia CIGARINI, *Pensieri suscitati dalla lettura della Civitá della Conversazione di Benedetta Craveri*, Via dogana, 60 (marzo 2002) 18-19 [Trad. "Duoda" 23 (2002), 167-171].

94. Sobre la reconstrucción en el tiempo de los afectos, la sexualidad y el amor se hace una sugerente aproximación en el ensayo de Dominique SIMONNET, *La Más Bella Historia*

familia hizo emerger estilos íntimos de interacción familiar, con apasionadas rarezas. La autoridad del padre estaba en crisis ante la "maternalización" de la célula familiar. La transformación de la sexualidad, la revolución del sentimiento y la mirada puesta sobre el niño y la mujer al interior de la familia generó un ordenamiento inédito de las relaciones de alianza. De hecho el mundo del complejo de Edipo no había más que desplazado la autoridad del padre en su directa relación entre madre e hijo[95]. Como explica sugerentemente Rudinesco, "en lugar de reducirse a su papel de esposa o madre, la mujer se individualizó a medida que el acceso al placer se distinguía de la procreación. En cuanto al niño, se proyectó en una identidad diferente de la de sus padres. A partir de ello la autoridad paterna sólo pudo ejercerse en una coparticipación consentida que respetaba el lugar de cada uno de los miembros ligados por la institución matrimonial"[96]. En esas circunstancias, es posible comprender la angustia y el temor de aquellos que denunciaron el arrogante "espíritu varonil de más de una mujer"[97].

---

del Amor. Buenos Aires, FCE, 2004.

95.   Sobre esta cuestión un trabajo renovado es el de: Peter GAY, *Schnitzler y su tiempo. Retrato cultural de la Viena del siglo XIX.* Paidós, Buenos Aires, 2002, p. 63.

96.   Elizabeth RUDINESCO, *La familia en desorden.* FCE, Buenos Aires, 2002, p. 108.

97.   Esta crisis de la masculinidad es analizada en: Elisabeth BADINTER, *XY La identidad masculina.* Alianza Editorial, Madrid, 1993. Un planteo novedoso sobre la reacción de los intelectuales autoritarios argentinos frente a cla inquietante presencia de la figura femenina es el de: Olga ECHEVERRIA, "Los intelectuales antidemocráticos argentinos en las primeras décadas del siglo XX: la exclusión de género como una de los fundamentos de la definición autoritaria" en *Revista Signos Históricos,* Iztapalapa, UAM, 2005.

Reflexiones finales

Nicolás Avellaneda, en su carácter de Ministro de Instrucción Pública, expresó:

> "Nuestra Constitución que no distingue clases, que reconoce a todos indistintamente la participación en los mismos derechos tantos civiles como políticos, reposa sobre la aptitud colectiva del pueblo, llamado a realizar el gobierno por ella establecido [...]. Así hay un interés supremo para la nación, es una condición vital para su mantenimiento el que la educación desenvuelva en el pueblo mismo la aptitud para el ejercicio de sus derechos y para la práctica de sus deberes, no deteniéndose en la superficie, sino generalizándose hasta que no haya un sólo hombre excluido de sus beneficios" [1].

Esta voz, esta opinión, este acto del habla fue el producto de un clima ideológico que consideró a la educación como un instrumento civilizador. Las palabras del ministro, y sus argumentos, encontraban un auditorio propicio. Los dirigentes adhirieron a aquel mandato republicano de educar al ciudadano para que ejerciera sus derechos y cumpliera con sus responsabilidades. Los individuos capacitados conformarían el pueblo soberano que adquiría, entonces, esa necesaria connotación política positiva. Inspirados, en las políticas educativas de los Estados occidentales, los dirigentes argentinos asociaron el orden y la estabilidad de la república a la extensión de la alfabetización. Desde ese punto de vista, la consagración del derecho a la educación para "todos los niños y niñas de la república" fue mucho más que una mera declamación. Más allá de los logros relativos, fue reconocida como un derecho social de la ciudadanía, que no sólo implicaba el derecho

---

1. *Memoria* (1869), Taller Tipográfico de la penitenciaria Nacional, 1900, p. VII.

de un niño a ir a la escuela sino también, el derecho de un ciudadano adulto a ser educado.

Como se ha buscado mostrar, el modelo de comportamiento cívico, producto de una construcción histórica[2], no se limitó a la constitución de un ciudadano consciente de sus derechos y deberes políticos, capacitado para elegir y ser elegido[3]. El contrato social que se instauró con la Constitución de 1853 había reconocido los derechos políticos y civiles a todos los varones adultos y, en ese sentido, la escuela no hizo más que reproducir ese marco de legalidad. Es evidente que con esa escolarización se aspiró a disciplinar la fuerza de trabajo, generar la identidad nacional e imponer el orden social y la estabilidad política. Tal como los propios actores transmitieron en sus palabras, la modernización exigía la difusión de una gama de comportamientos, hábitos, gestos, modos y actitudes que comprendían esos aspectos pero también los superaban. La socialización política anhelada procuró transmitir una educación de carácter integral que desarrollara las potencialidades intelectuales, físicas y morales del individuo. Como se esperaba, esa formación de carácter holístico entregaría a la nación "hombres sanos, trabajadores, honestos, fieles a la patria"[4]. Por eso, el fin último de la misión política con la que se revistió a la escuela era el de difundir su mensaje *civilizador* para generar un nuevo orden social.

Como se ha destacado, los estudios que analizaron la implementación de la Ley 1420 remarcaron su vocación centralista y verticalista. Y es aquí donde habrá que evitar caer en anacronismos. Los Estados Nacionales tuvieron como tarea conformar la comunidad de intereses y consagrar la ciudadanía republicana. Esos fueron los desafíos de la modernización política y cultural. De allí el carácter democratizador de esas políticas educativas con sus alcances y con los límites propios de ese contexto. Aunque las políticas estatales tomaron la iniciativa y avanzaron sobre las instituciones escolares particulares y provinciales, la comunidad no estuvo ausente, tal como se procuró dar cuenta en algunos pasajes de este trabajo.

Detrás de estas consideraciones nuevamente surgieron aspectos como los de entender la naturaleza del Estado, los fundamentos del poder social y la relación con la sociedad civil. Suponer que aquel Estado, de fines del siglo XIX y principios del siglo XX, pudo imponer sin más su voluntad homogeneizadora distorsiona la comprensión de la complejidad de lo social. Las propias fuentes oficiales –que de hecho son las que predominan en este trabajo– dan cuenta de las distancias que se registraron entre aquello que se ideó y su puesta en marcha. Aún más, los estudios regionales que focalizan su objeto de interés en las distintas realidades educativas del país en ese período no hacen más que mostrar la diversidad en el marco de un proceso educativo

---

2.   Cf. La ciudadanía como un producto histórico ha sido analizada en F. ESCALANTE GONZALBO, *Ciudadanos imaginarios*. México, El Colegio de México, 1992.

3.   Pierre ROSANVALLON, *La rivoluzione dell'uguaglianza*. Milán, Anabasi, 1994.

4.   Pablo PIZZURNO, *El Educador... Op. Cit.*, p. 223.

común. Esta es la deuda que deja pendiente esta investigación y sobre la que se deberá seguir trabajando. La revisión sobre los aspectos macropolíticos de este proyecto exige que se indague, en la medida que el acceso a fuentes de información lo permitan, las cuestiones micro donde se recuperen la acción de los sujetos sociales, la conformación de las relaciones de autoridad al interior de la institución y los lazos con la comunidad. En definitiva, captar la dinámica propia de la cotidianeidad escolar que no necesariamente se ajusta a la voluntad de las políticas educativas.

Ahora bien, si algo aparece como tema recurrente en estas páginas es que las autoridades percibían que lo social desbordaba aquello que habían prescripto. Entonces, ¿se puede afirmar que sus resultados fueron de mediano alcance? Este interrogante, plantea otro tema de discusión y que de ningún modo se espera cerrar con este trabajo. A lo largo de la investigación se han recuperado voces disonantes y sensibilidades diferentes a la hora de evaluar aquella experiencia educativa. Algunos se mostraron entusiastas mientras que otros hablaron de fracaso. Las palabras encontradas, y las oscilantes evaluaciones, fueron constantes desde el mismo momento en que se ideó ese modelo educativo. Y este ha sido uno de los aspectos más significativos a la hora de reconstruir aquellas políticas. El discurso hegemónico que inspiró ese modelo de escolarización presentó quiebres, reconsideraciones y disonancias producto de la dinámica de lo político, de los debates ideológicos en torno a la definición de un perfil de ciudadanía y de la emergencia de una escenario educativo que no siempre estuvo a tono con lo proyectado. La pretensión de imponer un modelo cultural e ideológico se encontró con los límites propios de toda acción que pretende dominar. La sociedad civil receptó y se apropió de aquello que cubría sus expectativas provocando el consecuente replanteo de los propósitos y objetivos de esa escuela pública, laica y obligatoria.

Por eso, al evaluar este proceso es oportuno no ser terminantes con las afirmaciones. No se está en presencia del fracaso ni del éxito rotundo de aquella empresa alfabetizadora. Si se comparan los datos censales recabados con otras realidades sociales de aquellos tiempos es dable hablar de logros más que evidentes. No en vano ese modelo de escolarización sigue siendo una referencia insoslayable de la tradición educativa del país e, incluso, para otras experiencias Latinoamericanas.

Que consiguió imponer un modelo de ciudadanía en ese horizonte de lo deseable no caben dudas. Aún reconociendo los desvíos y desbordes propios de la acción de los sujetos sociales, tanto ellos como ellas tuvieron presentes esos modelos de comportamientos que se transmitieron incansablemente en las aulas. Es más, esos valores fueron un parámetro para juzgar las conductas de los otros. Con el paso de los años, aquellos hábitos, gestos y actitudes proyectados fueron aprehendidos, reproducidos y adaptados por quienes hicieron su pasaje por la institución escolar.

Si aquella titánica tarea no condujo a una reducción drástica de los índices de analfabetismo, su mayor acierto estuvo en lo que promovió. Al tiempo que contribuyó en la imposición de un determinado orden, la educación pública se convirtió en uno de los factores más dinamizadores de aquella sociedad. Eso, sin lugar a dudas, fue lo que alimentó el debate y la irritabilidad de muchos. Como se decía al comienzo, se ha dicho que el éxito de esa política se debió a la eficacia con la que el Estado pudo imponer su dominación sobre la sociedad. A partir de lo que se ha visto, puede sugerirse otra conclusión. Por qué no pensar que su éxito radicó, más que en la eficacia de las políticas estatales, en el hecho de que la propia sociedad abrazó ese proyecto democratizador. Tal parece que, su intención democratizadora fue mucho más que un mero ejercicio retórico.

Esa educación que sumergía a los pequeños lectores y lectoras en las conmovedoras aventuras literarias de autores como Edmundo D'Amici y su popular, y por cierto también controvertido, libro *Cuore*, quedó sellada en la percepción de la comunidad como la que ofrecía otros horizontes para sus hijas e hijos. La resistencia a ese tipo de educación que alentaba las fantasías de muchos a continuar sus estudios superiores fue mucho más que un presagio. Por cierto, allí estaban como prueba incontrastable muchas de esas niñas que llegaron al magisterio para dar cuenta de que la educación fue uno de los principales recursos de los que se valieron para proyectarse en la sociedad.

Por qué no decirlo, esa tradición y la memoria colectiva contribuyeron a la invención de esa escuela ideal a la que volvemos recurrentemente apostando por su capacidad transformadora. A modo de confesión y guiño cómplice con quienes pacientemente leyeron estás páginas, reconozco que esa convicción fue la que inspiró esta investigación.

FUENTES PRIMARIAS

A. Fuentes manuscritas:

A.1. Archivo General de la Nación

- Archivo y Colección Julio Argentino Roca. Legajo N° 30.

- Archivo y Colección Juárez Célman. Legajo N° 24.

- Archivo y Colección Dardo Rocha: Actividad Educativa: Legajo N° 290. Hacienda y Educación: Legajo 189.

- Archivo del Doctor Angel Farini. Original de artículos de Sarmiento para el diario "El Nacional".

- Colección de Documentos. Discursos y artículos. Notas. Legajo N° 22.

- Fondo Instituto Mercantil de la Provincia de Buenos Aires. Libro de Actas.

- Correspondencia particular de Domingo Faustino Sarmiento. Apuntes de Mariano de Vedia y Mitre. Documentos N° 7764-7995.

- Cuadernos Escolares. Legajo N° 91.

- Gobierno de Buenos Aires: solicitudes, educación. Legajo N° 189.

- Asociaciones Culturales. Legajo N° 298.

- Asociaciones Culturales. Legajo N° 299.

A.2. Escuela Normal Superior "Don José de San Martín". Tandil.

- Libros Copiadores (1911-1916)

- Actas de Asambleas de Profesores (1911-1916)

- Registro de alumnos (1911-1916)

B. Fuentes impresas

B.1. Publicaciones Oficiales:

I. *Biblioteca del Congreso de la Nación*

- Diario de Sesiones de la Cámara de Diputados (1870-1916)

- Diario de Sesiones de la Cámara de Senadores (1870-1916)

II. *Ministerio de Educación de la Nación: Biblioteca del Maestro*

- El Monitor de la Educación Común (1880-1916)

- Memoria del Ministerio de Justicia, Culto e Instrucción Pública (1870-1916)

- Varios: resoluciones, programas y planes de estudio.

- Argentina. Leyes: "Reglamento de la Escuela Normal de Maestros", 1874.

- ESTRADA, José Manuel, *Memoria sobre la educación común en la provincia de Buenos Aires*. La Plata, 1869.

- Bartolomé MITRE, *Medallas de Vernón*.

- MITRE, Bartolomé, *Arengas Selectas*.

- SARMIENTO, Domingo, *Actas del Consejo Nacional de Educación*, 1881.

- SARMIENTO, Domingo, *Informe II de Estado de la educación común durante el año 1878*. La Plata, 1879.

III. Biblioteca Nacional de España (Madrid)

- BERRA, Francisco, *Código de Enseñanza primaria y normal de la Provincia de Buenos Aires*. Talleres de Publicaciones del Museo, La Plata, 1898.

- Censo Escolar Nacional fines de 1883, principios de 1884. CNE. Benjamín Zorrilla. Buenos Aires, 1884.

- Censo General de la Nación de Educación, 23 de marzo de 1909. Talleres de Publicación de la Oficina Meteorológica Argentina, 1910.

- Circular de la Comisión Nacional de Escuelas de los Directores de la Educación Común.

- Congreso Pedagógico Nacional 1912. Conclusiones aprobadas y crónicas de trabajo. Córdoba, Argentina, 1917.

- COSTA, Eduardo, *Informe del Departamento de Escuelas al Gobierno de la Provincia de Buenos Aires, correspondiente a los años 1870, 1871, 1872*. Imprenta del Siglo, Buenos Aires, 1872.

- Estudios preparatorios. Buenos Aires, Imprenta Americana, 1874.

- QUIROGA, Pedro, *Educación Común: compilación de las doctrinas*. Imprenta Americana, 1871.

- RAMOS, Juan, *Historia de la Instrucción primaria en la República Argentina (1810-1910)*. Buenos Aires, Imprenta Jacobo Peuser, 1910.

- SAAVEDRA LAMAS, Carlos, *Reformas Orgánicas en la Enseñanza Pública: sus antecedentes y fundamentos*. Buenos Aires, Imprenta Jacobo Peuser, 1916.

- ZORRILLA, Benjamín, *Informe presentado al Ministerio de Instrucción Pública*: "Educación Común en la Capital, Provincias y Territorios Nacionales". Buenos Aires, 1892.

IV. Academia Nacional de la Historia

- Archivo Histórico Fundación de escuelas públicas en la provincia de Buenos Aires durante el gobierno escolar de Sarmiento, 1856, 1861, 1875, 1881. Advertencia de Ricardo Levene. La Plata, 1939.

- Consejo Nacional de Educación: digesto de Instrucción primaria. Leyes, decretos y resoluciones vigentes. Buenos Aires, 1908.

- Corrientes. Leyes y Decretos: "Ley de Educación Común de la Provincia de Corrientes", 1876.

- Ministerio de Justicia e Instrucción Pública. "Páginas de Avellaneda sobre educación". Recopilación y notas: Ismael Bucich Escobar. Buenos Aires, 1935.

- Museo Histórico Sarmiento, Buenos Aires, 1939.

- SARMIENTO, Domingo, *Educación Común*. "Memoria presentada al Congreso Universitario de Chile sobre estas cuestiones". Imprenta del Nacional, Buenos Aires, 1855.

- SARMIENTO-MITRE, *Correspondencia 1846-1868*. Museo Mitre, Buenos Aires, 1911.

B.2. Periódicos

I. Biblioteca Nacional de Argentina (Buenos Aires)

- *La Prensa* (1880)

- *El Nacional* (1880)

- *La Unión* (1880)

- *La Nación* (1870-1885)

- *La Tribuna* (1880-1889)

II. Biblioteca Popular Bernardino Rivadavia (Tandil)

- *La Nación* (1885-1916)
- *El Eco de Tandil* (1882-1900)

B.3. Libros, artículos, obras literarias

I. Ministerio de Educación de la Nación: Biblioteca del Maestro

- ANTUÑA, Enrique M., *Moral cívica.* Cabaut & Cía. Editores, 2º Edición, Buenos Aires, 1905.

- AUBIN, José Manuel, *Los Cuentos de la Abuelita.* Libro II. Buenos Aires, Angel Estrada y Cia., 1912.

- AUBIN, Juan Manuel, *Cosas de niños. Libro Primero de Lecturas.* Buenos Aires, Angel Estrada, XIII Edición.

- AUBIN, José Manuel, *Historia Nacional.* Libro de 4º Grado. Editorial Angel Estrada y Cía., 1908.

- AUBIN, José Manuel, *Anecdotario Argentino.* Buenos Aires, Editorial Angel Estrada y Cía, 1910. (8º edición).

- AVELINO, Ramiro, "Sueldos de maestros de instrucción primaria y protección de sus familias", 1905.

- BARRAN, Tomás, *Libros de moral práctica o colección de preceptos y buenos ejemplos.* Hachette, 1887.

- BELTRAN, Juan, *Educación Cívica Primaria. Lecciones cortas sobre moral.* Buenos Aires, Imprenta Pelerano, 1922 (1º edición 1916).

- BERRUTTI, José, *Lecturas Morales e Instructivas.* Buenos Aires, Angel Estrada y Cía. Trigésima edición.

- BUNGE, Octavio, *Nuestra América (ensayo de psicología social).* Buenos Aires, Valerio Abeledo, 1905.

- BUNGE, Octavio, *La Evolución de la Educación. Tratado General de Pedagogía.* La Cultura Argentina, 1920.

- COMPAYRE, Gabriel, *La educación intelectual y moral.* Editorial Bouret, París, 1908.

- COMPAYRE, Gabriel-Ricardo RUBIO, *La evolución intelectual y moral del niño.* Madrid, 1905.

- CORREA, Guillermo, *Moral cívica y política.* Buenos Aires, Ediciones Cabaut, 1910.

- COTTA, Juan Manuel, *Ejemplos. Lecturas morales para formar el carácter de los niños.* Buenos Aires, Cabaut y Cía Editores, 1916.

- ECHEVERRIA, Esteban, *Manual de Enseñanza moral para las escuelas primarias.* Obras de Escuela, 1886.

- ESTRADA, José Manuel, *Discursos (1862-1890).* Buenos Aires, 1915.

- EZQUER, A.E., *Curso de moral cívica y política.* Buenos Aires, Sucesor de Félix Lajouane, 1910.

- MARTINEZ, Benigno, *Nociones de Historia Argentina.* Buenos Aires, Igón Hermanos Editores, 1888.

- DIEZ MORI, S., *Conversaciones instructivas dedicadas a los niños.* Buenos Aires, La República, 1879.

- FERREYRA, Andrés, *El nene: libro primero.* Obra adaptada por el CNE. Buenos Aires, Angel Estrada, 1895.

- GARCIA AGUILERA, Vicente, *El Tesoro de las niñas.* Córdoba, Tipografía La Velocidad, 1894.

- GAMBON, Vicente, *Lecciones de Historia Argentina.* Buenos Aires, Angel Estrada y Cía. Tomo II, XVII edición.

- GARCIA PUBON, Juan, *La moral en ejemplos históricos.* Editorial D. Appelton, 1897.

- GAUPP, Roberto, *Psicología del Niño.* Buenos Aires, Editorial Labor S.A., II. Edición, 1927.

- GOYENA, Pedro, *Obra Selecta.* Prólogo Julio Noé. Buenos Aires.

- GROSSO, Alfredo, *Nociones de la Historia Nacional para los niños.* Buenos Aires, 1913.

- JARA, Juan, *El espíritu moderno en la enseñanza de la historia y el programa que lo traduce.* Buenos Aires, Penitenciaría Nacional, 1905.

- *La Escuela Moderna. Serie elemental de Instrucción Primaria. Lecciones cortas sobre moral.* Buenos Aires, Cabaut y Cía. Editores, 1915. 5° Edición (s/a)

- LAMADRID, Esteban, *Nociones Prácticas de moral.* Buenos Aires, Lajouane, 1888.

- LAMAS, Alejandro, *Lecturas sobre moral, higiene y economía doméstica.* A. Barreiro y Ramos, 1909.

- LAVISSE, Ernesto y Juan TUFRO, *Nociones de historia general: 5° y 6° grado.* Buenos Aires, Félix Lajouane, 1888.

- LEGOUVE, M. y N. GAY, *Historia de las moral de las mujeres.* Barcelo 1860.

- LOPERENA, Pedro, *¿Cómo el Estado forma a sus maestros?.* Buenos Aires, 1921.

- LOPEZ de NELSON, Ernestina, *Segundo libro de lectura.* Casa Editora Coni, Buenos Aires, 1926.

- MARTINEZ, Francisca, *Lecciones de Moral.* Buenos Aires, Igón, 1896.

- MERCANTE, Víctor, *La crisis de la pubertad y sus consecuencias pedagógicas.* Buenos Aires, Ediciones Cabaut y Cía., 1918.

- MITRE, Bartolomé, *Obras Completas.* Buenos Aires, Kraft, 1942.

- MÜNSTERBERG, Hugo, *La Psicología y el Maestro.* Madrid, Daniel Jorro Editor, 1911.

- ORTEGA, Enrique, *Compendio de Instrucción Cívica.* Buenos Aires, Editorial Igón, 1897.

- OTERO MENDOZA, Gabriel, *Instrucción Moral y Cívica.* Buenos Aires, Consejo Nacional de Educación, Buenos Aires, 1901.

- PELLIZA, Mariano, *El Argentino.* Texto de lectura. Buenos Aires, Angel Estrada y Cía, 1905.

- PELLIZA, Mariano, *Historia de la Organización Nacional. Urquiza-Alsina-Mitre (1852-1862).* Buenos Aires, Editorial Lajouane, 1897.

- PESTALOZZI, Juan (1801), *Como Gertrudis enseña a sus hijos.* Porrúa, México, 1980.

- PHELPS, Williams, *Manual del Maestro.* Minnesota, 1889.

- PIZZURNO, Pablo, *Consejo a los maestros (cómo se forma al ciudadano).* Buenos Aires, Establecimiento Tipográfico El Comercio, 1906.

- PIZZURNO, Pablo, *El libro del Escolar.* Libros de lectura. 1° Libro. Buenos Aires, Cabaut Editores, 1935.

- PIZZURNO, Pablo, *El libro del Escolar.* 3° Libro Aprobado para los grados elementales, Buenos Aires, Aquilino Fernández e Hijo Editores, 2° edición 1921.

- PIZZURNO, Pablo, *El educador Pablo Pizzurno. Recopilación de Trabajos.* Buenos Aires, Consejo Nacional de Educación, 1938.

- PORTNOY, Antonio, *La Instrucción Primaria desde 1810 hasta la sanción de la Ley 1420.* Buenos Aires, Talleres Gráficos del Consejo Nacional de Educación, 1937.

- QUIROGA, Clodomiro, *Derecho constitucional: manual del ciudadano.* Buenos Aires, Editorial Real, 1901.

- QUIROGA, Clodomiro, *Manual del Ciudadano: texto abreviado para el uso de las escuelas.* Buenos Aires, La Unión, 1878.

- QUIROGA, Clodomiro, *Manual del ciudadano: o sea instrucción cívica para uso de las escuelas.* Buenos Aires, 1899.

- RIVAROLA, Rodolfo, *Ideas y deberes de educación. Discursos.* Buenos Aires, Universidad de La Plata, 1918.

- RIVAS, Pedro, *Lecturas Históricas. Principales efemérides argentinas.* Barcelona, Imprenta de los Sucesores de N. Ramírez y Cía., 1884.

- ROMERO BREST, Enrique, *Los batallones escolares. Su origen. Sus condiciones científicas. Sus defectos.* Buenos Aires, Talleres Gráficos de la Penitenciaría Nacional, 1914.

- ROUSSEAU, Jean Jacques, *Emilio o de la Educación.* Madrid, Alianza Editorial, 1998.

- SAINT-AUBIN, L, *Traité de l'opinion.* París, Tomo III, 1741.

- SASTRE, Marcos, *Anagnosia. Método para enseñar a leer en pocos días demostrado por la práctica en las escuelas públicas y particulares.* Edición N° 45, Buenos Aires, Librería Nouvelle, 1899.

- SARMIENTO, Domingo, *Educación Popular.* Buenos Aires, Biblioteca Argentina, Librería La Facultad, 1915.

- SARMIENTO, Domingo, *Prospecto de un establecimiento de educación para señoritas.* Reimpresión facsimilar. Introducción de Víctor M. Bodano, Paraná, 1942.

- SENET, Rodolfo, *Apuntes de pedagogía, adaptados al 1er año normal.* Buenos Aires, Ediciones Cabaut y Cía., 1911.

- SISSON, Enrique Domingo, *Moral patriótica.* Buenos Aires, 1910.

- VERGARA, Carlos, *Educación Republicana.* Santa Fe, Imprenta José Bernales, 1899.

- VERGARA, Carlos, *Nuevo mundo moral.* Buenos Aires, Billetes del Banco, 1913.

- VERGARA, Carlos, *Filosofía de la Educación.* Buenos Aires, Cía. Sudamericana de Billetes de Banco, 1916.

- WICKERSHAM, James Pyle, *Economía de las escuelas.* Buenos Aires. Editor A. Estrada, 1889. Traducido del inglés por Clodomiro Quiroga.

- ZERDA, Juan, *Nuevo método para la enseñanza de la Historia nacional en las escuelas primarias.* Buenos Aires, Editorial Lajouane, 1906.

II. Academia Nacional de la Historia

- ANZOATEGUI, Ignacio, *Manuel Gálvez.* Ediciones Culturales Argentinas. Buenos Aires, Ministerio de Educación y Justicia, 1961.

- BERTOLDI, Tránsito, *Dos fundaciones de Sarmiento: El Colegio de Señoritas Santa Rosa, El Zonda. Conferencias de la Sta. T. Bertoldi y el Sr. Ismael Bucich Escobar.*

- BIEDMA, Carlos, *Obras y escritos pedagógicos.* Buenos Aires, Escuela Argentina Modelo, 1952.

- BRUNO, Cayetano, (1912), "El laicismo y la ley 1420 en Argentina", en *Consudee.* Buenos Aires, Año XX, N° 465.

- CARCANO, Ramón J., *El maestro y la enseñanza en nuestras escuelas; conceptos de actualidad.* Buenos Aires, 1915.

- CANE, Miguel, *Sarmiento en París.* Mendoza, 1975.

- GOMEZ, Hernán, *La educación común entre los argentinos, 1810-1934.* Corrientes, 1935.

- LUGONES, Leopoldo, *Historia de Sarmiento.* Comisión Argentina de fomento interamericano, Buenos Aires, 1945.

- MITRE, Bartolomé, "Educación primaria y secundaria en la República Argentina. Discursos", en *La Nación.* 1870

- PIÑEIRO, Norberto, *Nociones de Instrucción Cívica.* Buenos Aires, Lajouane, 1894.

- RAMOS MEJIA, José, *Las multitudes argentinas. Estudio de psicología evolutiva para servir a la introducción al libro "Rosas y su tiempo".* Buenos Aires, La Cultura Argentina, 1912.

- RIVAROLA, Rodolfo, *Fernando en el Colegio: educación moral y cívica.* Buenos Aires, Kapelusz, 1939.

- RIVAROLA, Rodolfo, *Ideas y deberes de educación. Discursos.* Buenos Aires, Universidad Nacional de la Plata, 1918.

- RIVAROLA, Rodolfo, "Problema político de la educación" en *Revista Argen-*

tina de ciencias políticas. Año V, Tomo X, N° 59.

- RIVAROLA, Rodolfo, *Selección de Escritos Pedagógicos.* Buenos Aires, Instituto de Didáctica. Fac. Filosofía y Letras de UBA, 1941.

- ROJAS, Ricardo, *La Restauración Nacionalista; crítica de la educación argentina y bases para una reforma en el estudio de las humanidades modernas.* Buenos Aires, La Facultad, 1922.

- ROJAS, Ricardo, *El pensamiento vivo de Sarmiento.* Buenos Aires, Editorial Losada, 1983.

- SEGURA, Juan J.A., "Escuelas y maestros de Entre Ríos antes de 1810" en Revista *Ser.* Concepción del Uruguay, N° 16, 1974.

- WILDE, Eduardo, *Obras Completas.* Buenos Aires, 1917.

III. Biblioteca Nacional de Argentina (Buenos Aires)

- AMAR, Josefa, *Discurso en defensa del talento de las mujeres y de su aptitud para el gobierno y otros cargos en que se emplean los hombres.* Madrid, 1786

- AMAR, Josefa, *Discurso sobre la educación física y moral de las mujeres.* Madrid, 1790.

- BUNGE, Carlos O., *Nuestra América* (1903). Buenos Aires, Valerio Abeledo, 1918.

- CAMAÑA, Raquel, *El dilettantismo sentimental.* Buenos Aires, La Cultura Argentina, 1918.

- CAMBACERES, Eugenio, *Pot- Pourri, Música Sentimental.* Buenos Aires, Hyspamérica, 1984.

- CAMBACERES, Eugenio, *Sin rumbo.* Buenos Aires, Igón Hermanos Editores, 1888.

- CANE, Miguel, *De cepa criolla.* Buenos Aires, 1921.

- GALVEZ, Manuel, *Nacha Regules.* Buenos Aires, Capítulo, 1968.

- GALVEZ, Manuel, *Amigos y Maestros de mi juventud.* Buenos Aires.

- GALVEZ, Manuel, *La Maestra Normal.* Obras escogidas. Madrid, Aguilar, 1941.

- LATINO, Aníbal, *Tipos y Costumbres Bonaerenses.* Buenos Aires, 1886.

- LARROSA, Lola, *El lujo.* Buenos Aires, Alsina, 1889.

- LOPEZ, Vicente Fidel, *Historia de la República Argentina.* Buenos Aires, Lajouane, 1883-1893, 10 vol.

- MANSO, Juana, *Album de señoritas.* Buenos Aires, 1854.

- MERCANTE, Víctor, *Los estudiantes.* Buenos Aires, Hachette, 1961.

- MOREAU, Alicia, *La mujer en la democracia.* Buenos Aires, 1945.

- PESCE BATAILANA, Carlos, *Los Diputados católicos ante la Ley 1420.* Buenos Aires, Librería Santa Catalina,1933.

IV. Biblioteca Popular Bernardino Rivadavia (Tandil)

- CAMAÑA, Raquel, *Pedagogía Social.* Buenos Aires, Ediciones de la Cultura Argentina, 1915.

- CAMBACERES, Eugenio, *En la Sangre.* Buenos Aires, Editorial Kapelusz, 1921.

- MITRE, Bartolomé, *Historia de la República Argentina.* Buenos Aires, Editorial Tor SRL, VIII vol., 1938.

- MITRE, Bartolomé, *Historia de San Martín y de la Emancipación Sudamericana.* Buenos Aires, Editorial Tor. SRL, VI vol., 1939.

- MITRE, Bartolomé, *Historia de Belgrano y la Independencia Argentina.* Buenos Aires, Editorial Tor SRL, II vol., 1938.

- MITRE, Bartolomé, *Historia de Belgrano.* Buenos Aires, Editorial Tor SRL, IV vol., 1940.

- RIVAROLA, Rodolfo, *El maestros José Manuel Estrada.* Buenos Aires, Compañía Sud Americana de Billetes de Banco, 1914.

FUENTES SECUNDARIAS[*]

- SANCHEZ, Florencia, *M'Hijo el Dotor*. Buenos Aires, Editorial Kapelusz, 1965.

ACKER, Sandra, *Género y educación: reflexiones sociológicas sobre mujeres, enseñanza y feminismo*. Madrid, Narcea, S.A. Ediciones, 1995.

ALONSO, Paula, *Construcciones impresas. Panfletos, diarios y revistas en la formación de los Estados nacionales en América Latina, 1820-1920*. Buenos Aires, Fondo de Cultura Económica, 2003.

ALTAMIRANO, Carlos, *Para un programa de historia intelectual y otros ensayos*. Buenos Aires, Siglo XXI, 2005.

ALVAREZ, Andrea, "Ramos Mejía: salud pública y multitud en la Argentina finisecular" en Mirta Zaida LOBATO, (editora), *Política, médicos y enfermedades*. Universidad de Mar del Plata-Editorial Biblos, 1998.

ANDERSON, Benedict, *Imagined Communities*. Reflections on the Origin and Spread of Nationalism. Londres, Verso Books, 1983.

ANNINO, Antonio (ed.), *Historia de las elecciones en Iberoamérica*, México, Siglo XIX-FCE, 1995.

ARIES, Philippe, *Ensayos de la memoria 1943-1983*. Colombia, Norma, 1996.

ARMUS, Diego, "Los médicos", en *Profesiones, poder y prestigio*. CEAL, Buenos Aires, 1981.

ARMUS, Diego, "Notas sobre el impacto inmigratorio ultramarino a la Argentina y la visión de los protagonistas" en *Revista de Indias*, N° 174, Vol. XLIV, 1984.

ARMUS, Diego, "Enfermedad, ambiente urbano e higiene social. Rosario entre fines del siglo XIX y comienzos del XX", en *Sectores populares y vida urbana*, CLACSO, Buenos Aires, 1984.

ARMUS, Diego, "Diez años de historiografía sobre la inmigración masiva a la Argentina" en *Estudios Migratorios Latinoamericanos* N° 4, Buenos Aires, CEMLA, 1986.

AUGE, Marc, *Hacia una antropología de los mundos contemporáneos*. Gedisa Editorial, Barcelona, 1995.

AUZA, Néstor, *Periodismo y feminismo en la Argentina 1830-1930*. Buenos Aires, Emecé, 1988.

BACZKO, Bronislao, *Los imaginarios sociales: memorias y esperanzas colectivas*. Buenos Aires, Nueva Visión, 1991.

BAILY, Samuel, "Las cadenas migratorias de los italianos a la Argentina. Los casos de los aragoneses y siroleses" en DEVOTO, Fernando y ROSOLI (comp.), *La inmigración italiana en la Argentina*, Biblos 1985.

BALLARIN, Pilar, "La educación de la mujer española en el siglo XIX", en *Historia de la Educación*, 8, 1989.

BALLARIN, Pilar, "La construcción de un modelo educativo de 'utilidad doméstica'", en *Historia de las mujeres en Occidente*. Tomo IV, 1993.

---

[*] No se menciona en el presente listado la bibliografía citada anteriormente en las referencias de notas a pie de página.

BARRANCOS, Dora, (comp.), *Historia y Género*. CEAL, Buenos Aires, 1993.

BIAGINI, Hugo (comp.), *El movimiento positivista argentino*. Buenos Aires, Editorial de Belgrano, 1985.

BIAGINI, Hugo, *La generación del ochenta*. Buenos Aires, Tekne, 1983.

BILLOROU, María José, "Mujeres en la docencia: una herramienta para la construcción del Estado en el interior argentino (1900-1930)" en Di LISCIA, Ma. Herminia y José MARISTANY (Eds.), *Mujeres y Estado en la Argentina. Educación, Salud y Beneficiencia*. Buenos Aires, Editorial Biblos, 1997.

BIRRIEL SALCEDO; Margarita J. (Comp.), *Estrategias laborales femeninas: trabajo, hogares y educación*. Málaga, Ediciones de la Diputación de Málaga, 1998.

BJERG, Mónica, "Educación y etnicidad en una perspectiva comparada. Los inmigrantes daneses en la pradera y en la pampa (1860-1930) en, *Estudios migratorios latinoamericanos*. Año 12, Nº 36, Agosto de 1997.

BOSCH, Beatriz, "Irradiación del normalismo paranaense". 1993, (mimeo).

BOTANA, Natalio, *El orden conservador*. Buenos Aires, Sudamericana, 1986.

BOTANA, Natalio, *La tradición republicana. Alberdi, Sarmiento y las ideas políticas de su tiempo*. Buenos Aires, Editorial Sudamericana, 1984.

BOURDIEU, Pierre, *La noblesse d'Etat. Grandes écoles et espirit de corps*. París, Les Editions de Minuit, 1989.

BOURDIEU, Pierre, *Cosas dichas*. Barcelona, Gedisa Editorial, 1993.

BOURDIEU, Pierre y Loïc J. D. WACQUANT, *Respuestas por una antropología reflexiva*. México, Grijalbo, 1995.

BUCBINDER, Pablo, *Historia de la Facultad de Filosofía y Letras*. Buenos Aires, Eudeba, 1997.

CAPITAN DIAZ, Alfonso, *La educación en la Primera República Española*. Valencia, Nau libres, 1997.

CARCANO, Miguel Angel, *La revolución por los comicios*. Buenos Aires, Cepeda, 1983.

CLAVERO, Bartolomé, *Tantas personas como Estados. Por una antropología política de la historia europea*. Madrid, 1986.

CLAVERO, Bartolomé, *Antidora. Antropología católica de la economía moderna*. Milán, 1991.

COLMENAR ORZAES, Carmen, "Contribución de la Escuela Normal Central de Maestros a la educación femenina en el siglo XIX", Historia de la Educación, 2, 1983.

CORTES CONDE, Roberto y Ezequiel GALLO, *La formación de la Argentina moderna*. Buenos Aires, Paidós, 1984.

——, *La república conservadora*. Buenos Aires, Paidós, 1989.

CUCUZZA, Héctor Rubén, "La ley 1420 desde un ángulo de discusión ideológica sobre su significado histórico" en BRAVO, Héctor (comp.), *A cien años de la ley 1420*. Buenos Aires, CEAL, 1984.

CHIARAMONTE, José Carlos, *Nacionalismo y liberalismo económicos en Argentina 1860-1880*. Buenos Aires, Solar, 1971.

——, "Ciudadanía, soberanía y representación en la génesis del Estado Argentino (1810-1852)", en SABATO, Hilda (coord.), *Ciudadanía política y formación de las naciones. Perspectivas históricas de América Latina*. México, El Colegio de México, FCE, 1999.

——, *Nación y Estado en Iberoamérica. El lenguaje político en los tiempos de las independencias*. Buenos Aires, Sudamericana.

DAVINI, Ma. Cristina, *La formación docente en cuestión: política y pedagogía*. Buenos Aires, Paidós, 1995.

de CERTEAU, Michel, *L'écriture de l'histoire*. París, Gallimard, 1975.

de los RIOS, Giner, *Ensayos Menores sobre educación y enseñanza. Obras Completas*. Madrid, Ts.XVI y XVII.

DELANOI, Gil y P. A. TAGUIEFF, *Teorías del nacionalismo*. Barcelona, Ediciones Paidós, 1992.

DEVOTO, Fernando, "Las cadenas migratorias italianas. Algunas reflexiones a la luz del caso argentino" en *Estudios Migratorios Latinoamericanos*, Nº 8, CEMLA, 1988.

DEVOTO, Fernando, *Movimientos migratorios. Historiografía y problemas*. Buenos Aires, CEAL, 1992.

DIAZ, Elías, *La filosofía del krausismo español*. Madrid, Cuadernos para el diálogo, 1973.

DUBY, George y Michel PERROT, "Escribir la historia de las mujeres", en P. ARIES y G. DUBY, *Historia de las mujeres*. Barcelona, Taurus, Tomo I.

DUSSEL, Inés, "Escuela e historia en América Latina: preguntas desde la historia del currículum" en *Revista del IIEC* Nº 2, Buenos Aires, IIEC-Miño y Dávila, 1993.

ELIAS, Norberto, *La Civilisation des moeurs*. Paris, Calman-Lévy, 1973.

FALCON, Ricardo, *El mundo del trabajo urbano*. CEAL, Buenos Aires, 1986.

FARGE, Arlette, "La historia de las mujeres. Cultura y poder de las mujeres: ensayo de historiografía", en *Historia Social*, 9, Universidad de Valencia.

FEIJOO, María del Carmen, "Las trabajadoras porteñas a comienzos del siglo" en, Diego ARMUS, *Mundo… Op. Cit.*

FLORIA, Carlos, "El clima ideológico de la querella escolar", en FERRARI, G. y Ezequiel GALLO (comps.), *La Argentina: del ochenta al centenario*.

FOUCAULT, Michel, *El orden del discurso*. Barcelona, Tusquets, 1975.

FOUCAULT, Michel, *Las palabras y las cosas*. México, Siglo XXI, 1995.

FREIRE, Paulo, *Política y educación*. Madrid, Siglo XXI, 1993.

GALLO, Ezequiel y Gustavo FERRARI, *Argentina del 80 al Centenario*. Buenos Aires, Editorial Sudamericana, 1980.

GALLO, Ezequiel, "Política y sociedad en la Argentina, 1870-1916", en Lesli BETHELL (comp.), *Historia de América Latina*, Vol. X, Barcelona, Crítica, 1992.

GALLO, Ezequiel, *Los nombres del poder*. Buenos Aires, FCE, 1997.

GAYOL, Sandra, *"Las alteridades de la modernidad. Buenos Aires 1880-1910"* en Allpanchis, Año XXX, Nº 52, Segundo semestre, 1999.

——, "Honor Moderno: The significance of Honor in Fin de Siècle Argentina", en *Hispanic America Historical Review*, 84:3, 2004.

GEERTZ, Clifford, *La interpretación de las culturas*. Barcelona, Gedisa, 1987.

GERMANI, Gino, *Política y Sociedad en una época de transición. De la sociedad tradicional a la sociedad de masas*. Buenos Aires, Paidós, 1962.

GERMANI, Gino, "Asimilación de los inmigrantes en el medio urbano. Notas metodológicas", en *Revista Latinoamericana de Sociología*. Año 1, Nº: 2, 1965.

GIROUX, Henry, *Los profesores como intelectuales. Hacia una pedagogía crítica del aprendizaje*. Barcelona, Paidós-MEC, 1990.

GOFFMAN, Erving, *Les relations en public*. Paris, Editions de Minuit, 1971.

GOFFMAN, Erving, *La mise en scéne de la vie quotidienne*. Paris, Editions de Minuit, 1973.

GONZALEZ BERNALDO, Pilar, "Beneficiencia y gobierno en la ciudad de Buenos Aires (1821-1861)", *Boletín del Instituto de Historia Argentina y Americana "Dr. Emilio Ravignani"*. F. F. y Letras, UBA, 2º semestre, 2001.

GRANDEROUTE, Robert, *Essai d'éducation nationale*. Caradeuc de la Chalotais. Paris, CNRS Editions, 1996.

GUERRA, "Hacia una nueva historia política: actores sociales y actores políticos" en, *Anuario IEHS*, 4, Tandil, 1989.

GUERRA, Françoise-Xavier, "The Spanish American Tradition of Representation and its European Roots" en, *Journal of Latin American Studies*, vol. 26, núm. 1, febrero, 1994.

GUY, Donna, "Women, Peonage, Industrialization. Argentina, 1810-1914" en, *Latin America Research Review*. September, 1981.

GVIRTZ, Silvina, *El discurso escolar a través de los cuadernos de clase*. Argentina (1930-1970). Buenos Aires, Eudeba, 1999.

HABERMAS, Jürgen, *Historia y crítica de la opinión pública*. México, Ediciones Gil, 1981.

HALPERIN DONGHI, Tulio, *Historia de la Universidad de Buenos Aires*, EUDEBA, 2002.

——, "1880: un nuevo clima de ideas" en HALPERIN DONGHI, Tulio, *El espejo de la historia*. Buenos Aires, Sudamericana, 1998.

——, *José Hernández y sus mundos*. Buenos Aires, Sudamericana/ITDT, 1985.

——, *Vida y muerte de la república verdadera (1910-1930)*, Buenos Aires, Ariel, 2000.

HARGREAVES, Andy, *Profesorado, cultura y postmodernidad*. Madrid, Morata Ediciones, 1996.

HERNANDEZ GARCIA, J. M., "Naciones, nacionalismos y ciudadanas ¿de dónde?", en ORTEGA, Margarita-C. SANCHEZ-C. VALIENTE (eds.), *Género y Ciudadanía*. Madrid, Ediciones de la Universidad Autónoma de Madrid, 1999.

HESPANHA, Antonio, *A historia do dereito na historia social*. Lisbonne, 1978.

HURTADO, Carlos, *La educación popular en zonas rurales*. Buenos Aires, CEAL, 1992.

IANNI, Octavio, "La cuestión del Estado-Nación en América Latina" en, *Revista Trimestral del Instituto de Investigaciones económicas y sociales*. Año 28, N° 104-105, Guatemala, Universidad San Carlos de Guatemala.

JITRIK, Noé, *El mundo del Ochenta*. Buenos Aires, Capítulo, 1992.

KOHN, Alfredo y Abel AGÜERO, "El contexto médico", en BIAGINI, Héctor (comp.), *El movimiento positivista argentino*. Buenos Aires, Editorial Belgrano, 1985.

KOON, Tracy, *Believe, Obey, Fight: Political Socialization of Youth in Fascist Italy, 1922-1943*. University of North Carolina Press, Chapel Hill, 1985, p. 15.

KYMLICKA, Will, *Ciudadanía multicultural*. Barcelona, Paidós, 1996.

LAQUEUR, Thomas, *Making Sex. Body and Gender from the Greeks to Freud, Mass*, Cambridge, Cambridge University Press, 1990.

LAUTIER, Nicole, *A la recontre de l'Histoire*. Paris, Presses Universitaires Septentrion, 1997.

LAVRIN, Asunción, "Historiografía de la mujer y el género en Hispanoamérica colonial. Pasado, presente y futuro", en PEREZ CANTO, Pilar y Elena POSTIGO CASTELLANOS (eds.), *Autoras y protagonistas*. Madrid, Ediciones de la UAM, 2000.

LERNER, Gerda, *La creación del Patriarcado*. Barcelona, Editorial Crítica, 1990.

LEVI, Giovanni, *Sobre la microhistoria*. Buenos Aires, Editorial Biblos, 1993.

J.F. LIERNUR y G. SILVESTRI, *El umbral de la metrópolis: Transformaciones técnicas y cultura en la modernización de Buenos Aires (1870-1930)*. Editorial Sudamericana, Buenos Aires, 1993.

LIONETTI, Lucía, "Las maestras segundas madres: un imaginario compartido por el ámbito público y el privado en Argentina (1870-1920)" ORTEGA, Margarita, C. SANCHEZ, C. VALIENTE, *Género y ciudadanía... Op. Cit.*

LIPMAN, Matthew, *Pensamiento Complejo y Educación.* Madrid, Ediciones de la Torre, 1997.

LITTLE, Cynthia, "Educación, filantropía y feminismo: partes integrantes de la femineidad argentina 1860-1926" en A. LAVRIN (comp.), *Las mujeres latinoamericanas. Perspectivas históricas.* México, Fondo de Cultura Económica, 1985.

LOBATO, Mirta Z. (dir.), *El progreso, la modernización y sus límites (1880-1916),* T. V, Buenos Aires, Sudamericana, 2000.

LOZANO SEIJAS, Claudio, *La Educación en los siglos XIX y XX.* Editorial Síntesis, 1994.

——, *La escolarización.* Barcelona, Montesinos, 1980.

MACDONALD, John, "Chain migration, ethnic neigbourhood formation, and social networks" en *Milband memorial fund quarterly,* N° 42, 1964.

MANN, Michael, *Las fuentes del poder social,* II. Madrid, Alianza Editorial, 1997.

MALOSETTI COSTA, L., *Los primeros modernos. Arte y sociedad en Buenos Aires a fines del siglo XIX,* Buenos Aires, Fondo de Cultura Económica, 2001.

MARISTANY, José, Ma. E. ZANDRINO, Laura PIÑEIRO, "Maestras y discursos: una política sexual en la palabra" en Di LISIA, Ma. Herminia y José MARISTANY, *Mujeres y Estado en la Argentina... Op. Cit.*

MATILLA, Jesús-Frax, "El siglo XIX. 3. La educación de y por la mujer" en ORTEGA LOPEZ, Margarita (dir.), *Las mujeres de Madrid como agentes de cambio social.* Madrid, I.U.E.M-UAM, 1995.

MAYEUR, F., "La educación de las niñas: el modelo laico", en DUBY, George y Michelle PERROT, *Historia de las mujeres en Occidente. El siglo XIX. La ruptura política y los nuevos modelos sociales.* Madrid, Taurus, Tomo 7.

MEDIO, Dolores, *Diario de una maestra.* Madrid, Editorial Castalia, 1993.

MURPHY, James, "Religion, the State, and Education in England", *History of Quarterly Education,* 8, 1968.

MURPHY, James, *Church, State and Schools in Britain, 1880-1970.* Londres, Routledge and Kegan Paul, 1971.

NASCIMBENE, Mario, "La integración de Inmigrantes Italianos en la Argentina y los Estados Unidos. Un comentario" en, *Desarrollo Económico,* n: 83, 1981.

NASCIMBENE, Mario, *El nacionalismo liberal y tradicionalista.* Buenos Aires, Biblos, 1996.

NASH, Mary, "Maternidad, maternología y reforma eugénica en España 1900-1939" en DUBY, George y Michel PERROT, *Historia de las mujeres en Occidente. El siglo XX.* Madrid, Taurus, 1993. Tomo 5.

ORTEGA LOPEZ, Margarita, "La Ilustración" en GARRIDO, Elisa, *Historia de las Mujeres en España.* Madrid, Editorial Síntesis, 1997.

OSZLAK, Oscar, *La formación del Estado Argentino.* Buenos Aires, Editorial Belgrano, 1982.

OTERO, Hernán, "Demografía política e ideología estadística en la estadística censal argentina, 1869-1914" en, *Anuario IEHS,* n° 14, Tandil, 1999.

OSZLAK, Oscar, *La formación del Estado Argentino. Orden, progreso y organización nacional.* Buenos Aires, Planeta, 1997.

OZOUF, Jacques, *Nous les maitres d'école. Autobiographies d'instituteurs de la Belle Epoque,* París, Gallimard-Julliard, 1973.

—— y Mona OZOUF, *La République des Instituteurs.* París, Gallimard, 1992.

PALERMO, Alicia, "El aprendizaje de los roles sexuales en la escuela primaria" en, CHAPP, María y Alicia PALERMO, *Autoridad y roles sexuales en la familia y en la escuela*. Buenos Aires, CEAL, 1994.

PALERMO, Silvana, "El sufragio femenino en el Congreso Nacional: Ideologías de género y ciudadanía en la Argentina (1916-1955)", en *Boletín del Instituto de Historia Argentina y Americana "Dr. Emilio Ravignani*. Buenos Aires, Tercera serie, núms. 16 y 17, 2° semestre de 1997 y 1° de 1998.

PALTI, Elías, *Giro lingüístico e historia intelectual*. Buenos Aires, Editorial de la Universidad Nacional de Quilmes, 1998.

PEREZ ACOSTA, Ma. A., "Poder, género y espacio doméstico", en ORTEGA, M.-C. SANCHEZ-C. VALIENTE, *Género y ciudadanía... Op. Cit.*

PERROT, Michelle, *Mujeres en la ciudad*. Santiago de Chile, Editorial Andrés Bello, 1997.

POPKEWITZ, Teodor, *Paradigma e ideología en investigación educativa*. Madrid, Mondadori, 1988.

PUCCIARELLI, Alfredo, *El capitalismo agrario pampeano*. Buenos Aires, Hyspamérica, 1986.

QUATROCCHI-WOISSON, Diana, *Los males de la memoria. Historia y política en la Argentina*. Buenos Aires, Emecé Editores, 1995.

QUIARAMONTE, Carlos, *Ciudades, provincias, Estados: Orígenes de la Nación Argentina. (1800-1846)*. Ariel Editores, Buenos Aires, 1997.

QUIJADA, Mónica, *Manuel Gálvez: 60 años de pensamiento nacionalista*. Buenos Aires, CEAL, 1985.

RAGO, Margareth, *Do Cabaret ao Lar. A utopia da cidade disciplinar. Brasil 1890-1930*. Río de Janeiro, Paz e Terra, 1985.

RAMOS ESCANDON, Carmen, (comp.), *Género e Historia*. México, Instituto Mora-Universidad Autónoma Metropolitana, 1992.

RECALDE, Héctor, *El primer Congreso Pedagógico (1882)*. Buenos Aires, CEAL, 1987.

RECALDE, Héctor, *La higiene y el trabajo*, 2 vols., Buenos Aires, CEAL, 1988.

RIVIERE GOMEZ, A., *La educación de la mujer en el Madrid de Isabel II*, Madrid, Dirección General de la Mujer de la Comunidad de Madrid, 1993.

ROCK, David, *El Radicalismo Argentino*. Buenos Aires, Editorial Amorrortu, 1977.

ROLDAN, Darío, *Joaquín V. González, a propósito del pensamiento político liberal (1880-1920)*. Buenos Aires, CEAL, 1993.

ROMERO, José Luis, *Mitre, un historiador frente al destino nacional*. Buenos Aires, 1943.

ROMERO, José Luis, *Las ideas políticas en Argentina*. Buenos Aires, FCE, 5° edición, 1975.

ROMERO, José Luis y Luis A. ROMERO (comp.), *Buenos Aires. Historia de cuatro siglos*. Buenos Aires, Abril 1983.

ROMERO, José Luis, *Las ideologías de la cultura nacional*. Vol. 1 y 2. Buenos Aires, CEAL, 1994.

ROMERO, Luis Alberto, "Los sectores populares en las ciudades latinoamericanas del siglo XIX: la cuestión de la identidad" en, *Desarrollo Económico*, n° 106, 1987.

ROMERO, Luis Alberto, *Breve Historia Contemporánea de la Argentina*. FCE, Buenos Aires, 1994.

RUGGIERO, Kristin, *Modernity in the Flesh: Medicine, Law, and Society in Turn-Of-The Century Argentina*. Stanford, Stanford University Press, 2004.

SABATO, Hilda y Luis Alberto ROMERO, *Los trabajadores de Buenos Aires. La experiencia del mercado: 1850-1880*. Buenos Aires, Sudamericana, 1992.

SALAS, Horacio, *El Centenario. La Argentina en su hora más gloriosa*. Buenos Aires, Planeta, 1996.

SAPRIZA, Graciela, "La hora de la eugenesia: las feministas en la encrucijada", en MORANT, Isabel (Dir.), GOMEZ, G., FERRER, D. BARRANCOS, y A. LAVRIN (Coords.), 2006.

SARLO, Beatriz, *Una modernidad periférica: Buenos Aires 1920 y 1930*. Buenos Aires, Nueva Visión, 1998.

SARLO, Beatriz, *La imaginación técnica*. Buenos Aires, Nueva Visión, 1992.

SARLO, Beatriz, *Borges, un escritor en las orillas*. Buenos Aires, Ariel, 1995.

SALVATORE, Ricardo, "Sobre el surgimiento del Estado médico legal en la Argentina (1890-1940)" en *Estudios Sociales. Revista Universitaria Semestral*, año XI, n° 20, Universidad Nacional del Litoral, primer semestre de 2001.

SCARZANELLA, Ma. Eugenia, *Ni gringos ni indios. Inmigración, criminalidad y racismo en Argentina, 1890-1940*. Bernal, Universidad Nacional del Quilmes, 2002.

SCOBIE, James, *Buenos Aires. Del centro a los barrios, 1870-1910*. Buenos Aires, Solar-Hachette, 1977.

SCOTT, Joan W., *Gender and the politics of history*. New York, Columbia University Press, 1988.

SCOTT, Joan W., "El problema de la invisibilidad" en, C. RAMOS ESCANDON (comp.), *Género e Historia… Op. Cit.*

SCHUMWAY, Nicholas, *La invención de la Argentina*. Buenos Aires, Emecé Editores, 1995.

SENNETT, Richard, *Les tyrannies de l'intimité*. Paris, Seuil, 1979.

SIDICARO, Ricardo, *La política mirada desde arriba. Las ideas del diario La Nación, 1909-1989*. Buenos Aires, Editorial Sudamericana, 1993.

STEEDMAN, Caroline, *Childhood, Culture and Class in Britain, 1860-1931*. Londres, Virago Press, 1990.

SUBIRATS Marina y Cristina BRULLET, *Rosa y azul. La transmisión de géneros en la escuela mixta*. Madrid, Instituto de la Mujer, 1988.

SURIANO, Juan, *Trabajadores, anarquismo y Estado represor: de la ley de residencia a la ley de defensa social*. Buenos Aires, CEAL, 1988.

SURIANO, Juan, "El Estado Argentino frente a los trabajadores urbanos: política social y represión, 1880-1916", en *Anuario*, segunda época, 14, Rosario, 1889-1990.

TANCK ESTRADA, Dorothy, *La educación ilustrada (1786-1836)*. México, El Colegio de México, 1977.

TEDESCO, Juan Carlos, *El Nuevo Pacto Educativo: educación, competitividad y ciudadanía en la sociedad moderna*. Madrid, Grupo Anaya S.A., 1995.

TERAN, Oscar, *José Ingenieros, pensar la nación*. Buenos Aires, Alianza, 1986.

TERAN, Oscar, *En busca de la ideología argentina*. Buenos Aires, Catálogos, 1986.

TOMLISON, John, *The Control of Education*. Cassell, Londres, 1993.

VEZZETTI, Hugo, "Literatura médica, disciplina científica y moralización ciudadana en el 80" en VERGALLI, R. y E. MARI (comps.), *Historia Ideológica del control social*. (España- Argentina siglos XIX y XX). España, 1991.

VILLAR, Daniel, Ma. Herminia DI LISCIA y Ma. Jorgelina CAVIGLIA, *Historia y Género. Seis estudios sobre la condición femenina*. Buenos Aires, Biblos, 1999

WAINERMAN, Catalina y Martín MORENO, *El trabajo de la mujer en la Argentina: un análisis preliminar de las ideas dominantes en las primeras décadas del siglo XX*. Buenos Aires, CENEP, 1985.

WEIMBERG, Gregorio, *Debate parlamentario sobre la ley 1420 (1883-1884)*. Estudio Preliminar. Buenos Aires, Raigol, 1956.

WEIMBERG, Gregorio, *La ciencia y la idea de progreso en América Latina, 1860-1930*. Buenos Aires, Fondo de Cultura Económica, 1998.

WHITBREAD, Nanette, "Class, Pedagogy and Infants: 1820-1920: The First Hundred Years of Infant Education in England" en OTTO, Vág, *History of Early Childhood Education*. Budapest, Eötvös Loránd University, 1984.

WILLIAMS, Raymond, *Marxismo y Literatura*. Barcelona, Península, 1980.

YUVAL-DAVIS, Nira, *Gender & Nation*. London, Sage Publications, 1997.

ZEA, Leopoldo (compilación, prólogo y cronología a cargo de), *Pensamiento positivista latinoamericano*. Caracas, Biblioteca de Ayacucho, 1980.

ZIMMERMANN, Eduardo, "Racial Ideas and Social Reform: Argentina, 1890-1916", en *Hispanic American Historical Review*, febrero de 1992.

ZIMMERMANN, Eduardo, "Raza, medicina y reforma social en la Argentina, 1890-1920", en de LAFUENTE, Ariel y M. L. ORTEGA (eds.), *Mundialización de la ciencia y la cultura nacional*. Madrid, Don Calles, 1993.